विदित्वा

प्राचीन काल से आधुनिकता तक भारत के हर युग और समाज में पुरुष और प्रकृति की बदलती भूमिकाओं की अद्भुत गाथाएं

AF486895

DIVYA PRAKASH SHRIVASTAVA

ISBN 979-8-89067-693-1

विदित्वा		परिचय	लेखक: दिव्य प्रकाश श्रीवास्तव
प्रारम्भ		सृष्टि की शुरुआत 13.8 अरब से 3.8 अरब वर्ष पूर्व	चरित्र: प्रकृति और पुरुष अभिलेख: सांख्यकारिका लेखक: ईश्वरकृष्ण
मानव		मानव की उत्पत्ति 3.8 अरब से 30 लाख वर्ष पूर्व	चरित्र: प्रसूति और दक्ष अभिलेख: लिंग पुराण लेखक: वेदव्यास
कृषि		पाषाण काल 30 लाख वर्ष पूर्व से 4000 BC	चरित्र: अन्नपूर्णा और कश्यप अभिलेख: भागवत पुराण लेखक: वेदव्यास
सभ्यता		सिंधु घाटी सभ्यता 3300 BC से 1900 BC	चरित्र: नर्तकी और आदिपुरुष अभिलेख: मेलुहा के मृत्युंजय लेखक: अमीश त्रिपाठी
भारत		ऋग्वैदिक काल 1500 BC से 1000 BC	चरित्र: लोपामुद्रा और अगस्त्य अभिलेख: लोपामुद्रा लेखक: के. एम. मुंशी
उपनिषद		उत्तर वैदिक काल 1000 BC से 500 BC	चरित्र: गार्गी और याज्ञवल्क्य अभिलेख: बृहदारण्यक उपनिषद् संबंधित मूल ग्रन्थ: शुक्ल यजुर्वेद
महाजनपद		बौद्ध काल : 600 BC से 500 BC	चरित्र: आम्रपाली और बुद्ध अभिलेख: गिलगित पांडुलिपियां लेखक: मूलसर्वास्तिवाद बौद्ध शाखा

साम्राज्य		मौर्य साम्राज्य की शुरुआत 322 BC	चरित्र: चन्द्रगुप्त, चाणक्य और उनकी गुरु अभिलेख: मुद्राराक्षस, अर्थशास्त्र लेखक: विशाखदत्त, कौटिल्य
धम्म		सम्राट अशोक का कार्यकाल 268 BC से 232 BC	चरित्र: देवी और अशोक अभिलेख: विद्यावदान लेखक: श्रीलंका बौद्ध ग्रन्थ
विदेशी		शुंग, इंडो-ग्रीक, सातबाहन, शक 200 BC से 300 CE	चरित्र: गौतमी बालाश्री और गौतमीपुत्र सतकर्णी अभिलेख: नासिक प्रशस्ति लेखक: गौतमी बालाश्री
स्वर्ण काल		कुषाण और गुप्त काल 320 CE/AD से 600 CE/AD	चरित्र: ध्रुवस्वामिनी और विक्रमादित्य अभिलेख: ध्रुवस्वामिनी, रामायण, महाभारत, कुषाण स्वर्ण मुद्राएं लेखक: जयशंकर प्रसाद, वाल्मीकि, वेदव्यास, कनिष्क
अभिव्यक्ति		हर्षवर्धन काल 606 CE से 647 CE	चरित्र: राजश्री और हर्षवर्धन अभिलेख: हर्षचरित लेखक: बाणभट्ट
द्रविड़		संगम काल और त्रिपक्षीय संघर्ष 700 CE से 800 CE	चरित्र: कुंदवई और राजराजा चोल अभिलेख: पोन्नियिन सेलवन, व हिस्ट्री एंड कल्चर ऑफ़ द इंडियन पीपल लेखक: कल्कि कृष्णमूर्ति, आर. सी. मजूमदार
मजहब		इस्लाम का जन्म और अरब आक्रमण 700 CE से 1000 CE	चरित्र: हिंद बीबी और बप्पा रावल अभिलेख: सीरत रसूल अल्लाह, राजतरंगिणी लेखक: इब्न इशाक, कल्हण (क्रमशः)

रक्षक		मुस्लिम का आगमन 1000 CE से 1200 CE	चरित्र: संयोगिता और पृथ्वीराज चौहान अभिलेख: पृथ्वीराज रासो लेखक: चंदवरदाई
महिला-शासक		दिल्ली सल्तनत 1200 CE से 1300 CE	चरित्र: रजिया सुल्तान और याकूत अभिलेख: तबकात-ए नासिरी लेखक: मिन्हाज-ए सिराज जुज्जानी
भक्ति		भक्ति आंदोलन 1000 CE से 1400 CE	चरित्र: उभय भारती और शंकराचार्य अभिलेख: ब्रह्मसूत्र भाष्य लेखक: आदि शंकराचार्य
सुंदरता		विजयनगर साम्राज्य 1336 CE से 1646 CE	चरित्र: तिरुमाला और कृष्णदेब राया अभिलेख: अमुक्तमाल्यदा लेखक: कृष्णदेव राया
बलिदान		मुग़ल काल की शुरुआत 1526 CE	चरित्र: कर्णावती और बाबर अभिलेख: बाबरनामा, लेक्चर्स ऑन राजपूत हिस्ट्री एंड कल्चर लेखक: बाबर, दशरथ शर्मा
स्वीकृति		मुग़ल काल 16 वीं शताब्दी	चरित्र: जोधा बाई और अकबर अभिलेख: अकबरनामा और आईन-ए-अकबरी लेखक: अबुल-फ़ज़ल
लूटेरे		यूरोपियन्स का आगमन 1600 CE से 1630 CE	चरित्र: जहाँगीर और नूरजहां अभिलेख: तुजुक-ए-जहाँगीरी लेखक: जहाँगीर
पतन		मुगलों का अंत 1630 CE से 1707 CE	चरित्र: माई भागो, सिक्ख शक्ति और औरंगज़ेब अभिलेख: मुगल दरबार के दस्तावेज लेखक: साकी मुस्तैद खान, खफी खान, मुहम्मद बारिस

स्वराज		मराठों का उदय 1630 CE से 1757 CE	चरित्र: जीजाबाई और छत्रपति शिवाजी अभिलेख: बाखरखानी (राजवली-पताका) लेखक: केशव पंडित
कम्पनी		ईस्ट इंडिया कम्पनी की बढ़ती ताकत 1757 से 1857	चरित्र: फखर उन निशा और टीपू सुल्तान अभिलेख: टीपू सुल्तान: सुल्तान ऑफ़ इंडिया लेखक: जे. डब्ल्यू. शेरेर
बगावत		1857 की क्रांति 1857 से 1858	चरित्र: रानी लक्ष्मीबाई और बहादुर शाह ज़फर अभिलेख: 1857 का भारतीय स्वतंत्रता संग्राम लेखक: विनायक दामोदर सावरकर
जागरण		समाज सुधार 1820 से 1885	चरित्र: सावित्रीबाई फुले और स्वामी दयानंद अभिलेख: सावित्रीबाई फुले: एक जीवनी लेखक: धनंजय कीर
आजादी		भारतीय स्वतंत्रता संग्राम 1885 से 1947	चरित्र: दुर्गा भाभी और गांधी अभिलेख: भारत की खोज लेखक: जवाहरलाल नेहरू
नींव		संविधान निर्माण 1947 से 1950	चरित्र: भारत माँ और संविधान अभिलेख: कंस्टीट्यूशन असेंबली डिबेट (सी. ए. डी.) लेखक: डॉ. बी. आर. अम्बेडकर और अन्य

विषयसूची

शब्द-संक्षेप

BC और BCE, साथ ही AD और CE, इतिहास में अवधियों को दर्शाने के लिए उपयोग किए जाने वाले शब्द हैं और अक्सर ऐतिहासिक घटनाओं की तारीख के संदर्भ में उपयोग किए जाते हैं.

BC (Before Christ): BC का अर्थ है ईसा पूर्व। इसका उपयोग ग्रेगोरियन कैलेंडर में उन वर्षों को नामांकित करने के लिए किया जाता है जो ईसा मसीह (यीशु) के अनुमानित जन्म वर्ष से पहले हुए थे। उदाहरण के लिए, 300 BC का अर्थ है यीशु के जन्म से 300 वर्ष पहले। लेकिन अक्सर शैक्षणिक और सांस्कृतिक संदर्भों में, जहां धार्मिक तटस्थता वांछित होती है, वहां धार्मिक पहचान वाले शब्दों के प्रयोग से बचने के लिए वैकल्पिक शब्दों का प्रयोग शुरू हुआ.

BCE (Before the Common Era): BCE एक विकल्प है BC और इसका अर्थ है "सामान्य युग से पहले।" इसका उपयोग BC (ईसा पूर्व) के समान वर्षों को संदर्भित करने के लिए किया जाता है, यह एक धर्मनिरपेक्ष शब्द है जो स्पष्ट रूप से ईसा मसीह के ईसाई स्वरूप को संदर्भित करने से बचता है.

AD (Anno Domini): AD "एन्नो डोमिनी" का संक्षिप्त रूप है, जो लैटिन में "हमारे प्रभु के वर्ष में" है। इसका उपयोग ग्रेगोरियन कैलेंडर में उन वर्षों को नामांकित करने के लिए किया जाता है जो ईसा मसीह के जन्म के अनुमानित वर्ष के बाद हुए हैं। उदाहरण के लिए, 200 AD का अर्थ है यीशु के जन्म के 200 वर्ष बाद। यहाँ भी एक वैकल्पिक धर्मनिरपेक्ष शब्द की आवश्यकता हुई.

CE (Common Era): CE, AD का एक धर्मनिरपेक्ष विकल्प है और इसका अर्थ "सामान्य युग" है।

BC और BCE दोनों के अर्थ समान हैं और ये ईसा मसीह के जन्म से पहले के वर्षों को संदर्भित करते हैं, जबकि AD और CE दोनों एक ही हैं और ये ईसा जन्म के बाद के वर्षों को संदर्भित करते.

विदित्वा: परिचय

भारत का एक समृद्ध और विविध इतिहास है जो हजारों वर्षों में फैला है. यह रहस्यवाद, आध्यात्मिकता और अविश्वसनीय सांस्कृतिक विरासत की भूमि है. सदियों से, भारत ने कई सामाजिक, राजनीतिक और सांस्कृतिक परिवर्तन देखे हैं जिन्होंने इसकी नियति को आकार दिया है. भारत में पुरुषों और महिलाओं की भूमिकाएं भी पूरे इतिहास में महत्वपूर्ण रूप से विकसित हुई हैं. विदित्वा एक ऐसी पुस्तक है जो भारत के इतिहास और समाज में पुरुष और प्रकृति की बदलती भूमिकाओं की गहराई से पड़ताल करती है.

"विदित्वा" में, हम भारत और दुनिया के इतिहास की खोज करते हुए, समय के माध्यम से एक यात्रा शुरू करते हैं. हालाँकि, यह केवल एक और इतिहास की किताब नहीं है जो पूरी तरह से प्रसिद्ध पुरुष शख्सियतों पर केंद्रित है जिन्होंने दुनिया पर अपनी छाप छोड़ी है. इसके बजाय, "विदित्वा" उन भूली हुई महिला पात्रों पर भी प्रकाश डालता है जिन्होंने हमारी दुनिया को आकार देने में महत्वपूर्ण भूमिका निभाई है. इन महिलाओं को अन्यायपूर्ण तरीके से इतिहास के किनारे कर दिया गया है, लेकिन उनका योगदान उनके पुरुष समकक्ष की तुलना में कम महत्वपूर्ण नहीं रहा है. "विदित्वा" एक ऐसी पुस्तक है जिसका उद्देश्य भारतीय और विश्व इतिहास के ज्ञात और अज्ञात दोनों चरित्रों पर प्रकाश डालना है. यह उन महिलाओं की कहानियों का पता लगाना चाहता है जिन्होंने हमारे अतीत को आकार देने में महत्वपूर्ण भूमिका निभाई है, लेकिन जिनके नाम समय की रेत में दबे हुए हैं. पुस्तक उन कारकों पर भी ध्यान केंद्रित करती है जिन्होंने हजारों वर्षों से भारतीय संस्कृति को जीवित और समृद्ध रखा है.

इतिहास की विस्मृत महिलाओं को उजागर करने के अलावा, "विदित्वा" उस कारक को भी उजागर करना चाहता है जिसने हजारों वर्षों से भारतीय संस्कृति को जीवित रखा है. भारत समृद्ध इतिहास और विविध संस्कृतियों का देश है, और यह कई आक्रमणों, उपनिवेशवाद और सामाजिक-आर्थिक परिवर्तनों के बावजूद युगों तक जीवित रहा है. पुस्तक का उद्देश्य भारतीय संस्कृति की लंबी उम्र के पीछे के रहस्य का पता लगाना है, और जो इसे इतना अनूठा और स्थायी बनाता है. जैसा कि अलमा इकबाल ने एक बार कहा था, "कुछ बात है हम में कि हस्ती मिटती नहीं हमारी". यह पुस्तक इस कथन में गहराई से उतरती है और उस अद्वितीय कारक की पहचान करने की कोशिश करती है जिसने भारतीय संस्कृति को जीवंत और जीवित रखा है. यह उन सांस्कृतिक, सामाजिक और धार्मिक विश्वासों की जांच करता है जिन्होंने भारत की लंबी उम्र और स्थायी विरासत में योगदान दिया है. "विदित्वा" उस प्रश्न का उत्तर देना चाहता है, भारतीय संस्कृति की गहराई में जाकर उन मूल्यों, विश्वासों और प्रथाओं की खोज करता है जिन्होंने

इसे इतने लंबे समय तक जीवित बनाए रखा है. "विदित्वा" में, हम न केवल अतीत के बारे में सीखते हैं, बल्कि अपने वर्तमान और भविष्य के बारे में भी जानकारी प्राप्त करते हैं. इन उल्लेखनीय महिलाओं की कहानियाँ हमें और अधिक जिज्ञासु, साहसी और करुणामय होने के लिए प्रेरित करती हैं, जबकि भारतीय संस्कृति की खोज हमें अपनी विरासत को संरक्षित करने और अपने अतीत से सीखने के महत्व की याद दिलाती है. "विदित्वा" समय के माध्यम से एक यात्रा है जो पाठकों को भारत के अतीत और दुनिया के इतिहास की एक आकर्षक खोज पर ले जाती है.

(सृष्टि की शुरुआत: 13.8 अरब वर्ष पूर्व से 3.8 अरब वर्ष पूर्व)

प्रकृति और पुरुष

कहानी की शुरुआत होती है प्रकृति से, जो 'कृति' यानि सृजन से भी पहले से थी. प्रकृति ही जगत के निर्माण की मिट्टी है, जो हमेशा से विद्यमान थी. लेकिन उसके होने का किसी को कोई अहसास नहीं था, इसका कारण हैं वो तत्व जिससे प्रकृति बनी है. प्रकृति तीन गुणों से बनी हुई है- सत, रज और तम. तीनों गुण एक दूसरे के साथ ऐसी साम्यावस्था में रहते हैं, ऐसे संतुलन में रहते हैं कि सब कुछ अव्यक्त रहता है. प्रकृति गतिमान है, सदैव नृत्य करती रहती है लेकिन 'चेतनाशून्य' है. प्रकृति को खुद के होने का भी अहसास नहीं है. प्रकृति के होते हुए भी संसार अव्यक्त रहता है. संसार व्यक्त अवस्था में तभी आ सकता है जब तीनों गुणों का आपसी संतुलन बिगड़ जाये.

प्रकृति को व्यक्त अवस्था में आने के लिए 'पुरुष' की जरूरत है. पुरुष, वो भी सम्पूर्ण सत्य है या यूँ कहें कि वो ही सम्पूर्ण सत्य है. पुरुष शुद्ध चेतना है, अनंत चेतना, सर्वस्व है, सर्वज्ञ है. पुरुष, बिना रूप के, बिना गति के और बिना अभिव्यक्ति के अस्तित्व में रहता है. वह सर्वव्यापी, समय और स्थान से परे है. पुरुष को अपने होने का प्रमाण देने के लिए प्रकृति की आवश्यकता है. पुरुष स्वयं को व्यक्त करने और अपने अस्तित्व को सिद्ध करने के लिए तरस रहा था, जबकि प्रकृति अपनी शक्ति को प्रकट और प्रदर्शित करना चाहती थी. दोनों एक दूसरे के बिना अधूरे थे. पुरुष और प्रकृति के संयोग के बिना ब्रह्मांड अस्तित्व में नहीं आ सकता था. जब पुरुष की सचेत दृष्टि प्रकृति पर पड़ी, और अचानक तीनों गुणों का संतुलन बिगड़ गया. सत्व का गुण दूसरों पर हावी होने लगा, जिससे ब्रह्मांड की अभिव्यक्ति हुई. हालाँकि, दृश्यमान ब्रह्मांड वास्तविक नहीं है.. माया, एक भ्रम है जो कि हमारी पांचों इंद्रियाँ वास्तविकता के रूप में देखती हैं. ब्रह्मांड का असली सार पुरुष और प्रकृति का संयोजन है. जैसे ही ब्रह्मांड ने आकार लेना शुरू किया, पुरुष और प्रकृति ने खुद को एक दूसरे के प्रति आकर्षित महसूस किया. वे जानते थे कि वे एक दूसरे के बिना अधूरे हैं और उनका मिलन सृष्टि की सबसे गहन अभिव्यक्ति लाएगा. पुरुष अपनी चेतना से प्रकृति के पदार्थ को दिशा और अर्थ दे सकता था. दोनों ने मिलकर सितारों, ग्रहों, महासागरों और ब्रह्मांड के सभी जीवों को जन्म दिया. पुरुष और प्रकृति का प्रेम शुद्ध, शाश्वत और समय एवं स्थान की सभी सीमाओं से परे था. उन्होंने महसूस किया कि वे परम सत्य हैं और सभी अस्तित्व के स्रोत हैं. उनका प्रेम ब्रह्मांड का सार था, और यही वह प्रेम था जिसने सभी चीजों को जीवन और अर्थ दिया. इस प्रकार पुरुष और प्रकृति की प्रेम कहानी ब्रह्मांड के अस्तित्व की अंतिम अभिव्यक्ति बन गई. उनका प्रेम जीवन का सच्चा सार था, और उनके मिलन ने सारी सृष्टि को जन्म दिया. लेकिन ये पुरुष और प्रकृति कौन हैं और कहाँ रहते हैं?

होश सँभालते ही मानव इस सृष्टि के बारे में सोचने लग गया था. भारतीय चिंतकों ने इस सृष्टि को दो भागों में बांटा है. पहले हिस्से को हम कह सकते हैं-पदार्थ या मैटर: जिससे ग्रह, नक्षत्र, पहाड़, समुद्र, मांशपेशियां, अस्थियां आदि बने हैं. और दूसरे भाग को कह सकते हैं -चेतना: जिससे विचार, स्मृतियां, भावनाएं आदि बने हैं. विज्ञान ने हमेशा से ही ब्रह्माण्ड निर्माण की प्रक्रिया में केवल पहले भाग पर ही चर्चा की है. मैटर के उत्पत्ति के सिद्धांत को ही ब्रह्माण्ड के निर्माण की अवधारणा के रूप में पेश किया गया है. दूसरे और अहम भाग यानि चेतना को पूरी तरह से अनदेखा कर दिया. लेकिन क्वांटम फिजिक्स के प्रयोगों के नतीजे विज्ञान को दूसरे जरुरी हिस्से पर सोचने को मजबूर कर रहे हैं. डबल स्लिट प्रयोग में सब-एटॉमिक कणों (इलेक्ट्रान, प्रोटोन) का व्यवहार हैरान कर देने वाला होता है. प्रेक्षक की उपस्थिति में ये कण अलग तरह से व्यवहार करते हैं और प्रेक्षक की अनुपस्थिति में अलग. यानि चेतना की मौजूदगी में ब्रह्माण्ड कुछ और होता है और चेतना की अनुपस्थिति में कुछ और. विज्ञान का तरीका यही है, नए प्रयोगों के नतीजों के आधार पर खुद की ही पुरानी अवधारणा को ख़ारिज कर के और सटीकता से सत्य को जानना. आधुनिक जीव वैज्ञानिक रॉबर्ट लांज़ा के अनुसार "मात्र फिज़िक्स या भौतिक वस्तुओं से सृष्टि के निर्माण का सिद्धांत देना शायद विज्ञान की एक बड़ी भूल है. फिजिक्स के आने से पहले से ही बायोलॉजी मौजूद थी". दुनिया भर के फिसिसिस्ट अब उस चीज की खोज में जुटे हुए हैं जिसको बरसों पहले अनदेखा कर दिया था – कंशिएसनेस यानि चेतना.

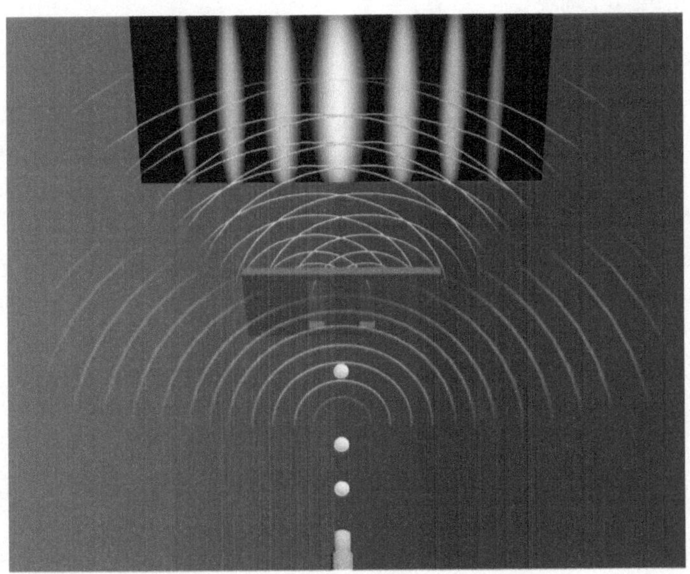

भारतीय दर्शन ने इसी को पुरुष कहा है, और उसकी पूरक है प्रकृति. पुरुष और प्रकृति जंगल में भटकते लंगड़े और अंधे मित्र हैं. पुरुष वो लंगड़ा है जो देख तो सब कुछ सकता लेकिन चल नहीं सकता और प्रकृति ऐसी अंधी है जो चल तो सकती है लेकिन देख नहीं सकती. इन दोनों का संयोग ही उन्हें इस जंगल से निकलने को संभव बनाएगा.

प्रकृति अगर दृश्य है तो पुरुष दृष्टि है, प्रकृति अगर ध्वनि है तो पुरुष श्रवणशक्ति है, प्रकृति अगर गंध है तो पुरुष सूंघने की शक्ति है, प्रकृति अगर स्वाद है तो पुरुष चखने के शक्ति है, प्रकृति अगर वस्तु है तो पुरुष स्पर्श का ज्ञान. पुरुष अगर ब्रह्मा हैं तो प्रकृति ज्ञान रुपी सरस्वती हैं, पुरुष अगर विष्णु हैं तो प्रकृति संसाधन रुपी लक्ष्मी है, पुरुष अगर शिव हैं तो

प्रकृति शक्ति रुपी दुर्गा हैं. प्रकृति अगर मिट्टी है तो पुरुष कुम्हार है. और उनके मिलन से बना घड़ा संसार है.. ये संसार सत होते हुए भी असत है. इस मायाजाल के बीच रहते हुए भी जो जीव, पुरुष को जान लेता है वो मोक्ष का अधिकारी है. संसार के हर कण की सच्चाई पुरुष और प्रकृति के मिलन की कहानी मात्र है. इसी कहानी को न जाने कितनी बार अलग अलग शब्दों में कहा गया. न जाने कितनी बार, वही कहानी, वही पात्र. केवल नाम और जगहें बदली हुई. इसी पुरुष के न जाने कितने नाम पड़ गए. न जाने कितने रूपों में पूजा जाने लगा.

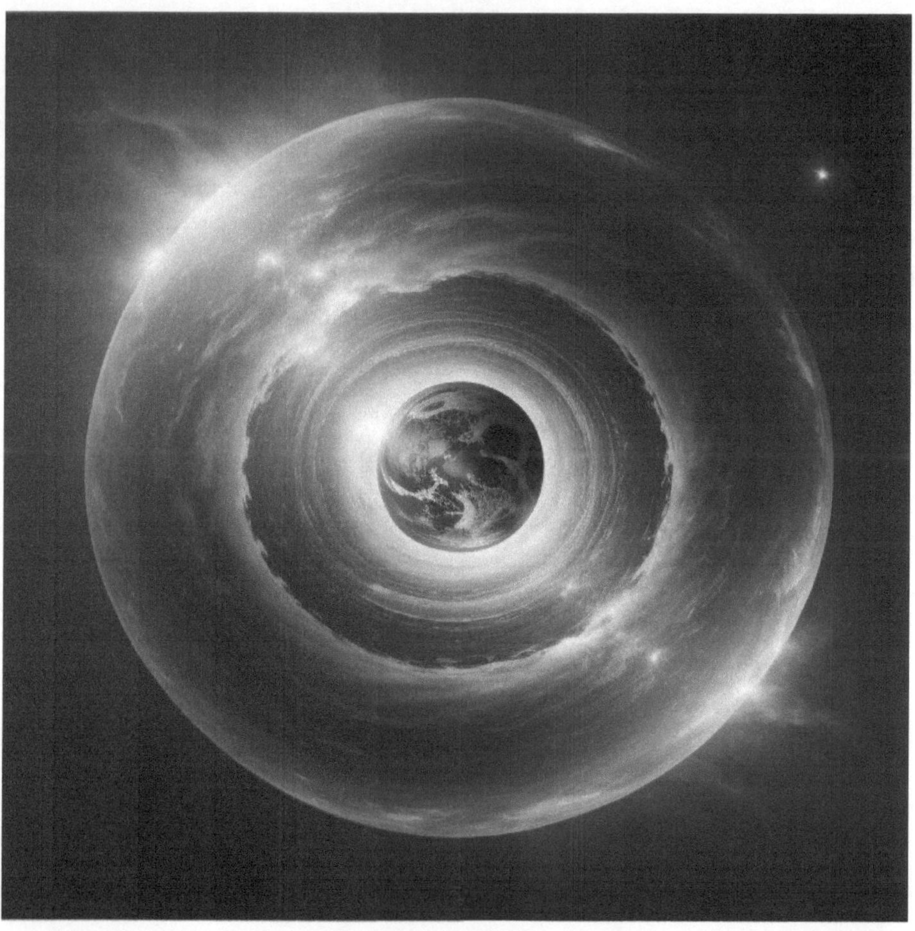

ब्रह्माण्ड की उत्पत्ति और अस्तित्व विषय में विज्ञान और धार्मिक दृष्टिकोण से विभिन्न धारणाएं हैं. वैज्ञानिक दृष्टिकोण से, ब्रह्माण्ड की उत्पत्ति बिग बैंग नामक एक प्रक्रिया से संबंधित है. इसके अनुसार, लगभग 13.8 अरब वर्ष पूर्व एक बिंदु में सबसे छोटा एकाकी धमाका हुआ था जिससे ब्रह्माण्ड की उत्पत्ति हुई थी. इस धमाके के परिणामस्वरूप एक अविश्वसनीय ऊर्जा और रौद्र द्रव्य उत्पन्न हुआ जो ब्रह्माण्ड की उत्पत्ति का कारण बना. यह द्रव्य और ऊर्जा धीरे-धीरे फैलती रही और ब्रह्माण्ड का विस्तृत गठन शुरू हुआ. ब्रह्माण्ड का निर्माण किसी निश्चित समय पर नहीं हुआ था. बिग बैंग एक वैज्ञानिक सिद्धांत है जो ब्रह्माण्ड की उत्पत्ति को समझाने का प्रयास करता है. इसके अनुसार, ब्रह्माण्ड का

विस्तार हुआ और गैसी धाराएँ विस्तारित हो गईं. गैसों की गर्मी और दबाव के कारण ब्रह्माण्ड ने बिग बैंग के रूप में एक प्रकार से "विस्फोट" किया और अतिरिक्त कणों को बाहर निकाल दिया. जैसे-जैसे ब्रह्मांड का विस्तार हुआ, यह ठंडा हुआ, जिससे प्रकृति के मूलभूत बलों को उभरने और पदार्थ बनने की अनुमति मिली. ब्रह्मांड का विस्तार और ठंडा होना जारी रहा, और लगभग 380,000 वर्षों के बाद, पहले परमाणुओं का निर्माण शुरू हुआ, जिससे फोटॉनों को स्वतंत्र रूप से यात्रा करने और ब्रह्मांडीय सूक्ष्म विकिरण बनाने की अनुमति मिली, जिसे हम आज देख सकते हैं. अरबों वर्षों में, गुरुत्वाकर्षण के कारण पदार्थ आपस में टकरा गए, जिससे आकाशगंगाएँ, तारे और ग्रह बन गए. और इस तरह, ब्रह्मांड अपनी वर्तमान स्थिति में विकसित हुआ, अकल्पनीय दूरियों से अलग विशाल संरचनाओं के साथ, और आज भी विकसित होना जारी है.

बिग बैंग से पहले क्या अस्तित्व में था? वैज्ञानिक दृष्टिकोण से, बिग बैंग से पहले क्या अस्तित्व में था, यह सवाल वर्तमान में अच्छी तरह से समझा नहीं गया है, और यह एक सार्थक प्रश्न भी नहीं हो सकता है, जैसा कि हम समझते हैं कि समय और स्थान अस्तित्व में आया बिग बैंग के क्षण. इसलिए बिग बैंग के "पहले" की अवधारणा पारंपरिक अर्थों में भी लागू नहीं हो सकती है. हालांकि, कुछ वैज्ञानिकों ने बिग बैंग से पहले अस्तित्व में क्या हो सकता है, यह समझाने के लिए विभिन्न सिद्धांतों का प्रस्ताव दिया है, जैसे कि बहुविविध (मल्टी डायमेंशनल) या चक्रीय ब्रह्मांड का विचार जो विस्तार और संकुचन के अंतहीन चक्रों से गुजरता है.

जहां तक भारतीय सांख्य दार्शनिकों की बात है, उनकी विश्वास प्रणाली मानती है कि ब्रह्मांड शाश्वत है और इसका कोई आरंभ या अंत नहीं है. सांख्य दर्शन के अनुसार, ब्रह्मांड में दो मूलभूत संस्थाएँ हैं - पुरुष (चेतना) और प्रकृति (पदार्थ), जो एक दूसरे से स्वतंत्र रूप से और स्वाभिमान के साथ मौजूद हैं. सांख्य दर्शन यह भी मानता है कि ब्रह्मांड का निर्माण पुरुष और प्रकृति के संयोजन से होता है, जिससे भौतिक दुनिया की अभिव्यक्ति होती है. हालाँकि, इस रचना को एक शुरुआत के रूप में नहीं देखा जाता है, बल्कि एक चक्रीय प्रक्रिया के रूप में देखा जाता है जो खुद को असीम रूप से दोहराती है. पुरुष और प्रकृति से संबंधित मूल संस्कृत श्लोक सांख्य कारिका में पाया जा सकता है, जो सांख्य दर्शन का एक मौलिक पाठ है:

प्रकृतिर्यदा सत्त्वं रजः तम इति त्रिधा.
तदास्ति विविधैश्चेष्टैर्जगदेकं निरिकक्ष्यते॥ (कारिका 1. 19)

अनुवाद: प्रकृति वह है जिससे सत्व (पवित्रता), रजस (जुनून) और तमस (अंधेरे) के तीन गुण प्रकट होते हैं. इसके विभिन्न संशोधनों के माध्यम से, यह एक ब्रह्मांड माना जाता है.

पुरुषोऽव्यक्तोऽलिङ्गः स्थाणुरचिन्त्यः स्वभावात्.
एवमनावृतं तत्त्वमस्ति व्यावृत्तमुच्यते॥ (कारिका 1. 20)

अनुवाद: पुरुष अव्यक्त, गुणों से रहित, सूक्ष्म और अकल्पनीय है, शुद्ध चेतना की प्रकृति का है. ऐसा ही सत्य है जो आच्छादित है और वही प्रकट कहलाता है.

ये छंद सांख्य दर्शन के अनुसार पुरुष और प्रकृति की वास्तविक पहचान का वर्णन करते हैं. पुरुष को शुद्ध चेतना के रूप में वर्णित किया गया है जो अव्यक्त और सूक्ष्म है, जबकि प्रकृति भौतिक रूप है जो तीन गुणों के परस्पर क्रिया के माध्यम से ब्रह्मांड के निर्माण और अभिव्यक्ति के लिए जिम्मेदार है. पाठ यह वर्णन करने के लिए आगे बढ़ता है कि कैसे जीवित व्यक्ति स्वयं (जीवात्मा) प्रकृति के साथ अपनी पहचान के कारण जन्म और मृत्यु के चक्र से बंधा हुआ है, और कैसे पुरुष की वास्तविक पहचान को महसूस करके मुक्ति (मोक्ष) प्राप्त की जा सकती है.

(मानव की उत्पत्ति: 3.8 अरब वर्ष पूर्व से 30 लाख वर्ष पूर्व)

प्रसतू और दक्ष

दृश्य जगत के अनगिनत ग्रहों में से एक ग्रह पृथ्वी पर आज से कुछ 70,000 साल पहले उत्तरी अफ्रीका के बीहड़ों में एक मानव कबीला भटक रहा था.

असल में वो भटका नहीं है, चलते रहना उसकी फितरत में है. चलते रहना उसके जिन्दा बचने के लिए सबसे आवश्यक शर्त है. एक जगह पर ज्यादा देर रुकना यानि मौत को दावत देना है. चलते चलते आज ये कबीला ऐसी

जगह आ गया है जहाँ दूर - दूर तक पानी का कोई नामोनिशान नहीं है, सभी लोग इतने प्यासे हैं कि अब पानी मिलने में और देर हुई तो पूरा का पूरा कबीला मारा जायेगा, सबकुछ खत्म. ऐसे कितने ही कबीले भटकते - भटकते मारे गए. आज उनका कोई नामोनिशान नहीं है. प्रकृति बहुत क्रूर है, वो अपने सबसे काबिल संतान को पहचानने के लिए बहुत ही कड़े इम्तिहान लेती है. हार या जीत जीवन और मौत तय करेगी. सिर्फ वही जिन्दा रहेगा जिसके पास हर प्रतिकूल परिस्थिति से लड़ कर जिन्दा बच निकलने का हुनर है. जो हर इम्तिहान पास कर ले, एक दो बार नहीं बल्कि करोड़ों बार. 4. 5 अरब साल पहले जब जीवन के शुरुवाती लक्षण दिखाई देने शुरू हुए, जब जीवन सिर्फ एक कोशिका तक सीमित था, तब से लेकर आज तक जीव को ऐसे लम्बे और कड़ी परीक्षाओं के सिलसिले से गुजरना पड़ा. प्रकृति अपनी संतान को बेहतर बनाने के लिए सिर्फ परीक्षा नहीं लेती बल्कि उसे वरदान भी देती है और वो वरदान है म्युटेशन या उत्परिवर्तन. एक पीढ़ी का जीव अगली पीढ़ी में जाकर थोड़ा सा बदल जाता है.

एक पीढ़ी में ये बदलाव इतना छोटा होता है कि हमें नजर नहीं आता. लेकिन करोड़ों साल तक पीढ़ी-दर-पीढ़ी ये बदलाव होते- होते एक नए तरह के जीव के रूप में जन्म लेता है. बदलाव प्रकृति का नियम है क्योंकि यही वो पहली शर्त है, जो एक बेहतर कल के लिए जरुरी है. ये बदलाव अगर जिन्दा रहने के लिए अनुकूल हैं तो आपकी प्रजाति अमर हो सकती है अन्यथा प्रकृति स्वयं अपने संतान की हत्या कर देगी. मनुष्य ने हर इम्तिहान का डट कर सामना किया. तभी तो वो बैक्टीरिया से अमीबा, फिर छोटी मछली बना. फिर उस मछली ने पानी के साथ- साथ थल पर भी जीना सीख लिया. चार पाँव विकसित कर लिए. फिर दो पाँव पर खड़े होने की कोशिश की. अपने कई रिश्तेदारों के

विरुद्ध जीवन का संघर्ष किया. खुद शिकार होने से बचने के लिए दूसरे का शिकार करना सीखा. तब जाकर वो आज एक ऐसा प्राणी बन चुका है, जो सम्पूर्ण पृथ्वी पर राज करेगा. भारत के लोग उसे मनु कहते हैं, पश्चिम में आदम या एडम के नाम से जाना जाता है, विज्ञान उसे होमो सेपियन्स कहती है. हमारे पुराण करोड़ों साल की तपस्या से मिलने वाले वरदान की बात करते हैं. मानव जो आज एक अतुलनीय जीव है, उसे ये वरदान हासिल करने के लिए करोड़ों साल की तपस्या करनी पड़ी है. इसका मतलब ये नहीं कि प्रकृति आज क्रूर नहीं रही. बल्कि और ज्यादा क्रूर हो गयी है.

70,000 साल पहले, भटकने वाले मानवों की एक जनजाति कठोर वातावरण में जीवित रहने के लिए संघर्ष कर रही थी. कई कबीले भूख, प्यास और हिंसक शिकारी जानवरों से मर गए, और उनकी संख्या हर बीतते दिन के साथ घटती जा रही थी. लेकिन वे दृढ़ रहे, जीने की अदम्य इच्छा से प्रेरित थे. यह इंसान की आखिरी जीवित जनजाति है. प्रसूति, एक गर्भवती महिला, यात्रा के दौरान दूसरों के साथ रहने के लिए संघर्ष करती रही. उसका पति दक्ष ने कोमलता से उसकी देखभाल की, यह जानते हुए कि उसकी गर्भ स्थिति ने उसे विशेष रूप से कमजोर बना दिया है. जब वे एक जोखिम भरे रास्ते को पार कर रहे थे, तभी एक आपदा आ गई. प्रसूति ठोकर खाकर गिर पड़ी, उसके पेट पर तेज आघात लगा. वह तड़प-तड़प कर रोई और दक्ष अनहोनी के डर से उसके पास दौड़ा. लेकिन वे अकेले नहीं थे. भूखे शिकारी जानवरों का एक झुंड कबीले का पीछा कर रहा था, कमजोरी के एक पल के लिए इंतजार कर रहा था कि कब वो प्रसूति पर टूट पड़े.

दक्ष ने इन खूंखार जानवरों को खाड़ी में रखने के लिए अपने सभी हथियारों का इस्तेमाल करते हुए अपनी पूरी ताकत से लड़ाई लड़ी. वह जानता था कि यदि वह असफल हुआ तो उसकी पत्नी और बच्चे हमेशा के लिए खो जाएंगे. जैसे-जैसे लड़ाई बढ़ती गई, प्रसूति को होश में रहने के लिए संघर्ष करना पड़ा. वह जानती थी कि उसके पति और उनके साथी आदिवासी उनकी और उनके अजन्मे बच्चे की रक्षा के लिए अपनी जान जोखिम में डाल रहे हैं. जंगली जानवर पीछे हट गए, कबीले के उग्र दृढ़ संकल्प और बहादुरी की वजह से उन्हें भागना पड़ा. लेकिन खतरा टला नहीं

था. प्रसूति की चोटें गंभीर थीं और ऐसा लग रहा था कि वह बच नहीं पाएगी. कबीले के लोगों ने प्रसूति का हौसला बढ़ाया और तब तक चलते रहने को प्रेरित किया जब तक कोई पानी का स्रोत नहीं मिल जाता. कई दिनों तक भटकने के बाद, वे आखिरकार एक तालाब पर पहुँचे, जहाँ प्रसूति ने एक पुत्र को जन्म दिया. बच्चा छोटा और कमजोर था, लेकिन वह जिंदा था, और बस यही मायने रखता था. जैसे-जैसे बच्चा बड़ा हुआ, जनजाति को कई और चुनौतियों का सामना करना पड़ा, जिनमें सूखा, बाढ़ और अन्य शिकारियों से सामना शामिल हैं. लेकिन वे डटे रहे, बच्चे को मजबूत और स्वस्थ होते देखने के लिए कृतसंकल्प थे. साल बीत गए, और बच्चा जनजाति को खतरे से बचाने के लिए अपनी बुद्धि और ताकत का उपयोग करते हुए एक कुशल शिकारी और योद्धा बन गया. वह अपने लोगों के बीच एक नेता बनने के लिए उठा. कई और परीक्षणों और क्लेशों के माध्यम से उनका मार्गदर्शन किया. और जैसे-जैसे बच्चा बूढ़ा होता गया, उसने अपने ज्ञान और अनुभव को अपने बच्चों और नाती-पोतों को सौंप दिया, जो इतिहास पर अपनी छाप छोड़ते हुए और मानवता की नियति को आकार देते हुए दुनिया भर में फैल गए. समय के साथ, वैज्ञानिकों ने डीएनए स्टडी से पता लगाया कि आज दुनिया में सभी मनुष्य अफ्रीका की एक ही जनजाति के वंशज हैं, जो केवल एक विशेष महिला के बेटे और बेटियाँ हैं.

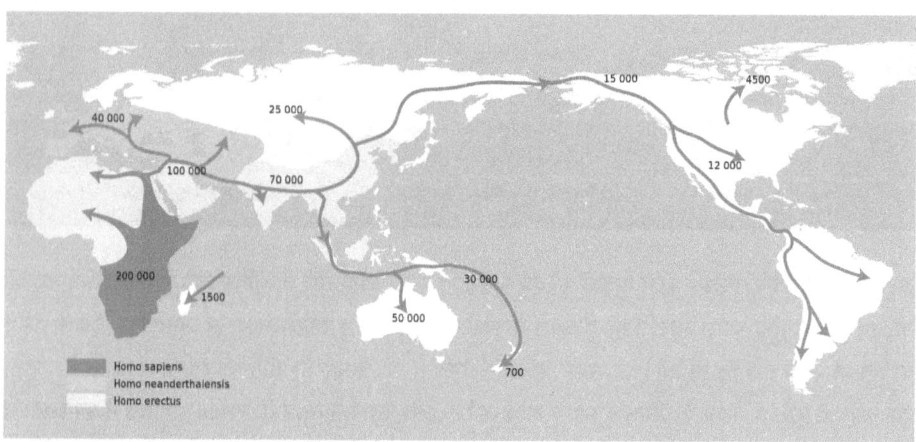

इतिहासकारों ने उस महिला को नाम दिया है - 'द मदर'. भारतीयों ने उसका नाम प्रसूति रखा, जिसके साहस और संकल्प ने मानवता के जीवित रहने की आखिरी उम्मीद बचा रखी थी. तो क्या ये अतिश्योक्ति होगी अगर उस महिला की तुलना करें भारत में पूजी जाने वाली 'जगत जननी प्रसूति माँ' से? आख़िरकार हम सब उसी एक माँ की संतानें हैं.

कृषि

(पाषाण काल: 30 लाख वर्ष पूर्व से 4000 BC)

अन्नपूर्णा और कश्यप

शीत युग की कठिन प्रतिकूलताओं को पार करके मानव अब धरती के कोने- कोने में पहुंच गया. जिन जगहों पर जाने के लिए स्थल मार्ग ही नहीं था, उसकी कमी बर्फ की मोटी चादरों ने पूरी कर दी. अफ्रीका से भारत में मानव प्रवास की पहली लहर लगभग 70,000-50,000 साल पहले, लेट प्लीस्टोसीन युग के दौरान हुई थी.

ऐसे समय में जब मनुष्य शिकारी-संग्राहक के रूप में रहते थे, मानवों का एक झुण्ड भारत की भूमि पर पंहुचा. चलते चलते जब वो मध्य भारत के जंगलों तक पंहुचा, तब उसने देखा वहां पहले से एक अन्य कबीला मौजूद है. ये यहाँ कब और कहाँ से आये ये बता पाना मुश्किल है लेकिन ये तय है कि इन 'मूल भारतीयों' ने टोबा इरप्शन की भयंकर त्रासदी को झेला है. टोबा इरप्शन 74,000 साल पहले दक्षिणी एशिया में आये एक प्रचंड ज्वालामुखी का नाम है. इस ज्वालामुखी ने क्षेत्र के सभी पशु - पक्षियों और मानवों को खत्म कर दिया, लगभग सभी. मानवों का एक झुण्ड जो 'अफ्रीकी' कबीले के सामने खड़ा है इस बात की गवाही देता है उसने टोबा इरप्शन जैसी घातक त्रासदी को भी हरा दिया था. अपने हिम्मत और हौसले के बल पर वो आज प्रकृति की सबसे काबिल संतान के रूप में डट कर खड़ा

है. इस 'अफ्रीकी' कबीले और भारतीय कबीले के बीच अब क्या कोई युद्ध होने वाला है? दोनों कबीले के लोग एक दूसरे को हैरानी से देखने लगे. दोनों के पास पत्थरों के धारदार हथियार थे. अगर लड़ाई हुई तो बहुत खून ख़राबा होगा. आज ये लोग जो भी निर्णय लेंगे वही आने वाले लाखों सालों तक भारतीयों की परंपरा बन जाएगी. दोनों के पास उनके इकट्ठा किये हुए बहुत से सामान थे. सामानों से ज्यादा दोनों के पास अपने अपने अनुभव और अपना अपना अर्जित ज्ञान था. एक तरफ था- कश्यप का कबीला जिसमें थे कश्यप के वृद्ध सलाहकार बृहस्पत, कश्यप की पत्नी अदिति और उसके कई पुत्र, जिनको सम्मिलित रूप से आदित्य कहा जाता था. दूसरी तरफ था दिति का कबीला और उनके अनुभवी बुजुर्ग शुक्र. शुरुआत में दोनों कबीलों में कुछ तनाव की स्थिति पैदा हुई, लेकिन जल्द ही उनको एहसास हुआ कि लड़ने की तुलना में आपस में एक दूसरे से सामान की अदला बदली में अधिक फायदा है. एक कबीले के पास ऐसी चीजें थी जिसकी जरूरत दूसरे को थी और दूसरे के पास ऐसी चीजें थी जिसकी जरूरत पहले को थी. बृहस्पत और शुक्र ने आगे आकर एक दूसरे से वस्तु के बदले वस्तु के लेन देन का प्रस्ताव रखा. दोनों कबीले इस बात के लिए सहमत हो गए. उस दिन उन कबीलों ने हथियार नीचे रख दिए और एक दूसरे से गले मिले. आश्चर्य की बात यह है कि दोनों किसी भी लम्बे संघर्ष में नहीं उलझे. उन्हें एहसास हुआ कि उन्हें एक-दूसरे से बहुत कुछ सीखना है. उन्होंने एक दूसरे की तरफ मित्रता का हाथ बढ़ाया. आज की शाम इस भूमि की सबसे शानदार शाम होने वाली है. दोनों कबीले के लोगों ने अपने अपने पारम्परिक नृत्यों का प्रदर्शन किया. भोजन भी दो तरह का बना, दोनों की अपनी अपनी शैली का. दोनों ने एक दूसरे के देवताओं का सम्मान किया और उन्हें प्रसन्न करने के लिए अपने अपने तरीके से भेंट भी चढ़ाये. आने वाले दिनों के लिए उन्होंने एक दूसरे को शिकार की अपनी - अपनी गुप्त रणनीतियों से अवगत करवाया. दोनों ने अपने किस्से कहानियां भी साझा किये. उसमें एक कहानी दोनों कबीलों में समान थी. कहानी जिसमें भयंकर बाढ़ ने मानव सभ्यता को पूर्णतया ख़त्म करने की ठान ली थी. तब अज्ञात महामानव ने कैसे मानवों के अस्तित्व को मिटने से बचाया. पात्रों के नाम और कुछ घटनाओं के विवरण अलग थे लेकिन मूल कहानी दोनों की एक ही थी. भारत में ये कहानी भगवान विष्णु के पहले अवतार मत्स्य की कथा के रूप में प्रचलित हुई.

धीरे धीरे एक समय ऐसा आया कि दोनों दल एक दूसरे में इतने घुल मिल गए कि उनमें फर्क कर पाना अब असंभव है. यहाँ एक नयी संस्कृति का जन्म हो रहा था, जो आने वाले हज़ारों सालों तक के मानव इतिहास में जिन्दा रही. भारतीयों ने जिन्दा बच निकलने की एक ऐसी कला सीख ली थी जो अन्य कोई देश आज तक नहीं सीख पाया. वो क्या बात है जो भारत की संस्कृति को आदिम काल से ले कर आज तक जीवित रखे हुए है? एक ऐसी कला जो सिर्फ भारतीयों ने साध रखी है- "अपने से अलग वाले को भी स्वीकारो, कुछ उस से सीखो, कुछ उसको सिखाओ." पुरुष और प्रकृति ने एक दूसरे के विरुद्ध नहीं बल्कि एक दूसरे के लिए खड़े होने का निर्णय लिया, तभी तो इस संसार की रचना हुई. जिन्दा बचे रहने के लिए जरुरी है कि लगातार कुछ नया रचते रहें. और नयी रचनाओं के लिए चाहिए लगातार नयी सोच. ये संभव है 'मंथन' से. दोनों विचारों का जम कर मंथन करो. एक ऐसा नया विचार निकलेगा जो किसी अमृत से कम नहीं होगा. आगे चल कर इस परम्परा का नाम पड़ा 'शास्त्रार्थ' या 'वाद'. वो परंपरा जो आजतक भारतीयों ने साध रखी है, किसी न किसी रूप में इसी परंपरा ने हर वक्त भारतीयों को देवताओं की तरह अमर बनाया हुआ है. समुद्र मंथन में भारतीयों को जो अमृत मिला था, उसने इस धरती पर मानवों को हमेशा के लिए अमर बना दिया था. 'मंथन' ही वो विद्या है जो भारतीयों को मृत्युंजय होने का वरदान देती है. अगले कई दिनों तक घूम - घूम कर दोनों कबीलों ने जो नयी खोजें की, वो मानो दोनों के लिए अनमोल रत्न थे. जैसे नए हथियार, शंख, ऐरावत, जो हिंसक जानवरों से रक्षा और शिकार के लिए बहुत कारगर थे. साथ ही नए आभूषण, औषधियां, नए पालतू पशु, चमत्कारी वृक्ष, मादक पेय पदार्थ इत्यादि भी. भारत में ये कहानी भगवान विष्णु के दूसरे अवतार कूर्म(कछुआ) की कथा के रूप में प्रचलित हुई. कश्यप ने समुद्र मंथन में महत्वपूर्ण भूमिका निभाई. कश्यप का अर्थ होता है कछुआ. भारत में कछुआ न्याय, सद्भाव, मित्रता और समृद्धि का प्रतीक माना जाता है. कछुए को स्थिरता और स्थायी समाधान के प्रतीक के रूप में भी माना जाता है. समुद्र मंथन की पौराणिक कथा में एक कछुए ने मथनी को स्थिरता और आधार प्रदान किया था.

कश्यप एक सुंदर व्यक्ति थे, दिति उनके प्रति आकर्षित थी. उन्होंने शादी कर ली. ये कबीला इस तरह घूमता रहा. जल्द ही, दिति ने एक गुफा में एक पुत्र को जन्म दिया, जिसकी आँखें बहुत सुन्दर थी, उसका नाम रखा गया हिरण्याक्ष. कुछ समय बाद दिति ने एक और पुत्र को जन्म दिया, उसका नाम था हिरण्यकश्यप. दिति एक बुद्धिमान महिला थी. उन्होंने बच्चों को ठण्ड से बचाने के लिए एक नया अविष्कार किया. हड्डी की एक महीन और छोटी सी तीली जिसमें लम्बे से रेशे को पिरोया जा सकता था. आगे चल कर इस चीज को कहा जाने लगा – सूई. दिति ने पशु चर्म के छोटे छोटे टुकड़ों को सूई की सहायता से जोड़कर ऐसी पोशाकें बनायीं जो उनके बच्चों के शरीर की बनावट के अनुसार बिलकुल सटीक थी, जो पूरे शरीर को सही तरह से ढकती थी.

हिरण्याक्ष और हिरण्यकश्यप बड़े होने लगे. वो बलिष्ठ और मांसल थे. वो धीरे -धीरे बहुत ही कुशल शिकारी बनने लगे. दिति गुफाओं में दीवारों पर अपने कबीले के क्रियाकलापों के चित्र बनाती थीं. उन्होंने अपने कबीले के शिकार करने के दृश्यों को भी गुफा की दीवारों पर चित्रित किया.

आदित्यों की पूजनीय थीं भूदेवी नीला. आदित्यों ने मिट्टी का एक गोलाकार पिंड बनाया था, उसको नील रंग से रंगा और उसकी पूजा भूदेवी नीला के रूप में करते थे. नीला, आदित्यों के जीवन में महत्वपूर्ण स्थान रखती थी.

हिरण्याक्ष और हिरण्यकश्यप शिकार के अभियानों में अपने कबीले का नेतृत्व करने लगे. जब हिरण्याक्ष बड़ा हुआ तो अपने कबीले का मुखिया बन गया. वो बहुत गुस्सैल और हिंसक स्वभाव का था. साथ ही साथ अदिति के बच्चों यानि आदित्यों से मन ही मन नफरत भी करता था. गुस्से में कभी कभी अपने कबीले के लोगों की हत्या भी कर देता था. एक दिन उसने आदित्यों की भूदेवी नीला का अपहरण कर लिया. आदित्य उसकी इस हरकत से बहुत क्रोधित हुए. हिरण्याक्ष एक दिन जब शिकार पर निकला तो उसका सामना एक जंगली सूअर से हुआ. उसके बड़े बड़े दांत थे और बहुत हिंसक भी था. हिरण्याक्ष ने उस जंगली सूअर के साथ युद्ध किया. हिरण्याक्ष अच्छा शिकारी था लेकिन उस सूअर के ताकत के आगे टिक नहीं पाया. जंगली सूअर ने हिरण्याक्ष को मार डाला. आदित्यों ने नीला को मुक्त करवाते हुए कहा 'ये देवताओं के द्वारा हिरण्याक्ष को उसके पापों की सजा है'. भारत में ये कहानी भगवान विष्णु के तीसरे अवतार वराह की कथा के रूप में प्रचलित हुई.

हिरण्याक्ष की मौत के बाद हिरण्यकश्यप कबीले का स्वामी बना. हिरण्यकश्यप अपने भाई की मौत से दुःखी और क्रोधित था. उसको यकीन था कि उसके भाई की मौत के पीछे आदित्यों का ही हाथ है. नीला के अपहरण का बदला लेने के लिए आदित्यों ने हिरण्यकश्यप की पत्नी कयाधु के अपहरण की योजना बनायी. जिस समय कयाधु गर्भवती थी, आदित्यों ने सही समय देख कर उसका अपहरण कर लिया. जब ये बात आदित्यों के बुजुर्गों को पता चली तो वे बहुत नाराज हुए. उन्होंने कयाधु को आदित्यों से मुक्त कराया और अपने साथ ले आये. बुजुर्ग आदित्य ऋषियों ने कयाधु का बहुत अच्छी तरह से लालन पालन किया. साथ ही साथ उसको आदित्यों के देवता विष्णु की महिमा की भी बहुत कथाएं सुनायीं. कयाधु ने ऋषियों के आवास पर ही एक पुत्र को जन्म दिया. गर्भ के समय से ही आदित्य ऋषियों के बीच रहने की वजह से वो बच्चा विष्णु का परम भक्त बन गया. कयाधु ने उसको नाम दिया प्रहलाद. ऋषियों ने कयाधु और प्रहलाद को सुरक्षित हिरण्यकश्यप के पास पहुंचा दिया. हिरण्यकश्यप ने अपने कबीले में आदित्यों के प्रति सद्भावना रखने वालों को ढूंढ - ढूंढ कर मारना शुरू कर दिया. यहाँ तक कि उसका पुत्र प्रहलाद भी आदित्यों का समर्थक था. हिरण्यकश्यप ने उसको मारने की भी कई कोशिशें की. उसको पहाड़ी से नीचे धक्का दिया, साँपों से भरी गुफा में भेजा, अपनी बहन के हाथों उसको आग में जिन्दा जलाने की कोशिश भी की, लेकिन हर बार प्रहलाद बच गया.

आदित्यों ने कहा "हिरण्यकश्यप के पापों की सजा भी देवता वैसे ही देंगे जैसे उसके भाई को दी थी".

एक दिन हिरण्यकश्यप के सामने एक ऐसा हिंसक जीव आया जिसको पहले कभी किसी ने नहीं देखा था. उसके पंजों पर लम्बे नुकीले नाख़ून थे. उस जीव ने एक ही झटके में हिरण्यकश्यप को चीर कर रख दिया. हिरण्यकश्यप की मौत से लोग बहुत खुश हुए. लोगों ने एक दूसरे के चेहरे को हिरण्यकश्यप के खून से रंग कर खुशियां मनाई. भारत में ये कहानी भगवान विष्णु के चौथे अवतार नरसिंह की कथा के रूप में प्रचलित हुई.

इसी तरह कई वर्ष बीते. हिरण्यकश्यप का बेटा प्रहलाद कबीले का स्वामी बना, उसके बाद उसका बेटा विरोचन, फिर उसका बेटा बलि कबीले का राजा बना.

बलि शक्तिशाली होने के साथ साथ बुद्धिमान भी था. वो अन्य कबीलों के साथ समन्वय बना कर चलने वाला व्यक्ति था. उसके इन सूझ बूझ भरे प्रयासों से उसकी शक्ति बढ़ने लगी. उसकी बढ़ती हुई ताकत से आदित्य असुरक्षित महसूस करने लगे.

इसी समय कश्यप की पत्नी अदिति ने एक और पुत्र को जन्म दिया. उसका नाम रखा गया वामन. यद्यपि जब वामन बड़ा हुआ तो कद काठी से बौना था, लेकिन वह बहुत बुद्धिमान और तर्कशील था. वामन की रूचि शिकार में नहीं थी. वो अपनी माँ की तरह विद्वान था, उसको कहानियां सुनाने, तारों को देखने और चित्र बनाने का शौक था.

उधर एक दिन बलि ने सभी कबीलों को इकट्ठे हो कर अपने अपने ज्ञान पर विचार विमर्श करने का निमंत्रण दिया. वामन बिना किसी निमंत्रण के ही वहां पहुंच गया. वामन ने हिरण की सुन्दर सी खाल पहनी हुई थी, उसके एक हाथ में छाता और दूसरे हाथ में पानी का पात्र था.

बलि ने वामन का स्वागत किया. उसे वाद विवाद में शामिल किया. वामन देखने में जितना बौना था ज्ञान के मामले में उतना ही विशालकाय था. अपने ज्ञान से उसने सबको हरा दिया. बलि ने उस से पूछा "आप विजित हुए, बताइये पुरस्कार में आप क्या चाहते हैं?" वामन ने मुस्कराते हुए कहा "मुझे जो चाहिए वो आप नहीं दे पाएंगे, मैं अब चलता हूँ". बलि ने घमंड के साथ कहा "ऐसी कोई चीज नहीं है जो बलि ना दे सकता हो, आप सिर्फ बताइये क्या चाहते हैं". वामन ने कहा "सिर्फ तीन चीजें - भू, भुव और स्व". बलि को कुछ समझ नहीं आया और बोला "इनका अर्थ समझाइये प्रभु". वामन ने कहा "पहली वो सारी वस्तुएं जो तुम्हें धरती से मिलती हैं ". बलि ये सुन के हैरान रह गया, लेकिन चूँकि वो वादा कर चुका था उसने 'भू' देना स्वीकार कर लिया. वामन ने दूसरी चीज का अर्थ बताया "वो सारी चीजें जो तुम्हें आकाश से मिलती हैं". बलि ने उसे भी स्वीकार करते हुए बोला "मेरे पास जो कुछ भी है वो भू और भुव के रूप में आपको दे चुका हूँ, अब मेरे पास देने को कुछ नहीं बचा, मैं तीसरी चीज नहीं दे पाउँगा". वामन ने समझाया "तीसरी ऐसी चीज है जो इस भू और भुव के परे है, समर्पण. क्या तुम स्व का दान दे सकते हो?" बलि ने वामन के कदमों में अपना सिर रखते हुए कहा "मैं अब हमेशा के लिए आपका दास हूँ प्रभु".. समय के साथ, उनके वंशजों ने एक महान सभ्यता की स्थापना की, जो हजारों वर्षों तक फलती-फूलती रही. भारत में ये कहानी भगवान विष्णु के पांचवें अवतार वामन की कथा के रूप में प्रचलित हुई. भगवान विष्णु के ये शुरुआत के पांच अवतार सतयुग में हुए और मानव विकास की यात्रा को नयी दिशा दी. बाद के समय त्रेता युग में विष्णु ने मानव के रूप में परशुराम और श्रीराम के अवतारों में जन्म लिया.

भीमबेटका गुफाएं मध्य भारतीय राज्य मध्य प्रदेश में स्थित एक पुरातात्विक स्थल हैं. यह स्थल शैल आश्रयों और गुफा चित्रों की अपनी श्रृंखला के लिए प्रसिद्ध है, जो पुरापाषाण और मध्यपाषाण काल के हैं और उन्हें दुनिया में प्रागैतिहासिक कला के सबसे पुराने उदाहरण बनाते हैं. ऐसा माना जाता है कि इन चित्रों का निर्माण शुरुआती मनुष्यों द्वारा किया गया था, जो 30,000 और 10,000 साल पहले इस क्षेत्र में रहते थे और वे जानवरों, मानव आकृतियों और अमूर्त डिजाइनों सहित विषयों की एक विस्तृत श्रृंखला को चित्रित करते हैं. भीमबेटका गुफाएँ इतिहासकारों और पुरातत्वविदों के लिए बहुत महत्व रखती हैं, क्योंकि वे प्रारंभिक मनुष्यों के जीवन और संस्कृतियों में महत्वपूर्ण अंतर्दृष्टि प्रदान करते हैं. शैल चित्रों से पता चलता है कि इन प्रारंभिक मनुष्यों को कला की परिष्कृत समझ थी और वे खुद को जटिल और सार्थक तरीकों से अभिव्यक्त करने में सक्षम थे. पेंटिंग्स शुरुआती समाजों की मान्यताओं, रीति-रिवाजों और सामाजिक संरचनाओं के बारे में सुराग भी प्रदान करती हैं. शैल चित्रों के अलावा, भीमबेटका गुफाओं में प्रारंभिक मानव निवास के साक्ष्य भी शामिल हैं, जिनमें पत्थर के औजार, मिट्टी के बर्तन और अन्य कलाकृतियाँ शामिल हैं. इससे पुरातत्वविदों को विश्वास हो गया है कि यह स्थल प्रारंभिक मनुष्यों के लिए एक महत्वपूर्ण सांस्कृतिक और सामाजिक केंद्र था, और इसने इस क्षेत्र में मानव समाजों के विकास में महत्वपूर्ण भूमिका निभाई.

गोबेक्ली टेप तुर्की में एक प्राचीन पुरातात्विक स्थल है जो 11000 ईसा पूर्व का है, और इसने इतिहासकारों और पुरातत्वविदों को मानव समाजों में धर्म के विकास हेतु नई अंतर्दृष्टि प्रदान की है. धर्म की हमारी समझ के लिए गोबेकली टेपे के सबसे महत्वपूर्ण योगदानों में से एक तथ्य यह है कि यह पारंपरिक दृष्टिकोण को चुनौती देता है कि संगठित धर्म की शुरुआत कृषि के आविष्कार के बाद हुई. गोबेक्ली टेपे की खोज से पहले, यह व्यापक रूप से माना जाता था कि मनुष्यों के एक स्थान पर बसने और फसलों की खेती शुरू करने के बाद संगठित धर्म का विकास हुआ. हालांकि, साइट की जटिल संरचनाएं और जटिल नक्काशियां बताती हैं कि धर्म मानव इतिहास में बहुत पहले उभरा हो सकता है, शायद कृषि के आगमन से पहले भी. इसने कुछ इतिहासकारों को यह प्रस्तावित करने के लिए प्रेरित किया है कि धर्म ने मानव समाजों के विकास में एक महत्वपूर्ण भूमिका निभाई हो सकती है. धर्म, साझा पहचान की भावना और मांगलिक गतिविधियों के आयोजन का साधन प्रदान करता है. गोबेक्ली टेपे द्वारा प्रदान की गई एक अन्य महत्वपूर्ण अंतर्दृष्टि यह तथ्य है कि यह इस धारणा को चुनौती देती है कि प्रारंभिक मानव आदिम थे और उनमें जटिल सामाजिक और धार्मिक प्रथाओं में संलग्न होने की क्षमता का अभाव था. साइट की विस्तृत नक्काशियों और संरचनाओं से पता चलता है कि प्रारंभिक मानव उन्नत योजना, संगठन और कलात्मक अभिव्यक्ति के लिए सक्षम थे. 10000 ईसा पूर्व में, भारत मुख्य रूप से शिकारी-संग्रहकर्ता समाजों द्वारा बसा हुआ था, जो शिकार के खेल और जंगली फलों और सब्जियों को इकट्ठा करते थे. शिकार के साथ-साथ अपने यात्राओं के रास्ते में मिलने वाली कुछ घास के बीजों को भी इकट्ठा कर लिया करते थे. इनके बीज अगर अधिक मात्रा में मिल गए तो वो भी अच्छा पोषण दे देते थे. घास के बीजों को भून कर खाने की इस नई तकनीक की वजह से अब उन्हें एक जगह पर रुकने के लिए थोड़ा समय मिल जाता था. उन्होंने अस्थायी झोपड़ियाँ बनानी शुरू कर दीं. लेकिन घास के बीजों की मात्रा बहुत कम होती थी. इन समाजों में क्षेत्र पाल नाम का एक व्यक्ति था, जो अपनी बेटी अन्नपूर्णा के साथ पहाड़ों में एक छोटे से कबीले में रहता था. क्षेत्र पाल एक कुशल शिकारी और संग्राहक था, लेकिन वह अक्सर अपने लोगों के भविष्य को लेकर

चिंतित रहता था. वह जानता था कि संसाधन दुर्लभ होते जा रहे थे, और यह कि उनके जीवन का तरीका उत्तरोत्तर अस्थिर होता जा रहा था. एक दिन, शिकार यात्रा पर निकलते समय, क्षेत्र पाल को एक याचक मिला, जो इस क्षेत्र से यात्रा कर रहा था. याचक दुबले-पतले और कमजोर शरीर का था, और उसने क्षेत्र पाल से भोजन और पानी की भीख माँगी. अपने परिवार को खिलाने के लिए अपने स्वयं के संघर्षों के बावजूद, क्षेत्र पाल ने याचक पर दया की और अपने स्वयं के अल्प भोजन को उनके साथ साझा किया. बदले में, याचक ने क्षेत्र पाल के साथ अपने ज्ञान को साझा करने की पेशकश की. याचक पहेलियों में कुछ उल जुलूल बातें कर रहा था "मिट्टी की शक्ति, भूमि का चमत्कार, बीज में छिपी सम्भावना". क्षेत्रपाल को उसकी बात समझ नहीं आ रही थी. लेकिन उसकी बेटी अन्नपूर्णा कुछ कुछ समझ रही थी. उसने घास के एक बीज को अपने उँगलियों से उठाया, उसको गौर से देखा फिर जमीन की तरफ देखने लगी. उसने नदी के पास की जमीन में घास के कुछ बीज बो दिए. उस जगह को पत्थरों की एक श्रृंखला से घेर दिया. अन्नपूर्णा उत्सुकता से रोज उस जगह हो निहारती रहती. हर सुबह उस जगह जा कर उम्मीद भरी निगाहों से बहुत देर तक देखती. सबसे पहले, उस के प्रयासों को उनके कबीले के बाकी सदस्यों के संदेह और प्रतिरोध का सामना करना पड़ा, जो शिकार और संग्रहण करने के पुराने तरीकों के अभ्यस्त थे.

लेकिन अन्नपूर्णा जिद पर अड़ी रही और जल्द ही उसे अपनी मेहनत का फल दिखाई देने लगा. एक शाम बादल घिर आये. रात को बारिश हुई. अगले दिन सुबह जब वो उस जगह गयी तो वहां घास के नए पौधे उगे हुए थे. उसकी ख़ुशी का ठिकाना नहीं रहा. उसने भाग भाग के ये बात पूरे कबीले को बताई. सब लोग उस जगह उगे नए पौधों को देख के हैरान रह गए. यह क्षेत्र पाल की बेटी अन्नपूर्णा थी, जो खेती की सच्ची आविष्कारक बनी. जमीन के साथ काम करने के लिए उसके पास एक प्राकृतिक प्रतिभा थी, और उसने फसल उगाने और काटने के लिए कई नई तकनीकें विकसित कीं. वह अपने गाँव में एक प्रिय व्यक्ति बन गई, और अपनी बुद्धिमत्ता और अपनी उदारता के लिए पूजनीय थी. जैसे-

जैसे साल बीतते गए, अन्नपूर्णा ने नई फसलों और तकनीकों के साथ नवाचार और प्रयोग करना जारी रखा. उसके काम ने कई अन्य लोगों को उनके नक्शेकदम पर चलने के लिए प्रेरित किया. जल्द ही, खेती पूरे भारत में एक आम बात बन गई. कहा जाता है कि देवी अन्नपूर्णा माता शक्ति का रूप थी. एक श्राप के तहत भगवान शिव को याचक के रूप में उनसे भिक्षा मांगने उनके द्वार पर जाना पड़ा. देवी अन्नपूर्णा ने पूरे जगत का पेट भरने जितना अन्न का उत्पादन किया. इस पूरे समय में, याचक, क्षेत्र पाल और अन्नपूर्णा के घनिष्ठ मित्र और गुरु बने रहे. उन्होंने उन्हें उनके काम के आध्यात्मिक महत्व के बारे में, भूमि के बारे में और एक दूसरे के साथ सद्भाव में रहने के महत्व के बारे में सिखाया. यह याचक ही थे जिन्होंने उन्हें सबसे बड़ा सबक सिखाया कि सच्चा धन और प्रचुरता जमीन से नहीं आती, बल्कि उस प्रेम और करुणा से आती है जो हम एक दूसरे को दिखाते हैं.

इतिहासकारों के पास इस बात के पुख्ता प्रमाण हैं कि कृषि का आविष्कार एक महिला ने किया था. ये महिला इतिहास की पहली वैज्ञानिक है. पहली आविष्कारक. इसने सिर्फ घास के बीज नहीं बोये थे. उसने मानव इतिहास की उस क्रांति के बीज बोये थे जिसे कहते हैं 'सभ्यता'.

(सिंधु घाटी सभ्यता: 3300 BC से 1900 BC)

नर्तकी और आदिपुरुष

खेती की खोज ने मानव सभ्यता के विकास में महत्वपूर्ण भूमिका निभाई. कृषि के आविष्कार से पहले, मनुष्य मुख्य रूप से शिकारी-संग्रहकर्ता थे, छोटे खानाबदोश समूहों में रहते थे, जो भोजन की तलाश में एक स्थान से दूसरे स्थान पर जाते थे. कृषि की खोज के साथ, मनुष्य एक स्थान पर बसने, फसलों की खेती करने और भोजन के लिए पशुओं को पालने में सक्षम हो गए. इससे स्थायी बस्तियों का विकास हुआ और जटिल समाजों का उदय हुआ. जैसे-जैसे लोग एक स्थान पर बसने लगे, उन्होंने बड़े समुदायों का गठन किया जिनके लिए संगठन और समन्वय की आवश्यकता थी. इससे सरकारों, धार्मिक संस्थानों और आर्थिक प्रणालियों सहित सामाजिक संरचनाओं का विकास हुआ. कृषि द्वारा प्रदान किए गए भोजन के अधिशेष ने समाज के कुछ सदस्यों को कला, विज्ञान और प्रौद्योगिकी जैसे गैर-खाद्य-संबंधित गतिविधियों में विशेषज्ञता हासिल करने की अनुमति दी, जिससे और प्रगति हुई. कृषि के विकास ने व्यापार के विकास की भी अनुमति दी, क्योंकि लोगों ने पड़ोसी समुदायों के साथ वस्तुओं और सेवाओं का आदान-प्रदान करना शुरू कर दिया. इससे लंबी दूरी के व्यापार नेटवर्क का विकास हुआ, जिसने क्षेत्रों में विचारों और प्रौद्योगिकी के आदान-प्रदान की सुविधा प्रदान की. समय के साथ, इस सभ्यता ने विस्तार किया और मानव संस्कृतियों और समाजों की एक समृद्ध और विविध तस्वीर बनाते हुए, अन्य क्षेत्रों में अपना प्रभाव फैलाया. जिन सभ्यताओं ने स्वतंत्र रूप से कृषि का विकास किया, और मानव सभ्यता के विकास में महत्वपूर्ण भूमिका निभाई, उनमें मेसोपोटामिया, मिस्र, सिंधु घाटी शामिल हैं. भारत में मेहरगढ़ की संस्कृति में खेती करने के पर्याप्त सबूत मिले हैं. मेसोपोटामिया के लोग भारत को भारत नहीं कहते थे बल्कि 'मेलुहा' कहते थे. मेसोपोटामिया में मानव ने बहुत समृद्ध संस्कृति का विकास कर लिया था. खेती की खोज, रथों की खोज, लिखने की कला की खोज, घर और महल बनाने की खोज, व्यापार की खोज. मेसोपोटामिया की समृद्धि का एक कारण उसका 'मेलुहा' और मिस्र के साथ व्यापार भी था.

मेसोपोटामिया का एक व्यापारी समुद्र तट पर अपनी नाव में व्यापार का सामान लदवा रहा है. उसके पास कुछ मुद्राएं हैं जिस पर किसी पशु की आकृति के ऊपर मेलुहन भाषा में कुछ लिखा है. आज इसकी नाव मेलुहा जाने वाली है. उस व्यापारी ने अपनी बेटी की जिद के आगे घुटने टेक दिए. उसकी बेटी जिद ले के बैठी थी कि उसे मेलुहा देखना है. सती एक प्रतिभाशाली सुमेरियन नर्तकी थी जो मेसोपोटामिया के उर नामक शहर में रहती थी. उसके पिता एक व्यापारी हैं जिनके जहाज विदेश से व्यापार करने के लिए जाते हैं. सती को हमेशा से ही घूमने और दुनिया देखने का शौक था. वह पहले ही अपनी मातृभूमि और उसके शहरों, साथ ही मिस्र की यात्रा कर चुकी थी. उसकी जिज्ञासा अब उसे

मेलुहा तक ले गई. बचपन से ही ये सोचती रहती थी, इतना बड़ा ब्रह्मांड किसने बनाया होगा? इन महान सभ्यताओं को बसाने का ज्ञान हमें किसने दिया होगा? उसने अपनी माँ से बहुत किस्से सुने हैं. प्रलय के किस्से "ये ऐसा प्रलय था कि इस पृथ्वी से सब कुछ नष्ट हो गया था, कोई सभ्यता नहीं, कोई समाज नहीं. लेकिन एक था जो उस समय भी बचा था - 'आदिपुरुष'. महाप्रलय भी कुछ नहीं बिगाड़ सका. जिसका कभी जन्म ही नहीं हुआ उसकी मृत्यु क्या होगी. वो हमेशा आंख बंद करके किसी ध्यान में डूबा रहता है. लेकिन इस बार जब वो ध्यान से बाहर आया तब उसके सामने सिर्फ सात लोग थे. उन्होंने अपने उपदेश में सृष्टि का पहला ज्ञान दिया. उन सप्तऋषियों ने उन ज्ञान को सार्थक करने में दिन रात एक करके तपस्या की. उन सात योगियों ने ही ये ज्ञान पृथ्वी के अलग हिस्सों में बांटे और उसी से ये सभ्यताएं बनीं. कहा जाता है वो आदिपुरुष आज भी मेलुहा के उत्तर की बर्फ से ढकी पहाड़ियों में रहते हैं. जब भी वह अपने ध्यान से जागेगा, वह दुनिया को अपना ज्ञान प्रदान करेगा, और वह न तो कभी पैदा होगा और न ही मरेगा." सती की मां ने उन्हें रुद्राक्ष दिया, जो आदिपुरुष की माला का एक मोती है. सती मेसोपोटामिया, मिस्र और अंत में सिंधु घाटी सभ्यता के माध्यम से यात्रा करती हैं. वह प्रत्येक सभ्यता की अनूठी विशेषताओं और लक्षणों को देखती हैं.

मेसोपोटामिया में, वह अपने देवी-देवताओं को समर्पित विशाल जिगगुरेट्स देखती हैं, जो उनके धर्म के प्रति समर्पण के प्रतीक के रूप में काम करते हैं. हलचल भरे शहर अपनी जटिल वास्तुकला और व्यस्त बाज़ारों के साथ अपने उन्नत व्यापार और आर्थिक प्रणाली को दर्शाते हैं. हालाँकि, वह दासों और निम्न वर्ग के नागरिकों के साथ कठोर व्यवहार का भी अवलोकन करती है, जो मेसोपोटामिया समाज की गहरी सामाजिक असमानता को उजागर करता है.

मिस्र में, वह बड़े पैमाने पर पिरामिड और उन्हें सुशोभित करने वाले जटिल चित्रलिपि पर अचंभा करती है. नील नदी सभ्यता की जीवनदायिनी के रूप में कार्य करती है, जो उन्हें उन्नत सिंचाई तकनीकों का अभ्यास करने और महान कृषि सफलता प्राप्त करने में सक्षम बनाती है. सती भी अपने फिरौन में मिस्रियों की गहरी आस्था से प्रभावित हैं, जिन्हें दैवीय प्राणी माना जाता था. हालाँकि, वह सख्त सामाजिक पदानुक्रम का भी पालन करती है जो फिरौन और बड़प्पन को शीर्ष पर रखता है, आम लोगों को कम शक्ति या स्वतंत्रता के साथ सबसे नीचे छोड़ देता है.

आज उसके पिता का जहाज मेलुहा जा रहा है. उसके अपने पिता से जहाज के साथ मेलुहा जाने की अनुमति ले ली है. यात्रा बहुत लंबी थी. वो हर समय मेलुहा और आदिपुरुष के बारे में सोचती रहती है. अंत में सती सिंधु घाटी सभ्यता तक पहुंच गई. जब उनका काफिला नगर के द्वार पर पंहुचा तो एक पहरेदार ने विदेशी यात्रियों की पहचान- सील की जांच की. माल और व्यक्ति की सही पहचान हो जाने के बाद उन्हें नगर में प्रवेश की अनुमति मिल जाती है. वह उनकी

अभिनव शहरी योजना और उन्नत सीवेज सिस्टम से चकित हैं. शहरों को अलग-अलग वर्गों में बांटा गया है, प्रत्येक के अपने सार्वजनिक स्नानागार और पानी की आपूर्ति है. साफ-सफाई और स्वच्छता पर सावधानीपूर्वक ध्यान देने के तरीके से एक ऐसे समाज का पता चलता है जो अपने नागरिकों के स्वास्थ्य और भलाई को महत्व देता है. समतावादी सामाजिक संरचना, जहाँ कोई एक वर्ग या जाति दूसरों पर हावी नहीं होती, सामाजिक न्याय और समानता के प्रति उनकी प्रतिबद्धता को उजागर करती है.

अपनी यात्रा के दौरान, सती प्रत्येक सभ्यता की अनूठी विशेषताओं और दुनिया में उनके योगदान की सराहना करती हैं. वह मानती हैं कि प्रत्येक समाज की अपनी ताकत और कमजोरियां होती हैं, और यह विविधता मानव अनुभव का एक महत्वपूर्ण घटक है.. नगर में प्रवेश करते ही सती को वो अद्भुद अनुभूति हुई जिसे वो मेलुहा के किस्सों को सुनते हुए महसूस करती थी. नगर में हर जगह पक्की सड़के थीं, सभी सड़के एक दूसरे को 90 डिग्री पर काटती थी. सड़कों के दोनों किनारे पर बगीचे थे जिसमें रंग बिरंगे फूल खिले थे. सभी घर एकदम एक समान. पकी हुई ईंटों से बने एक मंजिला और बहु मंजिला मकान. यहाँ के लोगों ने खेती की अपनी तकनीकें विकसित कर रखी थीं. इनकी

अपनी भाषा और अपनी लिपि थी. जो चीज़ें सती ने मेसोपोटामिया में देखी थी लेकिन मेलुहा में नहीं दिख रही थी वो हैं महल और हथियार. ना ही यहाँ मिस्र के जैसे कोई पिरामिड थे. सभी मकान बिलकुल एक जैसे थे, लेकिन कोई भी विशाल महल या मंदिर नहीं था. क्या यहाँ कोई राजा या प्रजा नहीं हैं? हाँ कुछ मकान थोड़ी सी ऊंचाई पर बने हुए थे, जिसे सिटाडेल कहते हैं. शायद ये व्यवस्था अपनी अपनी जरूरतों और श्रम विभाजन के आधार पर नागरिकों ने स्वयं स्वीकारी थी.

हथियार जो मेसोपोटामिया और मिस्र में बहुतायत से थे, भारत की इस भूमि पर गायब थे. उसकी जगह पर मिलते हैं खिलौने, ढेर सारे खिलोने. उस लड़की के काफिले को इन एक जैसे दिखते घरों में से एक में ले जाया गया. घर के अंदर कई कमरे थे, पानी को एक टंकी में इकट्ठा किया जाता था. बारिश के पानी को इकट्ठा करने के लिए व्यवस्थाएं की हुई थी. टंकी में इक्कट्ठे किये हुए पानी की एक तेज़ धार, एक कमरे में बने हुए कुर्सी नुमा गड्ढे में आती है. उस बच्ची को उस कुर्सी का सही प्रयोग अभी तक समझ नहीं आया. शायद अगली ही सुबह किसी ने उसको उस कुर्सी का उपयोग करना सीखा दिया. जब वो नहा-धो कर शहर में फिर निकली तो उसने कुछ नए नज़ारे भी देखे. सुबह उठते ही सभी लोग अपने-अपने कामों में लग जाते हैं. एक दूसरे को देख कर मुस्कुराते हुए हाथ जोड़कर झुक कर अभिवादन करते हैं, और सामने वाला भी इसी मुद्रा में जवाब देता है. मंदिर, देबी देवता या पूजा पाठ के दृश्य तो नहीं दिखे लेकिन काम पर जाने से पहले कुछ लोग एक जगह पर इकट्ठे हो कर, एक वेदी में जली अग्नि में कुछ अनाज के बीज डालकर शायद कुछ प्रार्थना कर रहे थे. इस अनुष्ठान के बाद कुछ लोग खेती के काम में जुट गए और बाकी लोग बाजार की ओर बढ़ गए, अपने समृद्ध व्यापार को और समृद्ध बनाने.

यहाँ के बाजार दुनिया के किसी भी अन्य शहर के बाजारों की तुलना में बहुत बड़े थे. दूर दूर से व्यापारी अपना माल ले कर आये थे. एक तो भारत भूमि स्वयं इतनी विशाल ऊपर से विदेशी व्यापारियों की भरमार. भार तौल के लिए जो बाट इस्तेमाल किये जाते थे उनकी वजन इकाई थी 2, 4, 8, 16 और उसके बाद 20, 40, 80 और 160. क्या कोई कह सकता है कि भारत के लोगों को शून्य का ज्ञान आर्यभट्ट के समय में हुआ होगा? गणित, ज्यामिति और भवन निर्माण कला में तो माहिर लोग थे वे. वहां का बाज़ार तो ऐसा दिखता था जैसे माँ लक्ष्मी अपना सम्पूर्ण शृंगार करके बैठी हों. सती अभी और कई दिन रुकेगी और यहाँ के जीवन को और करीब से देखेगी. किसी किसी दिन कुछ विशेष अवसरों को उत्सव की तरह मनाया जाता था. किसी दिन बहुत सारे दीये जलाये जाते, तो किसी दिन सार्वजनिक स्नान का आयोजन किया जाता. इतनी समृद्धि के बाद भी किसी में कोई लालच नहीं था, कोई किसी से आगे निकलना नहीं चाहता था, न ही किसी को किसी से पीछे रह जाने का भय था. ये लोग हमेशा खुश रहते थे. शायद ये लोग खुश हैं इसलिए यहाँ कोई राजा नहीं है या फिर चूँकि यहाँ पर कोई राजा नहीं है इसलिए ये लोग इतने खुश हैं. मिस्र और मेसोपोटामिया में ऐसा देखने को बिलकुल नहीं मिलता. मिस्र में वहां के राजा फेरो ने हज़ारों लोगों को पिरामिड बनाने के काम में मजदूरों के रूप में झोंक दिया है. ऐसा ही हाल मेसोपोटामिया की प्रजा का भी है. मजदूर और सैनिक गुलामी करने को मजबूर हैं. लेकिन भारत में ऐसा कुछ नहीं हैं. यहाँ कोई राजा नहीं है, कोई अमीर नहीं है, इसीलिए कोई गरीब भी नहीं है.

सती रुद्राक्ष से चकित थीं जो उनकी मां ने उन्हें दिया था. वह जानती थी कि यह एक पवित्र वस्तु है, जो आदिपुरुष की माला का हिस्सा है. सती हर दिन रुद्राक्ष पहनती थीं और इससे उन्हें शांति और परमात्मा से जुड़ाव का एहसास हुआ. सती ने प्रजापति के घर शरण ली, जो नगरों का मुख्य शिल्पकार था. वह समाज के प्रबंधक भी थे और लोगों द्वारा उनका सम्मान किया जाता था. प्रजापति ने सती को अपनी पुत्री के रूप में स्वीकार किया और उन्होंने अपनी यात्रा जारी रखी.

हालाँकि, कुछ लोग ऐसे थे जो प्रजापति और उनके शहर की विलासिता का सम्मान नहीं करते थे. ये योगी थे, जो हर समय ध्यान में रहते थे और बेहद शांत रहते थे. सती कई योगियों से मिलीं और अगले कुछ दिनों में, सती ने योगियों से मिलना जारी रखा और उनके जीवन के तरीके के बारे में अधिक जानकारी प्राप्त की. उसने उन्हें अपने अनुभवों और अपने द्वारा देखी गई विभिन्न सभ्यताओं के बारे में भी बताया. उनकी यात्रा और प्राचीन विश्व के आश्चर्यों के बारे में सुनकर योगी चकित रह गए. जब वह मिस्र की भव्यता और सिंधु घाटी की परिष्कृत वास्तुकला की बात कर रही थी, तो वे ध्यान से सुन रहे थे. जैसे-जैसे सती ने योगियों के साथ अधिक समय बिताया, उनमें शांति की गहरी भावना विकसित होने लगी. उसे लगा जैसे उसे अपना असली घर मिल गया है और वह जानती है कि वह इस जगह को कभी नहीं छोड़ सकती. एक दिन, योगियों को रुद्राक्ष दिखाते हुए, जो उनकी माँ ने उन्हें दिया था, उनमें से एक ने कुछ अजीब देखा. योगियों में से एक ने इसे करीब से देखा और चौंक गया. वह जानता था कि यह क्या है और वह जानता है कि यह कहां से आया है. वह भयंकर योद्धाओं द्वारा संरक्षित सती को कैलाश पर्वत की चोटी पर ले गया. पहरेदार ने सती को प्रवेश करने से रोक दिया, लेकिन योगी ने कहा, "ये वही हैं." पहरेदार ने रुद्राक्ष को देखा और उन्हें अंदर जाने दिया. सती घबराई हुई थीं, लेकिन योगी ने उन्हें आश्वासन दिया कि सब ठीक हो जाएगा.

जब वे शीर्ष पर पहुंचे, तो सती ने पहली बार आदिपुरुष को देखा. वह अन्य योगियों से भिन्न थे. वह शांत और गहरे ध्यान में थे. उन्होंने बाघ की खाल पहनी थी और त्रिशूल धारण किया था. इनका वाहन बैल था. सती अवाक रह गई. सती बिना कुछ सोचे-समझे नाचने लगीं. वह बहुत देर तक नाचती रही और अचानक आदिपुरुष उसके साथ नृत्य करने लगे. उन्होंने पूर्ण समकालिकता में नृत्य किया, और उनके आस-पास के सभी लोग बहुत खुश हुए. उनके रुकने के बाद, आदिपुरुष ने सती से बात की. आदिपुरुष बोले "मैं आप का इंतज़ार कई युगों से कर रहा हूँ". सती भ्रमित थीं लेकिन आनंद से भी भरी हुई थीं. उन्होंने कुछ देर बात की, और फिर आदिपुरुष ने सती से उनसे विवाह करने का प्रस्ताव रखा. सती अवाक रह गईं. उसने शादी करने के बारे में कभी नहीं सोचा था, और योगी से तो बिल्कुल भी नहीं. लेकिन आदिपुरुष में कुछ ऐसा था जिसने उसे उसके पास खींचा, और उसने हाँ कहा. योगियों ने सती को कैलाश से विदा किया. सती अब बिलकुल बदल चुकी थी. वो अब एक जागृत और स्वाभिमानी महिला बन चुकी थी. नंदी के मित्र शेरा ने सती को अपना दास स्वीकार कर लिया. सती शेरा पर सवार हुईं और अपने घर लौट गयीं. प्रजापति के एक योगी से विवाह के पक्ष में नहीं थे. लेकिन नारद, इन्द्र, विष्णु, पिता ब्रह्मदेव आदि सम्मानित लोगों के आग्रह पर प्रजापति मान गए.

विवाह के दिन आदिपुरुष भभूत का शृंगार कर के आये. अपने शरीर पर साँपों के आभूषण पहने. कमर पर बाघ की खाल की धोती. उनकी बारात में योगियों के साथ भूत प्रेत भी आये थे. आदिपुरुष के बारात के पहले अन्य देवी देवता

प्रजापति के घर पहुंचे. प्रजापति ने विष्णु, ब्रह्मा, इंद्र, नारद सभी का स्वागत किया. जैसे ही आदिपुरुष की बारात पहुंची, प्रजापति उनको देख कर डर गए. इतने भयंकर दिखने वाले लोग उन्होंने पहली बार देखे थे. प्रजापति मन ही मन बहुत क्रोधित हुए. इस शुभ दिन पर चुप रह कर उन्होंने भविष्य में आदियोगी का अपमान करने का निर्णय किया. शादी खूबसूरत थी, और सती को ऐसा लगा जैसे वह एक सपने में थीं. उसने कभी इतना खुश और इतना प्यार महसूस नहीं किया था. विवाह के बाद, आदिपुरुष और सती अपने-अपने वाहन, बैल और शेर पर बैठकर कैलाश पर्वत पर वापस चले गए. उन्होंने कई दिन शांत चिंतन में बिताए, और सती जानती थीं कि उन्होंने अपनी सच्ची पुकार पा ली है.

इस बीच, वापस शहर में, प्रजापति ने यज्ञ का एक विशाल उत्सव आयोजित किया था. उन्होंने सभी नारद, इन्द्र, विष्णु, ब्रह्मदेव आदि सम्मानित लोगों को आमंत्रित किया, लेकिन उन्होंने आदिपुरुष को आमंत्रित नहीं किया. सती यज्ञ के समय अपने पति को उपस्थित न पाकर, नाराज हो गईं. उसे विश्वास नहीं हो रहा था कि उसके अपने पिता उसके पति को इतने महत्वपूर्ण आयोजन से बाहर कर देंगे. सती ने प्रजापति का सामना किया और दहाड़ते हुए सवाल पूछा "क्या इन सब देवताओं.." लेकिन इससे पहले कि वह अपना वाक्य पूरा कर पातीं, प्रजापति ने उन्हें रोक दिया. उसने उससे कहा कि वह अब उसकी बेटी नहीं रही, उसने एक योगी से शादी कर ली है और अब उसका उस के घर में स्वागत नहीं है. सती के आत्मसम्मान का सर्वनाश हो गया. उसका स्वाभिमान यज्ञ की अग्नि में जल रहा था. आदिपुरुष को जैसे ही इस बात की सूचना मिली, वो तुरंत नंदी और वीरभद्र के साथ नगर आ गए. आदिपुरुष प्रजापति के व्यवहार पर क्रोधित थे. प्रजापति को महान शहर के वास्तुकार होने पर गर्व था.

प्रजापति ने पहला प्रहार किया "तुम प्रजापतियों का सम्मान क्यों नहीं करते हो? तुम्हें प्रजापतियों से समस्या क्या है? हमने विश्व के सर्व श्रेष्ठ नगरों का निर्माण किया है..."

आदिपुरुष ने उत्तर में कहा "विश्व में सर्वश्रेष्ठ? क्या सचमुच तुम्हारे नगर सर्व श्रेष्ठ नगर हैं? क्या इसमें वो कमियां नहीं होंगी जो विश्व के दूसरे नगरों में हैं? क्या तुम्हारे नगर में लालच नहीं होगा? डर नहीं होगा? ईर्ष्या नहीं होगी? अगर ये

सब चीज तुम्हारे नगर में भी होंगी, तो कैसा सर्वश्रेष्ठ नगर?" उसने प्रजापति से कहा, "तुम्हारे नगर में तुम मनुष्यों के सुख-सुविधाओं की ही चिन्ता करते हो. पशुओं का क्या? यह पृथ्वी सबकी है."

प्रजापति अवाक रह गए. उसने पहले कभी जानवरों के बारे में नहीं सोचा था, और उसने महसूस किया कि आदिपुरुष सही थे. आदिपुरुष के शब्दों ने प्रजापति के भीतर एक गहरी छाप छोड़ी. उन्होंने महसूस किया कि मनुष्यों के लिए आरामदायक रहने की जगह बनाने पर उनका ध्यान जानवरों और प्राकृतिक पर्यावरण के लिए बड़ी कीमत पर आया था. उन्होंने देखा कि कैसे उनके डिजाइनों ने जंगलों के विनाश और नदियों के प्रदूषण में योगदान दिया था.

आदिपुरुष ने एक ही प्रहार में प्रजापति के घमंड का सिर धड़ से अलग कर दिया.

प्रजापति ने घुटनों के बल गिरकर क्षमा याचना की. "अब मैं समझ रहा हूं कि मेरे अहंकार ने मुझे कैसे अंधा कर दिया," उन्होंने कहा. "मैं अपनी उपलब्धियों पर इतना ध्यान केंद्रित कर रहा था कि मैं प्राकृतिक दुनिया के प्रति अपने कर्त्तव्य के बारे में भूल गया. मुझे वास्तव में खेद है."

आदिपुरुष ने प्रजापति के कंधे पर हाथ रखा. "सीखने और बढ़ने में कभी देर नहीं होती," उन्होंने कहा. "आपने अपनी गलतियों को पहचाना है और सुधार करने के लिए तैयार हैं. यह सच्चे ज्ञान का संकेत है."

आदिपुरुष ने एक बकरे का सिर प्रजापति को दिया और कहा, "मैं तुम्हें एक नया जीवन दे रहा हूं. तुम सिर्फ प्रजापति नहीं हो, तुम पशुपति भी हो."

आदिपुरुष और सती दोनों गले मिले, और सती की आँखों में आँसू थे. उसने अपने पिता को इतना विनम्र और पछतावे में कभी नहीं देखा था. उत्सव जारी रहा, आदिपुरुष ने इकट्ठी हुई भीड़ से बात की. उन्होंने कहा, "इसे हम सभी के लिए एक सबक बनने दें." "हमें न केवल अपने आराम और सुविधा के लिए बल्कि सभी जीवित प्राणियों के लिए प्राकृतिक दुनिया के साथ सद्भाव में रहने का प्रयास करना चाहिए."

मेलुहा के लोगों ने आदिपुरुष की बातें सुनीं और द्रवित हो गए. उन्होंने अपने शहरों और कस्बों को एक नई रोशनी में देखना शुरू किया, उन्होंने स्थिरता और पर्यावरण प्रबंधन के महत्व को पहचाना.

सती और आदिपुरुष ने मेलुहा के पहाड़ों में एक साथ कई खुशहाल वर्ष बिताए. उन्होंने नाचना- गाना और ध्यान करना जारी रखा. उनका प्यार हर गुजरते दिन के साथ मजबूत होता गया.

और जहाँ तक प्रजापति का सवाल है, वे न केवल मेलुहा के मुख्य वास्तुकार के रूप में जाने गए, बल्कि प्राकृतिक दुनिया के एक समर्पित रक्षक के रूप में भी जाने गए. उन्होंने वनों को बहाल करने, नदियों को साफ करने और ऐसे स्थान बनाने के लिए अथक प्रयास किया जहां मनुष्य और जानवर शांति और सद्भाव के साथ सह-अस्तित्व में रह सकें.

सती, आदिपुरुष, और प्रजापति की कहानी प्राचीन दुनिया में एक किंवदंती बन गई, जो प्यार, विनम्रता और पर्यावरण चेतना की शक्ति के अनुस्मारक के रूप में पीढ़ी दर पीढ़ी चली आ रही है. और आज भी, हज़ारों साल बाद भी, लोग उनकी कहानी सुनाते हैं और उनके उदाहरण से प्रेरणा लेते हैं.

मोहनजोदड़ो में पशुपति मुहर की खोज ने सती के लिए आदिपुरुष की कहानी को जीवंत कर दिया. मुहर में जानवरों से घिरे एक देवता को दर्शाया गया था, जिसने उन्हें आदिपुरुष के सभी जीवित प्राणियों का सम्मान करने के संदेश की याद दिलाई. आदिपुरुष कौन थे? इसकी कई मान्यताएं हैं. जैन मान्यता के अनुसार वो आदिनाथ ऋषभदेव थे. ऋषभदेव और शिव में काफी समानताएं हैं. दोनों पशु प्रेमी हैं. दोनों का प्रिय पशु बैल है, दोनों निर्वस्त्र रहते हैं, दोनों का निवास कैलाश पर्वत पर है. पशुपति मुहर के साथ शिव और ऋषभदेव के बीच संबंध विद्वानों के बीच बहस का विषय है. कुछ विद्वानों का मानना है कि मुहर पर चित्रित आकृति शिव का प्रतिनिधित्व करती है, जिन्हें जानवरों के भगवान के रूप में जाना जाता है और अक्सर योग मुद्राओं में चित्रित किया जाता है. दूसरों ने सुझाव दिया है कि यह आकृति ऋषभदेव का प्रतिनिधित्व है, जैन धर्म में एक महत्वपूर्ण व्यक्ति है जिसे अक्सर जानवरों से घिरा हुआ चित्रित किया जाता है और अहिंसा या अहिंसा की अवधारणा से जुड़ा होता है.

दूसरी ओर, मोहनजोदड़ो में मिली 'द प्रीस्ट किंग' की मूर्ति हमें प्रजापति को सभ्यता के मुख्य वास्तुकार के रूप में उनकी भूमिका की याद दिलाती है. उसने खुद को पुजारी राजा की तरह एक नेता के रूप में देखा, जो अपने लोगों की भलाई के लिए जिम्मेदार था. प्रजापति ने खुद को एक दूरदर्शी के रूप में देखा जो दुनिया के सबसे बड़े शहर का निर्माण कर रहा था, और उन्हें अपनी उपलब्धियों पर गर्व था.

मोहनजोदड़ो में कांसे की बनी एक महिला की मूर्ति मिली है. ये महिला एक नायिका की तरह खड़ी है. मानो अपनी ख़ुशी और सुंदरता का आत्मविश्वास के साथ प्रदर्शन कर रही हो. इनके चेहरे पर झलकता आत्मविश्वास इस बात की गवाही चीख चीख के देता है कि वो एक ऐसे समाज का हिस्सा है जिसमें बराबरी सर्वोच्च प्राथमिकता थी. एक ऐसा समाज जहाँ कोई किसी से आगे नहीं निकलना चाहता, फिर भी सब समृद्ध हैं. कोई लड़ाई नहीं होती बल्कि इतने खिलौने इस ओर इशारा करते हैं कि हर समय इस समाज में हंसी ख़ुशी ही रही होगी. ये एक ऐसा समाज था जो डर, लालच और ईर्ष्या से पूरी तरह मुक्त था. इसीलिए सबसे खुशहाल था. उस महिला का वास्तविक नाम तो हम नहीं जानते लेकिन इतिहासकारों ने उसे नर्तकी नाम दिया है. सब शिव को याद रखते हैं लेकिन अक्सर उस सती को भूल जाते हैं जिसने एक वैरागी को जब सांसारिक बनाया, तब एक नए समाज का निर्माण हुआ. सती और शिव के तांडव नृत्य से लालच, डर, ईर्ष्या, घृणा जैसी मायाओं का संहार हो जाता है और एक ऐसे समाज का निर्माण होता है उसको कह सकते हैं सतयुग.

भारत

(ऋग्वैदिक काल: 1500 BC से 1000 BC)
लोपामुद्रा और अगस्त्य

सिंधु घाटी सभ्यता की खोज 1920 में संयोगवश हुई. इस से पहले इस महान सभ्यता के बारे में कोई जानता भी नहीं था. आज तक सिंधु घाटी सभ्यता की 1500 से ज़्यादा साइट्स खोज ली गयी हैं. उनके प्रमुख शहरों के वर्तमान नाम हैं मोहनजोदड़ो, हड़प्पा, कालीबंगा, चहुंदारो, लोथल और राखीगढ़ी. पुरातात्विक को पूरे- पूरे शहर मिले. उन खंडहरों और उनमें मिली वस्तुओं से हम उस समय के लोगों के रहन सहन का अंदाज़ा लगाते हैं. इन शहरों में बहुत मात्रा में मिट्टी की चौकोर आकार की सीलें मिली हैं. जिन पर एक जानवर की आकृति बनी है और उसके ऊपर कुछ लिखा है. सिंधु घाटी लिपि को अब तक पढ़ा नहीं जा सका है. उसके उलट उसकी समसामयिक सभ्यताओं की लिपि सफलतापूर्वक पढ़ी जा चुकी है. कारण कई हैं. एक तो सिंधु घाटी सभ्यता की खोज बाकी सभ्यताओं की तुलना में बहुत बाद में हुई और दूसरा ये हमें भारत में अब तक कोई 'रोसेटा' पत्थर नहीं मिला है. रोसेटा स्टोन एक प्रसिद्ध प्राचीन कलाकृति है जिसने प्राचीन मिस्र के चित्रलिपि को समझने में महत्वपूर्ण भूमिका निभाई थी. यह एक ग्रैनोडायराइट स्टेल है जिसे 1799 में मिस्र और सीरिया में फ्रांसीसी अभियान के दौरान मिस्र में रशीद (रोसेटा) शहर के पास फ्रांसीसी सैनिकों द्वारा खोजा गया था. पत्थर का नाम उस शहर के नाम पर रखा गया है जहां यह पाया गया था. रोसेटा स्टोन में तीन अलग-अलग लिपियों में लिखे शिलालेख हैं: प्राचीन मिस्र की चित्रलिपि, डेमोटिक लिपि (रोजमर्रा के प्रयोजनों के लिए उपयोग की जाने वाली चित्रलिपि का एक सरलीकृत रूप) और प्राचीन यूनानी. रोसेटा स्टोन का महत्व इस तथ्य में निहित है कि इसने मिस्र के चित्रलिपि को समझने और अनुवादित करने के लिए एक महत्वपूर्ण कुंजी प्रदान की, जो सदियों से एक रहस्य थी. इस सफलता ने प्राचीन मिस्र की संस्कृति के बारे में ज्ञान का एक विशाल खजाना खोल दिया. हम नहीं जानते सिंधु घाटी सभ्यता के लोगों ने अपने नगरों को क्या नाम दिया था, वो लोग एक दूसरे को किस नाम से बुलाते थे. हम तो ये भी नहीं जानते की वो लोग कहाँ चले गए. हमें उनके बारे में जो भी जानकारी मिलती है, वो बस उन वस्तुओं से मिलती है जो पुरातात्विकों को बरामद हुई हैं. हमारे पास हैं, तो वो कहानियां जो उस समय के लोग एक दूसरे को सुनाते रहे होंगे. कैसे भारत की कहानियों में मेसोपोटामिया के पात्र आ जाते हैं, वैसे ही समकालीन पश्चिम के कहानियों में भारतीय देवता आते हैं. पूरा जम्बूद्वीप, मिस्र, मेसोपोटामिया और भारत औद्योगिक तारों के माध्यम से सूचनाओं के एक सूत्र से जुड़ा हुआ था. व्यापारी अपने साथ सिर्फ माल ही नहीं लाते ले जाते, बल्कि अपने साथ ले जाते हैं कहानियां.

1700 BC से 1500 BC के बीच धीरे धीरे सिंधु घाटी सभ्यता का पतन हो गया. और लगभग इस समय पर भारत में एक नयी सभ्यता की मौजूदगी प्रकट होने लग गयी. ऋग्वैदिक सभ्यता, जिसे आर्य संस्कृति भी कहते हैं.

ये बात आज कोई भी स्पष्ट रूप से नहीं बता पायेगा कि सिंधु घाटी सभ्यता का पतन कब और क्यों हुआ, लेकिन कुछ विद्वान उसके अनुमान लगाते हैं जैसे बाढ़, मौसम बदलाव, सूखा, अर्थव्यवस्था का पतन.

इस बात पर भी चर्चा होती है कि ऋग्वैदिक सभ्यता और सिंधु घाटी सभ्यता में क्या सम्बन्ध रहा होगा? सवाल तो ये भी उठते हैं कि ऋग्वैदिक लोग जिनको आर्य कहते हैं मूल रूप से भारतीय थे या विदेश से आये थे?

सिंधु घाटी सभ्यता के समय की ऐसी अनेक मान्यताएं हैं जो आज भी भारतीयों द्वारा मानी जाती हैं. जैसे नमस्ते की मुद्रा, मांग में सिंदूर लगाना, यज्ञ की वेदियां, पशुपति शिव, पीपल का महत्व आदि. सबसे बड़ा प्रश्न है भाषा का. उनकी लिपि को अभी तक पढ़ा नहीं जा सका है, लेकिन ये तय है की वो लोग भाषा को लिखना जानते थे. वहीं दूसरी तरफ आर्यों की भाषा थी संस्कृत. जो शुरुआत में सिर्फ बोल कर और बाद में ब्राह्मी लिपि में लिख कर प्रसारित की जाती थी. क्या आर्यों की ब्राह्मी में और सिंधु घाटी की लिपि में कोई समानता है? अब तक सिंधु घाटी लिपि को पढ़ने में कोई बड़ी सफलता हासिल नहीं हुई है, बावजूद इसके कि इसकी तुलना ब्राह्मी से करने के कई प्रयास भी हुए. लेकिन पूरी सफलता हाथ नहीं लगी. फिर भी हमें यहाँ भी एक आशा की किरण दिखाई देती है.

गुजरात के बेट द्वारका नाम के द्वीप के समीप, समुद्र के भीतर पुरातात्विक सर्वेक्षण करने वाली एक टीम को एक शहर मिलता है. ये शहर लम्बी लम्बी दीवारों से सुरक्षित किया गया था. इसके साथ और भी कई अन्य वस्तुए मिली हैं जैसे बरामद की गई कलाकृतियों में एक हड़प्पा के उत्तर काल की एक मुहर, एक खुदा हुआ जार और एक ताम्रपात्र का एक साँचा, और एक ताँबे का फिश-हुक शामिल है. एक सील जिस पर लिखी लिपि से ही हमें इस पहेली को सुलझाने में एक आशा की किरण के रूप में मिलती है. इस पर लिखी हुई लिपि के आधे अक्षर सिंधु घाटी की लिपि में लिखे हुए हैं और आधे अक्षर ब्राह्मी लिपि में लिखे हुए हैं. पौराणिक कथाओं के अनुसार गुजरात में द्वारका नाम की एक वैभवशाली नगरी थी जिसके राजा श्रीकृष्ण थे. एक बाढ़ में वो नगरी तबाह हो गयी और समुद्र के नीचे दब गयी.

श्रीकृष्ण को भारत में भगवान विष्णु के आठवें अवतार के रूप में पूजा जाता है. प्रो. एस. आर. राव जैसे पुरातत्वविदों की टीम ने जिस प्राचीन नगर की खोज की वो कहीं पौराणिक द्वारका नगरी ही तो नहीं? क्या ये संभव नहीं कि द्वारका नगरी सिंधु घाटी सभ्यता के वैदिक सभ्यता में संक्रमण के काल की कोई नगरी रही हो. पुरातात्विक प्रमाण तो यही इशारा करते हैं. वैज्ञानिकों ने उस क्षेत्र में एक और प्राचीन नदी का पता लगाया है, जो अब विलुप्त हो चुकी है. वैज्ञानिक उसे 'घग्घर हाकरा नदी' कहते हैं. वैदिक काल में इसका नाम सरस्वती नदी था. जिस सभ्यता को हम सिंधु घाटी सभ्यता कहते हैं क्या वो सिंधु और सरस्वती नदी के दोआब पर विकसित हुई सभ्यता थी? जैसे कि मेसोपोटामिया की सभ्यता दजला और फरात नाम की दो नदियों के दोआब पर थी. क्या सरस्वती नदी का विलुप्त हो जाना ही तो उस सभ्यता के पतन का कारण तो नहीं है?

चाहे कोई भी सम्भावना हुई हो, जो बात सब लोग स्वीकार करते हैं वो ये है कि प्राचीन समय में भारत में एक ऐसी उन्नत सभ्यता थी जो अपने ऐश्वर्य और समृद्धि का प्रदर्शन अपने शानदार नगरों से करती थी. लगभग उसी समय पर एक ऐसी सभ्यता भी थी जिसमें विद्वान्, मानव अस्तित्व का इतना गहन चिंतन करते हैं, जिस पर चर्चा आज भी जारी है. क्या ये दोनों सभ्यताएं पुरुष और प्रकति की तरह ही एक ही सत्य के दो अलग अलग रूप तो नहीं हैं?

ऋग्वेद की रचना कब हुई, ये बिलकुल सटीक तरीके से बता पाना तो शायद अभी किसी के लिए भी संभव नहीं हैं. लेकिन इसकी रचना और प्रसार का काम कम से कम 1500 BC पर शुरू हो चुका था.

वर्तमान तुर्की में हित्तित और मितानी साम्राज्यों के बीच 1500 BC में हुई एक संधि का दस्तावेज मिला है. पत्थर पर लिखे इस संधि पत्र पर ऋग्वैदिक देवताओं इन्द्र, मित्र, वरुण, अश्विनी कुमार आदि के नाम साफ साफ अंकित हैं. ऋग्वेद उस समय के लोगों को जानने का स्वयं स्रोत है. वर्तमान में उपलब्ध ऋग्वेद में 10 मंडल हैं. भाषा विज्ञानियों का मानना है कि मूल रूप से ऋग्वेद में 7 मंडल ही थे, 3 अतिरिक्त मंडलों को बाद में जोड़ा गया है. प्रत्येक मंडल को सुनने, सुनाने, याद रखने तथा सही सलामत अगली पीढ़ी तक पहुंचने का काम एक परिवार को दिया जाता था. विश्वामित्र परिवार और वशिष्ठ परिवार की कई कहानियाँ भविष्य में प्रचलित हुई.

ऋग्वैदिक युग की कहानी ऋषि अगस्त्य और लोपामुद्रा से अच्छा और कौन बता सकता है. अगस्त्य ऋषि का नाम ऋग्वेद के सभी 10 मंडलों में आता है. ऋषि अगस्त्य और लोपामुद्रा ने पूरे भारत की यात्रायें भी की हैं और दक्षिण भारत में संगम में भी शामिल हुए हैं. ऋषि अगस्त्य द्वारा ऋग्वेद में व्यक्त किये गए, सभी विचारों का सार निकाला जाये तो वे बार बार, मुख्य रूप से दो विषयों पर चर्चा करते हैं.. पहला विषय है 'दोनों' को आपस में मिलजुल कर सहअस्तित्व में रहना. यह विषय ऋग्वेद में सामाजिक समंदरीकरण के विभिन्न पहलुओं का वर्णन करता है, जैसे नृपति (राजा), वैश्य (व्यापारी) और शूद्र (कामगार). ऋषि अगस्त्य के अनुसार, सभी लोग एक ही मूल से आते हैं और उन्हें एक साथ रहना चाहिए. उन्होंने सभी लोगों के बीच समानता और सहअस्तित्व की बात की है. दूसरा विषय उनकी पत्नी के साथ स्त्री और पुरुष की जिम्मेदारियों पर चर्चा है. ऋषि अगस्त्य के अनुसार, स्त्री और पुरुष दोनों ही समान रूप से जिम्मेदार होते हैं. वे दोनों जीवन के सभी क्षेत्रों में साझा भूमिका निभाते हैं, जैसे विद्या, संस्कृति, व्यापार, गृह प्रबंधन आदि.

पहले विषय में 'दोनों' कौन हैं? हर युग में ये बदलते रहते हैं. किसी युग में ये दैत्य और आदित्य थे, कभी ये देव और असुर थे, फिर बाद के युगों में ये आर्य और दस्यु हो जाते हैं. ऋग्वैदिक लोग, इन्द्र, मित्र, वरुण, अश्विनी कुमार, गायत्री,

सविता आदि देवी देवताओं जो कि प्रकृति की अलग अलग शक्तियों के प्रतीक थे, को सम्मान देने के लिए यज्ञ का आयोजन करते थे. अपने अस्तित्व के ज्ञान के लिए गहरे विचार विमर्श करते थे. अपनी मान्यताओं और ज्ञान को वो पूरे विश्व में पहुँचाना चाहते थे. पूरी पृथ्वी को आर्य बनाना चाहते थे. और इस प्रक्रिया की शुरूआत संस्कृत के फैलाव से साथ होती है. इस प्रक्रिया में सबसे बड़े बाधक हैं असुर. लेकिन क्या असुर हमेशा से आर्यों के खिलाफ थे? ऋग्वेद के शुरुवाती रचनाओं में असुर को इंद्र के बराबर का पूजनीय बताया गया है. असुर से प्रार्थना करती हुई कई ऋचाएं ऋग्वेद में मिल जाती हैं. लेकिन बाद में असुर का बदला हुआ स्वरुप नजर आता है. ऋग्वेद की बाद की लिखी ऋचाओं में असुर देवताओं के सबसे बड़े दुश्मन है. यज्ञों हवनों में बाधा डालने वाले प्राणी हैं. असुरों के स्वभाव में ये बदलाव कब और क्यों आया? जिस समय भारत में ऋग्वेद पर चर्चाएं चल रही थीं लगभग उसी समय आज के ईरान में अवेस्ता पर चर्चाएं जारी थीं. ईरान का अवेस्ता लगभग उतना ही प्राचीन है, जितना भारत का ऋग्वेद. अवेस्ता में जो सर्वोच्च शक्तिशाली है- उसका नाम है अहुरा मज़्दा. ध्यान देने लायक बात ये है कि ईरान और भारत की बोलियों में ये फर्क है कि जिस ध्वनि को भारत में 'स' कहते हैं और ईरान में 'ह' कहते हैं. क्यों न अहुरा मजदा कोई और नहीं बल्कि ऋग्वेद का असुर है. अवेस्ता में इन्द्र, वरुण, यम आदि देवताओं का वर्णन है. मजे की बात तो ये है कि 'देव' जिन्हें ऋग्वेद में अच्छाई का प्रतीक बताया गया है वही 'देव' अवेस्ता में बुराई का प्रतीक बन जाता है. असुर जो ऋग्वेद में बुरा है लेकिन अवेस्ता में सर्वोच्च नायक है.

क्या ये संभव नहीं कि असुर भी एक समय ऋग्वैदिक मान्यताओं को मानने वाला ही प्राणी था. लेकिन एक समय पर ऋग्वेद की कुछ परम्पराओं में बदलाव की मांग करने लगा हो. शायद उसकी इसी बगावत के लिए बाकी आर्यों ने उसको खुद से अलग कर दिया हो. क्या ये संभव नहीं कि असुर ने अपने अनुयायियों के साथ एक अलग धारा की शुरुआत कर दी हो. उसकी नयी मान्यताओं में यज्ञ की अग्नि ही सबसे पवित्र है वही पूजनीय है 'देव' नहीं. शायद 'देवों ' और असुरों की इस मत भिन्नता की झलक हमें अलग- अलग किस्से कहानियों में देखने को मिल जाती है. असुर वास्तव में कौन थे, हम नहीं जानते. हम तो ये भी नहीं जानते कि इंद्र कौन थे? क्या वो एक कबीले के रक्षक राजा थे? या फिर एक वर्षा के देवता? जो प्रसन्न हुए तो फसलें लहलहा उठेंगी और नाराज हुए तो बाढ़ आएगी. कुछ भी हो इंद्र का उनके जीवन में एक अलग ही ऊँचा स्थान था. आर्यों का रहन सहन कैसा था, इस बात की जानकारी भरत नाम के कबीले के उस किस्से से हो जाती है जिस पर अगस्त्य मुनि और उनकी पत्नी लोपामुद्रा अक्सर चर्चाएं करते रहते हैं.

लोपामुद्रा अपनी मधुर आवाज में ऋग्वेद का नासदीय सूक्त गाती हैं:

नासदासीन्नो सदासीत्तदानीं नासीद्रजो नो व्योमा परो यत् |

किमावरीवः कुह कस्य शर्मन्नम्भः किमासीद्गहनं गभीरम् ॥ १॥

अर्थ:

तब अस्तित्व भी नहीं था वो, अस्तित्व भी नहीं थी वो,

तब न तो पवन थी और न ही उससे परे अंतरिक्ष.

इसे किसने छुपाया था? वह स्वयं कहाँ था? किसकी रखवाली में?

क्या उस समय अथाह गहराई में ब्रह्मांडीय तरल पदार्थ था?

न मृत्युरासीदमृतं न तर्हि न रात्र्या अह्न आसीत्प्रकेतः ।
आनीदवातं स्वधया तदेकं तस्माद्धान्यन्न परः किञ्चनास ॥२॥

अर्थ:

तब न तो मृत्यु थी और न ही चिरंजीविता

न ही तब रात और दिन की तेजस्वी सविता

'वो' बिना हवा के साँस ले सकता था।

तब वही एक था, दूसरा कोई नहीं था।

तम आसीत्तमसा गूळ्हमग्रे प्रकेतं सलिलं सर्वाऽइदम् ।
तुच्छ्येनाभ्वपिहितं यदासीत्तपसस्तन्महिनाजायतैकम् ॥३॥

अर्थ:

पहले तो अँधेरा ही अँधेरा लिपटा हुआ था।

यह सब केवल अप्रकाशित ब्रह्माण्डीय जल था।

वह जो अस्तित्व में आया, शून्य के आवरण में बंद,

आख़िरकार वो प्रकट हो, ज्ञान की शक्ति से जन्मे।

कामस्तदग्रे समवर्तताधि मनसो रेतः प्रथमं यदासीत् ।
सतो बन्धुमसति निरविन्दन्हृदि प्रतीष्या कवयो मनीषा ॥४॥

अर्थ:

शुरू में इच्छा इस पर उतरी -

वह मूल बीज था, मन से पैदा हुआ।

जिन ऋषियों ने अपने हृदय को ज्ञान से जांचा है

जानो कि जो है, उसका दिखता जो उससे नाता है।

तिरश्चीनो विततो रश्मिरेषामधः स्विदासीदुपरि स्विदासीत् ।
रेतोधा आसन्महिमान आसन्त्स्वधा अवस्तात्प्रयतिः परस्तात् ॥५॥

अर्थ:

और उन्होंने अपनी डोरी शून्य में तानी है,

और जान लो कि ऊपर क्या था, और नीचे क्या था।

मौलिक बलों ने उपजाऊ ताकतवर शक्तियां बना दीं।

नीचे शक्ति थी, और ऊपर आवेग था।

को अद्धा वेद क इह प्र वोचत्कुत आजाता कुत इयं विसृष्टिः ।
अर्वाग्देवा अस्य विसर्जनेनाथा को वेद यत आबभूव ॥६॥

अर्थ:

परन्तु आख़िर कौन जानता है, और कौन कह सकता है

यह सब कहाँ से आया, और सृष्टि कैसे हुई?

देवता स्वयं सृष्टि के बाद के हैं,

तो वास्तव में कौन जानता है कि यह कहाँ से उत्पन्न हुआ है?

इयं विसृष्टिर्यत आबभूव यदि वा दधे यदि वा न।

यो अस्याध्यक्षः परमे व्योमन्त्सो अङ्ग वेद यदि वा न वेद ॥७॥

अर्थ:

सारी सृष्टि की उत्पत्ति कहां से हुई,

सृष्टिकर्ता ने, चाहे उसने इसे बनाया हो या नहीं बनाया हो,

सृष्टिकर्ता, जो सर्वोच्च स्वर्ग से यह सब सर्वेक्षण करता है,

वह जानता है—या शायद वह भी नहीं जानता.

अपने पति अगस्त्य से सृष्टि के उद्भव की चर्चा करते करते, लोपामुद्रा दासराज्ञ युद्ध की चर्चा करने लगती हैं. दासराज्ञ युद्ध की कहानी इनसे बेहतर कौन बता सकता है, ये लोग इसके स्वयं साक्षी रहे हैं. अगस्त्य मुनि और उनकी पत्नी उत्तर से दक्षिण की यात्रा कर चुके हैं, हर जगह के विद्वानों और उनके साहित्यों का 'संगम' करा चुके हैं. दक्षिण भारत में स्थित चोला राज्य में आयोजित 'संगम सभा' की कहानी भी हमें अगस्त्य मुनि से ही सुनने को मिलती है. आज भी वो लोग उस दासराज्ञ युद्ध की ही बात कर रहे हैं जो वैदिक काल में इस आर्यावर्त में लड़ा गया था. लोपामुद्रा उस दिन को याद करती हैं, जब राजन दिवोदास के पुत्र सुदास का दीक्षांत समारोह हो रहा था.

जवान सुदास अपने जीवन के अनमोल वर्ष आचार्य विश्वामित्र के गुरुकुल में बिता कर अब अपनी शिक्षा पूर्ण करता है. उसके घर से बैल गाड़ियों में भर कर बहुत सारी वस्तुएं आयी हैं, गुरु विश्वामत्र को गुरु दक्षिणा में देने के लिए. लेकिन गुरु ने इन बेशकीमती वस्तुओं को स्वीकारने की बजाय एक वचन गुरु दक्षिणा के रूप में माँगा. "वचन दो कि तुम आजीवन इस संपूर्ण धरती को आर्य बनाने की दिशा में संघर्ष करोगे!", सुदास ने बेझिझक वचन दे दिया. उसे अपने गुरु की दी गयी शिक्षा पर पूरा भरोसा है. सुदास के गुरु विश्वामित्र स्वयं एक युवा थे. उनकी दाढ़ी और सर के बाल अभी काले थे. वो आचार्य परंपरा से नहीं, बल्कि क्षत्रिय परंपरा से आये थे. उनके अंदर जोश था, उत्साह था, कुछ नया करने का जूनून था. उनकी ये जल्दबाज़ी एक अन्य गुरु को बिलकुल नहीं भाती थी. आचार्य वशिष्ठ, जो बूढ़े थे, उनकी दाढ़ी और सिर दोनों के बाल बिल्कुल सफेद हो गए थे. उन्होंने अपने जीवन के अनुभवों से बहुत ज्ञान अर्जित किया है. विश्वामित्र और वशिष्ठ के बीच बहस छिड़ जाना आम बात थी.

घर आने पर सुदास का गर्म जोशी से स्वागत हुआ. अभी कुछ ही दिन हुए थे कि रात को ग्राम पर अज्ञात लोगों ने हमला कर दिया. मुँह पर कपड़ा बांधे ये घुड़सवार धन लूटने के लिए किसी की हत्या से भी नहीं बच रहे. सुदास ने महंगे आभूषण पहने हुए थे. एक हमलावर की नजर सुदास पर पड़ गयी. उसने गले में पहने हुए महंगे स्वर्ण आभूषण को छीनने के लिए सुदास का गला काटने का निर्णय लिया. और अपनी भरी तलवार उठा कर सुदास के ऊपर टूट पड़ा. डर के मारे सुदास के पांव जम गए. शरीर शिथिल हो गया. तलवार सुदास की गर्दन के आर पार निकलती उस से एक क्षण पहले ही एक और तलवार ने बीच में आकर उसका रास्ता रोक दिया. सुदास की जान बचाने वाले युवक का नाम है सुकर्मा. फुर्तीला, मांसल, गंभीर योद्धा. सुकर्मा और सुदास में कोई सम्बन्ध नहीं है. सुकर्मा ने सुदास की जान सिर्फ इसलिए बचायी क्योंकि वो भी उसी कबीले का सदस्य है. उस समय आज की तरह औपचारिक सेना नहीं होती थी, कबीले का हर सदस्य समय आने पर सैनिक बन जाता था. सुकर्मा सुदास की तरह किसी राजन या आचार्य का बेटा नहीं था. वो तो एक मामूली रथ चलाने वाले सारथी का बेटा था. आज उन हमलावरों को आसानी से खदेड़ दिया गया. अगले दिन सुदास को पता चला कि वो हमलावर दस्यु थे. जो झुण्ड बना कर आर्यों की बस्तियों पर हमला

करते हैं. आज ही एक गुप्तचर ने पास के गाँव में दस्युओं के छुपे होने की गुप्त सुचना दी है. सभी योद्धा अपने अपने हथियारों और घोड़ों को तैयार कर रहे हैं. सुदास ने भी अपनी जिम्मेदारी समझते हुए अपना भाला उठाया और घोड़े पर सवार हो गया. आर्यों का घुड़सवार झुण्ड तेज़ी से दस्युओं के ठिकाने पर धावा बोलने के लिए बढ़ रहा है. जैसे ही दस्युओं का ठिकाना दिखाई दिया, आर्य उस पर टूट पड़े. सुकर्मा ने साहस दिखाते हुए बहुत सारे दस्यु योद्धाओं को ख़त्म कर दिया. और सुदास? वो किसी को मारना तो दूर स्वयं की रक्षा भी ठीक से नहीं कर पा रहा था. एक बार फिर डर के मारे शरीर शिथिल हो गया और एक बार फिर सुकर्मा ने उसकी जान बचाई.

सुदास के भीतर छुपे हुए डर को आचार्य वशिष्ठ ने भांप लिया. वशिष्ठ ने सुदास से बात करने का फैसला किया. अगली ही सुबह सुदास जब ऋग्वेद की कवितायें गुनगुना रहे थे - "सर्वे भवन्तु सुखिनः सर्वे सन्तु निरामया सर्वे भद्राणि पश्यन्तु मा कश्चिद् दुःख भागभवेत" तभी वहां आचार्य वशिष्ठ आये. सुदास और वशिष्ठ उपवन में टहल रहे थे. थोड़ी देर की चुप्पी को तोड़ते हुए वशिष्ठ ने कहा "सुदास क्या तुम जानते हो दस्युओं से हमारी क्या दुश्मनी है?" सुदास के पास कोई जवाब नहीं था. वशिष्ठ ने कहा "तुम्हारा ये अज्ञान ही तुम्हारे डर का कारण है".

वशिष्ठ ने बताया "दस्यु हमारी गायों को हम से चुरा लेना चाहते हैं. जब से हमारी उपज हमारी खपत से बढ़ी है तब से ही अतिरिक्त धन के संरक्षण और सुरक्षा की चिंता भी बढ़ी है. दस्यु हम पर हमला कर के हमारे धन, धान्य और पशुओं को चुराने लग गए हैं. इस नयी व्यवस्था के तहत समाज अपने आप एक नया रूप लेने लगा. मानो सबने अपनी अपनी जिम्मेदारियां समझ ली हों और उसने अपने काम का दायरा एक विशेष विधा पर ही केंद्रित कर लिया है. जो विद्वान थे उन्होंने स्वयं को शिक्षकों और नीति निर्देशकों के काम में सीमित कर लिया. जो शारीरिक रूप से बलवान थे उन्होंने सैन्य और राज व्यवस्था के काम में खुद को समेट लिया. क्रय -विक्रय में कुशल लोग व्यापार के काम में लग गए. और मेहनतकश लोगों ने बीड़ा उठाया इन सब को शारीरिक बल प्रदान करने का. यूँ समझ लो कि ब्राह्मण, क्षत्रिय, वैश्य और शूद्र 'पुरुष' के शरीर के चार अलग अलग अंग हैं. अब हम दस्युओं का मुकाबला करने के लिए पूरी तरह तैयार हैं, लेकिन शायद तुम नहीं हो" अभी बात चल ही रही थी कि एक संदेशवाहक कोई सन्देश लेकर गुरु वशिष्ठ के पास आया. सन्देश था - "जिन दस्युओं को बंदी बना कर लाया गया है, विश्वामित्र उनका उपनयन संस्कार करने वाले हैं". सन्देश सुन का कर आचार्य वशिष्ठ गंभीर हो गए और विश्वामित्र की कुटिया की ओर तेज़ी से बढ़ चले. विश्वामित्र दस्युओं के बंदी बनाये गए दासों को गायत्री मंत्र का पाठ पढ़ा कर आर्य बनाने की कोशिश करते थे. धीरे धीरे उनको संस्कृत भी सिखाते थे. लेकिन वशिष्ठ दासों के इस 'आर्यीकरण' के खिलाफ थे. इस मुद्दे पर वशिष्ठ और विश्वामित्र के बीच बहुत सी बहसें हो चुकी हैं. लेकिन आज बात कुछ ज्यादा ही गंभीर लग रही है. वशिष्ठ जैसे ही विश्वामित्र की कुटिया में प्रवेश करते हैं वहां देखते हैं कि विश्वामित्र दासों के हाथ में कलेवा बांधते हुए गायत्री मंत्र का उच्चारण कर रहे हैं "ॐ भूर्भुवः स्वः 'तत् सवितुर्वरेण्यं. भर्गोदेवस्य धीमहि. धियो यो नः प्रचोदयात्'. सामने यज्ञ की अग्नि थी और आहुति देने के लिए कुछ पदार्थ. विश्वामित्र ने दासों को जनेऊ पहना कर उनका उपनयन किया और आर्य मार्ग पर चलने की शपथ भी दिलवाई. "तुम ऐसा नहीं कर सकते हो विश्वामित्र " आचार्य वशिष्ठ ने गंभीर और क्रोध भरे स्वर में कहा. विश्वामित्र ने इशारे से पूर्ण आहुति हो जाने तक इंतजार करने को कहा. अंत में यज्ञ में पूर्ण आहुति दी गयी - "ॐ पूर्णमदः पूर्णमिदं पूर्णात्पूर्णमुदच्यते. पूर्णस्य पूर्णमादाय पूर्णमेवावशिष्यते ॥ॐ शान्तिः शान्तिः शान्तिः ॥"

विश्वामित्र ने वशिष्ठ को उद्यान में आने का इशारा किया. "तुम इस तरह अनार्यों को आर्य नहीं बना सकते".

"क्यों इस में परेशानी क्या है? आखिर सम्पूर्ण पृथ्वी का आर्यीकरण हमारा लक्ष्य है ".

"परेशानी लक्ष्य में नहीं तुम्हारे तरीके में है, जिन परिस्थितियों में उन्हें आर्य बनाया जा रहा है, वह प्रश्नों के घेरे में हैं. उन्होंने आर्य मार्ग स्वेच्छा से नहीं स्वीकारा है, वो बंदी बनाये गए दास हैं, उनके पास मना करने का विकल्प ही नहीं है".

"मैं तरीकों की नहीं, परिणामों की परवाह करता हूँ. हमारे रास्ते अलग- अलग हैं, लेकिन लक्ष्य एक है. आप अपने तरीके पर चलिए मैं अपने तरीके पर चलूँगा " विश्वामित्र ने ये बात कह कर बहस को यहीं समाप्त कर दिया.

अगली सुबह फिर वशिष्ठ ने सुदास को उपवन में बुलाया. विश्वामित्र की इस नयी 'आर्यीकरण नीति ' की कमियां बताने लगे - "पहली कमी थी, अपना रास्ता खुद बिना किसी दबाव के चुनने की आज़ादी न होने में. क्या दासों के पास चुनाव का कोई विकल्प होता है. दूसरा खतरा सुरक्षा में हैं. ये लोग रंग रूप भाषा से तो आर्य बन जायेंगे लेकिन क्या पता हदय से सभी आर्यों के शत्रु रहें और गुप्त रूप से आर्यों के बीच रख कर गुप्तचरी करें" सुदास सब कुछ ध्यान से सुन रहा था. वशिष्ठ ने आगे बोला " ये दस्यु हमसे शक्तिशाली नहीं हैं, लेकिन इनसे मुकाबला करने के लिए तुम्हें पहले खुद को पहचानना होगा. हमारी इस तरह सुबह मिलने की प्रक्रिया अब रोज जारी रहेगी. मैं तुम्हें योग की उन विद्याओं से अवगत कराऊंगा जो विश्वामित्र ने शायद तुम्हें नहीं बताई होंगी ".

वशिष्ठ ऋषि ने योग में सुदास को प्रशिक्षित करके, उन्हें ध्यान और सांस लेने की तकनीक सिखाकर अपने दिमाग को शांत करने और अपने विचारों को केंद्रित करने में मदद करना शुरू किया. सुदास को पहली बार में यह प्रशिक्षण चुनौतीपूर्ण लगा, लेकिन वशिष्ठ के मार्गदर्शन और प्रोत्साहन से उन्होंने धीरे-धीरे इन तकनीकों में महारत हासिल करना शुरू कर दिया. सुदास के प्रशिक्षण में, ऋषि वशिष्ठ ने योग के अभ्यास और उसके सिद्धांतों पर बहुत जोर दिया. उनका मानना था कि योग के लिए आवश्यक शारीरिक और मानसिक अनुशासन न केवल सुदास को एक बेहतर योद्धा बनने में मदद करेगा बल्कि उनके समग्र व्यक्तिगत विकास में भी मदद करेगा. वशिष्ठ ने सुदास को शारीरिक शक्ति और लचीलापन विकसित करने, फेफड़ों की क्षमता बढ़ाने और उनके समग्र स्वास्थ्य में सुधार करने में मदद करने के लिए विभिन्न योग आसन और साँस लेने की तकनीक सिखाई. उन्होंने नैतिक व्यवहार और आत्म-अनुशासन के महत्व पर जोर देते हुए सुदास को यम और नियम के सिद्धांत भी सिखाए. जैसे-जैसे सुदास अपने प्रशिक्षण में आगे बढ़े, वशिष्ठ ने उन्हें प्राणायाम, प्रत्याहार, धारणा, ध्यान और समाधि सहित योग के अधिक उन्नत चरणों से भी परिचित कराया. सुदास को पहली बार में ये प्रथाएं चुनौतीपूर्ण लगीं, लेकिन वशिष्ठ के मार्गदर्शन और प्रोत्साहन के साथ, उन्होंने अपने मन पर ध्यान केंद्रित करना, अपनी सांस को नियंत्रित करना और अपने भीतर के बारे में अधिक जागरूक होना सीखा. एक बार जब सुदास ने योग की मूल बातें सीख लीं, तब वशिष्ठ ने सैन्य प्रशिक्षण प्रारम्भ किया. उन्होंने सुदास को युद्ध की कला सिखाई, उन्हें हथियारों और रणनीति के इस्तेमाल का प्रशिक्षण दिया. सुदास को यह प्रशिक्षण योग से भी कठिन लगा, लेकिन वे सीखने और स्वयं को सुधारने के लिए दृढ़ थे. वशिष्ठ ने सुदास को अपने कौशल को विकसित करने में मदद करने के लिए कई कठिन परीक्षाओं से गुजारा. वह अक्सर सुदास को नकली लड़ाइयों में अन्य योद्धाओं के खिलाफ खड़ा कर देता था, जिससे उसे हर बार अलग तरह से सोचने और बदलती परिस्थितियों के अनुकूल होने की चुनौती मिलती थी.

इन परीक्षणों और प्रशिक्षण के माध्यम से सुदास में परिवर्तन आने लगा. वह तेज-तर्रार, सजगता और अपने प्रतिद्वंद्वी की चाल का अनुमान लगाने की क्षमता के साथ चतुर, बुद्धिमान और बहादुर बन गया. उसके आत्मविश्वास और कौशल में वृद्धि हुई. सुदास न केवल एक अधिक कुशल योद्धा बने बल्कि उनके व्यक्तिगत जीवन में भी गहरा परिवर्तन हुआ. वह अधिक शांतिप्रेमी, शांत और केंद्रित हो गया, और उसने आत्म-जागरूकता और आत्म-नियंत्रण की गहरी भावना विकसित की. विश्वामित्र सुदास के इस नव शिक्षण से खुश नहीं थे.

अब वो समय आ गया जब सुदास के पिता को अपने राजन के पद को छोड़ना होगा और नए राजन का चुनाव होगा. नए राजन के दावेदारी में कौन- कौन शामिल हो सकता है, इसका निर्धारण समिति करेगी और उनमें से राजन कौन बनेगा इसका निर्धारण आम लोगों की सभा करेगी. तमाम चर्चाओं के बाद समिति ने राजन पद के दो दावेदारों को चुना है. पहला है-सुकर्मा, जिसने अपने युद्ध कौशल का प्रमाण हर बार दस्युओं के साथ मुठभेड़ में दिया है. दूसरा दावेदार है- सुदास, विश्वामित्र के शिष्य, दिवोदास के पुत्र. सभा अपना नया राजन किसे चुनेगी? इसका फैसला करने की युक्ति प्रकृति ने स्वयं प्रदान कर दी. आर्यों के सबसे कुशल योद्धा सुकर्मा का अपहरण दस्युओं ने कर लिया है. सुकर्मा को सही सलामत बचा लेने का काम सुदास ने अपने कन्धों पे लिया. सूचना मिलते ही सुदास अपने कुछ घुड़सवार साथियों के साथ सुकर्मा की खोज में निकल गया. उसको निकले हुए अब शाम होने वाली है. सबकी नजरें घाटी से आते रास्ते पर टिकी हुई हैं. शाम होने से थोड़ा पहले ही वहाँ से घुड़सवारों का एक दल आता हुआ दिखाई देता है. कुछ पास आने पर पता चलता सुदास सुकर्मा को सुरक्षित बचा कर ले आये. घर पहुंचते ही सुकर्मा ने सुदास के बहादुरी से लड़ने के किस्से का विस्तार से वर्णन किया. अगले ही दिन नए राजन का चुनाव होना था. सभा में पूरे बहुमत से सुदास को जीताया. सुदास का राज्याभिषेक हुआ, अब वे राजा सुदास थे.

सुदास के राज्याभिषेक और राजसूय यज्ञ के दौरान, "सप्तऋषि" के रूप में जाने जाने वाले सात संतों को समारोह में भाग लेने के लिए आमंत्रित किया गया था. अनुष्ठान के भाग के रूप में, प्रत्येक ऋषि ने ऋग्वेद से एक श्लोक का

उच्चारण किया. सात संत या "सप्तर्षि" वशिष्ठ, जमदग्नि, भारद्वाज, गौतम, अत्रि, विश्वामित्र और कश्यप थे. उनमें से प्रत्येक अपने ज्ञान और आध्यात्मिक प्रथाओं के लिए जाना जाता था. ऋग्वेद के अनुसार, राज्याभिषेक समारोह के दौरान, वशिष्ठ ने "इंद्र वृद्ध श्रावः" श्लोक का उच्चारण किया, जिसका अर्थ है "इंद्र की महिमा बढ़ती रहे. " जमदग्नि ने "निर्भयम युधि कृतने" का जाप किया, जिसका अर्थ है "युद्ध में निडरता. " भारद्वाज ने "सम गछध्वम सं वदध्वम" का जाप किया, जिसका अर्थ है "आप सभी एक साथ चलें और सद्भाव में बोलें. " गौतम ने "योगः कर्मसु कौशलम" का जप किया, जिसका अर्थ है "योग के माध्यम से कार्रवाई में उत्कृष्टता. " अत्रि ने "धृति सत्यम दमः शांति" का जप किया, जिसका अर्थ है "स्थिरता, सच्चाई, आत्म-नियंत्रण और शांति. " विश्वामित्र ने "विश्वानि देव सवितर दुरितानी पर सुवा" का जाप किया, जिसका अर्थ है "सभी दिव्य प्राणी हमें सभी बुराईयों से बचा सकते हैं. " कश्यप ने "सूक्तात्मा यजति सुक्रम दधाति" का जाप किया, जिसका अर्थ है "जो शुद्ध मन से पूजा करता है वह सुख प्राप्त करता है. "

अब राजा सुदास को मनोनीत करना था अपना महामंत्री. राजा सुदास ने अपने महामंत्री का दायित्व आचार्य वशिष्ठ को सौंपा. विश्वामित्र इस बात से आग बगुला हो उठे. उनके क्रोध के केंद्र अब राजा सुदास हैं.

राजन बनते ही सुदास ने सैन्य व्यवस्था को सुधारने पर काम शुरू कर दिया. सुकर्मा को नया सेनापति नियुक्त किया. रात को जश्न का आयोजन हुआ. उस जश्न में सोमरस का भी खूब पान हुआ और जुए में दांव भी बड़े लगाए गए.

लेकिन कुछ ही दिन बाद सूचना मिली कि आसपास के राजाओं ने परुष्णी नदी का पानी रोक दिया है. राजा सुदास ने तुरंत गुप्तचरों की समिति बुलाई. जाँच से पता चला कि विश्वामित्र ने भरत कुल के खिलाफ विश्वासघात कर दिया है. वो आस पास के राजाओं से मिल कर उनकी आपस में संधि करा रहे हैं, ये संधि भरत वंश के खिलाफ एक जुट सैन्य अभियान छेड़ने के लिए कराई गयी थी. परुष्णी नदी का पानी रोकना उनके इस अभियान का पहला हिस्सा है. विश्वामित्र ने एक या दो नहीं दस राजाओं को एक साथ जोड़ लिया था सुदास के राज्य पर हमला करने के लिए. इस गठबंधन में दास, दस्यु, पारसी, पणी, आलीन और अनु जैसे अनार्य भी थे और पुरु, भृगु, मत्स्य जैसे आर्य भी थे. और इस गठबंधन का नेतृत्व कर रहे थे पुरु वंश के राजा संवरण. दस राजाओं की संयुक्त सेना अब तक इस भूमि पर हुए किसी भी युद्ध से कहीं बड़े युद्ध की भविष्यवाणी कर रही थी. सुदास ने कई संधि प्रस्ताव भेजे. दशराज्ञों ने ना सिर्फ उन प्रस्तावों को ठुकरा दिया बल्कि राजदूत वशिष्ठ का अपमान भी किया. युद्ध के अलावा अब सुदास के पास कोई विकल्प नहीं रह गया था.

रात होने से पहले ही अगले दिन युद्ध करने की सारी तैयारियां पूरी हो गयी थी. सुदास की सेना दुश्मन के सेना की तुलना में बहुत छोटी थी. इस समय सुदास ने एक निर्णय लिया. वो सुकर्मा के पास गए और उससे बोले "कल के युद्ध में आप हमेशा मेरे साथ रहेंगे, एक सेनापति के रूप में नहीं बल्कि मेरे रथ के सारथी के रूप में. आपको सिर्फ मेरे रथ का ही मार्गदर्शन नहीं करना है बल्कि मेरा भी मार्गदर्शन करना है ". सुकर्मा ने इस प्रस्ताव को सहर्ष स्वीकार किया. रात को इस युद्ध की गुप्त रणनीति पर चर्चा शुरू हो गयी. सुकर्मा बोले "इनकी संख्या हमसे कहीं ज्यादा है, इसलिए हम इन्हें युक्ति से हराएंगे ". योजना के मुताबिक रात को ही हज़ारों मशालें पहाड़ की ढलान के ठीक नीचे परुष्णी नदी के पास दूर दूर तक फैला दीं. और सारी मशालों को जला दिया. उधर दसराज्य दल अपनी रणनीति बना रहा था. परुष्णी नदी के पास जलती हुई हज़ारों मशालों को देख कर उसे शत्रु की सेना का काफिला समझ लिया. दासराज्ञ की सभी सेनाओं ने अपना रुख परुष्णी नदी के उसी बिंदु की ओर कर लिया. सुबह होते ही जैसे ही युद्ध की घोषणा शंख

बजा कर की गयी, पहाड़ी पर मौजूद सुदास के लोगों ने बड़ी बड़ी चट्टानें लुढ़कना शुरू कर दिया. ये चट्टानें तेज़ी से लुढ़कती हुई नीचे दासराज्ञ सेना के सैनिकों को कुचलने लगी. दासराज्ञ सेना का एक बड़ा हिस्सा चट्टानों से कुचल कर मारा गया. लेकिन बचा हुआ हिस्सा भी काफी बड़ा है. सुदास ने अपने धनुष से बाणों का एक जोरदार सिलसिला शुरू कर दिया. सुकर्मा न सिर्फ उनके रथ को दिशा दे रहे थे, बल्कि एक उपदेशक की तरह अपने लक्ष्य पर केंद्रित रहने का उपदेश भी दे रहे थे. इस से पहले कि दाशराज्ञ की सेना कोई व्यूह की रचना कर पाती, भरतों की सेना के असंख्य तीक्ष्ण बाणों की वर्षा हो गयी. भरतों की सेना में कुशल तीरंदाज़, तलवारबाज़, भाला योद्धा, गदा योद्धा, घुड़सवार, युद्ध रथ चालक थे. भरतों का एक एक योद्धा दाशराज्ञ के 10 - 10 सैनिकों को परास्त कर रहा था. सुदास की सेना में युद्ध में दक्ष युवतियां भी थीं. इन महिला योद्धाओं का युद्ध कौशल विशपाला की याद दिला देता है. विशपाला ऋग्वैदिक युग की एक महान योद्धा थीं. एक युद्ध में उन्होंने अपना एक पैर खो दिया था. शल्य चिकित्सकों ने उनको एक धातु का पैर लगाया था. विशपाला अपने इस नकली पैर के बावजूद भी युद्ध में दुश्मनों को धूल चटा देती थीं. विशपाला की प्रेरणा से आज अनेक युवतियां काल बन कर दुश्मन पर टूट पड़ी हैं.

तभी अचानक तेज़ बारिश शुरू हो गयी. मानो इन्द्र सुदास को विजयी बनने के लिए पूरी तरह साथ हों. लेकिन युद्ध जीतने के लिए सुदास को अपनी तीर चलाने की रफ़्तार को बढ़ाना होगा और सुकर्मा को अपने रथ चलने की. दोनों ने यही किया. तभी अचानक एक भाला तेज़ी से सुदास की ओर आया. सुकर्मा ने तुरंत खड़े हो कर वो भाला अपने ऊपर ले लिया और सुदास की एक फिर जान बचाई. सुकर्मा के बलिदान के बाद सुदास बिजली की तरह दुश्मनों पर टूट पड़ा. एक एक शत्रु को समाप्त किया. दाशराज्ञ गठबंधन के मुखिया पुरु वंश के राजा संवरण डर कर कांपने लगे. उनके सामने सुदास उनकी तरफ तेजी से बढ़ा आ रहा है और उसने जो रूप धारण कर रखा है उसे सिर्फ काल का नाम दिया जा सकता है. सुदास अपने दोनों हाथों में तलवार पकड़े हुए हैं और दोनों हाथ अपनी कलाबाज़ियों से शत्रु का अंधाधुंध संहार कर रहे हैं. दो क्षणों की जड़ता के बाद ही संवरण ने भाग कर जान बचानी की सोची. इस पर अमल

करते करते इतनी देर हो गयी है कि सुदास उसके बेहद करीब आ गया था. संवरण के भागते भागते ही उस पर तलवारों के आंशिक सफल होते प्रहार पड़ने लगे. कौनसा प्रहार अचानक से पूर्ण सफल हो जायेगा और संवरण की गर्दन धड़ से अलग हो जाएगी, ये सोच कर संवरण सिर्फ आँख बंद करके भागता रहा. अचानक से कब उसका पैर फिसला और वो एक अनजान गुफ़ा में जा गिरा, उसे पता ही नहीं चला. उसको सुदास की परछाई साफ़ दिख रही थी. लेकिन किसी भी क्षण ये परछांई करीब आ कर प्राण ले जाएगी. संवरण के पास जान बचने का अंतिम रास्ता बचा था, गिड़गिड़ाना. उसका मस्तिस्क ज्यादा सोच नहीं पा रहा था, वो अनाप शनाप कुछ भी बोलने लगा- "इसमें मेरा कोई दोष नहीं है, मैं तो आपसे हमेशा मैत्री सम्बन्ध चाहता था, मैं तो पूरे क्षेत्र में शांति बानी रहे, इस विचारधारा का समर्थक था, मुझे उकसाया गया है, मुझे आपके खिलाफ भड़काया गया है, मुझे झूठे सबूत दिखा कर आपके खिलाफ बहकाया गया है, विश्वामित्र ने की है सजिश, मेरे पास वो सारे सबूत हैं, आप कहिये तो मैं आपके सामने प्रस्तुत कर सकता हूँ... " इतना कहते कहते ही वो परछाई पास आ गयी. संवरण ने अपने आँख, कान, मुँह को अपने हाथों दबा कर बंद कर लिया और आपने वाले उस प्रहार का इंतजार करने लगा जो एक क्षण में उसके प्राण ले जायेंगे. थोड़े समय की शांति के बाद संवरण ने धीरे से अपने आँख, कान खोले. तभी एक आवाज सुनाई दी "आप कौन से सबूतों की बात कर रहे हैं? क्या मुझे दिखा सकते हैं?"

ये शब्द संवरण को एक नए जीवन के वरदान के रूप में लग रहे थे. मानो यहाँ से एक नए जीवन की शुरुआत हो रही है. ये वही शब्द हैं जिसे संवरण ने इससे पहले जब भी सुना था तब वो अब तक के क्रूरतम शब्द थे. "कोई मुझसे मेरी कही हुई बात के लिए सबूत मांग रहा है?" लेकिन आज यही शब्दों विश्व के सबसे उदार सबसे मृदु शब्द लग रहे हैं. कमाल की बात है आज भी कई देशों की न्यायपालिकाओं में इतनी सी उदारता हासिल नहीं है. संवरण ने स्वयं को अब ज़िंदा पाकर आगे बढ़ने का थोड़ा सा साहस किया. उसने देखा सुदास अपनी तलवार अपनी म्यान में रख चुका था और कुछ गहराई से सोच रहा था. इसी रुक कर सोचने की आदत ने ही इंसान को इंसान बनाया है. धरती पर एकछत्र राज करने वाला जीव. सुदास का आर्यावर्त में एकछत्र राज होगा. यह सत्ता और विचारधारा की लड़ाई थी. एक ओर वेद पर आधारित भेदभाव रहित वर्ण व्यवस्था का विरोध करने वाले विश्वामित्र के सैनिक थे तो दूसरी ओर एकतंत्र और इंद्र की सत्ता को कायम करने वाले गुरु वशिष्ठ की सेना के प्रमुख राजा सुदास थे. ऋग्वेद में दशराज्ञ युद्ध को एक दुर्भाग्यशाली घटना कहा गया है. इस युद्ध में इंद्र और वशिष्ठ की संयुक्त सेना के हाथों विश्वामित्र की सेना को पराजय का मुंह देखना पड़ा. दशराज्ञ युद्ध में इंद्र और उसके समर्थक विश्वामित्र का अंत करना चाहते थे. हालांकि विश्वानमित्र को भूमिगत होना पड़ा. ऋग्वेद, प्राचीन भारत के सबसे पुराने ग्रंथों में से एक है, जिसमें कई ऋचाएं शामिल हैं जो दस राजाओं की लड़ाई का वर्णन करते हैं. ऋग्वेद के अनुसार यह युद्ध परुष्णी (वर्तमान रावी) नदी के तट पर हुआ था और कई दिनों तक चला था. भरत जनजाति के राजा सुदास, देवताओं के भक्त थे और उन्होंने उनका आशीर्वाद लेने के लिए कई यज्ञ और अनुष्ठान किए थे. उन्हें विश्वास था कि जरूरत के समय देवता उसकी मदद करेंगे और इस विश्वास ने उनको दस राजाओं का सामना करने का साहस दिया. लड़ाई के दौरान, सुदास और उनकी सेना को कई चुनौतियों का सामना करना पड़ा, जिसमें भयंकर लड़ाई और प्रतिकूल मौसम की स्थिति शामिल थी. हालांकि, वे अपने दृढ़ संकल्प और कौशल के साथ इन चुनौतियों से पार पाने में सक्षम थे. ऐसा माना जाता है कि सुदास ने सोम यज्ञ करके देवताओं के आशीर्वाद का आह्वान किया था, एक अनुष्ठानिक बलिदान जिसमें सोम नामक मतिभ्रम पैदा करने वाले पौधे को पीना शामिल था. ऐसा माना जाता था कि सोम में रहस्यमय गुण होते हैं और इसका उपयोग प्रतिभागियों में

समाधि की स्थिति पैदा करने के लिए किया जाता था, जिससे उन्हें देवताओं के साथ संवाद करने की अनुमति मिलती थी. ऋग्वेद के अनुसार सुदास की भक्ति और वीरता से देवता प्रसन्न हुए और उन्हें दैवीय अस्त्र-शस्त्र और अलौकिक शक्तियां प्रदान कर युद्ध में उनकी सहायता की. देवताओं को रथों पर सवार और शक्तिशाली अस्त्र-शस्त्र चलाने वाले के रूप में वर्णित किया गया है, जिसका उपयोग वे सुदास के शत्रुओं को पराजित करने के लिए करते थे. इस युद्ध में सुदास के भरतों की विजय हुई और उत्तर भारतीय उपमहाद्वीप के आर्यावर्त और आर्यों पर उनका अधिकार स्थापित हो गया. इसी कारण आगे चलकर पूरे देश का नाम ही आर्यावर्त की जगह 'भारत' पड़ गया. राजा सुदास ने आज जिस भरत वंश की रक्षा की है उसी वंश में आगे चल कर कौरव और पांडव फिर आपस में भिड़ने वाले हैं. क्या महाभारत की कहानी लिखने वालों को दासराज्ञ युद्ध से कोई प्रेरणा नहीं मिली होगी?

दासराज्ञ युद्ध की कहानी सुनाते सुनाते अगस्त्य मुनि और उनकी पत्नी लोपामुद्रा सोने ही वाले थे कि लोपामुद्रा को एक महत्वपूर्ण विषय पर चर्चा याद आ गयी. लोपामुद्रा आज जिस विषय पर अगस्त्य से चर्चा करने वाली हैं उसे आज की आधुनिक भाषा में कहा जाता है 'फेमिनिज्म'. लोपामुद्रा एक स्त्री की इच्छाओं और जरूरतों पर खुल कर चर्चा करती हैं. लोपामुद्रा अगस्त्य के सामने पुरुषों की शिकायत भी करती हैं. पुरुष अपने पठन पाठन के काम में इतने लीन रहते हैं की अपनी पत्नी की इच्छाओं को नजरअंदाज कर देते हैं. लोपामुद्रा एक सच्ची ब्रह्मवादिनी हैं. लोपामुद्रा और अगस्त्य के बीच हुई ये बातचीत ऋग्वेद और महाभारत में दर्ज है.

लोपामुद्रा ने ऋग्वेद के कई मंत्र लिखे. वह एक महान विचारक, कवि, गायिका और संगीतकार थीं.

"त्वमेव माता, पिता च त्वमेव" लोपामुद्रा की रचना है. लोपामुद्रा ऋग्वेद में एक स्थान पर कहती हैं:

मधुरस्मितवदने ते विरिञ्चिविरिञ्चितमनसे नमः.

त्रिपदस्यामृतं देवि विद्युच्छ्रेणि समुत्सृजे॥

अनुवाद: "हे देवी, एक मधुर मुस्कान से भरा चेहरा और एक शुद्ध और दीप्तिमान मन के साथ, मैं आपको अपना नमस्कार अर्पित करता हूं. बिजली की चमक के साथ, आप उस अमर सार को प्रकट करते हैं जो तीनों लोकों में व्याप्त है. "

त्रिपदस्यामृतं एक संस्कृत शब्द है जिसका अर्थ है- "अमर तत्व जो तीनों लोकों में व्याप्त है". भारतीय परंपरा में, तीनों लोक भौतिक दुनिया (भू), देवताओं की मध्यवर्ती दुनिया (भुव), और उच्चतम देवताओं (स्व) की दिव्य दुनिया का उल्लेख करते हैं. वाक्यांश- " त्रिपदस्यामृतं " उस दिव्य सार को दर्शाता है, जो तीनों लोकों से परे है और शाश्वत एवं अपरिवर्तनीय है. यह एक अवधारणा है जिसे अक्सर भारत में विभिन्न देवताओं को समर्पित प्रार्थनाओं और भजनों में शामिल किया जाता है.

"आज्ञां त्वामस्मि शरणं गतास्मि ते शरीरे.
तवानुग्रहादेव हि त्रिधा प्रतिपदाम्यहम्॥"

"मैंने आपकी शरण ली है और अपने आप को आपकी आज्ञा के लिए समर्पित कर दिया है, हे माँ.
आपकी कृपा से, मैं तीन तरह से घोषणा करता हूं कि मैं आपका हूं. "

यह श्लोक दिव्य माँ के प्रति भक्त के पूर्ण समर्पण को व्यक्त करता है और उन्हें सर्वोच्च शरण और रक्षक के रूप में स्वीकार करता है. वाक्यांश "तव अनुग्रह देव हि त्रिधा प्रतिपदम यहम" से पता चलता है कि भक्त देवी की कृपा को तीन तरीकों से पहचानता है, शायद देवी के तीन पहलुओं को निर्माता, संचालक और विध्वंसक के रूप में संदर्भित करता है.

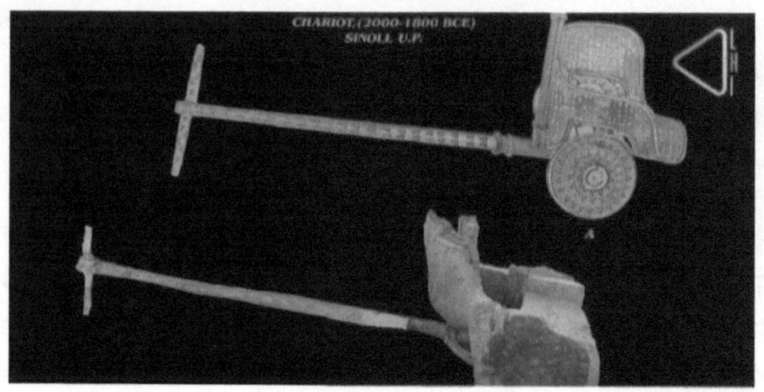

लोपामुद्रा ऋग्वैदिक काल की उन सब माँओं का प्रतिनिधित्व करती हैं जो अपने अधिकारों को लेकर पूरी तरह सजग हैं. 2018 में सिनौली में खुदाई में बहुत महत्वपूर्ण अवशेष मिले. एक रथ, कुछ हथियार, और महिला योद्धाओं के ताबूत. ऋग्वैदिक सभ्यता के विषय में ये नायाब पुरातात्विक साक्ष्य हैं.

(उत्तर वैदिक काल: 1000 BC से 500 BC)

गार्गी और याज्ञवल्क्य

जिस समय भारत में दाशराज्ञ युद्ध हो रहा था, यूरोप के क्रीट में मीनोअंस नमक प्रजाति आदिवासियों का जीवन जी रही थी. तभी उन पर माईसिनियन नामक कबीले ने आक्रमण कर दिया. माईसिनिअंस कुशल योद्धा और नाविक थे. ये भूमध्य सागर से आये थे. इनकी संख्या बहुत ज्यादा थी. इन्होंने आसानी से क्रीट पर कब्ज़ा कर लिया और यूनानी सभ्यता की शुरुआत की. इन्होंने अपने नगर बनाए, किले बनाये और उनकी रक्षा के लिए कुशल योद्धा भी बनाये. ये वो समय था जब इनके नायकों के किस्से खूब सुनाये जाने लगे. सम्राट हैक्टर जिसने अपने राज्य ट्रॉय की रक्षा करते हुए युद्ध भूमि में जान दे दी. भीमकाय अजाक्स जिसके गदा का एक वार शत्रु के दर्जनों सैनिकों को साफ़ कर देता था. महाबली अकिलीज़ जिसके आगे युद्ध में कोई नहीं टिक सकता था. और सबसे बड़ा नायक हरकुलिस, जिसने अपनी शक्तियों से सम्पूर्ण धरती को जीत लिया था. ये किस्से इतिहास से ज्यादा मिथक थे. लेकिन यही मिथक यूनानियों को शक्ति देते थे. ग्रीक और भारतीय देवताओं और कहानियों के बीच संबंध अध्ययन का एक आकर्षक क्षेत्र है जो एक दूसरे से स्वतंत्र रूप से विकसित हुई दो प्राचीन संस्कृतियों के बीच समानता और साझा विषयों पर प्रकाश डालता है। ग्रीक और भारतीय पौराणिक कथाओं में सृजन की कहानियाँ हैं। ग्रीक पौराणिक कथाओं में, अराजकता वह निराकार शून्य है जिससे सारी सृष्टि उत्पन्न हुई। भारतीय पौराणिक कथाओं में, हिरण्यगर्भ स्वर्ण गर्भ या ब्रह्मांडीय अंडा है जिससे ब्रह्मांड का जन्म हुआ। दोनों पौराणिक कथाओं में समानांतर देवताओं के कई उदाहरण हैं। उदाहरण के लिए जीउस (ग्रीक) और इंद्र (भारतीय) दोनों को देवताओं का राजा माना जाता है और वज्र का उपयोग करते हैं। पोसीडॉन (ग्रीक) और वरुण (भारतीय) दोनों समुद्र और पानी से जुड़े हैं। हर्मिस (ग्रीक) और मरकरी (रोमन) और सरस्वती (भारतीय) सभी संचार, भाषा और सीखने से जुड़े हैं। दोनों संस्कृतियों में समय की एक चक्रीय अवधारणा है, जिसमें आवर्ती युग या युग शामिल हैं। ग्रीक पौराणिक कथाओं में स्वर्ण, रजत, कांस्य और लौह युग हैं। भारतीय पौराणिक कथाओं में, चार युग हैं: सत्य युग, त्रेता युग, द्वापर युग और कलि युग। दोनों संस्कृतियों में महाकाव्य आख्यान हैं जिनका गहरा सांस्कृतिक और धार्मिक महत्व है। यूनानी महाकाव्यों, "इलियड" और "ओडिसी" का श्रेय होमर को दिया जाता है। भारतीय महाकाव्य, "महाभारत" और "रामायण" का श्रेय क्रमशः व्यास और वाल्मिकी को दिया जाता है। दोनों ही पौराणिक कथाओं में अलौकिक गुणों से युक्त वीर व्यक्तित्वों का चित्रण किया गया है। अकिलिस और अर्जुन: दोनों कुशल योद्धा हैं, जो अपने संबंधित महाकाव्य कथाओं के केंद्र में हैं। हरक्यूलिस और हनुमान दोनों ही मजबूत और वफादार शख्सियत हैं, जो अपने असाधारण कारनामों के लिए जाने जाते हैंदोनों संस्कृतियों में एक पाताललोक है जहां मृतकों की आत्माएं मृत्यु के बाद जाती हैं। पाताललोक हेड्स नाम के देवता द्वारा शासित। यम-लोक या नरक पर

मृत्यु के देवता यम का शासन है। परिवर्तन और पुनर्जन्म दोनों पौराणिक कथाओं में सामान्य विषय हैं. ग्रीक फीनिक्स की कहानी, एक पौराणिक पक्षी जो अपनी राख से पुनर्जन्म लेता है। भारत में भी पुनर्जन्म की अवधारणा और अवतार की विभिन्न कहानियाँ प्रसिद्ध हैं.

जब यूनानी लोग मिथकों को गढ़ने में व्यस्त थे तब भारत में एक नया समाज उभर रहा था. 1000 BC तक आते - आते तौर तरीकों में काफी बदलाव आ गया था. धीरे - धीरे करके बदलाव इतने ज्यादा हो गए कि ये एक नयी ही सभ्यता नजर आती है. इतिहासकारों ने इसे नाम दिया है उत्तर वैदिक काल. मानव समूह अब इतने उन्नत हो गए थे कि इनके कबीले एक जगह पर स्थायी रूप से निवास करने लग गए. जन अब जनपद बन गए थे. मिथिला जनपद के राजा जनक इस दुबारा मिली हुई समृद्धि का पूरा लाभ उठाना चाहते हैं. इसलिए लिए इन्होंने 'जनक सभा' के आयोजन की घोषणा भारतवर्ष के तमाम ग्रामों में करवा दी है. क्यों न करवाते आख़िरकार उन्होंने इतना विशाल और भव्य महल जो बनवाया है. सैकड़ों एकड़ में फैले इस महल परिसर को बनाने में योगदान है उस समय के मेहनती लोगों का, उनके धन - वैभव का, उनकी विकसित अर्थव्यवस्था का, लेकिन सब से महत्वपूर्ण योगदान है एक नए पदार्थ का. वो पदार्थ है लोहा. लोहे के अविष्कार के साथ ही मानव के विकास यात्रा को जैसे पर लग गए. अब जंगलों को काटना बहुत आसान हो गया, बुआई के लिए भूमि को जोतना आसान हो गया, फसल काटना आसान हो गया, और शत्रुओं से रक्षा भी आसान हो गयी. उन्हीं सब चीजों का परिणाम ही तो है कि राजा जनक ने इतने विशाल महल का निर्माण करवाया. और इस अवसर को ख़ुशी जाहिर करने के लिए 'जनक सभा ' का आयोजन किया है. जनक सभा में पूरे देश भर के विद्वानों को आमंत्रित किया जाता है, बहुत से धनी श्रेष्ठी भी आमंत्रित होते हैं. खेलों, प्रतियोगिताओं के बाद सबको इंतजार होता है विद्वानों के बीच वाद विवाद का. इसके विजेताओं को राजा जनक बहुमूल्य उपहार देते हैं. ढिंढोरा पीटने वाले लोग गांव- गांव जा कर इस आयोजन की घोषणा कर रहें थे और निमंत्रण दे रहे थे. ढोल पीटने की ऐसी ही एक आवाज ने ध्यान में बैठी गार्गी का ध्यान भंग कर दिया.

लेकिन ध्यान भंग करने वाली इस सूचना ने गार्गी को ख़ुशी और उत्साह से भर दिया. गार्गी वाकचकी जो कि बचपन से ही वैदिक श्लोकों को कंठस्थ करने लग गयी है. संसार के सभी विद्वानों और उनकी रचनओं को जानना उसका सबसे पसंदीदा काम था. उसकी ये सारी हसरतें पूरी हो सकती हैं इस जनक सभा में जा के. लेकिन अपनी माँ को सहमत कर पाना थोड़ा मुश्किल काम है. गार्गी की माँ गार्गी के ब्रह्मवादिनी बनने के पक्ष में नहीं थीं. लेकिन गार्गी के पिता वाकचक के समर्थन और माँ के थोड़े विरोध के बाद गार्गी को जनक सभा में जाने की अनुमति मिल ही गयी. सुबह होते ही गार्गी राजधानी पहुंच गयी. और घूम - घूम कर इस भव्यता को निहारने लगी. कहीं पर रथों के बीच दौड़ प्रतियोगिता हो रही थी तो कहीं पर आधुनिक हथियारों का शक्ति प्रदर्शन. कहीं कोई चतुरंग खेल रहा है जिसे आज 'शतरंज' कहते हैं, कहीं क्रीड़ापत्रम खेल रहे हैं जिसे आज हम 'ताश' कहते हैं. कोई मोक्षपातं खेल कर पाप पुण्य का सबक सीख रहा है जिसे आज हम 'सांप सीढ़ी ' कहते हैं, तो कहीं पे कोई चौसर खेल रहा है जिसे हम आज 'लूडो' कहते हैं.

ये सब शांत भाव से निहारते हुए गार्गी उस सभा में पहुंच गयी जहाँ देश विदेश से आये विद्वान अपनी नयी खोजों का व्याख्यान देंगे. सभा शुरू हुई. किसी ने संस्कृत के व्याकरण ग्रन्थ आष्टाध्यायी पर अपनी टीका-टिप्पणी की, तो किसी ने धातुकर्म की किसी उन्नत पद्धति का वर्णन किया. कुछ विद्वान शल्य चिकित्सा के नए औजारों,उपकरणों और विधियों का वर्णन कर रहे हैं, तो कुछ विद्वान सदियों से संरक्षित आयुर्वेद के रहस्यों से पर्दा हटा रहे थे. कुछ विद्वान योग की नयी अवस्थाओं पर चर्चा कर रहे थे तो कुछ विद्वान दर्शन विषय के नए आयामों की रूपरेखा तैयार कर रहे थे. कोई कठोपनिषद में हुए यम और नचिकेता के बीच हुए संवाद को विस्तार से समझा रहा है –" नचिकेता एक युवा लड़का था जो आत्मा की प्रकृति और उसके बाद के जीवन के बारे में जानना चाहता था. उनके प्रश्न से नाराज उनके पिता ने उन्हें मृत्यु के देवता यम को एक बलि उपहार के रूप में पेश किया. नचिकेता स्वेच्छा से यम के घर गए और बिना भोजन या पानी के तीन दिनों तक प्रतीक्षा की. नचिकेता के दृढ़ निश्चय से प्रभावित होकर यम ने उन्हें तीन वरदान दिए. नचिकेता ने अपने पिता के पास जीवित और अच्छी तरह से लौटने की अनुमति देने, अग्नि यज्ञ का रहस्य सिखाने और मुक्ति का मार्ग दिखाने के लिए कहा. यम ने पहले दो वर सहजता से दे दिए लेकिन तीसरा वर देने में झिझक रहे थे. आखिरकार, यम ने नचिकेता को शाश्वत आत्मा का ज्ञान सिखाया. "

बृहदारण्यक उपनिषद के अनुसार, राजा जनक की विद्वानों, दार्शनिकों और संतों की सभा के दौरान, प्रत्येक विद्वान ने स्वयं की प्रकृति और परम वास्तविकता पर भाषण दिया.

याज्ञवल्क्य ने स्वयं की प्रकृति और ब्रह्म के साथ इसकी पहचान के बारे में बात की. उन्होंने बृहदारण्यक उपनिषद से प्रसिद्ध वाक्यांश "अहं ब्रह्मास्मि" का पाठ किया जिसका अर्थ है "मैं ब्रह्म हूं".

उद्दालक आरुणि ने अपने पुत्र श्वेतकेतु को ब्रह्म के साथ आत्मा की एकता पर प्रवचन दिया. उन्होंने छांदोग्य उपनिषद से प्रसिद्ध वाक्यांश "तत् त्वम असि" का पाठ किया जिसका अर्थ है "तू वह है".

ऐतरेय ने ब्रह्म की प्रकृति और यह कैसे परम वास्तविकता है, के बारे में बात की. उन्होंने ऐतरेय उपनिषद से प्रसिद्ध वाक्यांश "प्रज्ञानम ब्रह्म" का पाठ किया जिसका अर्थ है "चेतना ब्रह्म है".

मांडूक्य ने स्वयं की प्रकृति और कैसे यह ब्रह्म के समान है, के बारे में बात की. उन्होंने मांडूक्य उपनिषद से प्रसिद्ध वाक्यांश "अयम आत्मा ब्रह्म" का पाठ किया जिसका अर्थ है "यह स्वयं ब्रह्म है".

श्वेताश्वतार ने ब्रह्म की प्रकृति और दुनिया में इसकी सर्वव्यापकता के बारे में बात की. उन्होंने श्वेताश्वतर उपनिषद के प्रसिद्ध वाक्यांश "सर्व खालविदम ब्रह्म" का पाठ किया जिसका अर्थ है "यह सब वास्तव में ब्रह्म है".

जनक की वो सभा 'सोने की इस चिड़िया' का सजीव चित्रण था. सभी के व्याख्यानों को ध्यान से सुनते हुए गार्गी के सामने वो क्षण आया जिसका उसे बेसब्री से इंतजार था. वाद विवाद प्रतियोगिता. महाराज जनक ने घोषणा की, जो भी आज की वाद प्रतियोगिता में विजयी होगा उसे 1000 गायें उपहार स्वरुप दी जाएँगी जिनमें हर गाय के सींग पर 10 - 10 सोने के सिक्के बंधे होंगे. ऐसी स्थिति में ऋषि याज्ञवल्क्य ने अति आत्मविश्वास से भरकर अपने शिष्यों से कहा, 'हे शिष्यो! इन गायों को हमारे आश्रम की और हांक ले चलो. ' इतना सुनते ही अन्य ऋषियों ने याज्ञवल्क्य का विरोध किया. याज्ञवल्क ने उत्तर दिया "मैं तो इन गायों को इसलिए ले जा रहा था क्यों कि मुझे इनकी आवश्यकता है, अगर आपको लगता है कि आप मुझसे ज्यादा ज्ञानी हैं तो मुझसे शास्त्रार्थ करें, मुझसे जो चाहे प्रश्न पूछें और तब तक पूछते रहें जब तक कि मैं अपने जवाबों से आपको संतुष्ट न कर सकूँ. यदि मैं इसमें सफल हुआ तो मैं विजेता अन्यथा गायें आप ले जाइये " एक एक कर सभी ऋषि याज्ञवल्क से शास्त्रार्थ करने लगे. याज्ञवल्क्य ने सबके प्रश्नों का यथाविधि उत्तर दिया. अपने उत्तरों से सभी को संतुष्ट और नतमस्तक कर दिया. अंत में गार्गी खड़ी हुई. अपना परिचय देते हुए गार्गी ने अपना पहला प्रश्न पूछा. ओहदे में याज्ञवल्क के सामने बहुत कमजोर होने के बावजूद गार्गी का ये अपनी उपस्थिति को दर्ज करने में ये एक साहसिक कदम था. पहला ही प्रश्न ऐसा था कि ऋषि याज्ञवल्क्य गार्गी की विद्वता को भांप गए. याज्ञवल्क्य ने बड़ी सरल सी भाषा में गार्गी के सवाल का जवाब दिया. ये जवाब न सिर्फ

गार्गी की जिज्ञासा को शांत करते हैं बल्कि उसको शहद की तरह मधुर भी लगते हैं. गार्गी के सवालों का सिलसिला जारी रहता है और याज्ञवाल्क्य हर प्रश्न का संतुष्टिदायक उत्तर देते रहते हैं. अंत में गार्गी वो सवाल पूछ लेती है जिसके जवाब के बाद अन्य किसी सवाल की गुंजाइश ही नहीं बचती. इस सवाल के जवाब में याज्ञवल्क्य बोलते हैं "यही तो वो सत्य है जिसे विद्वान लोग ब्रह्म कहते हैं, ब्रह्म क्या है इसे शब्दों में बता पाना असंभव है, ब्रह्म को समझने के लिए मैं कह सकता हूँ 'नेति नेति' मतलब यह नहीं, यह भी नहीं. योगी लोग ब्रह्म को महसूस कर सकते हैं लेकिन उसका वर्णन तो वो भी नहीं कर सकते"

तां होवाच याज्ञवल्क्यो या नूनं वेद परमं ब्रह्म, ब्रह्मणैव सन्तं न वेद केनचित्, अत आह वर्षभो वाजिनः॥

अनुवाद: याज्ञवल्क्य ने कहा: हे गार्गी, वह जो परम ब्रह्म को जानती है, जो एकमात्र वास्तविकता है, वह सब कुछ जानती है. लेकिन जो ब्रह्म के अतिरिक्त और कुछ भी जानता है वह अंश ही जानता है. अत: हे श्रेष्ठ वक्ता, जो कुछ पूछना चाहते हो, बोलो. यह पद सर्वोच्च वास्तविकता, या ब्रह्म के ज्ञान के महत्व पर जोर देता है, जिसे परम सत्य और सभी अस्तित्व का स्रोत माना जाता है. यह सुझाव देता है कि जिन लोगों ने ब्रह्म को महसूस किया है, उनके पास सच्चा ज्ञान और समझ है, जबकि जिन लोगों ने इस अहसास को प्राप्त नहीं किया है, उनके पास केवल आंशिक ज्ञान है. यह कविता गार्गी के बौद्धिक कौशल पर भी प्रकाश डालती है और उसे प्रश्न पूछने और ज्ञान प्राप्त करने के लिए प्रोत्साहित करती है.

ये उत्तर सुन कर गार्गी पूरे सम्मान और श्रद्धा के भाव से नमस्कार की मुद्रा में सर झुका कर प्रणाम करती है. और ऋषि याज्ञवल्क्य की विद्वता को स्वीकार करती है.

गार्गी ने 'विदित्वा' पर बल देते हुए कहा:

"विदित्वा तत्वं तपसा त्यागेन संयमेन च.
ब्रह्मलोकमवाप्नोति न च पुनरवर्तते॥"

"विदित्वा" एक संस्कृत शब्द है जिसका अर्थ है "जानना" या "समझना". इसका प्रयोग अक्सर ज्ञान प्राप्त करने या सत्य को समझने के संदर्भ में किया जाता है. संस्कृत में "वि" उपसर्ग पूर्णता या तीव्रता को दर्शाता है, और जब जड़ "धा" (पकड़ने या पकड़ने के लिए) में जोड़ा जाता है, तो यह पूरी तरह से समझने या कुछ समझने की भावना व्यक्त करता है. इस प्रकार, "विदित्वा" शब्द का अर्थ किसी विशेष विषय या सत्य की गहरी और पूर्ण समझ है. यह अक्सर आध्यात्मिक या दार्शनिक ग्रंथों में प्रयोग किया जाता है ताकि परम सत्य को जानने से आत्मज्ञान या आत्म-साक्षात्कार की स्थिति का वर्णन किया जा सके.

संस्कृत उद्धरण "विदित्वा तत्त्वम तपसा त्यागेन संयमेन च, ब्रह्मलोकम अवाप्नोति न च पुनर्वर्तंते" का अर्थ है "तपस्या, त्याग और आत्म-संयम के माध्यम से सत्य को जानने के बाद, व्यक्ति 'ब्राह्मण ' (परम वास्तविकता) की दुनिया को प्राप्त करता है, और फिर कभी नहीं लौटता. "

विदित्वा प्रयोग गार्गी और भी श्लोकों में करती हैं:

गार्गीविचक्षणीत्वात् गार्गीविच्च विदित्वा.
वेदान्तविज्ञानसुनिश्चितार्थः संशयात् मोक्षमित्यस्थः॥

"गार्गी, वेदों में महारत हासिल करने और शास्त्रों के ग्रंथों में पारंगत होने के कारण, वेदांत के सही अर्थ को महसूस किया है, जो संदेह से मोक्ष (मुक्ति) के विश्वास में दृढ़ता से स्थापित हैं. "

यह श्लोक ऋषि गार्गी, प्राचीन भारतीय दर्शन के एक प्रमुख व्यक्ति और वेदों के एक प्रसिद्ध विद्वान को संदर्भित करता है. श्लोक वेदों के बारे में उनके ज्ञान और समझ पर प्रकाश डालता है, जिसने उन्हें वेदांत के अंतिम सत्य का एहसास करने एवं जन्म और मृत्यु के चक्र से मुक्ति के लक्ष्य में दृढ़ विश्वास प्राप्त करने में सक्षम बनाया.

गार्गी श्लोक बृहदारण्यक उपनिषद में पाया जाता है, जो सबसे पुराने और सबसे महत्वपूर्ण भारतीय शास्त्रों में से एक है. यह ऋषि याज्ञवल्क्य और गार्गी के बीच एक संवाद का हिस्सा है, जहाँ वह उनसे कई गहरे दार्शनिक प्रश्न करती हैं और वास्तविकता और स्वयं की प्रकृति पर बहस में संलग्न होती हैं. गार्गी श्लोक उनके ज्ञान और पांडित्य के लिए एक श्रद्धांजलि है, और प्राचीन भारतीय विद्वता और आध्यात्मिकता में महिलाओं द्वारा निभाई गई महत्वपूर्ण भूमिका के लिए एक वसीयतनामा माना जाता है.

जनक सभा के लगभग सभी विद्वानों ने ब्रह्म पर किसी न किसी रूप में चर्चा की. मूल सवाल ये नहीं है कि ब्रह्म क्या है बल्कि मूल सवाल ये है कि सत्य क्या है? वेद जिस एक सत्य की ओर इशारा करते हैं उसका वर्णन करने लिए उस समय में 6 दर्शन प्रचलित थे. सांख्य दर्शन पुरुष और प्रकृति की बात करते हैं, योग दर्शन इसके पूरक हैं. वैशेषिक दर्शन प्रत्यक्ष और अप्रत्यक्ष्य की व्याख्या करते करते परमाणुओं की अवधारणा प्रस्तुत करते हैं, न्याय दर्शन इस का पूरक है. पूर्व मीमांसा में वैदिक अनुष्ठानों की चर्चा है. और बादरायण रचित वेदांत दर्शन में तो ब्रह्म पर खुल कर चर्चा हुई है. कालांतर में इसी दर्शन की पुनर्व्याख्या में आदि गुरु शंकराचार्य ने भारत भर में भ्रमण करके भारत की आध्यात्मिक एकता की दिशा में एक अतुलनीय योगदान दिया. वो 'ब्राह्मन' और 'आत्मन' एक ही हैं जिसे माया और बुद्धि ने अलग अलग होने का भ्रम पैदा कर दिया है?

मैं कौन हूँ? क्या मेरे शरीर के अंग मेरी पहचान हैं? क्या इनमें से कोई अंग कट जाये तो मेरी पहचान भी समाप्त हो जाएगी? नहीं मेरे पैर कटने पर भी मेरी पहचान बची रहेगी. लेकिन सिर के कटने के बाद मेरी पहचान नष्ट हो जाएगी. तो क्या मेरी पहचान मेरे मस्तिष्क पर निर्भर है? तो क्या मेरा जन्म मेरे मस्तिष्क के निर्माण के बाद ही हुआ? क्या उस से पहले मेरा कोई अस्तित्व नहीं था?मुझे तो लगता है मेरा अस्तित्व मेरे मस्तिष्क बनने के पहले से है. मस्तिष्क के जन्म के साथ तो सिर्फ मुझे 'मैं' होने का छद्म आभास मात्र शुरू हुआ है. वो छद्म आभास सत्य नहीं है. 'मैं' तो निरंतर हूँ. मैं तो ऐसे कई मस्तिष्कों के निर्माण से पहले भी था और ऐसे कई मस्तिष्कों के निर्माण के बाद भी रहूँगा. 'मैं' और कुछ नहीं बल्कि उस 'वृहद् मैं' के अल्प समय का छद्म आभास हूँ. सत्य तो सिर्फ वो 'वृहद् मैं' है. उसे ही ब्रह्म कहते हैं. और वो 'लघुतम मैं ' जो एक छद्म आभास है 'आत्मन' है. और अंतिम सत्य तो ये है कि ब्रह्म और आत्मन अलग अलग नहीं हैं बल्कि 'एक 'ही हैं. यही सोच आगे चलकर 'वेदांत दर्शन' के नाम से प्रख्यात हुई. जिसे कहा जाता है "मानवीय सोच का शिखरतम बिंदु". अंतिम सत्य दो हैं या एक ही है. इसके जवाब में अलग अलग मान्यतायें प्रचलित हैं. अद्वैतवाद, द्वैतवाद, द्वैताद्वैतवाद, विशिष्ट अद्वैतवाद आदि.

इन दर्शनों के अलावा कुछ दर्शन ऐसे भी थे जो वेदों को प्रमाण नहीं मानते थे. ऐसे दर्शनों को नास्तिक दर्शन कहा जाता. श्रमण, आजीविक और चार्वाक दर्शन इसमें प्रमुख हैं. श्रमण वही दर्शन है इसकी परंपरा में बाद में जैन और बौद्ध पंथों का विकास हुआ. दर्शन और इतिहास के विद्वानों ने आजीवक दर्शन को 'नियतिवाद' कहा है. आजीविकों के अनुसार संसारचक्र नियत है, वह अपने क्रम में ही पूरा होता है और मुक्तिलाभ करता है. आजीवक पुरुषार्थ और पराक्रम को नहीं मानते थे. उनके अनुसार मनुष्य की सभी अवस्थाएं नियति के अधीन है.. तो वहीं चार्वाक मान्यता के लोग जो भौतिक रूप से दिख रहा है सिर्फ उसी को सत्य मानते थे. चार्वाक लोगों की यही मान्यता उन्हें उपभोगवादी बनाती है.

यावज्जीवेत सुखं जीवेद ऋणं कृत्वा घृतं पिवेत, भस्मीभूतस्य देहस्य पुनरागमनं कुतः ॥

अर्थ है कि जब तक जिओ सुख से जीओ, अगर अपने पास साधन नहीं है, तो दूसरे से उधार लेकर मौज करना चाहिये, शमशान में शरीर के जलने के बाद शरीर को किसने वापस आते देखा है?

आने वाले समय में चर्वाक दर्शन एक परंपरा के रूप में जीवित नहीं रह पाया. किसी भी प्रचलित संप्रदाय ने चर्वाक दर्शन को नहीं अपनाया. क्या चार्वाक के विचार भी विलुप्त हो गए? क्या आधुनिक काल में हम अनजाने में चार्वाक के रास्ते पर ही तो नहीं चल रहे?

गार्गी और याज्ञवल्क्य के बीच हुआ संबाद इतिहास में अमर हो गया. गार्गी ने पुरुष प्रधानता की ओर भागते हुए इस समाज में अपनी उपस्थिति साहस के साथ दर्ज करवाई. आगे चलकर गार्गी एक महान विदुषी बनीं, उन्होंने ऋग्वेद की बहुत सी ऋचाओं की रचना की. वही ऋग्वेद जो भारतीयों का आदि ग्रन्थ है. और उन वेदों का विस्तार हैं उपनिषद.

(बौद्ध काल: 600 BC से 500 BC)

आम्रपाली और बुद्ध

समय ऐसे ही बीतता चला गया, 500 BC आते - आते जनपद अब महाजनपद बन गए थे. इतिहास के कई स्रोतों में 16 जनपदों का वर्णन मिलता है. भारत में लोकतंत्र की परंपरा तो ऋग्वैदिक काल से ही नजर आती है लेकिन महाजनपद काल में गणतंत्र की भी परम्परा नजर आती है. 16 महाजनपदों में से कुछ राजतंत्रात्मक हैं तो कुछ विशुद्ध गणतंत्र. इन गणतंत्रों में न सिर्फ राजा को चुनने में लोकतंत्रात्मक प्रणाली का उपयोग होता था बल्कि राज्य के महत्वपूर्ण निर्णय लेने का अधिकार भी जनता की चुनी हुई परिषद् के पास होता था. राजा की सारी शक्तियां पूरे राज्य में विकेन्द्रित होती थी. जहाँ एक तरफ भारत में गणतंत्र की परंपरा अपने चरम पर थी वहीं भारत से हजारों किलोमीटर दूर एक और जगह थी जहाँ लोकतंत्र के लक्षण उभर रहे थे. यूरोप के दक्षिणी हिस्से में ग्रीक लोग एक मजबूत राजव्यवस्था बना चुके थे. ग्रीक्स को भारत में यूनानी कहा गया. आधुनिक इतिहास की लगभग सभी पुस्तकों में लोकतंत्र की शुरुआत का श्रेय यूनानियों को दिया जाता है. लेकिन क्या ये वास्तविक लोकतंत्र था या केवल औपचारिक दिखावा? प्राचीन यूनान में एक विद्वान थे, जिनका नाम था सोक्रेटस या सुकरात.

सुक़रात ज्ञान और तर्क से बड़ा किसी को नहीं मानते थे. उन्होंने अपने शिष्यों को ये कह रखा था "तुम लोग सिर्फ़ ज्ञानी लोगों का ही अभिवादन करना, मूर्ख लोग सम्मान के योग्य नहीं होते". उनके कई शिष्यों में से प्लेटो आगे चल कर बहुत प्रसिद्ध हुए और प्लेटो के शिष्य भी एक महान हुए- अरिस्टोटल. प्लेटो को भारत में अफ़लातून के नाम से प्रसिद्ध हुए और अरिस्टोटल अरस्तु के नाम से. सुक़रात के युवा शिष्य अपने गुरु की 'तर्क को सम्मान' वाली बात को हमेशा ध्यान रखते थे. एक बार की बात है सुक़रात के शिष्य एक चाय की दुकान पर बैठे थे तभी वह पर एथेंस के न्यायधीश आये. सुक़रात के शिष्यों ने गुरु की आज्ञा के अनुरूप है न्यायधीश को कोई दुआ-सलाम नहीं किया. न्यायधीश आश्चर्य में बोल पड़े "क्या तुमको दिखता नहीं कि इतने बड़े न्यायाधीश खड़े हैं, उनको प्रणाम करना तो दूर तुमने खड़े होने का भी कष्ट नहीं किया?" सुक़रात के शिष्य प्लेटो ने जवाब दिया "हम मूर्खों को नमस्कार नहीं करते हैं " न्यायधीश ने क्रोध के स्वर में कहा "क्या तुम्हें मैं मूर्ख नजर आता हूँ? मैं अपने ज्ञान के आधार पर न्यायाधीश बना हूँ. " प्लेटो ने उत्तर दिया "बने होंगे बड़े न्यायाधीश, लेकिन जिसे अपने काम के बारे में ही कुछ नहीं पता तो उसे मूर्ख न कहें तो क्या कहें? " न्यायाधीश ने भड़कते हुए कहा "कौन कहता है कि मैं अपने काम के बारे में नहीं जानता? मैं अपने काम को बखूबी समझता हूँ. " प्लेटो ने सुझाव दिया "अगर ऐसा है तो क्या मेरे एक सवाल का जवाब दे सकते हैं? " न्यायाधीश ने आत्मविश्वास के साथ कहा "पूछो जो भी पूछना है, मेरे पास हर सवाल का जवाब है " प्लेटो ने चुटकी लेते हुए कहा "सोच समझ के जवाब दीजियेगा न्यायाधीश महोदय, आपके एक- एक शब्द से नए सवाल खड़े हो सकते हैं "

न्यायाधीश उसका इशारा समझ नहीं पाए और उसी आत्मविश्वास में फिर कहा "तुम सवाल पूछो" प्लेटो ने अपने प्रश्न की प्रस्तावना शुरू की "आपने कई बार हत्या के दोष में अपराधियों को दंड दिया होगा. लेकिन हत्या कहते किसे हैं? क्या आप मुझे हत्या की परिभाषा बता सकते हैं?" परिभाषा सुक़रात के विचार में एक निरपेक्ष सच है. परिभाषा का एक एक शब्द ऐसा हो जो इस सत्य के सार्वत्रिक होने की पुष्टि करते हों. अगर कुछ सत्य है तो वो सबके लिए सत्य होना चाहिए, अगर मेरा और तुम्हारा सत्य अलग अलग है तो उस सत्य की परिभाषा गलत है. न्यायाधीश महोदय इतनी गहराई से नहीं सोच रहे थे और तपाक से उत्तर देने लगे "हत्या किसे कहते हैं? ये तो बहुत आसान है, एक व्यक्ति द्वारा दूसरे व्यक्ति की जान ले लेना हत्या कहलाती है "

इस कमजोर परिभाषा के जाल में न्यायाधीश खुद ही फंस गए. प्लेटो ने कहे गए शब्दों के सार्वत्रिक सत्य होने की कसौटी की जांच करनी शुरू कर दी और पलट कर पूछा "अगर एक व्यक्ति के द्वारा दूसरे व्यक्ति की जान लेने के कृत्य को ही हत्या कहते हैं, तब तो हमारे सैनिक हत्यारे हैं. युद्ध में इन्होंने दुशमन देश के कई व्यक्तियों की हत्या की है?" ये सुनते ही न्यायाधीश प्रश्न की गंभीरता तो समझने लग गए. उन्होंने संभलते हुए कहा "मैं अपनी परिभाषा में थोड़ा संशोधन करना चाहता हूँ, तो हत्या की परिभाषा ये हुई कि युद्ध काल के अलावा अर्थात शांति काल में एक व्यक्ति का दूसरे व्यक्ति की जान लेना, हत्या कहलाती है. " प्लेटो ने उसकी मूर्खता की ओर इशारा करते हुए कहा "क्या आप आश्वस्त हैं कि अब आपकी परिभाषा के शब्द सटीक हैं?"

इस से पहले कि न्यायाधीश कुछ कहते, प्लेटो ने अपना प्रश्न पूछ लिया "शांति काल में सैनिक कोई युद्ध नहीं करते, लेकिन न्यायाधीश तो अपराधियों को मृत्युदंड देते हैं, तो न्यायाधीश भी हत्यारे हुए?" ये सुनने के बाद न्यायाधीश के संयम का बाँध टूट गया. अपने अगले कथन में वो अपने ज्ञान का नहीं बल्कि अपने रुतबे का बखान करने लगा

"तुम्हारी इतनी हिम्मत कितुम न्यायाधिशों का मजाक उड़ाओ? तुम जानते नहीं हो हम तुम्हारे जैसे लड़कों और तुम्हारे गुरु सुकरात जैसे सरफिरों का क्या हश्र कर सकते हैं " न्यायाधीश धमकी देता हुआ वहां से चला गया.

सुकरात तर्क को सत्य जानने का एक मात्र रास्ता मानता है. सुकरात के अनुसार इस संसार के प्रत्येक सत्य के दो रूप होते हैं. पहला उसका भौतिक स्वरुप दूसरा उसका तार्किक स्वरुप. भौतिक सत्य सार्वभैमिक सत्य नहीं होता. वो सत्य व्यक्ति और स्थान के साथ बदल जाता है. लेकिन तार्किक सत्य सार्वभौमक सत्य है. उसका कोई भौतिक स्वरुप नहीं है इसीलिए ये व्यक्ति और स्थान के बदलने के साथ बदलता नहीं है. उदाहरण के लिए कुर्सी नामक सत्य के दो रूप हैं एक भौतिक स्वरुप और दूसरा तार्किक स्वरुप. भौतिक स्वरुप में कुर्सी को सामने दिखाया जा सकता है. वो कुर्सी छोटे बच्चों के बैठने वाली कुर्सी हो सकती है या कार्यालय में काम करने वाले कर्मचारी की कुर्सी या बुजुर्गों द्वारा आराम करने वाली कुर्सी. इस भौतिक कुर्सी का रूप व्यक्ति और स्थान के आधार पर बदलता रहता है. कोई एक आदर्श रूप मौजूद नहीं है. लेकिन तार्किक कुर्सी की अवधारणा एक समान रहती है. एक ऐसी आकृति जिसके विन्यास में कुछ विशेष खूबियां हों. इस तार्किक कुर्सी की अवधारणा सार्वभौमिक सत्य है. सुकरात के तर्क की ये बातें जहाँ एक तरफ आम जनता को जगा रही थीं, वहीं ग्रीस के प्रशासकों को परेशान कर रही थीं. एथेंस के गाँवों में दिया जाने वाला सुकरात का हर व्याख्यान ग्रीस के प्रशासकों में खलबली को और बढ़ा देता. पहाड़ी के पास दिया गया उसका कल रात का व्याख्यान, एथेंस के दरबार में एक गंभीर विषय पर चर्चा करने को विवश कर देता है. सभा में एक सांसद बोलता है "सुकरात लोगों को एथेंस की परम्पराओं के खिलाफ भड़का रहा है. अगर ऐसा ही चलता रहा तो वो दिन दूर नहीं जब लोग एथेंस के अस्तित्व को ही मानने से इंकार कर देंगे. सुकरात को फ़ौरन गिरफ्तार करना होगा. " अन्य सभी सांसदों ने इस बात का समर्थन किया. सुकरात को गिरफ्तार कर लिया गया. कुछ दिन बंदी गृह में रख कर एक दिन उन्हें न्यायाधीश के समक्ष पेश किया गया. न्यायाधीश ने एक अवसर देने का प्रस्ताव रखते हुए अपनी बात शुरू की "सुकरात तुम्हारी बातें ग्रीस की मान्यताओं के खिलाफ हैं. तुम्हारी बातें जनता को एथेंस राज्य के खिलाफ उकसाती हैं. तुमने देशद्रोह का अपराध किया है. हम तुम्हें एक अवसर देना चाहते हैं. अगर तुम घोषणा करो कि तुम्हारी अब तक की सारी बातें मिथ्या हैं और प्रण लो कि आगे से इस तरह की कोई बात नहीं करोगे, तो हम तुम्हें बख्श देंगे "

सुकरात जानते थे झूठ को स्वीकार करने पर जीवन मिलेगा और सत्य पर अड़े रहने पर मृत्यु. लेकिन सुकरात अपनी तार्किक सत्य की मान्यता से न हटने का फैसला पहले से कर चुके थे. उन्होंने न्यायाधीश के प्रस्ताव को विनम्रता से ठुकरा दिया. न्यायधीश ने उनको मृत्युदंड की सजा सुनाई. आज की रात कालकोठरी में सुकरात की आखिरी रात होगी. लेकिन सुकरात के शिष्यों ने अपने गुरु को बचा लेने की एक बेजोड़ योजना बना रखी है. सुकरात के प्रति सहानुभूति रखने वाले प्रशासनिक अधिकारियों को अपनी तरफ मिला कर प्लेटो अपने गुरु को बड़े आराम से बचा कर ले जा सकता है. लेकिन सुकरात ने इस गुप्त प्रस्ताव को भी उतनी ही विनम्रता से ठुकरा दिया. कालकोठरी में अपने बिस्तर पर बैठे सुकरात कुछ सोच रहे थे, तभी पहरेदार अपने हाथ में हरे रंग के द्रव से भरा कटोरा ले कर आता है. उसने उस कटोरे को सुकरात के सामने बढ़ा दिया. सुकरात ने वो कटोरा अपने दोनों हाथों से पकड़ा. क्या सुकरात का अस्तित्व उसके भौतिक शरीर से ही जुड़ा हुआ है? या उसका कोई तार्किक सार्वभौमिक अस्तित्व भी है? सुकरात को उसके शरीर से नहीं उसके विचारों से जाना जाता है. ये जहर का प्याला सुकरात के शरीर का तो अंत कर सकता है लेकिन उसके विचारों को छू भी नहीं सकता. ये सोचते- सोचते सुकरात प्याले से जहर घूंट- घूंट करके पीने लग गए

और चद्दर ओढ़ कर सो गए. सुकरात के शरीर ने प्राण त्याग दिए लेकिन उसके विचार हमेशा के लिए अमर हो गए. विचार तर्क पर टिके हैं इसलिए अमर हैं.

लेकिन ये कैसा लोकतंत्र है जिसमें परंपरा से अलग कुछ कह देने पर मृत्युदंड दे दिया जाता है? ये कैसा लोकतंत्र है जिसमें महिलाओं को वोट देने का कोई अधिकार नहीं है?

भारत के गणराज्यों में नए विचारों और महिलाओं की ऐसी स्थिति नहीं थी. यहाँ नए विचारों का न केवल सहृदय स्वागत किया जाता है बल्कि महिलाओं को आम सभा और सभी समितियों के चुनावों में वोट देने का बराबरी का अधिकार है. महिलाएं तो बड़े बड़े प्रशासनिक पदों पर आसीन हैं. महाजनपद काल के गणराज्य आदर्श लोकतंत्रात्मक गणतंत्र का उदाहरण थे.

ऐसा ही एक गणराज्य था लिच्छिवि. लिच्छिवि गणराज्य की राजधानी थी वैशाली. और इसी वैशाली की नगरवधू थी आम्रपाली. उसके पड़ोस में मगध राज्य था. मगध लिच्छिवि की तरह गणतंत्र नहीं था, वो एक राजतंत्र था. वहां का राजा बिम्बिसार गणतंत्र के महत्व को नहीं समझता था. आम्रपाली को अपने बचपन की ज्यादा बातें याद नहीं हैं. बस इतना याद है कि जब उसने होश संभाला तो खुद को एक आम के पेड़ के पास पाया और वहीं से उसका नाम पड़ गया आम्रपाली.

आम्रपाली वैशाली की सबसे सुन्दर और मनमोहक युवती थी. वैशाली ने उसकी इस खूबसूरती का उसको बहुत सम्मानजनक उपहार दिया था- नगरवधू का ख़िताब. आम्रपाली को वैशाली राज्य की तरफ आलीशान महल, सेवक सेविकाएं, धन दौलत दी गई हैं. बदले में आम्रपाली को अपने सौंदर्य से वैशाली के भद्र पुरुषों को मनोरंजित करना है. आम्रपाली के नृत्य को देखने के लिए वैशाली के लगभग सभी मंत्री और अधिकारीगण आते थे. आम्रपाली का हृदय नृत्य में इतना खो जाता था कि वो दृश्य सबसे मनमोहक दृश्यों में से एक होता. हर रोज की तरह आज भी आम्रपाली

का नृत्य मंच भव्यता से सजा है और दर्शक दीर्घा में पूरे वैशाली के सम्मानीय लोग आये हुए हैं. आम्रपाली ने नृत्य शुरू किया और कुछ ही देर में सभी लोग उस मनमोहक दृश्य में खो गए. तभी अचानक एक संदेशवाहक हांफते हांफते चिल्लाते हुए आया "बिम्बिसार ने वैशाली पर आक्रमण कर दिया है " सभी भद्र पुरुष अपने अपने हथियारों को सँभालते हुए, तुरंत युद्ध भूमि की ओर दौड़ पड़े. अब आम्रपाली उसकी सभा में बिलकुल अकेली है. जो सभा एक पल पहले ही प्रशंसकों से खचाखच भरी थी, एक ही क्षण में वीरानी हो गयी. वैशाली के पुरुषों को युद्ध में गए हुए कई दिन बीत गए. आम्रपाली को इस तरह से अकेले रहना बहुत खल रहा था, उसके पास करने के लिए कोई काम भी नहीं था. एक दिन ये सब सोचते हुए आम्रपाली अपने बिस्तर पर लेटी थी कि दरवाजे पर किसी की दस्तक हुई. जब आम्रपाली ने दरवाजा खोला तो सामने एक नौजवान खड़ा था. कपड़ों से तो वह एक समृद्ध परिवार का लग रहा था लेकिन उसकी हालत अभी कुछ ठीक नहीं लग रही थी. इस से पहले कि आम्रपाली उस से उसका परिचय मांगती उसको एहसास हुआ कि प्यास के मारे इस युवक का गला इतना सूखा हुआ है कि ये कुछ बोलने की हालत में नहीं लग रहा है.

आम्रपाली ने तुरंत उसको अपने बिस्तर पर बैठाया और सबसे पहले उसको पानी पिलाया. पानी पीते पीते वो नवयुवक वहीं बेहोश हो गया. आम्रपाली ने उसकी खूब सेवा की. नवयुवक के स्वास्थ्य में सुधार आने लगा. आम्रपाली उसे रोज सुबह उद्यान की सैर पर ले जाने लगी. कई घंटों तक चलने वाली अपनी इस सैर में वो दोनों खूब सारी बातें करते. आम्रपाली अक्सर इस चर्चा में अपने उस सवाल का जवाब ढूंढने की कोशिश करती "इतना धन वैभव होने के बाद भी सुख का एहसास क्यों नहीं होता?"

रोज रोज दिल खोल कर उस अनजान युवक से बात करते करते आम्रपाली उससे प्रेम करने लग गयी. एक दिन उसने अपने प्रेम का इजहार करने का फैसला किया. लेकिन उस से पहले आम्रपाली ने युवक से उसका परिचय मांग लिया. आम्रपाली बोली "हम इतने दिनों से बात कर रहे हैं लेकिन मैं अब तक आपका नाम तक नहीं जानती, आपका नाम

क्या है भद्र पुरुष?" नवयुवक ने जवाब दिया "मेरा नाम बिम्बिसार है" आम्रपाली ने आश्चर्यचकित होते हुए पूछा "बिम्बिसार? क्या वही मगध का सम्राट बिम्बिसार जो बार बार वैशाली पर आक्रमण करता है?" जवाब मिलता है "हाँ मैं वो ही बिम्बिसार हूँ"

आम्रपाली दुःख और क्रोध के साथ बोलती है "तुम्हें पता है तुमने कितने मासूमों की जान ली है? न जाने कितने निर्दोष लोग तुम्हारी एक महत्वाकांक्षा के कारण मारे गए हैं?" आम्रपाली मन ही मन में सोचने लगती है "मैं ऐसे पुरुष से प्रेम कैसे कर सकती हूँ, मुझे तो इस से घृणा है. " तभी बिम्बिसार बोल पड़ता है "मैं तुमसे प्रेम करता हूँ आम्रपाली " आम्रपाली झल्लाते हुए बोलती है "तुम्हें किसी से प्रेम नहीं है, तुम्हारे हृदय में प्रेम का भाव ही नहीं है. अगर तुम्हें सचमुच प्रेम है तो अभी वैशाली के खिलाफ युद्ध को रोक दो और भविष्य में कभी आक्रमण न करने की शपथ लो. फ़िलहाल तुम यहाँ से चले जाओ " बिम्बिसार निराश हो कर चला गया. उसके कुछ ही समय बाद वैशाली के पुरुष लौट आये. आम्रपाली को पता चला कि बिम्बिसार ने युद्ध बंद कर दिया है, सारे बंदियों को रिहा भी कर दिया है और भविष्य में कभी वैशाली पर हमला न करने का प्रण भी लिया है. आम्रपाली सोच में डूब गयी "बिम्बिसार ने ऐसा क्यों किया? क्या वो सचमुच मुझ से प्रेम करता है?"

लेकिन बिम्बिसार के इस कदम से उसका बेटा अजातशत्रु बिलकुल संतुष्ट नहीं था. अजातशत्रु बहुत महत्वाकांक्षी था, वो मगध को एक शक्तिशाली राज्य बनाना चाहता था. उसने अपने पिता को बंदी बना लिया और लिच्छवि की राजधानी वैशाली पर जोरदार सैन्य हमला कर दिया. उसके पास अत्याधुनिक अस्त्र शस्त्र थे. महाशील-कण्टक और रथ-मूसल जैसे हथियारों का उपयोग आज से पहले किसी युद्ध में नहीं हुआ था.

अजातशत्रु ने जम कर खून खराबा किया. तभी उसकी नजर आम्रपाली पर पड़ी. उसने वैशाली के लगभग सभी लोगों को क्रूरता से मार दिया और बाकी बचे लोगों को बंदी बना लिया. सिर्फ आम्रपाली के महल को वैसे ही छोड़ दिया. अजातशत्रु भी आम्रपाली के सौंदर्य से मोहित हो गया था. आम्रपाली के पास अब भी भौतिक सुख सुविधाओं की कोई कमी नहीं थी. लेकिन उसका मन बहुत दुःखी था. उसे अपने दुःख का कारण और निवारण दोनों नहीं पता था. आम्रपाली का जीवन ऐसे ही अनजाने दुखों के साथ बीत रहा था कि एक खबर आयी "तथागत गौतम बुद्ध वैशाली में आने वाले हैं " जैसे ही ये खबर आम्रपाली ने सुनी, उसके मन में उम्मीद जगी. उसको लगा शायद उसके प्रश्नों का उत्तर बुद्ध के उपदेशों में मिल जाये. आम्रपाली ने बौद्ध भिक्षुओं को हमेशा संतुष्टि के भाव में ही देखा है. जिस दिन बुद्ध वैशाली आये, तब आम्रपाली उनके भक्तों की भीड़ में पीछे जा कर बैठ गयी. बुद्ध ने उपदेश शुरू किया "तुम्हें लगता है सिर्फ तुम दुःखी हो. ये सच नहीं है. इस धरती का हर एक प्राणी दुःखी है. ये दुनिया दुःखों से भरी है. प्राणी के दुःख का कारण कुछ और नहीं बल्कि अपनी इच्छाएं हैं. हर इच्छा आगे चल कर दुःख का कारण बनती है. इच्छाओं का दमन इसका निवारण नहीं है. बल्कि इच्छाओं के दमन से तो ये इच्छाएं और बढ़ जाती है. इसका निवारण एक ही है

इस सांसारिक इच्छा की अर्थहीनता को समझाना. हमारे बौद्धिक विकास में एक अवस्था ऐसी आती है जब हम इस संसार की हर एक इच्छा की निरर्थकता को समझ जाते हैं. ये अवस्था निर्वाण कहलाती है, इस अवस्था को शब्दों में नहीं बताया जा सकता, इसे सिर्फ अनुभव किया जा सकता है. उस अवस्था को प्राप्त करने के अष्टांगिक मार्ग हैं. इस पर चलते हुए एक दिन निर्वाण की प्राप्ति हो जाएगी " बुद्ध को भी ये अवस्था इतनी आसानी से हासिल नहीं हुई है. एक वो समय भी जब उनकी हालत आम्रपाली के जैसी थी. वे एक कुलीन शाक्य परिवार में पैदा हुए थे उनका नाम था सिद्धार्थ. तमाम भौतिक सुख सुविधाओं के बावजूद उनका मन व्यथित रहता था. कहते हैं जब उन्होंने वृद्ध, बीमार, मृतक और योगी के दृश्य पहली बार देखे तब ही उन्हें इस संसार की निरर्थकता पर सोचने लगे. अपने सवालों का जवाब ढूंढने के लिए सिद्धार्थ ने अपना महल त्याग दिया. वे सबकुछ छोड़ कर सत्य की तलाश में निकल गए. हर बार ध्यान करते हुए अपने तर्कों से अपने सवालों का संभावित जवाब ढूंढते और फिर अपने ही दूसरे तर्कों से उसको ख़ारिज भी कर देते और नए तर्क की ओर चल पड़ते. सिद्धार्थ की ये यात्रा लम्बे समय तक चलती रही. तभी एक दिन अचानक गया में एक बरगद के पेड़ ने नीचे ध्यान करते हुए उन्हें अपने सभी सवालों का जवाब मिल गया. वो व्यक्ति अब सिद्धार्थ नहीं था वो बुद्ध बन चुका था. वो जगह आज बोधगया के नाम से और वो पेड़ आज बोधिवृक्ष के नाम से प्रख्यात है. बुद्ध ने अपना पहला उपदेश सारनाथ में अपने चार शिष्यों को दिया "किसी भी बात पर सिर्फ इसलिए विश्वास मत करो क्यों कि ये परंपरा से आयी है. उस बात को तर्क की कसौटी पर रखो, स्वयं विश्लेषण करो और अगर तुम्हें वो बात बिलकुल सही लगे तभी उसे सत्य मानो. तुम्हारे गुरु की कही कोई बात या समाज द्वारा बिना सोचे सच मान ली जाने वाली बातों की भी जांच करो. अगर वो तुम्हारे तर्कों पर खरी नहीं उतरती तो उसे ख़ारिज कर दो और समाज को सोचने का एक नया नजरिया प्रदान करो " भारत में बुद्ध को भगवान विष्णु का नौवां अवतार माना जाता है जिन्होंने ने कलियुग में मानव को दुःखों से मुक्ति के लिए जन्म लिया.

बुद्ध के उपदेश इतने शक्तिशाली थे कि उसने क्रूर से क्रूर इंसान का भी हृदय परिवर्तन कर दिया. अंगुलीमाल जैसा बर्बर डाकू भी बुद्ध से एक मुलाकात में ही बौद्ध भिक्षु बन गया था.

बुद्ध के शब्द आम्रपाली के घावों पर मरहम की तरह लग रहे थे. आम्रपाली मन ही मन संतुष्टि के भाव से सोचने लगी "मैं इन्हीं सवालों के जवाब तो चाहती थी"

सभा समाप्त होने के बाद भी आम्रपाली काफी देर तक वहीं बैठी रही और बुद्ध को एकटक निहारती रही. सब लोग जा चुके थे आम्रपाली अकेली थी, वो बुद्ध के पास जाकर बड़े ही आदर भाव से बोली "भगवान क्या आप मेरे घर आ कर भोजन करने का मेरा निमंत्रण स्वीकार करेंगे?" बुद्ध आम्रपाली का चेहरा देखकर उसके मन के सभी भाव समझ चुके थे. उन्होंने सहर्ष आम्रपाली का निमंत्रण स्वीकार किया. आम्रपाली अपने घर को लौट चली. रास्ते में उसे वैशाली के भद्र पुरुष मिले. उन लोगों ने कहा कि हम भगवान बुद्ध को अपने दरबार में आने का निमंत्रण देने जा रहे हैं. आम्रपाली ने बताया कि पहले ही बुद्ध को अपने घर भोजन का निमंत्रण दे चुकी है. तब उन पुरुषों के मन में आम्रपाली के प्रति वास्तविक भाव उजागर हो गए. वो आपस में कहने लगे "क्या इतने महान संत गणिका के घर भोजन करेंगे?" आम्रपाली ने तय समय तक भोजन की सारी तैयारियां कर ली थीं. तभी उसके दरवाजे पर बुद्ध और उनके कुछ अनुयायी आ गए. बुद्ध ने भद्र पुरुषों के दरबार में न जाकर आम्रपाली के घर भोजन करने का निर्णय लिया. आम्रपाली ने बहुत आदर से उनको भोजन कराया. उनकी बहुत मन से सेवा की. वहां से जाने से पहले बुद्ध ने आम्रपाली के सामने एक प्रस्ताव रखा "धम्म की शरण में आओगी आम्रपाली?" ये सुनते ही आम्रपाली की आँखों में आंसू आ गए और वो बुद्ध के पैरों में गिर गयी. बुद्ध ने उसे उठाते हुए कहा आज से तुम्हारा नया जन्म हो रहा है आम्रपाली. आम्रपाली बौद्ध संघ में शामिल होने वाली पहली महिला बनीं. बुद्ध के शक्तिशाली उपदेशों का असर अजातशत्रु पर भी पड़ा. उसने भी बौद्ध संघ की दीक्षा ले ली. अगर अंगुलिमाल जैसे क्रूर का हृदय परिवर्तन हो सकता है तो अजातशत्रु का क्यों नहीं? अजातशत्रु बुद्ध की शिक्षाओं का प्रचार प्रसार करने के काम में लग गया. उसने राजगृह की गुहा में विशाल बौद्ध संगीति आयोजित करवाई. बौद्ध संगीति विभिन्न बौद्ध मान्यताओं के विद्वानों की एक विशाल सभा होती थी. इस सभा में सभी विद्वान बौद्ध मत पर अपने अपने विचार पेश करते थे. कालाशोक ने वैशाली नगर में 383 BC में द्वितीय बौद्ध संगीति आयोजित करवाई.. पहली बौद्ध संगीति आयोजित करवा के अजातशत्रु तो इतिहास में प्रख्यात हो गया. लेकिन उस आम्रपाली का नाम कहीं खो गया जिसने अजातशत्रु को ये राह दिखाई.

(मौर्य साम्राज्य की शुरुआत: 322 BCE)

चन्द्रगुप्त, चाणक्य और उनकी गुरु

बौद्ध मत के समय ही जैन मत का भी प्रसार हुआ. ये मत भी तर्कों को प्रधान मानता था. उसके विचारों का केंद्र बिंदु था अहिंसा. जिस समय भारत में बौद्ध और जैन मत क्रांति ला रहे थे उसी समय पड़ोसी देश पारस (वर्तमान ईरान) में भी एक बड़ी राजनैतिक क्रांति चल रही थी. पारस के राजा डेरियस ने अपने साम्राज्य विस्तार के लिए कमर कस ली थी. पारसी लोग आर्यों की ही एक शाखा थे. उनका धर्म ग्रन्थ अवेस्ता, ऋग्वेद के बराबर ही प्राचीन था.

राजा डेरियस, अवेस्ता के देवता अहुरा मज़्दा की सत्ता का विशाल प्रसार करना चाहते थे. 500 BC में पारस साम्राज्य विश्व की महाशक्ति बन गया था. साइरस ने अपने अभियान के दौरान सोने के सिक्कों का भंडार पा लिया. इन सिक्कों की मदद से उनके सैन्य अभियानों में और ज्यादा शक्ति आ गयी. उसी समय भूमध्य सागर के तटों पर एक नाविक व्यापारियों की जनजाति रहती थी - फोनेसिअन्स. फोनेसिअन्स भूमध्य सागर में अपने नावों से घूम घूम कर आसपास

के राज्यों के साथ व्यापार करते थे. अपने व्यापार का लेखा जोखा रखने के लिए उन्होंने एक कमाल की चीज का अविष्कार किया - 'अल्फाबेट्स'. कंठ से निकलने वाली हर आवाज को एक संकेत का स्वरुप दे कर एक तख्ती पर लिखना. 'अ ' की आवाज के लिए 'अलेप' ('बैल का सिर'), 'ब ' आवाज के लिए 'बेट' (घर), 'ग' के लिए 'गिमी' (ऊंट) और इस तरह भूमध्य सागर के तट पर लिखने की कला का अविष्कार हुआ.

लिखने की कला से कई बड़े ऐतिहासिक बदलाव हुए. व्यापार का लेखा जोखा आसान हो गया, कानून और राजकीय कार्य नियमित हो गए, राजाओं और उनकी जीत के किस्से -'प्रशस्ति' प्रचुर मात्रा में लिखे जाने लगे. इन सब के अलावा लिखने की कला से एक और बड़ी उपलब्धि हासिल हुई. 'धर्म' और 'ईश्वर की वाणी' को भी लिखा गया. हिब्रू नाम की ट्राइब अपने मातृभूमि जेरुसलम से दूर बेबीलोनिया में निर्वासित के रूप में रह रही थी. बेबीलोनिया ने उन्हें अपने राज्य में बंधक बना रखा था. इन्हीं बंधकों में से एक थे मोसेस या हज़रत मूसा. मोसेस ने ईश्वर के सन्देश को पहली बार पेपिरस के पन्नों पर लिखना शुरू किया. पर्सिया के राजा सायरस ने जब अपने साम्राज्य का विस्तार करते हुए बेबीलोनिआ पर हमला लिया तब मोसेस जिस किताब की रचना कर रहे थे उसका नाम था - 'बाइबल'. सायरस महान ने ना सिर्फ हिब्रू लोगों को आज़ाद किया बल्कि उनकी आस्था के सम्मान में जेरुसलम में मंदिर का निर्माण भी करवाया. बाइबल ने सबसे पहले उस विचार को जन्म दिया जो आगे जा कर मोनोथीइज्म या एकेश्वरवाद के नाम से प्रसिद्ध हुआ. बाइबल में उस पूर्वज की कहानी भी लिखी थी जिसके मन में पहली बार एकेश्वरवाद का विचार आया था - हज़रत अब्राहम. आगे चल कर अब्राहम के वंश के ही अग्रजों ने क्रिश्चियनिटी और फिर इस्लाम को जन्म दिया. साइरस महान के साम्राज्य विस्तार में तीन महत्वपूर्ण चीजों का अविष्कार हुआ - सिक्के, अल्फाबेट्स और बाइबिल का ओल्ड टेस्टामेंट.

डेरियस और उनके पुत्र सायरस के प्रयासों ने भारत के गांधार और कम्बोज को पारस साम्राज्य का हिस्सा बना लिया था. जैसा पहले भी बताया गया है कि पारस के लोग 'स' का उच्चारण 'ह' करते हैं. इसीलिए उन्होंने सिंधु नदी के पार रहने वाले लोगों को हिन्दु बोला और उस भूभाग को नाम दिया हिंदुस्तान. जहाँ पूर्व में पारस भारत से टकरा रहा था वहीं पश्चिम में उसका सामना हुआ था यूनान या ग्रीक से. पारस साम्राज्य ने कई बार ग्रीक को युद्ध में धूल चटाई थी. महान पारसी राजा ज़र्कसीज़ ने एक बार यूनान के 300 कुशल योद्धाओं को मात दी थी. 250 BC में इतिहास की चर्चा के लिए ग्रीस में एक गुरु ने अपने शिष्य को बुलाया है. ग्रीस के महान दार्शनिक चिंतक अरस्तु और उनका शिष्य था अलेक्ज़ेंडर. इतिहासकारों ने उसका नाम लिखा है सिकंदर. आज सिकंदर एक छोटा बालक है उसके गुरु आज उसे दुनिया के नक़्शे से अवगत करा रहे हैं. सबसे पहले उन्होंने अपने देश यूनान की सभी रियासतों का ज़िक्र किया फिर इजिप्टिया यानि मिस्र के बारे में समझाया. फिर उन्होंने उस देश की ओर इशारा किया जो सदियों से उनका दुश्मन है- पर्शिया यानि कि पारस. उन्होंने याद दिलाया की कैसे जरक्सीज ने यूनानियों के सम्मान को मिट्टी में मिला दिया. लेकिन पारस के आगे एक और देश था, जिसके किस्से हमेशा चमत्कारों से भरे होते थे. पारस के लोगों के जरिये से इस मायावी देश के किस्से दुनिया भर में फ़ैल गए थे. पारसी जिसे 'हिन्द' कहते थे, ग्रीक लोग उसका उच्चारण 'इंड' करते थे, इस तरह जगह का नाम पड़ गया 'इंडिया'.

बालक अलेक्ज़ेंडर के मन में इंडिया यानि कि भारत के जादुई किस्से फिर उमड़ आये. गुरु अरस्तु भी यही कहते थे इंडिया वो जमीन है जहाँ चमत्कार होते हुए उनकी सड़कों पर देख सकते हैं. उस दिन शायद अलेक्ज़ेंडर ने मन ही मन न सिर्फ पारस से बदला लेने की ठान ली थी बल्कि भारत को देखने का भी निर्णय ले लिया था. वो दिन भी आया जब सिकंदर यूनान के राज्य मक़दूनिया का राजा बन गया और निकल पड़ा पारसी सम्राटों से बदला लेने. पारसी सम्राटों की सेना से जैसे ही उसका आमना सामना हुआ, उसने अचानक एक निर्णय लिया, उसकी सेना दो भागों में बंट गयी. अपने कुछ घुड़ सवारों के साथ सिकंदर तेजी से पारस के राजा जरक्सीज़ द्वितीय की तरफ बढ़ा. जरक्सीज़ इस तरह की 'साहसिक' युद्ध नीति का आदी नहीं था. इस से पहले कभी किसी योद्धा ने सीधे राजा पर हमला करने का साहस नहीं दिखाया था. इसीलिए जरक्सीज़ को इसका उत्तर देना भी नहीं आता था. वो युद्ध भूमि से भाग खड़ा हुआ. लेकिन सिकंदर उसे ऐसे ही कैसे जाने दे सकता था. सिकंदर तो मानो उसके खून का प्यासा था. सिकंदर ने अपनी सेना के साथ उसका पीछा किया. इस दौरान उसे विशाल पर्शियन साम्राज्य की अलग- अलग कई सेनाओं से युद्ध करना पड़ा. हर युद्ध वो जीतता चला गया. सिकंदर को जीत का नशा हो गया था. उसे युद्ध का नशा हो गया था. उसने जीवन भर लगातार युद्ध लड़ते रहने की शायद कोई प्रतिज्ञा ले ली थी. इसी तरह आगे बढ़ते- बढ़ते उसे एक दिन जरक्सीज़ की लाश मिली. सिकंदर का शत्रु तो मारा गया. लेकिन क्या सिकंदर अब घर लौटने वाला है? कतई नहीं, ये तो बस एक शुरुआत है. पर्शिया को जीतने के बाद सिकंदर ने इजिप्ट यानी मिस्र पर हमला किया. मिस्र के लोग भी लड़ने में बहुत कुशल थे, लेकिन सिकंदर के जोश के आगे वो भी ज्यादा दिन नहीं टिक पाए. मिस्र को जीतने के बाद सिकंदर बेबीलोनिया लौटा. बेबीलोनिआ, मेसोपोटामिया सभ्यता से ही विकसित हुआ एक राज्य था, अब तक ये पर्शियन साम्राज्य के अधीन था, लेकिन अब सिकंदर के अधीन है. बेबीलोनिआ से आगे का रास्ता सिकंदर को उस देश में ले जाता है जिसको कहा गया है देवताओं की भूमि.

जिस समय अरस्तु अपने शिष्य सिकंदर को शिक्षा दे रहे थे, उसी समय भारत में भी एक गुरु अपने शिष्य को शिक्षा दे रहे थे. गुरु थे तक्षशिला विश्वविद्यालय के आचार्य विष्णुगुप्त कौटिल्य जिसे इतिहास ने चाणक्य नाम दिया. और उनके शिष्य थे चन्द्रगुप्त मौर्य. बक्षाली की पाण्डुलिपि बताती है कि कौटिल्य नामक विद्वान ने अर्थशास्त्र की रचना की थी.

कौटिल्य और कोई नहीं बल्कि हमारे चाणक्य हो सकते हैं. उनका ग्रन्थ अर्थशास्त्र एक आदर्श राज्य को चलाने की नीतियों पर विस्तार से चर्चा करता है.

राजा की भूमिकाएं क्या क्या होंगी? मंत्री कितने और कैसे होंगे? मंत्रियों की जिम्मेदारियां क्या क्या होंगी? गुप्तचर विभाग पर कितना पैसा खर्च करना चाहिए? राज्य के अधिकारियों के ओहदों का क्रम क्या होगा? कर कितना होना चाहिए? भ्रष्टाचार पर नियंत्रण कैसे किया जाए? ऐसे ही तमाम विषयों पर विस्तार से चर्चा की गयी है अर्थशास्त्र में. लेकिन चन्द्रगुप्त मौर्य को अर्थशास्त्र से क्या लेना देना? अर्थशास्त्र तो उनके लिए है जिनके पास चलाने के लिए कोई राज्य है. चन्द्रगुप्त के पास तो कोई राज्य नहीं है. हाँ, अफवाहों में सुना जरूर है कि वो राज परिवार से सम्बन्ध रखता है, लेकिन है तो वो दासी का बेटा, मूरा दासी का बेटा. उसकी माँ राजमहल के उद्यान में 'मोरों' का पालन पोषण करती हैं. अपनी माँ के इस व्यवसाय से गर्वित चन्द्रगुप्त अपनी पगड़ी में मोर के पंख की कलगी लगाता है.

चन्द्रगुप्त के पास फ़िलहाल कोई राज्य नहीं है लेकिन राज्य को हथियाने की लालसा पूरी है. मगध का शक्तिशाली राज्य नन्द वंश के कब्जे में हैं. धनानंद मगध का वर्तमान सम्राट है. धनानंद के पिता महापद्म नन्द एक महान योद्धा थे. उन्होंने शूद्र कुल के नन्द वंश को मगध के गद्दी तक पहुंचाया. धनानंद उनकी नौवीं संतान था. घमंडी, निरंकुश और हमेशा शराब में डूबा रहने वाला सम्राट. धनानंद के इतने अयोग्य होने के बाद भी मगध राज्य की शक्ति में कोई कमी नहीं आयी. उसका कारण हैं उसके योग्य मंत्री या अमात्य. और उनमें भी विशेष रूप से अमात्य राक्षस. अमात्य राक्षस गहरी सूझ बूझ वाले व्यक्ति हैं. वे मगध के प्रति पूर्णतया समर्पित है. धनानंद के सबसे भरोसेमंद सलाहकार. अमात्य राक्षस के रहते मगध राज्य को हथियाना किसी के बस की बात नहीं है.

आज मगध की राजधानी पाटलिपुत्र में एक सभा का आयोजन किया जा रहा है. दूर दूर से गायक, कवि और विद्वान आ रहे हैं. तक्षशिला के शिक्षक चाणक्य ने भी इस अवसर पर मगध जा कर धनानंद का ध्यान एक अहम् मुद्दे की ओर आकर्षित करने की सोची. धनानंद के दरबार में सभी विद्वान अपने ज्ञान का प्रदर्शन करके के उचित इनाम हासिल कर

रहे हैं. अब बारी आयी चाणक्य की. चाणक्य ने मगध के सभापति को अभिनन्दन करते हुए अपना परिचय दिया और फिर सीधे मुद्दे की बात पर आ गए. "महाराज, अब विश्व भर में संघों के अस्तित्व खतरे में आ गए हैं, पश्चिम में हर जगह अब साम्राज्यों का उदय हो रहा है, साम्राज्य अपने विस्तार की दौड़ में संघों को कुचलता आ रहा है. अब जरूरी समय आ गया है जब भारत के सभी संघ एकजुट हो कर एक राष्ट्र के रूप में उभरें और इस काम में अगुआई करनी चाहिए सबसे शक्तिशाली संघ मगध को". एक ब्राह्मण के मुख से राजनीति की बातें सुनकर धनानंद हैरान था. उसे तो लग रहा था ये कोई 'आत्मा परमात्मा' का नया सिद्धांत ले कर आया होगा. धनानंद ने उत्तर दिया "मगध को किसी अन्य संघ के साथ संधि करने की कोई आवश्यकता नहीं है और रही बात राष्ट्र की तो मगध अपने आप में एक राष्ट्र है". चाणक्य को भी धनानंद की मूर्खता पर हैरानी हुई, उसने समझाने का दूसरा प्रयास किया "कई विदेशी साम्राज्य भारत की सीमा पर आक्रमण की फिराक में बैठे हैं, अगर अभी हमने अपने सीमावर्ती जनपदों का साथ नहीं दिया तो कल को ये हमला मगध पर भी होगा और तब मगध का साथ देने भी कोई नहीं आएगा, मगध ख़त्म हो जायेगा ". ये बातें सुनकर धनानंद का क्रोध उसके नियंत्रण में नहीं रहा. वो गुस्से से चिल्लाते हुए बोला "ब्राह्मण, तेरी हिम्मत कैसे हुई मगध के विनाश की बात करने की? मत भूल कि तू भिखारी है, मांग कर खाता है, मांग कर पहनता है, तू अपनी झोली फैला, धनानंद तुझे तेरी मन चाही भीख देगा. लेकिन अपनी ये राष्ट्रनीति अभी बंद कर " अब तो क्रोध चाणक्य का भी नियंत्रण के बाहर चला गया - "बहुत घमंड है तुझे अपनी ताक़त पर? ये ताकत एक दिन मिट्टी में मिल जाएगी " धनानंद ने अपने रक्षकों को आदेश दिया "इस ब्राह्मण का सर धड़ से अलग कर दिया जाए". तभी अमात्य राक्षस ने टोका "महाराज आपने एक ब्राह्मण का अपमान भरी सभा में करके पहले ही उचित दंड दे दिया है, अब ब्रह्म हत्या का पाप अपने ऊपर मत लीजिये " धनानंद ने अपने गुस्से को शांत करते हुए नया आदेश दिया - "इस ब्राह्मण को घसीट कर नगर की सीमा के बाहर फेंक आओ और ध्यान रखना आइंदा ये कभी नगर के आसपास भी नजर न आये " इस से पहले कि सैनिक चाणक्य को पकड़ते, चाणक्य ने एक शपथ ली. अपनी चोटी के बालों को खोलते हुए बोले "जब तक मैं धनानंद और उसके साम्राज्य का अंत नहीं कर देता अपनी चोटी को नहीं बांधूंगा"

नगर से निकलते ही चाणक्य ने अपना वेश बदल लिया. उन्होंने एक 'आजीविक' साधू का रूप धारण कर लिया और 'बारबरा' की गुफाओं में रहने लगे. चाणक्य ने यहां रहकर विद्रोह की तैयारियां शुरू कर दीं. शुरुआत उस से की जो उनके ग्रन्थ के नाम का पहला शब्द है 'अर्थ' से. धन एकत्रित करना पहली आवश्यकता है. चाणक्य ने धीरे धीरे बहुत से कार्षापण इकट्ठे कर लिए. कार्षापण उस समय की मुद्रा का नाम है. मजे की बात ये है कि अंग्रेजी का शब्द 'कैश' कार्षापण का ही रूपांतरण है. दूसरी तरफ चाणक्य ने चन्द्रगुप्त के प्रशिक्षण को जारी रखा. चन्द्रगुप्त ने युवा होते होते विद्रोहियों की एक गुप्त सेना खड़ी कर ली. उधर चन्द्रगुप्त योद्धाओं की सेना बना रहा था दूसरी तरफ चाणक्य गुप्तचरों की सेना बना रहे थे. अलग अलग भेष में सैकड़ों गुप्तचर पाटलिपुत्र नगर में घूम रहे थे. कोई साधू के भेष में, कोई सपेरे के भेष में, कोई गणिका के भेष में और यहाँ तक कि नगर के द्वारपालों में भी चाणक्य के गुप्तचर थे. गुप्तचरों का काम सिर्फ ख़ुफ़िया जानकारी इकट्ठा करना नहीं था. बल्कि वो एक और जरूरी काम को अंजाम देते थे - "अफवाह फैलाना". अफवाह राजनीति का महत्वपूर्ण हिस्सा है. विद्रोह के लिए सभी आवश्यक सामग्रियां इकट्ठी हो गयी हैं. आज सही समय आते ही चन्द्रगुप्त और चाणक्य ने पाटलिपुत्र पर हमला कर दिया. चन्द्रगुप्त की सेना जोशीले नौजवानों से भरी है. लेकिन मगध की राज सेना एक अनुभवी लड़ाका थी. युद्ध थोड़ी देर में ही ख़त्म हो गया. विद्रोहियों को कुछ देर में मार डाला गया. चन्द्रगुप्त और चाणक्य किसी तरह अपनी जान बचा के निकलने में सफल हो पाए. भागते भागते

दोनों ने शाम को एक अज्ञात महिला की झोपड़ी में शरण ली. महिला ने, जो अपने छोटे बच्चों के साथ रहती है, रात के भोजन के लिए साग, दाल और खिचड़ी बनायी है. भेष बदले हुए चाणक्य, चन्द्रगुप्त और वो बच्चा एक साथ भोजन करने के लिए बैठे. केले के पत्ते पर महिला ने तीनों को गरमा गरम खिचड़ी परोसी. बच्चा बहुत भूखा था, वो भोजन देखते ही उस पर टूट पड़ा. उसने अपनी सारी उंगलियां एक साथ खिचड़ी के बीचों बीच डाल दीं. खिचड़ी बहुत गरम थी, उसकी उँगलियों में तेज़ जलन हुई और उसने तुरंत अपना हाथ पीछे कर दिया. वो महिला हंस पड़ी और बोली "क्या चाणक्य और चन्द्रगुप्त की तरह उतावला हो रहा है, पहले किनारे से खाना शुरू कर "

वो महिला अपने बच्चे को खाने के तरीके के बारे में सिखा रही थी, लेकिन चाणक्य उस महिला के शब्दों में युद्ध जीतने का पाठ सीख रहे थे. वो महिला कौन थी जिसने कौटिल्य जैसे महान विद्वान् को भी ज्ञान दिया? इतिहास में उस माँ का जिक्र तो आता है लेकिन नाम नहीं मिलता. लेकिन एक बात जो साफ़ है वो ये कि चाणक्य जो अपनी कूटनीति के ज्ञान के लिए दुनिया भर में मशहूर हैं, उनको भी अपने जीवन का सबसे बड़ा सबक एक माँ से ही मिला था.

चाणक्य ने दूसरा प्रयास करने की ठानी, लेकिन इस बार बदली हुई रणनीति के साथ. चाणक्य ने मगध के आसपास के सभी संघों से एक एक कर संपर्क साधना शुरू किया. सबसे पहला निमंत्रण भेजा गया वज्जि संघ के राजा विरोचक के पास. चन्द्रगुप्त ने अपनी नादानी के चलते उनसे दुश्मनी मोल ले रखी थी. चाणक्य ने विरोचक को आश्वासन दिया "अब से चन्द्रगुप्त की विद्रोही सेना कभी वज्जि पर हमला नहीं करेगी, यहाँ तक ही वज्जि की सहायता के लिए भी तैयार रहेगी. हमें बस मगध से युद्ध के समय आपके सहयोग या कम से कम आपकी तटस्थता चाहिए" विरोचक ने ध्यान से सुनने के बाद कहा "लेकिन जब आपकी जीत होगी आपको भारत का सबसे मजबूत राज्य मगध मिल जायेगा, हमें क्या मिलेगा?" चाणक्य विरोचक के भीतर छुपे लालच को भांप गए और झूठे आश्वासनों की झड़ी लगा

दी. कानों को प्रिय लगने वाली इतनी बातें सुन कर विरोचक ने तुरंत चन्दगुप्त से हाथ मिला लिया. एक एक कर के चाणक्य ने किसी को मंत्रिपद का लालच देकर तो किसी को धन का लालच दे कर अपनी तरफ मिला लिया. लेकिन असली इम्तिहान तो था पर्वतक और उसके बेटे मलयकेतु को अपने साथ लाने का. पर्वतक एक साहसी और गंभीर शासक थे, यही गुण उनके पुत्र मलयकेतु में भी आये थे. चाणक्य ने पर्वतक के आगे एक बराबरी का प्रस्ताव रखा "मगध को जीतने के बाद उस पर मलयकेतु और चन्द्रगुप्त का संयुक्य राज्याभिषेक होगा. दोनों के राज्यों की अपनी स्वायत्त सीमाएं होंगी. दोनों अपने अपने राज्य के आंतरिक निर्णय लेने के लिए स्वतंत्र होंगे. केवल सुरक्षा, विदेश नीति और संचार के स्तर के निर्णय केंद्र लेगा". पर्वतक को ये प्रस्ताव खरा लगा उसने चाणक्य के साथ संधि कर ली. अब सभी देशी राजाओं के साथ गुप्त संधियां पूरी हो चुकी हैं. ये वो समय था जब सिकंदर अपने दल बल के साथ भारत की सीमा में प्रवेश कर चुका था.

चाणक्य ने अपने गुप्तचरों की सहायता से सिकंदर की सेना में कई बार भगदड़ पैदा कर दी थी. और सारा इल्जाम धनानंद के जासूसों पर डलवा देते. एक बार चाणक्य ने अपने गुप्तचरों की सहायता से यूनानी सेना के शिविरों में ये अपवाह फैला दी - "जो भी विशेष सैनिक भारत के खिलाफ लड़ कर यहाँ 7 दिन भी रहेगा तो सांतवें दिन उसकी मौत हो जाएगी. इसके कई पुख्ता प्रमाण हैं " चाणक्य की इन नीतियों की वजह से सिकंदर की सेना पहले ही थोड़ी डरी हुई थी. तक्षशील के राजा आम्भी ने बिना युद्ध किये ही सिकंदर के सामने आत्मसमर्पण कर दिया था. लेकिन सिकंदर का अगला सामना होना था पर्वतक से. पर्वतक को ग्रीक इतिहासकारों ने 'पोरस' नाम दिया है. 325 BC में सिकंदर की सेना झेलम नदी के तट पर पोरस की सेना के सामने खड़ी है.

ये भारत की भूमि है चमत्कारों की भूमि. सिकंदर को भारत में आये हुए अभी ज्यादा समय नहीं हुआ था कि भारत ने अपने चमत्कार दिखाने शुरू कर दिए, झेलम नदी के तट पर शुरू हुआ ये युद्ध शाम होते होते पलटने लगा. पोरस बहुत बहादुरी से लड़े. पोरस की सेना हावी हो रही थी. दिन ख़त्म होते होते भारत की भूमि ने अपना चमत्कार दिखा ही दिया. सिकंदर की सेना ने अब और युद्ध लड़ने से साफ़ इंकार कर दिया. सिकंदर जो विश्वविजेता बनने का स्वप्न ले के आया था, भारत की सीमा से ही वापिस घर लौटने का निर्णय ले लिया. उसके पास अब और कोई विकल्प नहीं बचा. अगली सुबह जब उसका पोरस से सामना होता है, तब सिकंदर पोरस की बहादुरी की प्रशंसा करता है. एक राजा दूसरे राजा को बराबरी का सम्मान देता है और फिर लौट जाता है, अपनी मकदूनिया में.

सिकंदर तो लौट गया लेकिन उसका मित्र सेनापति सेल्यूकस निकेटर वापिस नहीं लौटा. वो यहीं रुक गया, सही समय आने पर अपने मित्र का अधूरा सपना पूरा करने के लिए.

उधर चाणक्य साम, दाम, दंड, भेद की नीति से सभी धनानंद विरोधियों को संगठित कर चुके थे. धनानंद के कई मंत्रियों को नए साम्राज्य में बड़े पदों का लालच दे कर अपने साथ मिला लिया था. गुप्तचरों से मिली सूचनाओं के आधार पर एक समय निर्धारित किया गया और सही समय पर पाटलिपुत्र पर धावा बोल दिया गया. इस बार मगध खुद को बचा पाने की स्थिति में नहीं था. अमात्य राक्षस ने किसी तरह से धनानंद को बचा कर किसी सुरक्षित स्थान पर पहुंचने का प्रयास किया. वो उन्हें महल से निकाल कर एक बैलगाड़ी में बैठाने में सफल हुआ. जंगल के रास्ते किसी सुरक्षित ठिकाने की तलाश में अमात्य राक्षस बैलगाड़ी को दौड़ा रहा था. तभी एक पेड़ पर छुपे एक तीरंदाज ने एक ही बाण में धनानंद के प्राण ले लिए. लेकिन अमात्य राक्षस जिन्दा बच निकलने में सफल हुए. राक्षस पाटलिपुत्र से भाग तो गए, लेकिन भूमिगत रहते हुए आक्रमणकारियों का विरोध करना जारी रखा.

चाणक्य की प्रतिज्ञा के मुताबिक अब उन्हें अपनी चोटी बाँध लेनी चाहिए, लेकिन उन्होंने अभी नहीं बाँधी. अभी तो आधा काम भी नहीं हुआ. सबसे पहले तो उन लालची, गद्दारों को ठिकाने लगाना है, जिन्होंने थोड़े से लालच के बदले अपने स्वामी धनानंद के खिलाफ गद्दारी की. क्या भरोसा कल को मौका मिलने पर चंद्रगुप्त मौर्य से गद्दारी नहीं करेंगे. एक एक करके सारे मंत्री और राजा रहस्यमयी रूप से मारे जाने लगे. चाणक्य ने सबका इल्जाम डाल दिया अमात्य राक्षस पर.

अमात्य राक्षस शांत नहीं बैठे हुए थे. उन्होंने चन्द्रगुप्त के पास एक विषकन्या को भेजा. ये जश्न की रात थी. और ऐसे जलसों में सुन्दर गणिकाओं की उपस्थिति आम बात थी. लेकिन ये विषकन्या कमाल की खूबसूरत थी. उसको देखकर कोई उसके सौंदर्य में खोये बिना नहीं रह सकता था. वो सीधे अपने शिकार चन्द्रगुप्त की ओर बढ़ने लगी. कोई नहीं जान पाया कि वो एक विषकन्या है. लेकिन चाणक्य एक विषकन्या को न पहचान पाएं, ये असंभव है. आखिर ये उनकी ही ईजाद थी.

चाणक्य तुरंत उसके रास्ते में आकर उसको रोक देते हैं. उसकी सुंदरता की प्रशंसा करते हुए कहते हैं "आपके जैसी खूबसूरत कन्या के साथ का सुख तो आज हमारे गठबंधन के सबसे बहादुर योद्धा को मिलना चाहिए " चाणक्य ने पर्वतक की तरफ इशारा करते हुए कहा "तुम्हारा आज का शिकार वो हैं ". विषकन्या पर्वतक को उनके कक्ष में ले कर गयी. पर्वतक ने कन्या के होठों का चुम्बन लिया और वहीं रुक गए. उनके शरीर की सारी गतिविधि रुक गयी. थोड़ी देर में उनके मुँह से झाग निकली और उन्होंने अपने प्राण त्याग दिए. चाणक्य ने मंत्री को आदेश दिया की वो इस विषकन्या को गिरफ्तार करें, उस का बयान लेकर तुरंत सभा में पेश करें. सभा विषकन्या के लिखित बयान का इंतज़ार कर रही थी. पढ़ा गया, उसमें बस इतना लिखा था "मुझे अमात्य राक्षस ने चन्द्रगुप्त की हत्या के लिए भेजा है".

चाणक्य ने पर्वतक के भाई वैरोधक को पूरी तरह आश्वस्त कर लिया था कि उसके भाई पर्वतक की हत्या अमात्य राक्षस ने करवाई है. चाणक्य ने वैरोधक को मौर्य साम्राज्य के आधे हिस्से का सम्राट बनाने का भी आश्वासन दिया. लेकिन मन ही मन राज्याभिषेक के दिन ही वैरोधक की हत्या की भी योजना बना ली. चाणक्य ने एक ऐसे वास्तुकार की खोज की जो पहले राक्षस का वफादार था. और उसे एक विशाल स्वागत द्वार बनाने का आदेश दिया. इसी भारी भरकम स्वागत द्वार के मेहराब के नीचे से चन्द्रगुप्त का विजय जुलुस निकलेगा. चाणक्य ने ज्योतिष कारणों का हवाला देते हुए जुलूस निकलने का समय आधी रात का रखा. असली कारण था इस समय दृश्यता सबसे कम होती है. जुलूस निकलने का समय आया. चाणक्य ने एक हाथी को पहले से तैयार कर रखा था, जिसको चंद्र गुप्त के शाही निशानों के साथ सजाया गया था. सबको पता था की ये चन्द्रगुप्त की सवारी है. लेकिन चाणक्य ने उस पर बैठने के लिए वैरोधक को आमंत्रित किया. वैरोधक ने इसे अपना गौरव समझा और ख़ुशी से उस हाथी पर बैठ गया. जब जुलूस उस स्वागत द्वार के मेहराब के ठीक नीचे था, चाणक्य के इशारे पर वो मेहराब उस हाथी पर गिर गया. वैरोधक वहीं मारा गया. चाणक्य ने जांच के आदेश दिए. जांच जल्द ही पूरी हो गयी, उसके परिणाम ये हैं कि "अमात्य राक्षस ने अपने एक वफादार वास्तुकार को चन्द्रगुप्त के ऊपर मेहराब गिरा कर मार डालने की साजिश की है". अमात्य राक्षस अब बेहद सतर्क हो गए. उन्होंने अपने सारे आभूषण उतार कर अपनी पत्नी को दे दिए. इन आभूषणों में उनकी शाही मुद्रा (अंगूठी) भी है, राक्षस की वो मुद्रा जिसका नाम आने वाले समय में विशाखदत्त के संस्कृत नाटक 'मुद्राराक्षस' का शीर्षक बना. ये नाटक चाणक्य की कहानी की जानकारी का सबसे बड़ा स्रोत है. अमात्य राक्षस ने अपनी पत्नी को सारे आभूषण देते हुए कहा "मेरे तीन जासूस पाटलिपुत्र में रहते हैं: जैन भिक्षु जीव-सिद्धि, मुंशी शकट-दास और जौहरी संघ के प्रमुख चंदन-दास. आप अभी सीधे चन्दन दास के घर चली जाएये, आप पर कोई शक नहीं करेगा" अपनी पत्नी से ये कह कर राक्षस भेष बदल कर तुरंत मलयकेतु से मिलने उसके शिविर में चले गए. लेकिन मौर्य राजधानी में राक्षस के जासूस हैं और इसकी जानकारी चाणक्य को नहीं? चाणक्य को सब पता है. असल में जीव-सिद्धि अमात्य राक्षस के साथ 'डबल क्रॉस' कर रहा था. जीव-सिद्धि वास्तव में चाणक्य का ही गुप्तचर था और ये बात किसी और गुप्तचर को भी पता नहीं थी. अमात्य राक्षस की पत्नी जो अपने पति की आज्ञानुसार अब चन्दन-दास के घर में रहती थी, उसने अपने पति की मुद्रा (अंगूठी) गलती से चन्दन-दास की दुकान में रख दी. चाणक्य के जासूसों ने तुरंत मुद्रा को जब्त कर लिया और चाणक्य को दे दी. उधर जब राक्षस मलयकेतु के शिविर में पहुंचे तो मलयकेतु उन्हें देखते ही तुरंत मार सकता था, आखिर उसके पिता का हत्यारा उसके सामने खड़ा था, निहत्था. लेकिन मलयकेतु ने ऐसा नहीं किया, वो चाणक्य की धूर्त्तता को जानता था. "अगर इन्होंने ही मेरे पिता की हत्या की होती तो ऐसे मेरे घर कभी न आते" ये सोचते हुए मलयकेतु ने राक्षस को अपने घर के भीतर बुलाया. राक्षस ने चाणक्य के कपट की सारी कहानी मलयकेतु के सामने खोल कर रख दी. मलयकेतु जिसे पहले ही चाणक्य की चालाकी पर शक था, अब पूरा यकीन हो गया. मलयकेतु राक्षस से गले मिला. उन्हें आभूषण विहीन देख कर अपने आभूषण भेंट किये. अब बारी थी चाणक्य के अगली चाल की. चाणक्य ने एक पत्र लिखा मलयकेतु के नाम. उस पत्र के साथ राक्षस की वो मुद्रा भी भिजवाई जो चन्दन-दास के घर बरामद हुई थी. पत्र में लिखा था कि "मलयकेतु, तुम्हारे वफादार राक्षस के जासूस हैं. सबूत साथ भेज रहा हूँ". सन्देशवाहक सन्देश पढ़ कर मुद्रा फिर अपने साथ ले गया. मलयकेतु अब दुविधा में था, कौन अपना है और कौन दुश्मन? चाणक्य ने मलयकेतु के मन में राक्षस के प्रति अविश्वास भरने के लिए एक के बाद एक चालें चली. कभी गुप्तचरों के माध्यम से मलयकेतु के शिविर में झूठा दलबदल का नाटक करवाना तो कभी उसके गुप्तचरों में आपसी मतभेद पैदा करके. अपने जासूस जैन मुनि जीव-सिद्धि के माध्यम से मलयकेतु के खूब कान भरे.

चाणक्य ने अगली साजिश रची. उस ने शकट-दास की हत्या का आदेश दे दिया. लेकिन उसे सिद्धार्थक नाम के एक व्यक्ति ने बचा लिया. असल में ये सारा खेल चाणक्य का रचा हुआ था. सिद्धार्थक चाणक्य का गुप्तचर था, और शकट-दास की जान बचाना खेल का हिस्सा था. चाणक्य ने सिद्धार्थक को राक्षस की मुद्रा देकर शकट-दास के घर भेजा। शकट-दास जो राक्षस का जासूस था, सिद्धार्थक का अच्छा मित्र बन गया. जाहिर है वो सिद्धार्थक की सच्चाई से अनजान था. शकट-दास अपनी जान बचाने वाले सिद्धार्थक को अपने स्वामी राक्षस के पास ले गया. सिद्धार्थक को इसी पल का इंतज़ार था, उसने राक्षस का विश्वास जीतने के लिए वही मुद्रा पेश की और दावा किया कि ये उसे चंदनदास के घर पर बरामद हुई है. राक्षस ये देख कर सिद्धार्थक के काम से खुश हुए और उसे उपहार में बहुत से आभूषण दिए. ये वो ही आभूषण हैं जो मलयकेतु ने राक्षस को दिए थे. चाणक्य की चाल का ये चरण भी सफलतापूर्वक हो गया. अब चाणक्य के एक जासूस ने जौहरी का रूप धारण करके मलयकेतु के पिता पर्वतक के गहने अमात्य राक्षस को बेच दिए, ये उसकी अगली चाल की शुरुआत थी.

क्या चालें सिर्फ चाणक्य ही चल रहे थे? क्या अमात्य राक्षस कोई कूटनीति नहीं कर रहे थे? राक्षस ने अपने गुप्तचरों को संगीतकार के वेश में चंद्रगुप्त के दरबार में भेजा. लेकिन चाणक्य अपने जासूसों की बदौलत राक्षस की योजनाओं के बारे में सब जानते थे. अब जरुरत थी तो उसे अपने पक्ष में मोड़ने की. राक्षस के जासूसों के सामने, चाणक्य और चंद्रगुप्त ने गुस्से में बहस की. चंद्रगुप्त ने चाणक्य को बर्खास्त करने का नाटक किया, और घोषणा की कि राक्षस एक बेहतर मंत्री बनेंगे.

अगला काम चाणक्य ने अपने एक भरोसेमंद जासूस भागुरायण को दे रखा था. भागुरायण गुप्त रूप से मलयकेतु से मिलता है. और राक्षस के घर जाते समय उस से राक्षस के ही विषय में बात करता है. भागुरायण ने मलयकेतु को राक्षस के प्रति अविश्वासपूर्ण बना दिया, यह कहकर कि राक्षस केवल चाणक्य से घृणा करता है, और नंद के मुरा दासी से पैदा हुए पुत्र चंद्रगुप्त की सेवा करने को तैयार होगा. मलयकेतु की दुविधा और बढ़ गयी. अब जब मलयकेतु और भागुरायण अमात्य राक्षस के घर पहुंच गए तब वहां एक संदेशवाहक ये सूचना राक्षस को सुनाता है कि "चंद्रगुप्त ने चाणक्य को मंत्री पद से हटाते हुए राक्षस की प्रशंसा की है "

चाणक्य की ये चालें सफल रहीं. इस घटना ने मलयकेतु को आश्वस्त कर दिया कि राक्षस विश्वास करने योग्य नहीं है. चाणक्य ने अपनी साजिशों का सिलसिला रोका नहीं. सिद्धार्थक, जिसने न सिर्फ राक्षस का विश्वास जीता है बल्कि उससे उसके आभूषण भी हासिल किये हैं. चूंकि सिद्धार्थक, चाणक्य का जासूस है. इसलिए अब समय आ चुका है सिद्धार्थक के पास मौजूद राक्षस के विश्वास और आभूषण का सही उपयोग करने का. कुछ ही समय बाद चाणक्य के सैनिक भरी सभा में सिद्धार्थक को गिरफ्तार करते हैं जिसके हाथ में एक पत्र है. ये पत्र देखने में राक्षस द्वारा चंद्रगुप्त को लिखा प्रतीत होता है. और उस समय सिद्धार्थक ने जो गहने पहने थे बो राक्षस के दिए हुए गहने थे. सभा के सामने स्पष्ट हो गया सिद्धार्थक राक्षस का जासूस है.

सिद्धार्थक को सम्राट चंद्रगुप्त के सामने पेश किया गया. सिद्धार्थक ने राक्षस की वही मुद्रा चन्द्रगुप्त को दिखाते हुए कहा कि उसके स्वामी राक्षस सिर्फ चाणक्य को हटाना चाहते हैं, मौर्य साम्राज्य से उन्हें कोई परेशानी नहीं है. ये सब देख कर मलयकेतु गुस्से से आग बबूला हो गया और राक्षस को फ़ौरन हाज़िर होने का आदेश दिया. जब अमात्य राक्षस वहां आये तब उन्होंने पर्वतक के गहने पहने हुए थे. जब मलयकेतु ने राक्षस को अपने पिता के आभूषण पहने देखा,

वह आश्वस्त हो गया कि उसके पिता को मारने की योजना राक्षस ने ही बनायी होगी. गुस्से में आ कर मलयकेतु ने अपने 5 सहयोगियों को क्रूर तरीके से मार डाला. मलयकेतु के बाकी के सहयोगियों ने यह देखकर उसका साथ छोड़ दिया. अमात्य राक्षस वहां से जान बचा कर निकलने में सफल हुए. लेकिन अब वो अकेले थे, जासूसों से भरी इस दुनिया में. कब तक बच पाते, एक दिन चाणक्य के जासूसों ने उन्हें घेर ही लिया. क्या चाणक्य अमात्य राक्षस के साथ भी वही करेंगे जो धनानंद के बाकी साथियों के साथ किया था. क्या चाणक्य राक्षस को मृत्युदंड देने वाले हैं?

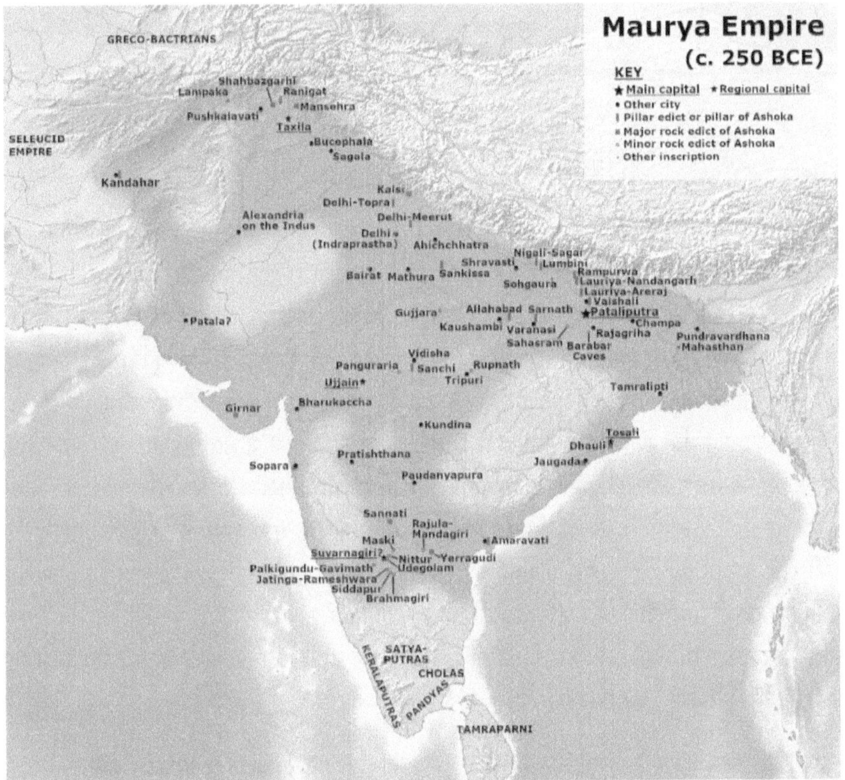

चाणक्य ने उनकी स्वामी भक्ति के प्रशंसा की और कहा "किसी भी राज्य में आपके जैसा मंत्री उस राज्य के लिए किसी वरदान से कम नहीं है, आप मौर्य साम्राज्य के महामंत्री का पदभार संभालना चाहेंगे?"

अब चन्द्रगुप्त मौर्य का सही मायने में राज्याभिषेक किया गया, मलयकेतु को प्रधान मंत्री का पद दिया गया है. चाणक्य ने आज अपनी चोटी में गाँठ बांध ली, उनका अखंड भारत का सपना उनकी आँखों के सामने पूरा हो रहा था. चन्द्रगुप्त मौर्य ने सत्ता सँभालते ही मौर्य साम्राज्य की सीमा का विस्तार मगध के बाहर उत्तर से दक्षिण, पूर्व से पश्चिम, विशाल भारत की हर दिशा में किया. मौर्य साम्राज्य भारत का पहला साम्राज्य है.उस चन्द्रगुप्त को सब जानते हैं जिसने भारत के पहले साम्राज्य की नींव रखी. उसको इस काम की शिक्षा देने वाले उसके गुरु चाणक्य को भी सब जानते हैं. चाणक्य की नीतियों पर शोध आज भी जारी हैं. लेकिन चाणक्य को युद्ध नीति का सबक सीखाने वाली माँ कौन थी, कोई नहीं जानता. चाणक्य की गुरु का नाम किसी को नहीं पता.

(सम्राट अशोक का कार्यकाल: 268 BC से 232 BC)

देवी और अशोक

चन्द्रगुप्त मौर्य ने अर्थशास्त्र की नीतियों के अनुसार एक आदर्श साम्राज्य का संचालन किया. उसने मौर्य साम्राज्य की सीमाओं का विस्तार किया. सिकंदर के साथ आये उसके सेनापति सेलुकस निकटर जिसने वापिस मकदूनिया न लौटकर यहीं रुक कर अपने मित्र के सपने को पूरा करने का फैसला किया था, अब गांधार पर कब्जा कर लेता है. लेकिन चन्द्रगुप्त ने उसे युद्ध में हरा दिया. संधि के रूप में सेल्यूकस ने अपनी पुत्री हेलेना का विवाह चन्द्रगुप्त मौर्य से कर दिया. चन्द्रगुप्त को बहुत से उपहार भी दिए और आगे से फिर कभी मौर्य साम्राज्य पर आक्रमण न करने का वादा भी किया. सेल्यूकस ने कई दार्शनिकों, यात्रियों और विद्वानों को भी चन्द्रगुप्त के दरबार में भेजा. उनमें से एक विद्वान हैं मेगस्थनीज. मेगस्थनीज की लिखी पुस्तक इंडिका दुनिया के सामने भारत के विस्तार से वर्णन का पहला स्रोत बनी. विदेश से आने वाले योद्धाओं के साथ सिर्फ राजनीति नहीं आती. बल्कि साथ आती है संस्कृति. आने वाले समय में यूनानी और भारतीय सभ्यता आपस में इतनी घुल मिल गयी कि ये बताना मुश्किल हो गया कि कौन सी चीज यूनानियों ने भारतीयों से सीखी है और कौनसी भारतीयों ने यूनानियों से? भारतीयों और यूनानियों के ज्योतिष विद्या, ज्यामिति, गणित, राजनीति और यहाँ तक कि पौराणिक किस्सों में इतनी समानता पायी जाती है कि उससे भारतीय और यूनानी तत्वों को अलग करना मुश्किल है.

चाणक्य की देखरेख में चन्द्रगुप्त का पुत्र बिन्दुसार बड़ा हुआ. बिन्दुसार का पुत्र अशोक समझदार आयु तक पहुंच गया था. एक दिन जब चाणक्य अपने कक्ष में बैठ कर कुछ लिख रहे थे. तभी वृद्ध चन्द्रगुप्त वहां आये और बोले "आचार्य मैं आपसे कुछ कहना चाहता हूँ. " चाणक्य ने सामने जलते हुए दिए को बुझाया और चन्द्रगुप्त से बातचीत शुरू की "यही न कि अब तुम संन्यास लेना चाहते हो? जैन मार्ग की दीक्षा लेने वाले हो?"

"मत पूछना मुझे कैसे पता. जाओ मेरी आज्ञा है, मुझे अभी बहुत काम करना है, मेरी मुक्ति इतनी आसान नहीं, मेरी मुक्ति तो समाज की मुक्ति में है. "

चन्द्रगुप्त ने अपना राज्य, संपत्ति, नाते रिश्तेदार और अपने वस्त्र त्याग दिए, उन्होंने अपनी तलवार नदी में फेंक दी और जैन मुनि के रूप में चल पड़े. अशोक इस घटना को पूरी तरह समझ सकने के लिए छोटा है. वो नदी के पास गया और वो तलवार ढूंढने लगा. उसको वो तलवार मिल गयी. उसको न जाने क्यों तलवारों से प्यार था. उस तलवार को वो अपने साथ ले आया.

साम्राज्य की स्थापना करना जितना मुश्किल काम होता है, उसको चलाना उससे भी ज्यादा मुश्किल होता है. जितना बड़ा साम्राज्य उसके लिए खतरे भी उतने ही ज्यादा. पहला खतरा बगावत का होता है. सम्राट राजधानी में बैठा होता है और उसके विशाल साम्राज्य में कहाँ विद्रोह की चिंगारी सुलग रही है उसे पता ही नहीं चलता, और देखते ही देखते ये चिंगारी बगावत की भीषण आग में बदल जाती है और वो राज्य अपने आप को स्वतंत्र घोषित कर देता है. दूसरा खतरा राजधानी में चल रहे षड्यंत्रों का होता है, सम्राट के अपने मंत्री या अधिकारी सम्राट की गद्दी हथियाने के लिए अंदर ही अंदर साजिशें करते रहते हैं. और सबसे बड़ा खतरा उत्तराधिकार के लिए होने वाले संघर्ष का होता है. सम्राट के पुत्र गद्दी हासिल करने के लिए आपस में लड़ भिड़ के साम्राज्य को कमजोर कर देते हैं. बिन्दुसार के चार पुत्र थे- सबसे बड़ा सुशीम, उससे छोटा अशोक और सबसे छोटा मोगलीपुत्त तिस्सा. राजतन्त्र की परंपरा के अनुसार सुशीम मगध का उत्तराधिकारी है लेकिन अशोक बहुत महत्वकांक्षी है, और ये ही बात बिन्दुसार को परेशान किये हुए है. लेकिन बिन्दुसार भी आचार्य चाणक्य का शिष्य है, राजनीति का माहिर. उन दिनों मगध के उत्तरी हिस्से में तक्षशिला में बगावत शुरू हो गयी. बिन्दुसार ने अशोक को तक्षशिला का विद्रोह कुचलने के लिए उसे वहां भेज दिया. इस एक निर्णय से बिन्दुसार ने कई खतरों को एक साथ समाप्त कर दिया. अशोक को पता था उसका तक्षशिला अभियान उसे खुद को योग्य साबित करने का एक बहुत सुनहरा अवसर है. अशोक अपने वफादार सेनाध्यक्षों के साथ तक्षशिला पंहुचा.

अशोक स्वयं भी एक तेज़तर्रार योद्धा था. उसने एक के बाद एक तक्षशिला के सभी विद्रोहियों को परास्त कर दिया. उसकी इस कामयाबी की खबर जब मगध पहुंची तो सम्राट बिन्दुसार को उस पर गर्व होने लगा. लेकिन सम्राट का अशोक के प्रति बढ़ता हुआ विश्वास, सुशीम को बिलकुल पसंद नहीं आया. सुशीम अपने मित्रों के साथ मंत्रियों को अपने पक्ष में करने में जुट गया. अशोक की कुशलता को देखते हुए सम्राट बिन्दुसार ने उसे उज्जैन का राज्यपाल

नियुक्त कर दिया. अशोक अपने दलबल के साथ उज्जैन पंहुचा और वहां का कामकाज संभालना शुरू कर दिया. उज्जैन राज्य में विदिशा नगर में भ्रमण करते हुए अशोक की नजर एक आकर्षक युवती पर पड़ी. वो अपनी सहेलियों के साथ उद्यान से फूल चुन रही थी. जब वो लोग उद्यान से जाने लगीं तो उनमें से एक से अशोक ने पूछा "वो आकर्षक महिला कौन है?" लड़की ने जवाब दिया "वो विदिशा की राजकुमारी महादेवी हैं. " अशोक ने फिर पूछा "क्या आप लोग ये फूल यज्ञ के लिए ले जा रही हैं?" तो राजकुमारी महादेवी ने स्वयं जवाब दिया "नहीं, ये फूल हम बौद्ध विहार के लिए ले जा रहे हैं "

अशोक ने महादेवी को अपना परिचय दिया "मैं मगध के मौर्य साम्राज्य का राजकुमार अशोक हूँ, मुझे विदिशा में मगध के प्रतिनिधि के तौर पर भेजा गया है. क्या मैं आपके साथ बौद्ध विहार आ सकता हूँ?" महादेवी ने उत्तर दिया "तथागत की शरण में आने के लिए किसी की अनुमति की आवश्यकता नहीं है, उनके दरवाजे सबके लिए खुले हैं. "

अशोक राजकुमारी महादेवी के साथ बौद्ध विहार गए, जहाँ उनको अलग सी शांति की अनुभूति हुई. राजकुमारी के चेहरे पर हमेशा एक गरिमामय मुस्कान रहती थी. अशोक को उसका कारण समझ आ गया, बौद्ध विहार से मिलने वाली शांति ही महादेवी को इतना शालीन रूप देती थी. अशोक ने बौद्ध धम्म के बारे में और जानने के लिए महादेवी से आग्रह किया. महादेवी ने विहार के उद्यान में घूमते हुए अशोक को बुद्ध की शिक्षाओं के बारे में बताया. अशोक की जिज्ञासाएं बढ़ती गयी और साथ में बढ़ती गयी महादेवी के साथ उनकी मुलाकातें. अपने राजकीय कामकाज के समय निकाल कर अशोक बौद्ध विहार में महादेवी के साथ समय बिताने लगे. ऐसी ही एक मुलाकात में अशोक ने महादेवी से पूछा "क्या आपका मन कभी उदास नहीं होता?"

महादेवी ने अशोक की तरफ देखा और कहा "दुःख किसके जीवन में नहीं है? ये संसार पीड़ाओं से भरा हुआ है राजकुमार. लेकिन सम्यक ज्ञान हमें अहसास दिलाता है कि दुःख का कारण कोई और नहीं बल्कि हमारी खुद की महत्वाकांक्षाएं हैं. जब एक राजा किसी राज्य को जीत लेता है तो वो और राज्यों को जीतना चाहता है, पूरी धरती जीत लेने के बाद भी उसकी इच्छाएं शांत नहीं होती, वो आसमान पर राज करना चाहता है और एक दिन अपनी अधूरी इच्छाएं ले कर ही वो मर जाता है. ये इच्छाएं ही हमें हर समय दुःखी रखती हैं. जिसने इच्छाओं को जीत लिया वो दुखों पर भी विजय प्राप्त कर लेता है" अशोक महादेवी के विचारों की इस गहराई से बहुत प्रभावित हुए, लेकिन उनकी शंकाएं शांत नहीं हुईं. अशोक ने पूछा "किन्तु एक शासक के लिए तो साम्राज्य विस्तार की कामना तो उसका कर्तव्य है. क्या एक सम्राट कभी तथागत के दिखाए रास्ते पर नहीं चल सकता?" महादेवी ने अशोक की आँखों में देखते हुए कहा "मुझे पूरा विश्वास है राजकुमार एक दिन आपको स्वयं इस प्रश्न का उत्तर मिल जायेगा. " महादेवी स्वयं को अशोक के प्रति आकर्षित होता महसूस करने लगी. बौद्ध विहार में अशोक से मिलने के लिए इंतजार करने लगी. अशोक भी मन ही मन राजकुमारी को चाहते थे. एक दिन अशोक ने महादेवी के सामने अपने प्रेम को खुलकर व्यक्त किया और उसने विवाह का आग्रह किया. महादेवी ने प्रस्ताव को ख़ुशी से स्वीकार कर लिया. अशोक और महादेवी का विवाह हुआ और वो विदिशा में एक खुशहाल युगल के रूप में जीवन व्यतीत करने लगे.

महादेवी को एक पुत्र हुआ जिसका नाम रखा गया महेंद्र, कुछ वर्षों के बाद एक पुत्री हुई जिसका नाम रखा गया संघमित्रा. महेंद्र और संघमित्रा बड़े हो ही रहे थे कि अशोक के पास मगध से एक बुरी खबर आयी "महाराज बिन्दुसार की मृत्यु हो गयी है और सुशीम ने मगध की गद्दी पर बैठने की पूरी योजना तैयार कर ली है". ये खबर सुनते ही अशोक तुरंत अपने सारे समर्थक सेनापतियों और दलों के साथ मगध के लिए निकल गया.

अशोक किसी भी हाल में सुशीम को राज सिंहासन पर बैठने से रोकना चाहता था. राजधानी पहुंचते ही अशोक ने देखा कि वहां के हालात बिलकुल बदले हुए हैं. सुशीम ने सभी मंत्रियों को अपने पक्ष में मिला लिया है और अपने राज्याभिषेक की तैयारी कर रहा है. अशोक गुस्से से भर गया. उसने एक एक करके सुशीम के सभी मित्र मंत्रियों की हत्या करनी शुरू कर दी. कहते हैं अशोक ने 500 से ज्यादा मंत्रियों और अधिकारियों को मार डाला. फिर सुशीम के पास पंहुचा. सुशीम अशोक को तलवार के साथ उसकी तरफ आते देख कर डर गया. डर के मारे वो अशोक के क़दमों में गिर गया और दया की भीख मांगने लगा "मुझे सम्राट नहीं बनना, मैं आज ही आपका राज्याभिषेक करवाता हूँ, मेरी जान बक्श दीजिये " लेकिन अशोक ने कोई दया नहीं दिखाई और सुशीम का सिर धड़ से अलग कर दिया. उसके बाद भी अशोक शांत नहीं हुआ. उसने अपने सभी सौतेले भाइयों की भी हत्या कर दी. अशोक का ये रूप देख कर प्रजा बहुत भयभीत थी. तब अशोक ने खुद को मगध का सम्राट घोषित कर दिया. किसी में भी इसका विरोध करने का साहस नहीं था. राजगद्दी पर बैठने के बाद अशोक और क्रूर हो गया. अपने साम्राज्य के विस्तार के लिए उसने बड़े बड़े सैन्य अभियान चलाये. एक के बाद एक राज्य पर हमला करके उसको मौर्य साम्राज्य के अधीन कर दिया. उसके सैन्य अभियान इतने हिंसक थे कि सभी राज्य बुरी तरह से डर गए और आत्मसमर्पण करने लगे. उसके इस हिंसक रूप की वजह से लोग उसे चंड अशोक कहते थे. उत्तर से दक्षिण तक पूर्व से पश्चिम तक हर जगह अब सिर्फ अशोक का एकछत्र राज हो गया. भारत के इतिहास में इतना विशाल साम्राज्य ना पहले कभी किसी का हुआ था ना आगे फिर कभी किसी का हुआ.

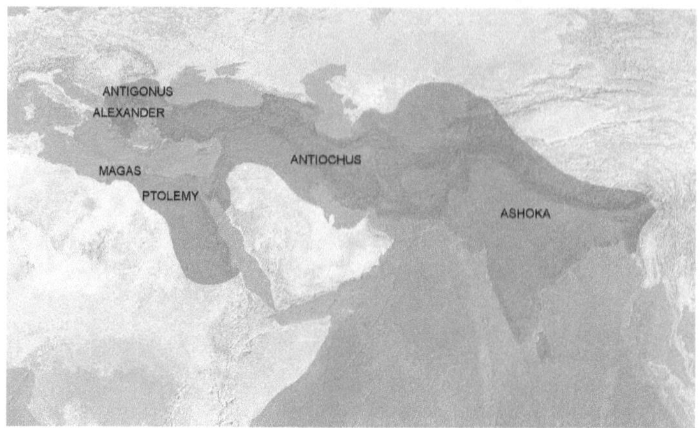

लेकिन एक राज्य था जो आत्मसमर्पण करने को तैयार नहीं था. उड़ीसा का कलिंग राज्य. कलिंग के लोग बहुत स्वाभिमानी थे और सभी नागरिक प्रशिक्षित सैनिक भी थे. वो लोग किसी भी हालत में बिना लड़े आत्मसमर्पण के लिए तैयार नहीं थे. मौर्य साम्राज्य इतना विशाल और ताकतवर था कि उस से लड़ने का फैसला दुस्साहस ही कहा जा सकता है. लेकिन सच्चे योद्धा वही होते हैं जो अपने से अधिक ताकतवर से लड़ने की हिम्मत दिखाते हैं. युद्ध होना तय था. अशोक मगध से एक बहुत विशाल सेना लेकर कलिंग की तरफ बढ़ गया. उसकी सेना अब तक की सबसे बड़ी सेना थी. कलिंग की सेना में लोग कम थे लेकिन जितने भी लोग थे एक से बढ़कर एक शूरवीर और स्वाभिमानी योद्धा थे. दोनों की सेनाओं को देख कर पता चल रहा था की युद्ध बहुत भीषण होगा.

जब कलिंग की धरती पर युद्ध शुरू हुआ तो अशोक कलिंग के योद्धाओं के वीरता देख के चकित हुआ. और वो समझ गया कि उसे मगध से और सेनाएं बुलानी पड़ेंगी. कलिंग के एक एक सैनिक ने मगध के 10-10 सैनिकों का डट कर मुकाबला किया. कलिंग की महिलाएं भी पूरी ताकत के साथ युद्ध में कूद पड़ीं. मगध के तीरंदाजों के तीर एक साथ इतनी संख्या में छोड़े जा रहे थे कि आसमान तीरों की वजह से छिप जा रहा था. तीर लगने के बावजूद भी कलिंग के सैनिक लड़ते रहे. शाम होते होते कलिंग के बहुत सारे लोग वीर गति को प्राप्त हो गए. और मगध की सेना जीत के कगार पर पहुंच गयी. अशोक तब तक मार काट मचाता रहा जब तक कलिंग के सारे योद्धा ख़त्म नहीं हो गए. अंत में अशोक की जीत हुई. रात को अशोक अपने शिविर में जा कर अपने शरीर से खून के दाग मिटा कर आराम करने लगा. जैसे ही उसकी आँख लगी उसको अपनी पत्नी महादेवी दिखाई दी. आज महादेवी के चेहरे पर न मुस्कान थी ना शांति. अशोक हड़बड़ा कर उठ गया.

उसने शिविर में आसपास देखा वहां कोई भी नहीं था. वो फिर सो गया. उसको सपने में महादेवी फिर दिखाई दी. इस बार वो बुरी तरह से लहूलुहान थी, अशोक की तरफ मदद का हाथ बढ़ाते हुए वो नीचे गिर गयी. अशोक फिर हड़बड़ा कर उठ गया. उसको लगा युद्ध के मैदान में महादेवी भी घायल पड़ी है. अशोक उसको ढूंढने के लिए निकल पड़ा. जैसे ही वो मैदान में गया चारों तरफ हज़ारों लाशें पड़ी थीं. छोटे बच्चे अपने परिजनों के शवों के पास बैठ कर रो रहे थे. ये सब देखकर अशोक का मन विचलित हो गया. वो महादेवी को ढूंढने के लिए आगे बढ़ता रहा. एक एक शव के करीब जा कर उसका चेहरा देखने लगा. एक बच्चा अपनी घायल माँ के पास बैठ कर रो रहा था. अशोक जब उसके पास गया तो देखा उस महिला का चेहरा महादेवी जैसा था. उसके गले पर तलवार का ऐसा घाव लगा था कि वो साँस नहीं ले पा रही थी और तड़प रही थी. अशोक ने तुरंत अपने कपड़े से उसके गले से बहते खून को रोकने की कोशिश की, लेकिन तभी उस महिला ने दम तोड़ दिया.

अशोक रोते हुए जोर से चिल्लाया. वो अपने दर्द को अपनी चिल्लाहट के साथ बाहर निकालना चाह रहा था लेकिन ये इतना आसान नहीं था. जोर जोर से रोने के बाद भी अशोक के मन की पीड़ा बिलकुल कम नहीं हुई. वो पागलों की तरह भागते हुए अपने घोड़े पर बैठा और सीधे विदिशा की तरफ तेज़ी से चल पड़ा. विदिशा पहुंचते ही वो बौद्ध विहार गया और अपनी पत्नी को पुकारने लगा "देवी.. देवी.. कहाँ हो देवी "

महादेवी विहार से बाहर आयीं और अशोक को देख के बोलीं "सम्राट की जय हो "

अशोक ने आँखों में आंसुओं के साथ कहा "जय विजय अब अपशब्द से लगते हैं. तुम्हें देख के शांति मिली देवी "

महादेवी: देख रही हूँ पश्चाताप की आग में जल रहे हैं आप. इतने बड़े युद्ध में विजय के बाद भी इतने अशांत?

अशोक: लाखों निर्दोष लोगों के खून से रंगे हैं मेरे हाथ. वो मृत आत्माएं मुझे जीने नहीं दे रही देवी.

महादेवी: पश्चाताप की ये अग्नि अच्छी है महाराज.

अशोक: मैं क्या करूँ देवी?

महादेवी: बुद्ध की शरण में आ जाइये.

अशोक: भगवान बुद्ध की शिक्षाओं और एक सम्राट के कर्तव्यों में विरोधाभाष है.

महादेवी ने वर्षों पहले बोली बात को फिर से दोहराया जिसे उस समय अशोक समझ नहीं पाया था लेकिन अब उसको समझ आने लगा "सम्राट के कर्तव्य? क्या लोगों की जान लेना सम्राट का कर्तव्य होता है? भगवान बुद्ध ने कहा है जो राजा एक राज्य जीत लेता है वो पूरी धरती को जीतना चाहता है, फिर आसमान पर राज करने की इच्छा करने लगता है और एक दिन अधूरी इच्छाएं ले कर ही मर जाता है और साथ में कुछ नहीं जाता, कोई नहीं जाता. सम्राट का कर्तव्य होता है कि उसकी प्रजा में हर व्यक्ति सुखी रहे. कलिंग पर आपकी विजय महान है महाराज लेकिन वो विजय महानतम हो जाएगी अगर आप स्वयं पर विजय प्राप्त कर लें. मुट्ठी बांध के आये थे, हाथ पसारे जाना है, महाराज."

अशोक: तुमने सत्य के सत्व को पा लिया है देवी. क्या तुम मेरे साथ मगध चलोगी, मेरी गुरु बन कर?

महादेवी: मुझे भ्रमण के लिए जाना है महाराज. तिस्सा भी मेरे साथ चल रहा है.

अशोक: तो मैं भी तुम्हारे साथ चलूँगा.

महादेवी: एक भिक्षुक का जीवन जी सकें तो चलिए. पेट की आग को शांत करने के लिए भिक्षा मांग सकें तो चलिए. जमीन पर खुले आसमान के नीचे सो सकें तो चलिए. ठण्ड में....

अशोक: बस देवी. मैं चलूँगा. कलिंग के युद्ध ने मेरे मन में कई सवाल पैदा कर दिए हैं, उनके उत्तर महल में बैठ कर नहीं मिल पाएंगे. मैं चलूँगा तुम्हारे साथ, एक भिक्षुक बन कर मौर्य साम्राज्य के कर्तव्यों का निर्वाह करूँगा.

अपने शासन के पिछले तरीकों से अशोक का मोहभंग होने के बाद, अशोक ने बौद्ध धर्म में मुक्ति का मार्ग और एकता और सद्भाव की भावना में अपने राज्य को एक साथ लाने का एक तरीका देखा. वह बुद्ध की शिक्षाओं से बहुत प्रभावित थे, जिसमें करुणा, अहिंसा और आंतरिक शांति की खोज पर जोर दिया गया था. चंड अशोक का नाम अब हो गया -देवानांप्रिय अशोक प्रियदर्शी. अशोक ने पाटलिपुत्र में तीसरी बौद्ध संगीति का आयोजन किया. इस संगीति

के अध्यक्ष और कोई नहीं बल्कि अशोक की भाई मोग्लिपुत्त तिस्सा ही थे. महादेवी भी वहां मौजूद थीं. अशोक ने बौद्ध धम्म को आधिकारिक राज्य धर्म बना दिया और अपने साम्राज्य के माध्यम से इसका प्रचार करना शुरू कर दिया. उसने अपने पूरे राज्य में कई बौद्ध स्तूपों, मठों और मंदिरों के निर्माण का आदेश दिया. उन्होंने बुद्ध की शिक्षाओं को दुनिया के अन्य हिस्सों में फैलाने के लिए धर्म प्रचारकों को भी भेजा. अशोक के बौद्ध धम्म अपनाने से उसकी नीतियों और कार्यों में कई महत्वपूर्ण परिवर्तन हुए. उन्होंने पशु बलि की प्रथा को समाप्त कर दिया, जो वैदिक पूजा की एक सामान्य विशेषता थी, और जानवरों के शिकार और क्रूरता के अन्य रूपों पर प्रतिबंध लगा दिया. उन्होंने पड़ोसी राज्यों के साथ शांतिपूर्ण सह-अस्तित्व को बढ़ावा देने और युद्धों को समाप्त करने की भी घोषणा की. अशोक की बौद्ध धम्म के प्रति प्रतिबद्धता ने उन्हें कई धर्मार्थ परियोजनाओं के लिए भी प्रेरित किया. उन्होंने अस्पतालों की स्थापना की, सड़कों और पुलों का निर्माण किया और गरीबों और वंचितों को सहायता प्रदान की. सामाजिक कल्याण की उनकी नीतियों और बौद्ध धम्म के नैतिक सिद्धांतों पर उनके जोर ने उन्हें अपने विषयों का सम्मान और प्रशंसा अर्जित की. बौद्ध शासक के रूप में अशोक की विरासत आज भी महसूस की जाती है. उनके आदेश, जो उनके पूरे राज्य में स्तंभों और चट्टानों पर खुदे हुए थे, एक लिखित संविधान के शुरुआती उदाहरणों में से एक माने जाते हैं. कुछ सबसे महत्वपूर्ण अशोक शिलालेखों में शामिल हैं:

शिलालेख 12 अशोक की धार्मिक सहिष्णुता के प्रति प्रतिबद्धता और सभी धार्मिक परंपराओं के सम्मान के महत्व में उनके विश्वास को व्यक्त करता है. इसमें लिखा है, "किसी को केवल अपने धर्म का सम्मान नहीं करना चाहिए और दूसरों के धर्म की निंदा नहीं करनी चाहिए, बल्कि दूसरों के धर्मों का सम्मान इस या उस कारण से करना चाहिए. "

स्तंभ शिलालेख 7 सामाजिक कल्याण की अशोक की नीतियों को रेखांकित करता है, जिसमें अस्पतालों की स्थापना और मनुष्यों और जानवरों के लिए समान रूप से चिकित्सा देखभाल का प्रावधान शामिल है. इसमें लिखा है, "देवताओं के प्रिय के क्षेत्र में हर जगह लोक और धार्मिक आदेशों के डॉक्टरों का सम्मान किया जाना चाहिए और उन्हें उपहार दिए जाने चाहिए. "

शिलालेख 2 अशोक की अहिंसा के प्रति प्रतिबद्धता और उसके पूरे राज्य में शांति को बढ़ावा देने की उसकी इच्छा को दर्शाता है. इसमें लिखा है, "देवताओं के प्रिय, राजा पियादासी की इच्छा है कि सभी को अन्य धर्मों के अच्छे सिद्धांतों में अच्छी तरह से सीखा जाना चाहिए. "

लघु शिलालेख 1 अशोक के अपने विषयों के बीच नैतिक व्यवहार को बढ़ावा देने के प्रयासों पर प्रकाश डालता है. इसमें लिखा है, "देवताओं के प्रिय, राजा पियादासी, इस प्रकार कहते हैं: यह धम्म शिलालेख मेरे राज्याभिषेक के छब्बीस साल बाद लिखा गया था. मेरे द्वारा जो भी अच्छे कर्म किए गए हैं, उन्हें लोग स्वीकार करते हैं और वे उनका पालन करते हैं. "

वृहद शिलालेख 13 धम्म के विचार को बढ़ावा देता है, एक जटिल अवधारणा जिसमें नैतिक व्यवहार, करुणा और आंतरिक शांति की खोज शामिल है. इसमें लिखा है, "यह धम्म शिलालेख मेरे राज्याभिषेक के सत्ताईस साल बाद मेरे द्वारा लिखा गया है. मैंने इसे इसलिए लिखा है ताकि मेरे पुत्र और परपोते नई विजय प्राप्त करने पर विचार न करें, या

यह कि यदि सैन्य विजय की जाती है, तो वे सहनशीलता और हल्की सजा के साथ किया जाए, या इससे भी बेहतर, कि वे केवल धम्म द्वारा विजय प्राप्त करने पर विचार करें. "

अशोक के बच्चों महेंद्र और संघमित्रा ने भारत के बाहर बौद्ध धर्म के प्रसार में महत्वपूर्ण भूमिका निभाई. किंवदंती के अनुसार, महेंद्र एक बौद्ध भिक्षु थे जिन्होंने श्रीलंका की यात्रा की और द्वीप राष्ट्र में बौद्ध धर्म का परिचय दिया. उन्हें श्रीलंका में पहला बौद्ध मठ स्थापित करने का श्रेय दिया जाता है, और उनकी शिक्षाओं ने पूरे देश में धर्म को फैलाने में मदद की.

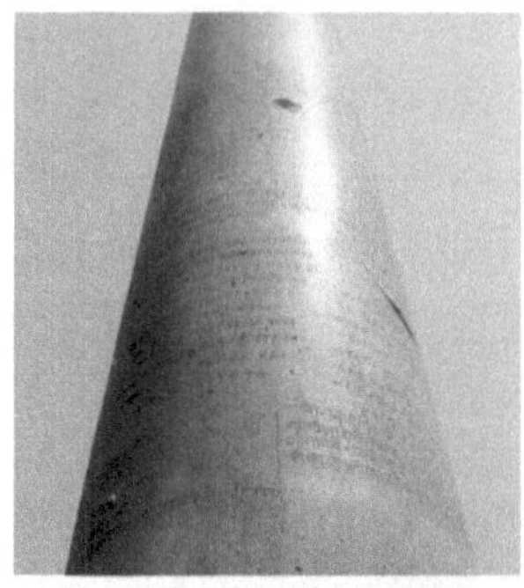

महेंद्र की बहन संघमित्रा भी बौद्ध भिक्षु बनीं और उन्होंने श्रीलंका में बौद्ध धर्म के प्रसार में महत्वपूर्ण भूमिका निभाई. वह बोधिवृक्ष की कटिंग श्रीलंका में लाने के लिए जानी जाती हैं, जिसे उस वृक्ष के रूप में माना जाता है जिसके नीचे बुद्ध ने ज्ञान प्राप्त किया था. बौद्ध धर्म के पवित्र प्रतीक के रूप में आज भी इस वृक्ष की पूजा की जाती है.

(मौर्योत्तर काल: शुंग, इंडो-ग्रीक, सातवाहन, शक: 200 BC से 300 CE)

गौतमी बालाश्री और गौतमीपुत्र सतकर्णी

अशोक ने बौद्ध धम्म का शासन भारत के कोने कोने तक पंहुचा दिया था. अशोक के समय का मौर्य साम्राज्य भारत की दूरस्त सीमाओं तक फैला था. और फैले हुए थे अशोक के लिखवाये शिलालेख. उन्हीं शिलालेखों से हमें मौर्य काल के भारत की अधिकतर जानकारी मिलती है. अशोक के बाद के सम्राट उतने योग्य नहीं थे. मौर्य साम्राज्य के अधीन रहने वाले कई राज्य अब विद्रोह कर के आज़ाद होने लगे थे. वहीं ग्रीक्स या यूनानी भी इसी समय का इंतज़ार कर रहे थे. वे भारत के सीमाओं पर मजबूत राज्य बना चुके थे और भारत में घुसने के सही समय का इंतजार कर रहे थे. मौर्य साम्राज्य की सीमाएं संकुचित होकर मगध तक सिमट आयी थीं. दक्षिण में सातवाहन आज़ाद साम्राज्य बन गया था, पूर्व में कलिंग स्वतंत्र हो गया था. और उत्तर पश्चिम से ग्रीक घुसे चले आ रहे थे. मौर्य साम्राज्य के अंतिम शासक वृहद्रथ के समय तक मौर्य साम्राज्य बहुत कमजोर हो गया था. बौद्ध धम्म भी विचारों से ज्यादा प्रतीकों को महत्त्व देने लगा था. सम्राट वृहद्रथ स्वयं बौद्ध धम्म के अनुयायी थे. उनका सेनापति पुष्यमित्र शुंग एक वैदिक ब्राह्मण था. जहाँ वह एक तरफ मगध के बढ़ते हुए शत्रुओं से चिंतित था वहीं दूसरी तरफ मौर्य साम्राज्य में वैदिक अनुष्ठानों पर लगे प्रतिबंधों से भी असंतुष्ट था. अशोक के समय से ही मौर्य शासन में वैदिक कर्मकांडों, यज्ञों, हवनों, बलि आदि सभी प्रथाओं पर प्रतिबन्ध लगा दिए गए थे. सम्राट वृहद्रथ का समय आते आते ये प्रतिबन्ध और कड़े हो गए थे. पुष्यमित्र की चिंता इतनी ही नहीं थी, उसको खतरा महसूस होता था उन ग्रीक दुश्मनों के जासूस से जो बौद्ध भिक्षुओं के भेष में घूमते थे.

एक दिन सेनापति पुष्यमित्र अपनी सेना का निरीक्षण करवाने के लिए सम्राट को निमंत्रित करता है. इस से पहले कि सम्राट अपने दरबार से निकलते, पुष्यमित्र उनसे अहम विषय पर चर्चा करता है "सम्राट यूनानी आक्रांता हमारी सीमाओं के बहुत नजदीक आ गए हैं, उनके जासूस बौद्ध भिक्षुओं के भेष में हमारे साम्राज्य की गोपनीय जानकारी उन तक पंहुचा रहे हैं. हमें बौद्ध विहारों पर कड़ी नजर रखनी चाहिए. " सम्राट वृहद्रथ बिना सोचे बोलते हैं "यानि अब शांति और अहिंसा वाली जगहों पर हथियार लिए हुए सैनिक घूमेंगे?" पुष्यमित्र गंभीरता से बोलता है "हमारे साम्राज्य की सुरक्षा खतरे में हैं, हमने अभी कुछ नहीं किया तो मौर्य साम्राज्य का अंत हो जायेगा. " पुष्यमित्र के ये कड़वे शब्द सुन कर सम्राट क्रोध में आ गए "जब तक धम्म सुरक्षित है तब तक राज्य सुरक्षित है. ये बताइये कि कल बौद्ध मठों में सैन्य छापा आपने किसके आदेश पर मारा था?" पुष्यमित्र ने चिल्लाते हुए जवाब दिया "अपने राज्य की रक्षा के लिए

मुझे किसी के आदेश की आवश्यकता नहीं है" सम्राट ने भड़कते हुए कहा "मत भूलो के मौर्य साम्राज्य का सम्राट मैं हूँ तुम नहीं" पुष्यमित्र के मन में कई भाव आ रहे थे लेकिन वो चुप रहा, मानो दुनिया का सबसे विषैला घूंट पी लिया हो. सभी लोग सेना निरीक्षण के लिए चल दिए. सम्राट सबसे आगे चल रहे थे, उनके पीछे पुष्यमित्र और उनके पीछे बाकी के अधिकारी. पुष्यमित्र शांत दिख रहा था लेकिन उसके मन में तो अलग ही भाव थे. अचानक उसने अपनी तलवार निकाली और सम्राट वृहद्रथ की पीठ में घोंप दी. तलवार का वार इतना ताकतबर था कि वृहद्रथ की तुरंत मृत्यु हो गयी. पुष्यमित्र शुंग ने खुद को सम्राट घोषित कर दिया और यहाँ से मौर्य वंश का अंत और शुंग वंश की शुरुआत होती है. अगले ही दिन राजसूय यज्ञ का आयोजन किया गया. इस यज्ञ में महर्षि पतंजलि भी आये थे. पतंजलि ने संस्कृत और योग पर बहुत शोध किये हैं. इस महायज्ञ के समय की पुष्यमित्र ने शुंग साम्राज्य के नए नियमों की घोषणा कर दी. "सभी वैदिक कर्मकांड धूमधाम से मनाये जायेंगे, हर तरह के यज्ञ करने की आजादी होगी, अश्वमेघ यज्ञ के माध्यम से साम्राज्य विस्तार भी किया जायेगा. बौद्ध भिक्षुओं के भेष में छुपे हुए यूनानी जासूसों को पकड़ कर दण्डित किया जायेगा"

जब पुष्यमित्र ने सत्ता संभाली मगध चारों तरफ शत्रुओं से घिरा हुआ था, सातवाहन, कलिंग और सबसे खरतनाक ग्रीक.

इंडो-ग्रीक्स का कब्जा गांधार और पंजाब के क्षेत्रों पर हो चुका था. डेमेट्रियस ने इस साम्राज्य की नींव 200 BC में डाल दी थी. इसी वंश में मिनांडर नाम का एक सम्राट हुआ. भारत में मिनांडर को मिलिंद कहते हैं. मिलिंद इतना कुशल योद्धा था की उसने सिकंदर से भी ज्यादा लड़ाकों को हराया था. लेकिन वही मिलिंद भारत में एक भिक्षु से हार गया. बौद्ध भिक्षुक नागसेन ने मिलिंद को वाद विवाद में चारों खाने चित कर दिया. एक वार्ता के दौरान मिलिंद ने नागसेन से पूछा "आप मुझसे कितने साल वरिष्ठ हैं?" नागसेन ने जवाब दिया "सात, सम्राट! " मिलिंद ने पूछा "सात क्या? साल? महत्व की चीज क्या है- सात या आप?" नागसेन ने सामने रखे पानी के पात्र में मिलिंद के प्रतिबिम्ब को देखते

हुए पूछा "आप में से सम्राट कौन है? आप या ये प्रतिबिम्ब?" मिलिंद ने तुरंत जवाब दिया "बेशक मैं सम्राट हूँ, परछाईं का अस्तित्व तो मेरी वजह से है" नागसेन ने जवाब दिया "बिलकुल सही, उसी तरह से संख्या सात है मैं नहीं, लेकिन मेरे बिना संख्या का अस्तित्व नहीं. "मिलिंद और नागसेन के संवादों को नैतिक शिक्षा की प्रश्नोत्तरी शैली में 'मिलिंद पंहा ' नामक ग्रन्थ में संजो कर रखा गया है. मिलिंद ने बौद्ध धर्म स्वीकार कर लिया और बहुत सारे बौद्ध विहारों का भी निर्माण करवाया. बौद्ध भिक्षुओं से ये उनके ये संबंध भी पुष्यमित्र शुंग के बौद्ध लोगों को न पसंद करने का एक कारण हो सकता है. कहा जाता है कि पुष्यमित्र ने ये ऐलान कर दिया था कि जो भी व्यक्ति बौद्ध भिक्षुओं के कटे हुए सिर ले कर आएगा उसको 100 सोने की मुद्राएँ इनाम में दी जायेंगी. मिनांडर और पुष्यमित्र का आमने सामने का युद्ध भी हुआ. और पुष्यमित्र मिलिंद को आगे बढ़ने से रोकने में सफल हुआ.

पुष्यमित्र के बाद उनका बेटा अग्निमित्र सम्राट बनता है. इस समय मध्य भारत का विदिशा क्षेत्र शुंग साम्राज्य के अधीन ही आता है. यहाँ पर ऐसे ग्रीक व्यक्ति रहते थे जो भगवान विष्णु के परम भक्त थे. इस विदिशा में पत्थर का एक खम्बा है. इस स्तम्भ पर साफ़ लिखा है "गरुड़ स्तम्भ का निर्माण भागवत हेलिओडोरस नाम के यूनानी राजदूत जो कि तक्षशिला के रहने वाले हैं ने अपने राजा एंटीएलकिडस की आज्ञा से करवाया और शुंग राजा को भेंट किया" यूनानी राजदूत स्वयं को भागवत कहता है. इस से ये साफ़ हो जाता है कि यूनानियों ने भी भारतीय संस्कृति को आसानी से स्वीकार कर लिया था.

इसी बीच एक घटना और घटी. वो कलिंग राज्य जिसे सम्राट अशोक ने युद्ध में हराया था, अपने अपमान को अभी तक भूला नहीं था. बस सही समय आने का इंतज़ार कर रहा था. अब सही समय आ गया. कलिंग के राजा खारवेल ने एक बहुत बड़ी और कुशल योद्धाओं की सेना के साथ मगध पर चढ़ाई कर दी. बिना किसी ज्यादा मुश्किल का सामना किये वो पाटलिपुत्र में घुस गए. और बड़े ही आराम से मगध सम्राट के दरबार तक पहुंच गए. मगध सम्राट बुरी तरह से घबरा गए. वो खारवेल के पैरों में गिर कर अपनी जान की भीख मांगने लगे. उनको जिन्दा छोड़ने के बदले कोई

भी कीमत चुकाने को तैयार थे. मगध सम्राट ने सोना, चांदी, हाथी, सेवक, सेना हर चीज का प्रस्ताव सामने रख दिया. खारवेल ने हर प्रस्ताव को ठुकरा दिया और सिर्फ एक चीज की मांग की. भगवान महावीर की वो मूर्ति जिसे मगध सेना कलिंग से उठा ले गयी थी. मगध सम्राट ने फौरन वो मूर्ति मंगवाई और उसके साथ लाखों के उपहार बैलगाड़ी पर बाँध दिए. खारवेल ने मगध सम्राट से अपने जूतों पर नाक रगड़वा कर उन्हें जीवित छोड़ दिया. कलिंग के राजा खारवेल जैन धर्म के अनुयायी थे. खारवेल के बारे में सबसे महत्वपूर्ण जानकारी हाथीगुम्फा में चट्टान पर खुदी हुई सत्रह पंक्तियों वाले प्रसिद्ध शिलालेख से मिलती है. जैसे तैसे ही सही शुंग साम्राज्य ने एक सदी तक राज किया. लेकिन तभी इतिहास ने स्वयं को दोहराया. शुंग वंश के अंतिम सम्राट देवभूति की हत्या उनके ही सेनापति वासुदेव कण्व ने कर दी और कण्व वंश की शुरुआत हुई.

मौर्य साम्राज्य के अंत के बाद, भारत में कई सामंतों ने स्वतंत्रता हासिल कर ली और कई छोटे छोटे साम्राज्य बन गए. ऐसी स्थिति में विदेशियों को भारत में घुसकर सत्ता स्थापित करने का मौका मिल गया. भारत उत्तर पूर्व और उत्तर पश्चिम सीमाओं पर हिमालय की ऊँची शृंखलाओं से प्राकृतिक रूप से सुरक्षित था. लेकिन उत्तर पश्चिम सीमा में कुछ छेद हैं. एक प्रमुख छेद था हिन्दुकुश पर्वत श्रृंखला के बीच का खैबर पख्तूनवा दर्रा. इसी दर्रे से सिकंदर से लेकर बाबर तक के आक्रांता भारत में घुसे थे. जिस समय सातवाहन साम्राज्य आंध्र से निकल कर मगध पर अधिकार कर रहा था, उसी समय एक नए विदेशी हमलावर इसी खैबर दर्रे से भारत में आ रहे थे. ये विदेशी थे शक, जिनको इतिहास की किताबों में इंडो-सीथियन्स कहा जाता है. शक मूल रूप से इंडो-आर्यन ही थे लेकिन ऋग्वेद के समय की इनकी शाखा मुख्य धारा से अगल हो गयी थी. ये ईरानी भाषा बोलते हैं. शकों का वर्णन रामायण और महाभारत में भी आता है. जो लोग सदियों पहले भारत छोड़ कर चले गए थे वो अब भारत क्यों आ रहे हैं? भारत में उनका घुसना चीन में हुए बदलाव का 'डोमिनो इफेक्ट' है. चीन में चिन शि ह्वांग नाम के सम्राट ने चिन साम्राज्य की स्थापना की. निर्दयता से मार काट मचाते हुए उसने एक विशाल साम्राज्य की स्थापना की. उसी के नाम पर उस देश का नाम चीन पड़ा. इन्होंने अपने साम्राज्य की रक्षा के लिए ग्रेट बॉल ऑफ़ चाइना यानि चीन की दीवार का निर्माण करवाया. उसने चीन की दीवार से ज्यादा चौंकाने वाली और भी संरचनाएँ बनवायीं. सम्राट चिन शि ह्वांग को सत्ता का नशा था. लेकिन वो मरने के बाद भी अमर होना चाहता था. वो मरने के बाद के जीवन में भी वो ही ऐशोआराम चाहता था जो उसके पास अभी है. इसके लिए उसने जमीन के नीचे एक भव्य भूमिगत शहर बनवाया. इस भूमिगत शहर में सेवक, सेविकाएँ और ऐशोआराम की सारी चीजें रखवायीं. उसने टेराकोटा की पूरी फ़ौज बनवायी. इसमें योद्धा, रथ और घोड़े शामिल हैं. टेराकोटा सेना वाले तीन गड्ढों में 8,000 से अधिक सैनिक, 520 घोड़ों के साथ 130 रथ और 150 अश्वारोही घोड़े थे, जिनमें से अधिकांश चिन शी हुआंग के मकबरे के पास गड्ढों में दबे हुए थे. सम्राट अपने लिए संभावित हर खतरे को समाप्त करना चाहते थे. उन्हें सींग-नू कबीले के हमलों से खतरा था जो कि हूणों के वंशज थे. ' चिन साम्राज्य ' ने सींग-नू कबीले को खदेड़ दिया. इस कबीले ने अपने लिए जगह बनाने के लिए किसी और को खदेड़ा और उस किसी और ने फिर किसी और को. इस तरह ये प्रभाव शकों तक आया. फिर शकों ने अपने लिए जगह ढूंढने के लिए भारत में घुसने का फैसला किया. शकों की कई शाखाएं भारत में फ़ैल गयीं. हर शाखा का एक राज्यपाल होता था जिसको क्षत्रप कहते थे. शकों ने भारतीय संस्कृति और वैदिक धर्म को स्वीकार कर लिया और भारत में घुल मिल कर रहने लगे. सिर्फ शकों ने ही भारत की संस्कृति नहीं अपनाई बल्कि भारतीयों ने भी शकों की कई परम्पराओं को अपना लिया. सिले हुए वस्त्र, लम्बे जूते, बड़ी पगड़ी और सामंती व्यवस्था. उसमें से एक प्रथा कुरीति का रूप लेने

लगी. शकों में प्रथा थी की योद्धा की मृत्यु के बाद उसकी पत्नी, नौकर, और महँगी वस्तुओं को भी साथ में कब्र में दफना दिया जाता था. कहते हैं सती प्रथा की शुरुआत शकों की इसी परंपरा से हुई थी. राजस्थान में इसी प्रथा के एक रूप को ही 'साका' करना कहते हैं.

चीन में हुए राजनैतिक बदलाव का असर ये हुआ की शकों की एक शाखा को महाराष्ट्र में अपनी जगह बनाने के लिए उस समय की स्थानीय शक्ति सातवाहनों से संघर्ष करना पड़ा.

गौतमीपुत्र सतकर्णी महान सम्राट, सातवाहन और उनके दरबारी गौतमी बालाश्री के पुत्र थे. कम उम्र से ही, गौतमीपुत्र ने एक महान योद्धा के रूप में समर्पण दिखाया था, और उन्हें अपने पिता द्वारा युद्ध कला में प्रशिक्षित किया गया था. जैसे-जैसे गौतमीपुत्र बड़े होते गए, वह अपने राज्य का विस्तार करने में अधिक से अधिक रुचि रखने लगे. वे अपने पिता के अखंड भारत के सपने को साकार करना चाहते थे. वे जानते थे कि वे इसे अकेले हासिल नहीं कर सकते और उन्होंने अपनी मां नागानिका से मदद मांगी. गौतमी बालाश्री एक मजबूत और बुद्धिमान महिला थीं. उन्हें राजनीति की गहरी समझ थी और राज्य के लोग उनका बहुत सम्मान करते थे. गौतमीपुत्र और गौतमी बालाश्री ने साथ में, अभियानों की एक श्रृंखला शुरू की जो भारतीय इतिहास के क्रम को बदल देगी. उन्होंने प्रतिद्वंद्वी राज्यों के खिलाफ लड़ाई में अपनी सेना का नेतृत्व किया और उन्हें एक-एक करके हरा दिया. गौतमीपुत्र पहले ही शकों के पश्चिमी क्षत्रप नहपान को बुरी तरह पराजित कर चुके थे. नहपान के एक वंशज ने गौतमीपुत्र सतकर्णी को कड़ी चुनौती दी. शक अपने भयंकर योद्धाओं के लिए जाने जाते थे और उनके पास एक दुर्जेय सेना थी. गौतमीपुत्र जानते थे कि उन्हें हराना कोई आसान काम नहीं होगा. अपने शासनकाल के दौरान, उन्हें प्रतिद्वंद्वी राज्यों और सामंती प्रभुओं से कई चुनौतियों का सामना करना पड़ा, जिन्होंने उन्हें उखाड़ फेंकने और अपना शासन स्थापित करने की मांग की. ऐसा ही शकों का एक सामंत पश्चिमी क्षत्रपों का शासक रुद्रदामन था. रुद्रदामन एक दुर्जेय प्रतिद्वंद्वी था जिसने वर्तमान गुजरात और राजस्थान सहित पश्चिमी भारत के एक बड़े हिस्से को नियंत्रित किया था. वह अपने सैन्य कौशल और अन्य शक्तिशाली राज्यों के साथ रणनीतिक गठजोड़ के लिए जाने जाते थे.

गौतमी बालाश्री एक चतुर और चालाक महिला थीं. वो जानती थीं कि अपने विरोधियों को हराने का एकमात्र तरीका है. गौतमी बालाश्री ने शक राजा के पास एक संधि प्रस्ताव भिजवाया. सन्देश था "शक राज रुद्रदामन की जय, महाराज आपका और हमारा एक आम शत्रु है यवन. हमारा प्रस्ताव है हमें आपस की दुश्मनी भुला कर एक संयुक्त सेना बनानी चाहिए. एक ऐसा मृत्युंजय सैन्य दस्ता जो यवनों को जड़ समेत ख़त्म कर दे. मुझे पूरा विश्वास है कि महाराज सातवाहनों और शकों की मित्रता के प्रस्ताव को महत्व देंगे -सातवाहन साम्राज्ञी गौतमी बालाश्री " शक राजा ने कुछ देर विचार के बाद संधि पर सहमति व्यक्त की और सातवाहन और शक की एक संयुक्त सेना का गठन किया गया. गौतमी बालाश्री ने पूरी तरह से सब कुछ योजना बनाई थी और गठबंधन सुचारू रूप से चल रहा था. तभी खबर आयी की रुद्रदामन ने संधि के नियमों को तोड़ते हुए सातवाहन राज्य पर आक्रमण कर दिया. इस समय गौतमीपुत्र किसी अन्य युद्ध पर निकले हुए थे. राज्य की रक्षा की पूरी जिम्मेदारी गौतमी बालाश्री के हाथों में थी. रानी गौतमी बालाश्री शांत और संयमित बनी रहीं. अपने सलाहकारों और विद्वानों को इकट्ठा करते हुए उस रणनीति की चर्चा की जो इस आकस्मिक आक्रमण को हराने में उनकी सहायता कर सके. उन्होंने प्राचीन युद्ध रणनीतियों की खोज की, पिछले विजेताओं की ताकत और कमजोरियों का अध्ययन किया, और रुद्रदामन द्वारा अपने पिछले विजय अभियानों में इस्तेमाल की गई रणनीति का विश्लेषण किया. उसने प्रसिद्ध सैन्य रणनीतिकारों से परामर्श किया और राज्य भर के विद्वानों से सलाह मांगी.

अपने नए ज्ञान के साथ, रुद्रदामन की आक्रामकता का मुकाबला करने के लिए गौतमी बालाश्री ने एक योजना तैयार की. जैसे ही शक सेना मगध की सीमाओं के पास पहुंची, गौतमी बालाश्री ने रक्षा की कमान संभाली. उन्होंने सावधानीपूर्वक अपने सेनापतियों की कमान अपने हाथ में ले ली, इलाके की रक्षा के लिए प्राकृतिक बाधाओं का उपयोग किया और बाकी जगहों पर रणनीतिक रूप से सेना को तैनात किया. उन्होंने यह भी सुनिश्चित किया कि उसके सैनिक अच्छी तरह से प्रशिक्षित और उत्साहित हों, जिससे उनमें यह विश्वास पैदा हो कि जीत उनकी मुट्ठी में है. जब रुद्रदमन की सेना अंततः राज्य में पहुंची, तो उन्हें कई अप्रत्याशित चुनौतियों का सामना करना पड़ा. रानी गौतमी बालाश्री ने गुरिल्ला युद्ध का इस्तेमाल किया, शक सैनिकों पर घात लगाकर हमला किया और स्थानीय इलाके से परिचित न होने का फायदा उठाया. नागनिका ने खुद योद्धाओं के एक छोटे लेकिन संभ्रांत समूह का नेतृत्व किया, जिसने अंधेरे की आड़ में दुश्मन के शिविर के बीचोबीच हमला कर दिया. अपनी पैनी बुद्धि और तेज युद्धाभ्यास से, उन्होंने रुद्रदामन की कमान की श्रृंखला को ध्वस्त कर दिया, जिससे शक सैनिकों में भ्रम और अव्यवस्था फैल गई. रुद्रदामन की सेना लड़खड़ाती गई और उनका आत्मविश्वास कम होता गया, उन्होंने महसूस किया कि वह रानी गौतमी बालाश्री के रूप में एक दुर्जेय विरोधी का सामना कर रहे हैं. उसकी बुद्धिमत्ता और रणनीतिक प्रतिभा को पहचानते हुए, रुद्रदामन ने उसे एक योग्य प्रतिद्वंद्वी के रूप में स्वीकार करते हुए एक प्रस्ताव रखा. यह गौतमी बालाश्री की बुद्धि और सूझबूझ ही थी जिसने शक्तिशाली राजा रुद्रदामन को हरा दिया. इस से पहले कि शक फिर से हमला करने को तैयार होते, गौतमीपुत्र सतकर्णी लौट आये. आते ही उन्होंने युद्ध का मोर्चा संभाल लिया और रुद्रदामन को वापस लौटने को मजबूर कर दिया.

शकों की हार सातवाहन साम्राज्य के इतिहास में एक महत्वपूर्ण मोड़ था, और इसने एक भयंकर योद्धा और एक महान राजा के रूप में गौतमीपुत्र सतकर्णी की प्रतिष्ठा को मजबूत किया. गौतमीपुत्र सतकर्णी को एक नायक और एक महान राजा के रूप में प्रतिष्ठित किया गया था जिसने शक्तिशाली शक सेना को हराया था. गौतमी बालाश्री ने एक बार फिर

साबित कर दिया था कि वह एक शानदार रणनीतिकार थी जो अपने राज्य की रक्षा के लिए कुछ भी कर सकती थी. उस दिन से, सातवाहन राज्य के शत्रु उसके शत्रुओं से डरते थे और उसके सहयोगी उसका सम्मान करते थे.

गौतमी बालाश्री ने रुद्रदामन को पराजित किया गया और भागने के लिए मजबूर किया गया, जबकि गौतमीपुत्र सतकर्णी एक विशाल साम्राज्य के निर्विवाद शासक के रूप में उभरे जो वर्तमान महाराष्ट्र से आंध्र प्रदेश तक फैला हुआ था. दोनों शासकों के बीच एक लंबी और कड़वी लड़ाई हुई, जिसमें दोनों पक्षों को भारी नुकसान उठाना पड़ा. हालाँकि, गौतमीपुत्र सतकर्णी विजयी होने के लिए दृढ़ थे, और उन्होंने शक्तिशाली शुंग वंश सहित अन्य राज्यों के साथ गठबंधन बनाने के लिए अपने कूटनीतिक कौशल का उपयोग किया. अपनी कड़वी प्रतिद्वंद्विता के बावजूद, गौतमीपुत्र सतकर्णी और रुद्रदामन दोनों को महान शासकों के रूप में याद किया जाता है जिन्होंने प्राचीन भारत की समृद्ध सांस्कृतिक विरासत में योगदान दिया. प्रतिकूल परिस्थितियों में साहस, कूटनीति और रणनीतिक सोच के महत्व की याद दिलाने के रूप में उनकी विरासत आज भी भारतीयों की पीढ़ियों को प्रेरित करती है.

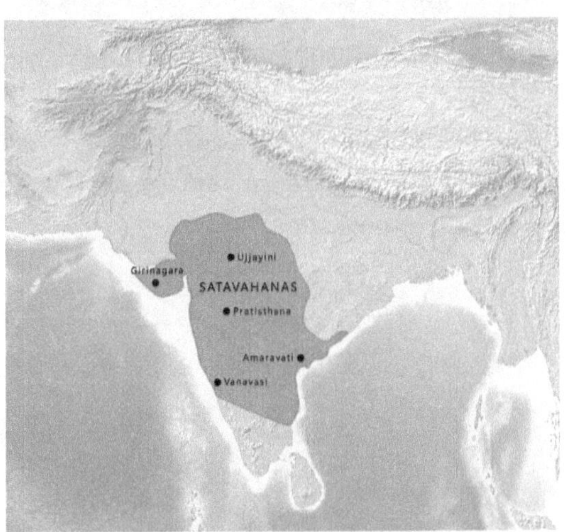

इसी समय केरल में एक अद्भुत घटना घटी. एक दिन केरल के मायलापुर गांव में सफेद कपड़े और सफेद दाढ़ी वाले एक संत स्थानीय मछुआरे नायर परिवार के पास आए.

थोमाचन नाम का एक पवित्र व्यक्ति (जिसे एपोस्टल सेंट थॉमस भी कहा जाता है) अपने अनुयायियों और अन्य नाविकों और व्यापारियों के साथ 52 ईस्वी में मलियांकरा, केरल पहुंचे. वे सभी स्कर्वी से पीड़ित थे, और थोमाचन के गले में गंभीर खराश थी. माटन नाम का एक स्थानीय यहूदी उन्हें कोलाथुनाड के एक नायर थरवाड में ले गया, जहां एक स्थानीय व्यक्ति घायल हो गया और दर्द से कराह रहा था. थोमाचन ने अपनी आँखें बंद कर लीं और अपने हाथ उस आदमी पर रख दिए, जिससे वह लगभग तुरंत ठीक हो गया. बदले में, नायर परिवार ने आश्रय प्रदान किया और स्कर्वी को नेल्लिकाया-आधारित औषधि का उपयोग करके ठीक किया. थोमाचन ने उन्हें आशीर्वाद दिया और उन्हें चार चांदी के सिक्के दिए, यह कहते हुए कि उनके गुरु के रक्त से उनका अभिषेक किया गया है. उन्होंने एक कहानी सुनाई कि कैसे उनके गुरु को प्रताड़ित किया गया और लकड़ी के क्रॉस पर कीलों से ठोंक दिया गया. तीन दिन बाद वे जी उठे. उसने थोमाचन को 30 चाँदी के सिक्के दिए, और थोमाचन ने इनमें से चार नायर परिवार को दिए.

परिवार कभी भी ईसाई धर्म में परिवर्तित नहीं हुआ, और थोमाचन या थोंडाचन उनके हिंदू परिवार के देवता बन गए. उन्होंने अपने परिसर के बाहर एक वेदी बनाई, और गैर-ब्राह्मण पुजारी वहां अनुष्ठान करते हैं. थोंडाचन को आज भी चुनिंदा नायर परिवार के बीच पूजा जाता है.

(कुषाण और गुप्त काल: 320 CE/AD से 600 CE/AD)

ध्रुवस्वामिनी और विक्रमादित्य

सातवाहन राजवंश प्राचीन भारत का एक शासक वंश था जिसने लगभग 230 BCE से 220 CE(AD) तक दक्कन क्षेत्र में शासन किया था. वे सिक्के जारी करने वाले सबसे पहले भारतीय राजवंशों में से एक थे, और उनके शासन को महान सांस्कृतिक और आर्थिक समृद्धि द्वारा चिह्नित किया गया था. अपने शासनकाल के दौरान, सातवाहनों ने उत्तर के साथ-साथ इस क्षेत्र के अन्य छोटे राज्यों और जनजातियों के साथ मैत्रीपूर्ण संबंध बनाए रखे. हालांकि, दूसरी शताब्दी CE में उनका प्रभाव कम होना शुरू हो गया, क्योंकि उत्तर में एक नई शक्ति का उदय शुरू हुआ. यह नई शक्ति कुषाण साम्राज्य थी, जिसकी स्थापना मध्य एशिया में यूझी जनजाति द्वारा की गई थी. कुषाण अपने क्षेत्र का तेजी से विस्तार करने में सक्षम थे, और पहली शताब्दी CE तक, उन्होंने खुद को इस क्षेत्र में एक प्रमुख शक्ति के रूप में स्थापित कर लिया था. कुषाण साम्राज्य के विस्तार के साथ, यह दक्कन क्षेत्र में सातवाहन राजवंश के संपर्क में आया.

कुषाण साम्राज्य की स्थापना युझी जनजाति द्वारा की गई थी, जो मूल रूप से वर्तमान चीन और मंगोलिया के क्षेत्र में रहने वाले खानाबदोश लोग थे. युझी जनजाति दूसरी शताब्दी ईसा पूर्व में पश्चिम की ओर पलायन कर गई, अन्य जनजातियों का सामना किया और उनके साथ गठजोड़ किया. पहली शताब्दी ई. पू. तक, युएझी ने इस क्षेत्र में अन्य जनजातियों के साथ एक संघ का गठन किया था, जिसमें टोखेरियन, सोग्डियन और बैक्ट्रियन शामिल थे. इस संघ को कुषाण साम्राज्य के नाम से जाना जाने लगा. प्रारंभिक कुषाण विभिन्न कबीलों और जनजातियों का संघ थे, जिनका कोई केंद्रीकृत नेतृत्व या राजनीतिक संगठन नहीं था. हालाँकि, जैसे ही कुषाणों ने अपने क्षेत्र और प्रभाव का विस्तार करना शुरू किया, उन्होंने एक मजबूत केंद्रीय नेतृत्व की आवश्यकता को पहचाना. इससे पहले कुषाण राजा, कुजुल कडफिसेस का उदय हुआ, जिन्होंने अपने नेतृत्व में विभिन्न जनजातियों को एकजुट किया और एक केंद्रीकृत सरकार की स्थापना की. कुजुला कडफिसेस का उत्तराधिकारी उसका पुत्र विमा तक्टो था, जिसने विस्तार और समेकन की अपने पिता की नीतियों को जारी रखा. विमा तक्टो और उनके उत्तराधिकारियों के नेतृत्व में, कुषाण साम्राज्य ने अपने क्षेत्र और प्रभाव का विस्तार किया, मध्य एशिया और उसके बाहर एक प्रमुख शक्ति बन गया. उन्होंने चीन और रोमन साम्राज्य के साथ व्यापार मार्ग स्थापित किए, जिससे साम्राज्य में बहुत धन और समृद्धि आई. कनिष्क के शासन काल में ही कुषाण साम्राज्य अपने चरमोत्कर्ष पर पहुँच गया था. कनिष्क 127 CE में सिंहासन पर आया, और उसके शासनकाल को महान सैन्य विजय, धार्मिक संरक्षण और सांस्कृतिक उपलब्धियों द्वारा चिह्नित किया गया था. उन्होंने वर्तमान भारत, पाकिस्तान, अफगानिस्तान और मध्य एशिया के कुछ हिस्सों को शामिल करने के लिए कुषाण

साम्राज्य के क्षेत्र का विस्तार किया. कनिष्क के संरक्षण में कुषाण साम्राज्य में बौद्ध धर्म का विकास हुआ. कनिष्क, कला और वास्तुकला के कुछ महान कार्यों को शुरू करने के लिए भी जिम्मेदार था, जिसमें पाकिस्तान के पेशावर में प्रसिद्ध कनिष्क स्तूप भी शामिल है.

कनिष्क ने शक संवत की स्थापना की जो 78 CE में शुरू होता है, ठीक उसी तरह जैसे राजा विक्रमादित्य ने विक्रम संवत कैलेंडर की स्थापना की थी, जिसके बारे में माना जाता है कि यह 57 ईसा पूर्व में शुरू हुआ था. कनिष्क ने चतुर्थ बौद्ध संगीति का आयोजन किया. यह बौद्ध भिक्षुओं और विद्वानों का जमावड़ा था और पूरे साम्राज्य से आम नागरिकों की भारी भीड़ थी, और इसका उद्देश्य बौद्ध धर्म की शिक्षाओं और प्रथाओं का मानकीकरण करना था. सभा के अध्यक्ष बौद्ध गुरु अश्वघोष.

अश्वघोष ने अपना भाषण पुराने दिनों को याद करते हुए किया "कनिष्क एक महान राजा थे जिन्होंने धार्मिक सहिष्णुता को बढ़ावा दिया और विचारों और संस्कृतियों के आदान-प्रदान को प्रोत्साहित किया, मुझे आज भी याद है वो दिन जब मैं अयोध्या में मैं एक घमंडी सन्यासी का जीवन जी रहा था. लेकिन पार्श्व नाम के भिक्षु ने वाद विवाद के पहले ही प्रश्न में मेरा घमंड तोड़ दिया था. मैं पार्श्व का शिष्य बन गया, और मुझे एक भिक्षु के रूप में पूर्ण दीक्षा दी गई. "

जब कुषाण राजा कनिष्क की सेना ने अयोध्या के केंद्रीय राज्य को घेर लिया था, जिसने नजराने में 300,000 सोने के टुकड़े मांगे थे. राजा इतना भुगतान नहीं कर सकता था, क्योंकि उसके पास केवल 100,000 थे. कुषाण राजा ने इसलिए बुद्ध के भिक्षापात्र, परिवर्तित भिक्षु और 100,000 सोने के टुकड़ों को अपनी श्रद्धांजलि के लिए माँगा. यद्यपि केंद्रीय साम्राज्य के राजा नाखुश थे, भिक्षु ने उन्हें समझाया कि यह धर्म के प्रचार के लिए अच्छा होगा जो कि कुषाण राजा के साथ जाने पर चार महाद्वीपों में फैल जाएगा. इसलिए उसे ले जाया गया.

कुषाण के राजा के मंत्री, हालांकि, नाखुश थे, यह सोचकर कि भिक्षु की कीमत 100,000 सोने के टुकड़ों पर सही नहीं थी. भिक्षु की कीमत जानने के लिए राजा ने आदेश दिया कि सात घोड़ों को छह दिनों तक भूखा रखा जाए. राजा ने तब एक सभा बुलाई और भिक्षु से धर्म का प्रचार करवाया. यहाँ तक कि घोड़े, जिनका पसंदीदा भोजन उनके सामने रखा जाता था, भिक्षु के उपदेश से मुग्ध हो जाते थे और ध्यान से सुनते थे. इससे हर कोई उसकी काबिलियत का कायल हो गया था. उसके बाद उन्हें अश्वघोष, घोड़े का विलाप नाम दिया गया. महाराज कनिष्क अश्वघोष को लाकर बहुत खुश और उत्साहित थे. अपनी राजधानी पुष्पपुर (पेशावर) लाते ही एक दिन महाराज आए और बोले "स्वागत है, अश्वघोष! मुझे खुशी है कि आप आज मेरे साथ जुड़ सके. मैं आपको कुषाण साम्राज्य में उपयोग किए जाने वाले कुछ सिक्कों को दिखाना चाहता था, और उनका अर्थ समझाना चाहता था. "

अश्वघोष ने कहा, "धन्यवाद, कनिष्क. मुझे हमेशा नई चीजों के बारे में जानने में दिलचस्पी है. आप मुझे इन सिक्कों के बारे में क्या बता सकते हैं?"

कनिष्क ने उत्तर दिया, "ठीक है, इसके साथ शुरू करते हैं. इसे एक दीनार कहा जाता है, और यह सोने से बना है. सामने की छवि मेरी एक प्रतिमा है, जिसमें एक किंवदंती है जिसमें लिखा है" कनिष्क महान कुषाण राजा. "पीछे की

ओर, वहाँ सूर्य देवता की एक छवि है, जिसके साथ एक पौराणिक कथा है, जिसमें लिखा है, "परमेश्वर जिसने संसार को जीत लिया है. "

अश्वघोष ने कहा "मैं देख रहा हूँ. तो यह सिक्का आपकी शक्ति और परमात्मा से आपके संबंध को दिखाने के लिए है. "

कनिष्क ने उत्तर दिया "बिल्कुल सही. और इसे शतामन कहा जाता है. यह भी सोने से बना है, लेकिन यह दीनार से बहुत बड़ा है. सामने की ओर, भगवान शिव की एक छवि है, जिसमें एक किंवदंती है जिसमें लिखा है" शिव, महान भगवान. " पीछे, एक बैल की छवि है, जिसके साथ एक किंवदंती है जिस पर लिखा है "वह बैल जिसने दुनिया को जीत लिया है. "

अश्वघोष: यह दिलचस्प है. तो यह सिक्का शिव के सम्मान के साथ-साथ आपकी विजय के लिए भी है.

कनिष्क: हाँ, बिल्कुल. और इसे ड्रैकम कहा जाता है. यह चांदी से बना है, और यह शतामन से बहुत छोटा है. मोर्चे पर, घोड़े की पीठ पर एक राजा की एक छवि है, जिसके साथ एक किंवदंती है जो "राजाओं का राजा" पढ़ती है. पीछे, ग्रीक देवी अर्दोक्सशो की एक छवि है, जिसमें एक किंवदंती है जो "समृद्धि की देवी" पढ़ती है.

अश्वघोष: अच्छा. तो यह सिक्का सबसे शक्तिशाली राजा के रूप में आपकी स्थिति के साथ-साथ आपकी समृद्धि की इच्छा का प्रतिनिधित्व करने के लिए है.

कनिष्क: सही है. इसे टेट्राड्राचम कहा जाता है. यह भी चांदी का बना है, लेकिन यह ड्रैकम से भी छोटा है. मोर्चे पर, राजदंड पकड़े हुए एक राजा की छवि है, जिसके साथ एक किंवदंती है जिस पर लिखा है "राजाओं का राजा. " पीठ पर, पारसी (फारसी) देवी नाना की एक छवि है, जिसमें एक पौराणिक कथा है जिसमें लिखा है "महान देवी. "

कनिष्क: इस सिक्के को देखें. शिव के पुत्र, भगवान स्कंद की एक छवि है, जिसमें एक पौराणिक कथा है जिसमें लिखा है "युद्ध के देवता"

कनिष्क: इस सिक्के को देखें. भगवान बुद्ध की एक छवि है, जिसमें एक पौराणिक कथा है जिसमें लिखा है "शांति के देवता"

अश्वघोष: आपके सिक्के पर सभी धर्मों के देवताओं की छवि बनी हुई है.

| Mahasena on a coin of Huvishka | Four-faced Oesho | Rishti or Riom[106][107] | Manaobago | Pharro | Ardochsho | Oesho or Shiva | Oesho or Shiva with bull |

| Skanda and Visakha | Kushan Carnelian seal representing the "ΑΔΡΟ" | Coin of Kanishka I, with a depiction of the Buddha and legend "Boddo" in Greek script | | Herakles. | | Buddha |

कनिष्क: मेरे राज्य में हिन्दू, बौद्ध, यूनानी, पारसी सभी लोग रहते हैं. भगवान बुद्ध की कृपा से सभी लोग प्रेम और शांति से साथ रहते हैं. सब एक दूसरे का सम्मान करते हैं. ये बात हमारे राज्य के सिक्कों से साफ झलकनी चाहिए.

अश्वघोष: धन्यवाद, कनिष्क. अब मैं आपके राज्य की कला के बारे में और जानने के लिए उत्साहित हूं.

कनिष्क: शुरुआत करते हैं गांधार शैली से. कला की यह शैली यूनानियों से प्रभावित है, और आप इसे बुद्ध और अन्य देवताओं के यथार्थवादी चित्रणों में देख सकते हैं. मूर्तियाँ सफेद संगमरमर से बनी हैं, और अक्सर इसमें जटिल विवरण जैसे कि चिलमन और गहने शामिल होते हैं.

अश्वघोष: यह आकर्षक है. तो गांधार शैली ग्रीक और भारतीय कला का मिश्रण है?

कनिष्क: हाँ, बिल्कुल. और यह शैली शांति और शांति की भावना के साथ-साथ परमात्मा की सुंदरता को व्यक्त करने के लिए है.

अश्वघोष: अच्छा. आपके पास और कौन सी शैलियाँ हैं?

कनिष्क: हमारे पास मथुरा शैली भी है. यह शैली अधिक पारंपरिक भारतीय है, जिसमें गोल चेहरे और बहने वाले वस्त्र हैं. मूर्तियाँ लाल बलुआ पत्थर से बनी हैं, और अक्सर वनस्पतियों और जीवों की जटिल नक्काशी शामिल होती है.

अश्वघोषः रोचक. तो मथुरा शैली भारतीय संस्कृति में अधिक निहित है?

कनिष्क: हाँ, यह सही है. और यह शैली गर्मजोशी और अपनेपन की भावना के साथ-साथ दिव्य और प्राकृतिक दुनिया के बीच संबंध को व्यक्त करने के लिए है.

अश्वघोष: मैं समझता हूँ. वहां और कौन सी शैलियां हैं?

कनिष्क: सारनाथ शैली भी है. इस शैली की विशेषता बुद्ध को बैठे हुए रूप में चित्रित करना है, जिसमें हाथ की मुद्रा को "पहिया घुमाने वाली मुद्रा" के रूप में जाना जाता है. मूर्तियां पत्थर से बनी हैं, और अक्सर कमल के फूलों और अन्य प्रतीकों की जटिल नक्काशी शामिल होती है.

अश्वघोष: अच्छा. और सारनाथ शैली किसका प्रतिनिधित्व करती है?

कनिष्क: यह शैली बुद्ध की शिक्षाओं, विशेष रूप से चार आर्य सत्यों और आष्टांगिक मार्ग का प्रतिनिधित्व करने के लिए है. हाथ का इशारा बुद्ध के धर्म के चक्र को बदलने या जन्म, मृत्यु और पुनर्जन्म के चक्र का प्रतीक है.

अश्वघोष: यह बहुत दिलचस्प है, कनिष्क. मेरे साथ अपनी जानकारी साझा करने के लिए, धन्यवाद.

चौथी बौद्ध संगीति के सबसे महत्वपूर्ण परिणामों में से एक बौद्ध धर्म के महायान धारा की स्थापना थी. यह शाखा बोधिसत्व, या प्रबुद्ध प्राणियों की अवधारणा पर जोर देती है, जिन्होंने दूसरों को ज्ञान प्राप्त करने में मदद करने के लिए अपने स्वयं के ज्ञान को स्थगित करना चुना है.

दूसरी शताब्दी ईस्वी में कनिष्क के शासनकाल के दौरान, कुषाण साम्राज्य अपने चरम पर पहुंच गया और इसने सिल्क रोड व्यापार में महत्वपूर्ण भूमिका निभाई। कनिष्क के वाणिज्य और संस्कृति के संरक्षण से सिल्क रोड के साथ व्यापार में वृद्धि हुई, जिससे भारत, मध्य एशिया, चीन और रोमन साम्राज्य के बीच आर्थिक और सांस्कृतिक आदान-प्रदान की सुविधा मिली। कुषाण साम्राज्य रणनीतिक रूप से सिल्क रोड के स्थलीय और समुद्री मार्गों के चौराहे पर स्थित था, जिससे यह वस्तुओं और विचारों के प्रवाह के लिए एक आवश्यक केंद्र बन गया। भारतीय वस्त्र, विशेष रूप से रेशम और सूती कपड़े, सिल्क रोड के साथ व्यापार की जाने वाली अत्यधिक मांग वाली वस्तुओं में से थे। भारत मसालों, कीमती पत्थरों और अन्य विलासिता की वस्तुओं का भी निर्यात करता था। बौद्ध धर्म के लिए कनिष्क का समर्थन भी उल्लेखनीय है, और इसका सिल्क रोड पर धर्म के प्रसार पर गहरा प्रभाव पड़ा। उन्होंने अश्वघोष और वसुमित्र की अध्यक्षता में कश्मीर में प्रसिद्ध चौथी बौद्ध परिषद बुलाई, जिसका उद्देश्य बौद्ध धर्मग्रंथों और शिक्षाओं को संरक्षित और संहिताबद्ध करना था। इसी सिल्क रोड से कनिष्क ने दुनिया भर के कारीगरों को बुलाया, अपने सबसे बड़े सपने को पूरा करने के लिए. कनिष्क का सपना था कि अफनिस्तान की बामियान की पहाड़ियों पर बुद्ध की विशालकाय प्रतिमा का उकेरा जाये. इस काम में बहुत सारे कारीगर, ढेर सारा पैसा, कड़ी मेहनत और लम्बा समय लगा. जब प्रतिमा निर्माण का काम पूरा हुआ तब राजा कनिष्क अपने बौद्ध मित्रों के साथ उसका अवलोकन करने गए. कनिष्ठ और अश्वघोष भगवान बुद्ध की विशाल प्रतिमा को देखकर भाव विभोर हो गए. अश्वघोष की आंखों में आंसू थे. उन्होंने कहा "आप किसी एक देश के राजा नहीं हैं, आप सम्पूर्ण पृथ्वी के राजा हैं"

तीसरी शताब्दी के अंत तक, कुषाण साम्राज्य का पतन शुरू हो गया था. और इसने धीरे-धीरे उत्तरी भारत में अपने क्षेत्रों पर नियंत्रण खो दिया. कुषाण साम्राज्य के पतन के साथ, स्थानीय शासकों ने उत्तरी भारत में अपनी शक्ति का दावा करना शुरू कर दिया. ये शासक, जिन्हें अक्सर "गुप्त" के रूप में जाना जाता है, संभवतः प्राचीन क्षत्रिय वंश के थे और उनके पास महत्वपूर्ण सैन्य और प्रशासनिक कौशल थे. चन्द्रगुप्त प्रथम के नेतृत्व में चौथी शताब्दी ईस्वी में गुप्त साम्राज्य का विस्तार होना शुरू हुआ. वह पड़ोसी क्षेत्रों को जीतने और उत्तरी भारत पर गुप्त साम्राज्य का नियंत्रण स्थापित करने में सक्षम था. गुप्त साम्राज्य ने कई राजनीतिक और प्रशासनिक सुधार किए जिससे उसकी शक्ति को मजबूत करने में मदद मिली. इनमें विकेंद्रीकृत प्रशासन प्रणाली की स्थापना, वफादारी को प्रोत्साहित करने के लिए भूमि अनुदान का उपयोग, और हिंदू धर्म को राज्य धर्म के रूप में अपनाना शामिल था.

चौथी सदी आते आते जब गुप्तों ने सत्ता संभाली तब तक भारत बहुत बदल चुका था. इस बीच इतने विदेशी भारत में आये और यहीं घुल मिल गए, इतनी संस्कृतियों का मिलन होता चला गया कि ये समाज एक रंगबिरंगा अनेक खुशबुओं वाला बगीचा जैसा दिखने लगा. अब हम सिर्फ यज्ञ नहीं करते थे, बल्कि ग्रीक लोगों की तरह अपने देवताओं के महान किस्से भी सुनाते थे. अब हम सिर्फ योग नहीं करते थे बल्कि बौद्धों की तरह अपने आराध्य के मंदिर भी बनाते थे. अब हम हर बदलते मौसम को एक उत्सव के रूप में मनाने लगे. रबी की फसल बोने के बाद अपने घर और गांव को सजाने लगे और खूब सारे दीपक जला कर उत्सव मनाते हैं. इस फसल को सफलता से काट लेने के बाद, गुलाल उड़ा कर ख़ुशी मनाई जाती है. उसी तरह खरीफ की सफलता का उत्सव गुड़, तिल, मूंगफली, बाजरा, मक्का, चावल आदि अनाज आग में डाल कर मनाते हैं. हालाँकि के इन उत्सवों के नाम, मानने की विधि और मनाने के पौराणिक कारण भारत के अलग अलग क्षेत्रों में अलग अलग है. यह वह समय था जब भगवान राम की कहानी वाल्मीकि रामायण सबसे व्यापक रूप में लिखी गयी. गाँव-गाँव में राम के जीवन की नाटकीय प्रस्तुतियाँ होने लगीं. भगवान राम के अयोध्या आगमन को दीपोत्सव के रूप में मनाया गया. इसी काल में विश्व का सबसे बड़ा काव्य वेदव्यास महाभारत अपने विशालतम रूप में आया. कृष्ण के वृंदावन में, गोपियों के साथ रास लीला को रंगों के त्योहार के रूप में मनाया जाने लगा. रामायण और महाभारत भारतीय साहित्य के दो सबसे महत्वपूर्ण महाकाव्य हैं, और उन्हें सदियों से सांस्कृतिक, आध्यात्मिक और दार्शनिक खजाने के रूप में गाया, सुनाया और पढ़ाया जाता रहा है. दुनिया में और कोई ऐसी किताब नहीं है जिसने मानवता पर इतनी गहरी छाप छोड़ी हो.

रामायण भगवान राम की एक कहानी है, जिन्हें सदाचार, धार्मिकता और सम्मान का अवतार माना जाता है. रामायण की कहानी केवल भगवान राम की यात्रा के बारे में नहीं है बल्कि उनकी पत्नी सीता और उनके भाई लक्ष्मण सहित उनके साथियों की यात्रा के बारे में भी है. महाकाव्य वफादारी, पारिवारिक मूल्यों, बड़ों के प्रति सम्मान, कर्तव्य और बलिदान के बारे में महत्वपूर्ण सबक सिखाता है. रामायण की शिक्षाएँ आज भी आधुनिक समय में प्रासंगिक हैं, और महाकाव्य का कई भाषाओं में अनुवाद किया गया है और विभिन्न कला रूपों में रूपांतरित किया गया है.

व्यासपीठ पर बैठने वाला हर वेदव्यास, उस युग का विद्वान ब्राह्मण हुआ करता था. वेदव्यास की परम्परा ने भारत को अनगिनत ग्रंथों की देन दी. चारों वेद, उपवेद, सभी उपनिषद, सभी पुराण आदि सभी ग्रंथों की रचना का श्रेय व्यासपीठ के वेदव्यासों को ही दिया जाता है. सभी वेदव्यासों में से एक बहुत प्रसिद्ध हुए- कृष्ण द्वैपायन वेदव्यास. इन्होंने एक ऐसे विशाल और महान काव्य की रचना की जो हर मानक में विश्व के सभी ग्रंथों में सर्वोपरि है- महाभारत. महाभारत के विषय में लिखा गया है कि 'जो इसमें है वही सब जगह है, जो इसमें नहीं वो कहीं भी नहीं. महाभारत में भगवान विष्णु के आठवें अवतार की कहानी है. विष्णु के इस पूर्ण अवतार को कई नामों से जाना जाता है लेकिन लेखक ने महाभारत के इस नायक को अपना नाम दिया- कृष्ण.

महाभारत एक महाकाव्य है जो पांडवों और कौरवों के बीच लड़े गए कुरुक्षेत्र के महान युद्ध की कहानी कहता है. यह प्रेम, विश्वासघात, बलिदान और अच्छाई और बुराई के बीच शाश्वत संघर्ष की कहानी है. महाभारत अपने जटिल चरित्रों और उनकी नैतिक दुविधाओं के लिए जाना जाता है, और यह मानव मानस में गहरी अंतर्दृष्टि प्रदान करता है. महाकाव्य धर्म (कर्तव्य), कर्म (कार्य और परिणाम), और आध्यात्मिक ज्ञान के महत्व के बारे में महत्वपूर्ण सबक सिखाता है. रामायण और महाभारत दोनों ही केवल कहानियाँ नहीं हैं, बल्कि उन्हें पवित्र ग्रंथ भी माना जाता है जिनमें गहन आध्यात्मिक और दार्शनिक शिक्षाएँ हैं. उन्होंने हजारों वर्षों से भारतीय दर्शन, नैतिकता और धार्मिक प्रथाओं को प्रभावित किया है. इन महाकाव्यों की शिक्षाओं ने भारतीय संस्कृति को आकार देने में मदद की है और नैतिक ढांचे के विकास में योगदान दिया है जो आज भी प्रासंगिक है.

ऐसा नहीं है कि विदेशी संस्कृतियों के देशी संस्कृति के मिलन में केवल अच्छाइयां ही आ रही हो. भारत के इस समाज में बहुत सी बुराइयाँ भी आयीं. जन्म के आधार पर एक व्यक्ति का खुद को दूसरे व्यक्ति से श्रेष्ठ समझना. ये फाह्यान के भारत आगमन के समय का गुप्त शासन है. गाँव में पंचायत बुलाई गयी है. इस पंचायत में आसपास के कई गांवों की भीड़ इकट्ठा हो गयी है. पंचों के सामने अपराधी को पेश किया गया. चार-पांच लोगों ने एक दुबले पतले युवक को रस्सियों से बांध रखा है. उस पर लगे आरोपों को पढ़ा गया "शम्बूक पर ये आरोप है कि उसकी वजह से गाँव में अकाल मृत्यु का प्रकोप है. कल रात हुई ब्राह्मण पुत्र की अकाल मृत्यु भी शम्बूक के पापों के खाते में जाती है" पंचों ने विचार करने के बाद शम्बूक को राजा के सम्मुख पेश करने का फैसला सुनाया. राजा के सामने शम्बूक अब बेड़ियों में खड़ा था. "लेकिन ये नौजवान गाँव में अकाल मृत्यु का कारण कैसे हो सकता है?" राजा ने आश्चर्य से पूछा. इस सवाल का जवाब कोई विद्वान ही दे सकता था. राजपुरोहित ने इसका उत्तर देने का प्रयास किया "शम्बूक शूद्र कुल का पुरुष है. शूद्र लोगों को वेदों के पठन पाठन की अनुमति नहीं है. धर्मशास्त्र कहते हैं कि अगर कोई निम्म कुल का पुरुष उच्च कुल के लिए निर्धारित काम को करेगा तो कलियुग का प्रकोप भी बढ़ेगा. ये अकाल मृत्यु उसी प्रकोप का परिणाम है" महाराज इन मकड़ी के जालों जैसी बातों में उलझ गए. अपनी समझ को बढ़ाने और ऐसे जटिल विषयों पर निर्णय लेने के लिए महाराज ने आचार्य मनु को आमंत्रित किया. मनु ने इन विषयों पर बहुत कुछ पढ़ा है और लिखा भी है. अगले दिन कि सभा में शम्बूक के सामने थे गुप्तराज और उनके पास के आसन पर बैठे थे आचार्य मनु. मनु ने अपना उपदेश शुरू किया "धर्मोपदेशं दर्पेण विप्राणामस्य कुर्वतः. तस्मासेचयेत्तैलं वक्तृ श्रोत्रे च पार्थिवः

यादि शुद्र दर्प में आकर द्विजातियों को धर्मोपदेश देने की धृष्टता करे तो राजा उसके मुंह व कान में खौलता तेल डलवा दे".

आचार्य मनु अपनी बात को समझते हुए आगे बोलते हैं " धर्म शास्त्रों में वर्णाश्रम की व्यवस्था बहुत विस्तार से समझाई गयी है. प्रत्येक वर्ण के लिए दंड के अलग अलग प्रावधान हैं. एक अपराध के लिए शूद्र को मृत्युदंड देना चाहिए, उसी अपराध के लिए वैश्य को दो हज़ार पैसे का दंड, क्षत्रिय को पांच सौ पैसे का दंड और ब्राह्मण को मुंडन का दंड दिया जाना चाहिए". महाराज ने सोच समझ कर अब अपना फैसला सुनाया "शम्बूक का अपराध इतना संगीन है कि इसके लिए मृत्युदंड से छोटी कोई सजा नहीं दी जा सकती. आदेश का त्वरित पालन हो". उस समय के कवियों ने इस घटना को प्रचलित महाकाव्य रामायण में भी जोड़ा.

मनुस्मृति का प्रयोग राज व्यवस्थान में संविधान और दंड संहिता की पुस्तक के रूप में होने लगा. आचार्य मनु ने किसी व्यक्ति के अपने वर्ण की सीमाओं के बाहर निकलने पर कठोर सजा के प्रावधान बना रखे हैं. आज मनुस्मृति का जो संस्करण हमारे पास उपलब्ध है, हो सकता है वो कई तरह की मिलावटों और अशुद्धियों से भरा हो, लेकिन DNA स्टडी भी इस ओर इशारा करती है कि गुप्त काल में चारों वर्ण एक दूसरे से दूरियां बना लिए थे. वैदिक काल से चली आ रही श्रम विभाजन की वर्ण व्यवस्था मनु ने अब जन्म आधारित वर्ण व्यवस्था बना दी थी. इस से सामंतों को भी फायदा होता था और राजाओं को भी. सबसे ज्यादा फायदा तो पुजारी वर्ग का था. लेकिन शूद्र अमानवीयता के अंधेरों में धकेलते चले गए. मनु स्मृति में ब्राह्मणों को हर तरह की आजादी और सुरक्षा दी है. जैसा कि एक कहावत है बड़ी शक्ति के साथ बड़ी जिम्मेदारी भी आती है. इस दौर के कई विद्वानों ने अपनी जिम्मेदारी को बखूबी निभाया.

फाह्यान एक चीनी बौद्ध भिक्षु थे, जिन्होंने 5वीं शताब्दी की शुरुआत में भारत का दौरा किया और कई वर्षों तक विभिन्न बौद्ध शिक्षा केंद्रों में यात्रा और अध्ययन किया. उनके द्वारा देखे गए सबसे प्रभावशाली स्थानों में से एक नालंदा विश्वविद्यालय था, जिसका वर्णन उन्होंने अपनी पुस्तक "बौद्ध साम्राज्यों का रिकॉर्ड" में विस्तार से किया है.

फाह्यान के विवरणमें, नालंदा विश्वविद्यालय को इमारतों के एक विशाल परिसर के रूप में चित्रित किया गया है, जो दीवारों और द्वारों से घिरा हुआ है, और वर्तमान बिहार में गंगा नदी के पास एक वन क्षेत्र में स्थित है. उन्होंने नोट किया कि विश्वविद्यालय में आठ अलग-अलग हॉल थे, जिनमें से प्रत्येक अध्ययन के एक अलग क्षेत्र के लिए समर्पित था, जैसे कि व्याकरण, तर्क और चिकित्सा. प्रत्येक हॉल में एक केंद्रीय प्रांगण और अलग शिक्षण क्षेत्र थे, और कई छात्रावास और पुस्तकालय थे.

फाह्यान के अनुसार, विश्वविद्यालय में हजारों शिक्षकों और विद्वानों का स्टाफ था, और पूरे भारत और उसके बाहर के छात्रों को आकर्षित करता था. उन्होंने ध्यान दिया कि पाठ्यक्रम कठोर और व्यापक था, और इसमें बौद्ध ग्रंथों, दर्शन और ध्यान के साथ-साथ खगोल विज्ञान, गणित और चिकित्सा जैसे विभिन्न धर्मनिरपेक्ष विषयों का अध्ययन शामिल था. शिक्षण विधियों में व्याख्यान, वाद-विवाद और चर्चाएँ शामिल थीं, और छात्रों से अध्ययन के अगले स्तर पर जाने से पहले सामग्री में महारत हासिल करने की अपेक्षा की गई थी.

फाह्यान नालंदा में जिस स्तर की विद्वत्ता और भक्ति का सामना कर रहे थे, उससे वे बहुत प्रभावित हुए और उन्होंने इसे दुनिया में सीखने के सबसे महान केंद्रों में से एक माना. उन्होंने छात्रों और शिक्षकों के समर्पण और बौद्धिक जिज्ञासा की प्रशंसा की और विश्वविद्यालय में संचित और प्रसारित ज्ञान की विशाल मात्रा पर आश्चर्य किया. फाह्यान ने अपने लेख में नालंदा से जुड़े कई प्रसिद्ध विद्वानों का भी उल्लेख किया है, जैसे आर्यभट्ट, नागार्जुन, वसुबंधु, धर्मपाल और दीनागा,

अध्ययन के विभिन्न क्षेत्रों में उनके उल्लेखनीय योगदान को नोट करते हैं. आर्यभट्ट एक गणितज्ञ और खगोलशास्त्री थे जो 5वीं शताब्दी ई. पू. में रहते थे. उन्हें त्रिकोणमिति, बीजगणित और कैलकुलस पर उनके अग्रणी कार्य के साथ-साथ सौर वर्ष की लंबाई की सटीक गणना के लिए जाना जाता है. नागार्जुन एक दार्शनिक और बौद्ध विद्वान थे जो दूसरी शताब्दी CE में रहते थे. उन्हें बौद्ध दर्शन के माध्यमिक स्कूल पर उनके प्रभावशाली काम के लिए जाना जाता है, जो "शून्यता" और वास्तविकता की अद्वैत प्रकृति की अवधारणा पर जोर देता है. वसुबंधु एक बौद्ध दार्शनिक और तर्कशास्त्री थे जो चौथी शताब्दी CE में रहते थे. उन्हें बौद्ध दर्शन के योगकारा स्कूल पर उनके काम के लिए जाना जाता है, जो ध्यान के महत्व और "स्टोर कॉन्शसनेस" (अयविज्ञान) की अवधारणा पर जोर देता है. धर्मपाल एक बौद्ध भिक्षु और विद्वान थे जो छठी शताब्दी CE में रहते थे. उन्हें बौद्ध तर्क पर उनके काम और अभिधर्म ग्रंथों पर उनकी टिप्पणी के लिए जाना जाता है, जिन्हें बौद्ध दर्शन में सबसे महत्वपूर्ण और प्रभावशाली कार्यों में से कुछ माना जाता है.

दिन्नागा एक दार्शनिक और तर्कशास्त्री थे जो 5वीं शताब्दी CE में रहते थे. उन्हें प्रमाणसमुच्चय पर उनके काम के लिए जाना जाता है, जो तर्क और ज्ञानशास्त्र पर एक ग्रंथ है जिसका आज भी अध्ययन किया जाता है.

वह इन विद्वानों को प्राचीन भारत की बौद्धिक और आध्यात्मिक उपलब्धियों के उदाहरण के रूप में चित्रित करते हैं, और मानव ज्ञान और समझ को आगे बढ़ाने में उनके काम के महत्व पर जोर देते हैं.

प्रयाग प्रशस्ति, इलाहाबाद में पाया गया एक शिलालेख समुद्रगुप्त के बारे में जानकारी का सबसे पहला ज्ञात स्रोत है जिसकी रचना उसके शासनकाल के दौरान की गई थी. प्रशस्ति एक स्तवन है जो समुद्रगुप्त की सैन्य विजय, प्रशासनिक क्षमताओं और सांस्कृतिक उपलब्धियों की प्रशंसा करता है.

समुद्रगुप्त गुप्त वंश के सबसे महान शासकों में से एक थे, जिन्होंने 335 से 375 ईस्वी तक शासन किया. वह अपने सैन्य कौशल और विजय के लिए जाना जाता था, जिसने गुप्त साम्राज्य को अपनी सबसे बड़ी सीमा तक विस्तारित करने में मदद की. समुद्रगुप्त के पिता चंद्रगुप्त प्रथम गुप्त वंश के संस्थापक थे. हालाँकि, यह समुद्रगुप्त ही थे जिन्होंने वास्तव में भारतीय राजनीति और संस्कृति में राजवंश को एक प्रमुख शक्ति के रूप में स्थापित किया. उन्हें कला के प्रति अपने प्रेम के लिए भी जाना जाता है, जो उनके संरक्षण में फला-फूला. अपने शासनकाल के दौरान, समुद्रगुप्त ने अपने साम्राज्य का विस्तार करने के लिए कई सैन्य अभियान चलाए. उनका सबसे प्रसिद्ध अभियान शक राजा के खिलाफ था, जिसने पश्चिमी भारत के एक बड़े हिस्से पर शासन किया था. समुद्रगुप्त ने शक राजा को एक भयंकर युद्ध में हरा दिया, और उसकी जीत ने भारत में शक शासन के अंत को चिह्नित किया.

राजा समुद्रगुप्त के दो पुत्र थे: रामगुप्त और चंद्रगुप्त विक्रमादित्य. जयशंकर प्रसाद का 'ध्रुवस्वामिनी' एक उपन्यास है जो सम्राट समुद्रगुप्त के दो पुत्रों - चंद्रगुप्त और रामगुप्त की कहानी कहता है. रामगुप्त एक भ्रष्ट, भोगी और वासनापूर्ण राजकुमार था जो सम्राट बनने के लिए पूरी तरह से अनुपयुक्त था. अतः सम्राट समुद्रगुप्त अपने छोटे पुत्र चन्द्रगुप्त को अपना उत्तराधिकारी बनाना चाहता था. हालाँकि, रामगुप्त ने अपने मंत्री, शिखरस्वामी के साथ साजिश रची, और चंद्रगुप्त के सहयोगी की पत्नी ध्रुवस्वामीमिनी से शादी की और अपने लिए सिंहासन ले लिया. इसके बावजूद चंद्रगुप्त ने रामगुप्त को सम्राट के रूप में स्वीकार कर लिया. ध्रुवस्वामिनी भी धीरे-धीरे बदलती परिस्थितियों के साथ तालमेल बिठा लेती हैं.

रामगुप्त को ध्रुवस्वामिनी से प्रेम नहीं है बल्कि उसके प्रति स्वामित्व का भाव रखता है. ध्रुवस्वामिनी जानती है कि रामगुप्त को विलासिनियों के साथ मदिरा में उन्मत्त के आनंद से अवकाश कहाँ है? रामगुप्त उसे अपनी विवाहिता

मानकर उसपर अपना पूर्ण अधिकार रखता है. वह ध्रुवस्वामिनी से कहता है- तुम उपहार की वस्तु हो. आज मैं तुम्हे किसी दूसरे को देना चाहता हूँ, इसमें तुम्हें क्यों आपत्ति हो? अर्थात् समाज में ऐसे अधिकतर पुरुष हैं जो स्री को मात्र वस्तु समझते हैं.

गुप्त साम्राज्य के सबसे बड़े दुश्मन थे शक. रामगुप्त के जैसे ही शकराज को भी स्री केवल उपभोग व मनोरंजन की वस्तु लगती है. शकराज की पत्नी कोमा एक शोषित महिला का जीवन जी रही थी. "कोमा पूछती है- तो क्या आपकी दुश्चिंताओं में मेरा भाग नहीं? मुझे उससे अलग रखने से क्या वह परिस्थिति कुछ सरल हो रही है?" शकराज कहते हैं "मैं एक राजा के तौर पर तुम्हें प्रेम का निमंत्रण दे रहा हूँ. " लेकिन कोमा के व्यक्तित्व को प्रेम ने पूर्ण किया है, उसे दास नहीं बनाया है. इसलिए वह शकराज के प्रेम को ठुकरा देती है- "प्रेम का नाम न लो. वह एक पीड़ा थी, जो छूट गई. उसकी कसक भी धीरे-धीरे दूर हो जाएगी. राजा, मैं तुम्हें प्यार नहीं करती. मैं तो दर्प में दीप्त तुम्हारी महत्वमयी पुरुष-मूर्ति की पुजारिन थी, जिसमें पृथ्वी पर अपने पैरों से खड़े रहने की दृढ़ता थी. इस स्वार्थ-मलिन कलुष से भरी मूर्ति से मेरा परिचय नहीं. "

शकराज ने कलिंग के राजा के माध्यम से रामगुप्त को एक प्रस्ताव भेजा, जिसमें उन्हें और उनकी पत्नी ध्रुवस्वामिनी और अन्य महिलाओं को उपहार के रूप में भेजने की पेशकश की गई थी. यदि वह अपने राज्य की रक्षा करना चाहता है, तो उसे ध्रुवस्वामिनी और उसके सभी रईसों की महिलाओं को उपहार के रूप में भेजना चाहिए. रामगुप्त, जो पहले से ही शकराज की बढ़ती शक्ति से डरे हुए हैं, शिखरस्वामी ने राज्य के कल्याण के बारे में सोचने की सलाह दी. थोड़ा सोचने के बाद रामगुप्त प्रस्ताव से सहमत हो गया. गौर करने की बात यह है कि स्री का हरण या अपहरण सामाजिक मान-अपमान का पैमाना बन गया है. यदि युद्ध होते हैं तो स्वयं को बचाने के लिए पुरुष परिवार की स्रियों को भेंट स्वरूप दे देते थे या स्रियों का हरण कर लिया जाता था. अर्थात् स्री को समाज के प्रत्येक युद्ध में अपने अस्तित्व की आहुति देनी पड़ती है.

जब ध्रुवस्वामिनी को इस बारे में पता चलता है, तो वह निर्भय होकर मंत्री को चुनौती देती है, कहती है, "मैं केवल एक महिला नहीं हूं, बल्कि मैं एक रानी हूं. यह मत भूलो. मैं एक राजा की रानी हूं, और मेरा अपना सम्मान है. "

ध्रुवस्वामिनी सीधे निर्भीक होकर अमात्य को कहती है-'मैं केवल यही कहना चाहती हूं कि पुरुषों ने स्त्रियों को अपनी पशु-संपत्ति समझकर उन पर अत्याचार करने का जो अभ्यास बना लिया है, वह मेरे साथ नहीं चल सकता. ' नाटक में पुरुष सत्तात्मक समाज के शोषण के प्रति नारी का विद्रोही स्वर सुनाई पड़ता है. वैसे प्रताड़ित स्त्री की अवस्था का चित्रण इस नाटक में मुख्य है. परन्तु नारी-स्वतंत्रता के भाव से परिपूर्ण आधुनिक चेतना के कारण ही इसमें पहली बार 'ध्रुवस्वामिनी' प्रतिक्रिया करती है.

चंद्रगुप्त मन ही मन ध्रुवस्वामिनी के प्रति अनुरक्त है. लेकिन राजमर्यादा के कारण वह अपना मनोभाव प्रकट नहीं होने देता. ध्रुवस्वामिनी भी इस सत्य से अवगत है. वह भेष बदल कर ध्रुवस्वामिनी के साथ शकराज के पास जाने की एक गुप्त योजना बनाता है. आचार्य मिहिरदेव शकराज को चेताते हुए कहते है- 'स्त्री का सम्मान नष्ट करके तुम जो अपराध करोगे, उसका फल क्या अच्छा होगा?' लेकिन विनाश काले विपरीत बुद्धि. जैसे ही स्त्री भेष धारण कर चन्द्रगुप्त ध्रुवस्वामिनी के साथ जब शकराज को एकांत में मिलता है तो ध्रुवस्वामिनी का भेष धारण किए हुए चंद्रगुप्त शकराज को चुनौती देते हुए कहता है- "मैं हूँ चन्द्रगुप्त तुम्हारा काल अकेला आया हूं तुम्हारी वीरता की परीक्षा लेने-सावधान!" चंद्रगुप्त शकराज से युद्ध में उसकी हत्या कर देता है और सामंत कुमारों का समवेत स्वर सुनाई देता है 'देवी ध्रुवस्वामिनी की जय हो'. ध्रुवस्वामिनी नारी सशक्तीकरण की जैसे प्रतिमूर्ति प्रतीत होती है. वह रामगुप्त को तत्काल दुर्ग से बाहर निकलने का आदेश देती है और नाटक ध्रुवस्वामिनी के चन्द्रगुप्त के वरण के निर्णय के साथ समाप्त होता है.

प्रेम की विडंबना ही यही है कि प्रेम-संबंधों में दुराव आने के बावजूद उसकी एक धुंधली रौशनी जीवन में बनी रहती है. प्रेम में समर्पण और त्याग होता है. कोमा का प्रेम भी शकराज के प्रति समर्पण और त्याग है. इसलिए शकराज के तिरस्कार के बाद भी उसकी मृत्यु होने पर कोमा शव माँगने ध्रुवस्वामिनी के पास पहुँच जाती है. इस नाटक में कोमा के द्वारा प्रेम को परिभाषित किया गया है. कोमा ध्रुवस्वामिनी से कहती है- "रानी, तुम भी स्त्री हो, क्या स्त्री की व्यथा नहीं समझोगी? आज तुम्हारी विजय का अंधकार तुम्हारे शाश्वत स्त्रीत्व को ढक ले, किंतु सबके जीवन में एक बार प्रेम की दीपावली जलती है. जली होगी अवश्य. तुम्हारे भी जीवन में वह आलोक का महोत्सव आया होगा, जिसमें हृदय हृदय को पहचानने का प्रयत्न करता है, उदार बनता है और सर्वस्व दान करने का उत्साह रखता है. मुझे शकराज का शव चाहिए. "

कोमा, ध्रुवस्वामिनी से शव लेकर मिहिरदेव के साथ चली जाती है किंतु रास्ते में रामगुप्त के सैनिक उसकी हत्या कर देते हैं. इस नाटक में ध्रुवस्वामिनी से बेहतर प्रेम करना और उसके लिए त्याग करना शायद ही अन्य कोई पात्र कर सकता था. ध्रुवस्वामिनी प्रेम के अंतर्संघर्ष और विवाह की मर्यादा, इन दोनों पाटों के बीच पिसती रहती है. इसके विपरीत कोमा का प्रेम उसकी आँखों के सामने कुम्हलाने लगता है. वह अपने प्रेमी की वास्तविकता से अनभिज्ञ है. यहाँ कह सकते हैं कि जब हम किसी से प्रेम करते हैं तो उसकी एक खास छवि हमारे हृदय में होती है, जो सभी अच्छाई-बुराई को दरकिनार कर देती है. किंतु कभी यह छवि टूट जाने पर भी कुछ लोग प्रेम-पात्र के साथ बंधे रहना चाहते हैं. शकराज युद्ध में मारा जाता है और ऐसी स्थिति में भी ध्रुवस्वामिनी विवाहोत्तर संबंध और विवाह मुक्ति के द्वंद्व में फंसी हुई है. वह चंद्रगुप्त का वरण कर सकती है, किंतु उसे अपने प्रेम के झुकाव के प्रति गहरा संदेह होता है. वह मंदाकिनी से कहती है- “दुर्ग की विजय मेरी सफलता है या मेरा दुर्भाग्य, इसे मैं नहीं समझ सकी हूँ. राजा से मैं सामना करना नहीं चाहती. पृथ्वीतल से जैसे एक साकार घृणा निकल कर मुझे अपने पीछे लौटने का संकेत कर रही है, क्यों, क्या यह मेरे मन का कलुष है? क्या मैं मानसिक पाप कर रही हूँ?”

ध्रुवस्वामिनी और चंद्रगुप्त का पुनर्लग्न जयशंकर प्रसाद की प्रगतिशीलता है क्योंकि पौरूष के बल पर स्त्री को दासी माननेवाले रामगुप्त की मृत्यु के बाद वह अपनी इच्छा से चंद्रगुप्त का वरण करती है. और इसलिए, चंद्रगुप्त विक्रमादित्य गुप्त साम्राज्य के राजा बने, उन्होंने अपनी प्रिय पत्नी ध्रुवदेवी के साथ शासन किया, और प्राचीन भारत के महानतम राजाओं में से एक के रूप में ख्याति अर्जित की.

(हर्षवर्धन काल – 606 CE से 647 CE)

राजश्री और हर्षवर्धन

जिस समय गुप्त साम्राज्य भारत का स्वर्ण युग था, उसी समय यूनान में एक ऐसी ही नई शक्ति का तेजी से उदय हुआ और उसने समूचे भूमध्यसागरीय क्षेत्र पर शासन किया. ग्रीस का छोटा परिसंघ, रोमन गणराज्य, अब विशाल रोमन साम्राज्य बन गया था. जूलियस सीजर और उसके उत्तराधिकारियों के नेतृत्व में, रोमन गणराज्य एक विशाल साम्राज्य में तबदील हो गया था, जिसके केंद्र में रोम था. रोमन साम्राज्य दुनिया के सबसे बड़े और सबसे शक्तिशाली साम्राज्यों में से एक था, जो 27 ईसा पूर्व से 476 CE तक चला था. अपने उत्कर्ष के दौरान, रोमन साम्राज्य ने पूरे यूरोप, मध्य पूर्व और उत्तरी अफ्रीका में विशाल क्षेत्रों को नियंत्रित किया. हालांकि, आंतरिक अस्थिरता, आर्थिक गिरावट और जर्मनिक जनजातियों जैसे बर्बर जनजातियों के बाहरी दबाव के संयोजन के कारण साम्राज्य धीरे-धीरे कम हो गया. जैसे ही रोमन साम्राज्य कमजोर होने लगा, जर्मनिक जनजातियाँ दक्षिण में रोमन क्षेत्रों में चली गईं. इनमें से कुछ जनजातियाँ, जैसे कि गोथ और वैंडल, तेजी से शक्तिशाली हो गयीं और चौथी और पाँचवीं शताब्दी ईसा पूर्व में रोमन सत्ता को चुनौती देने लगीं. इन आक्रमणों और छापों ने 476 CE में पश्चिमी रोमन साम्राज्य के अंतिम पतन में योगदान दिया. इसके बाद की सदियों में, विभिन्न जर्मनिक जनजातियों ने यूरोप में फ्रैंक्स, विसिगोथ्स, ओस्ट्रोगोथ्स और अन्य सहित अपने स्वयं के राज्यों और साम्राज्यों की स्थापना की. ये राज्य फ्रांस, स्पेन और इटली जैसे कई आधुनिक यूरोपीय देशों की नींव बने.

यूरोप के प्रारंभिक इतिहास को आकार देने में जर्मनिक जनजातियों ने एक महत्वपूर्ण भूमिका निभाई, और कई आधुनिक यूरोपीय देशों की जड़ें इन प्राचीन लोगों में हैं. यहां जर्मनिक जनजातियों और उनसे जुड़े आधुनिक देशों के कुछ उदाहरण दिए गए हैं:

फ्रैंक्स: फ्रैंक्स एक जर्मनिक जनजाति थी जो अब फ्रांस और जर्मनी में रहती थी. उनके नेता, क्लोविस ने 5वीं शताब्दी में मेरोविंगियन राजवंश की स्थापना की, जिसने अंततः फ्रांस के राज्य की स्थापना की.

विसिगोथ्स: विसिगोथ्स एक जर्मनिक जनजाति थी जो अब स्पेन और पुर्तगाल में रहती थी. उन्होंने 5वीं शताब्दी में विसिगोथिक साम्राज्य की स्थापना की, जो 8वीं शताब्दी में इबेरियन प्रायद्वीप पर इस्लामी विजय तक चला.

एंगल्स और सक्सोंस: एंगल्स और सक्सोंस जर्मनिक जनजातियां थीं जो 5वीं और 6वीं शताब्दी में अब इंग्लैंड में प्रवास कर गई थीं. उन्होंने कई एंग्लो-सैक्सन साम्राज्यों की स्थापना की, जो अंततः इंग्लैंड के राज्य बनने के लिए एकजुट हुए.

द वैंडल्स: वंडल्स एक जर्मनिक जनजाति थे जो अब उत्तरी अफ्रीका में रहते थे. उन्होंने 5वीं शताब्दी में वैंडल साम्राज्य की स्थापना की, जो तब तक चला जब तक कि बीजान्टिन साम्राज्य ने 6वीं शताब्दी में इस क्षेत्र पर विजय प्राप्त नहीं कर ली.

ओस्ट्रोगोथ्स: ओस्ट्रोगोथ्स एक जर्मनिक जनजाति थी जो अब इटली में रहती थी. उन्होंने 5वीं शताब्दी में ओस्ट्रोगोथिक साम्राज्य की स्थापना की, जो तब तक चला जब तक कि बीजान्टिन साम्राज्य ने 6वीं शताब्दी में इस क्षेत्र पर फिर से कब्जा नहीं कर लिया.

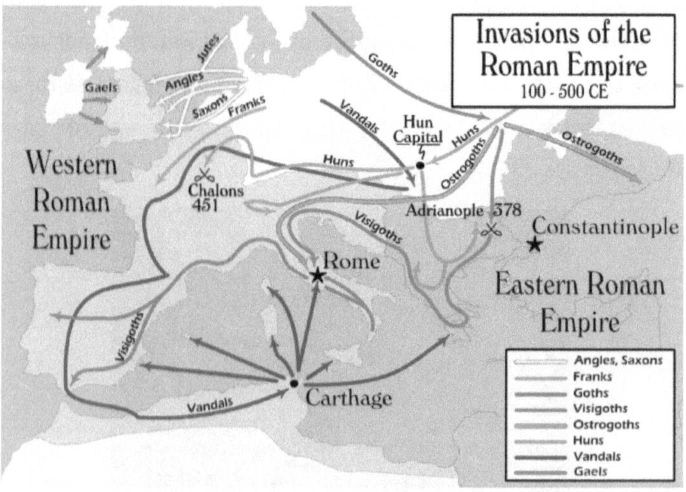

इसके साथ ही 5वीं शताब्दी CE में रोमन साम्राज्य ध्वस्त हो गया. हर साम्राज्य की यही कहानी है. गुप्त साम्राज्य के साथ भी यही हुआ. बर्बर प्रजाति हूण, मध्य एशिया की एक खानाबदोश जनजाति, ने 5वीं शताब्दी CE में गुप्त साम्राज्य पर आक्रमण किया, एक सैन्य खतरा पैदा किया, अर्थव्यवस्था को बाधित किया, और साम्राज्य की

राजनीतिक अस्थिरता को बढ़ा दिया, इन सभी ने गुप्त साम्राज्य के अंतिम पतन में योगदान दिया. गुप्त साम्राज्य के पतन के बाद बिखरे हुए भारत को एक करने का काम किया पुष्यभूति वंश के वर्धनों ने.

पुष्यभूति वंश के इतिहास का सबसे अच्छा स्रोत है महाकवि बाणभट्ट का लिखा हर्षचरित. लेकिन बाणभट्ट का स्वयं का जीवन कैसा है ये बताते हैं उनके पुत्र भूषण कुमार भट्ट. अपनी युवा अवस्था में बाणभट्ट घुमक्कड़ और मुंहफट थे. एक जगह पर टिकते ही नहीं थे, हर समय यात्रा करते रहते थे और यात्रा से सीखे अनुभव का जिक्र अपने दोस्तों से करते थे. उनकी कथा कहने की कला इतनी सधी हुई थी कि मामूली से मामूली बात भी दिलचस्प हो जाती थी. सुनने वालों को बाणभट्ट बहुत हंसाते थे. राजव्यवस्थाओं की कमियां ऐसे व्यंग में सुनाते थे जिसको सुनकर पहले तो हंसी आती है फिर सोचने को विवश हो जाते हैं. उनकी पत्नी को ना तो उनका घुमक्कड़ जीवन पसंद था न यूँ राजनैतिक विषयों पर टीका टिपणी. उनकी पत्नी को डर था अगर इनके चुटकुले किसी दिन राज महल के व्यक्ति ने सुन लिए तो मृत्युदंड भी हो सकता है. एक दिन वही हुआ जिसकी आशंका थी. बाणभट्ट अपनी कार्यशाला में बैठे कुछ लिख रहे थे कि वहां एक गुप्तचर आता है. उसने एक लिखित सन्देश का टुकड़ा बाणभट्ट के हाथ में थमाया. बाणभट्ट ने जब वो सन्देश पढ़ा तो वो एक पहेली जैसा प्रतीक हुआ. इस पहेली का अर्थ था "राजा ने तुम्हें राजसभा में हाज़िर होने का हुक्म दिया है". बाणभट्ट सोच रहे थे कि ये कोई उनके व्यंगों का कुप्रभाव तो नहीं है. अगले दिन बाणभट्ट सही समय पर दरबार में उपस्थित हुए. सामने देखते हैं तो राजगद्दी पर शान से महाराज देव हर्षवर्धन शांत चित्त बैठे हुए हैं.

महाराज हर्षवर्धन ने कहा "मैंने सुना है तुम बहुत बड़े गुंडे हो" बाणभट्ट ने आश्चर्य भाव से जवाब दिया "आपने गलत सुना है देव. वो लोग मुर्ख होते हैं जो सुनी सुनाई बात पर यकीन करते हैं. बुद्धिमान लोग तो स्वयं अनुभव किये हुए सत्य पर विश्वास करते हैं. लगातार भ्रमण करते रहना का क्या गुंडों के लक्षण है? कवितायेँ सुनाना, हंसना और हँसाना, राजव्यस्था को और बेहतर बनाने के लिए उसकी कमियों की आलोचना करना क्या गुंडे का लक्षण है?"

महाराज शांत भाव से सब सुनते रहे और अंत में अपना निर्णय सुनाया "बाणभट्ट आप अपने परिवार के साथ राजमहल आने की तैयारी करिये, आज से आपको राजकवि का पदभार संभालना है "

बाणभट्ट अब राज कवि बन चुके थे लेकिन उनके रहन सहन में कोई बदलाव नहीं आया. आज भी वो वैसे से लम्बी लम्बी यात्राएं करते हैं और उन यात्राओं के किस्से सुना के लोगों का मनोरंजन करते हैं. अभी वो अपने दोस्तों को नालंदा यात्रा के किस्से सुना रहे हैं "नालंदा कोई मामूली बौद्ध विहार नहीं बल्कि एक विश्वविद्यालय है. वहां केवल हीनयान और महायान नहीं सिखाया जाता बल्कि गणित, ज्यामिति, ज्योतिषशास्त्र, नाट्यशास्त्र, व्याकरण, खगोलशास्त्र का गहरा ज्ञान दिया जाता है"

नालंदा पर चर्चा ख़त्म होने पर बाणभट्ट के दोस्तों ने उनके नए ग्रंथ हर्षचरित का जिक्र करने का आग्रह करते हैं.

बाणभट्ट हर्षचरित में कहते हैं - एक बार भारत के मध्य में कन्नौज नाम का राज्य था. उसकी राजधानी थी थानेश्वर. कन्नौज के राजा थे महाराज पुष्यभूति वर्धन. उसी वंश में आगे चल कर एक प्रतापी राजा हुए - प्रभाकर वर्धन. उनके एक पुत्री और दो पुत्र थे. सबसे बड़े पुत्र का नाम था राज्यभूति वर्धन, उनसे छोटे पुत्र का नाम था हर्षवर्धन और सबसे छोटी बेटी का नाम था राजश्री. महाराज प्रभाकर वर्धन ने अपने श्रम से विशाल वर्धन साम्राज्य की स्थापना की थी. लेकिन महाराज के वृद्ध होते होते एक के एक बाद हूणों के रोज होते हमलों से लड़ते रहना अब कठिन होने लगा था.

महाराज के बड़े पुत्र युवा राज्यवर्धन ने इन बर्बर हमलों से निपटने की जिम्मेदारी अपने कन्धों पर उठा ली और निकल गए एक बड़ी सेना ले कर. महाराज प्रभाकर वर्धन का स्वास्थ्य ठीक नहीं रहता था. ऐसे समय में शासन व्यवस्था संभाली उनकी पुत्री राजश्री ने. राजश्री राज्य के बड़े बड़े मसलों का हल ढूंढने में माहिर हो चुकी थी. अपने हर अनुभव को वो साझा करती थी अपने छोटे भाई हर्षवर्धन से. हर्षवर्धन की रूचि तो बचपन से ही कला और साहित्य में रही है. वो वीणा बजाने में पारंगत हैं और उन्होंने संस्कृत के सारे नाट्य पढ़ रखे हैं और खुद के भी कई नाट्य लिखे हैं. लेकिन राजकुमारी राजश्री एक कुशल शिक्षक भी हैं. ऐसे ही साधारण बातों के बीच में वे राजनीति के कई गुर हर्षवर्धन को सिखाती चली गयीं. हर्षवर्धन अनजाने में ही कलाकार के साथ साथ के योग्य शासक भी बनता चला जा रहा था. ऐसे ही कई वर्ष बीतते गए लेकिन राजकुमार राज्यवर्धन की कोई सूचना नहीं आयी. महाराज्य का स्वास्थ्य बहुत गंभीर हो चला था. इतने वर्षों से राजकुमार के बारे में कोई सन्देश न आने से महाराज मरणासन्न अवस्था में आ गए. महाराज ने अपने बेटे और बेटी को बुलाया. वो अपनी अंतिम सांसे गिन रहे थे. उन्होंने राजश्री का हाथ पकड़ा और कहा "तुमने इतने वर्षों तक राज्य को बहुत अच्छी तरह चलाया है. मुझे अब वर्धन वंश के भविष्य की कोई चिंता नहीं है, हर्षवर्धन को चक्रवर्ती सम्राट बनाना.. " ये कहते कहते ही महाराज ने प्राण त्याग दिए. अब राजगद्दी पर कौन बैठेगा? प्रथा के अनुसार तो उनके बड़े बेटे राज्यवर्धन को बैठना चाहिए लेकिन वो तो लापता हैं. हर्षवर्धन ने अपने बड़े भाई राज्यवर्धन की चरण पादुकाएं राज सिंहासन पर रख कर उनका राज्याभिषेक किया. वर्धन साम्राज्य अब सांकेतिक रूप में राज्यवर्धन के अधीन है लेकिन वास्तव ने राजयव्यवस्था चला रही थीं उनकी बहन राजश्री. लेकिन अब राजश्री का अधिक ध्यान हर्षवर्धन को सिखाने पर था. सुबह से शाम तक की दरबार की हर सभा में वो अपने भाई हर्षवर्धन को भी बैठाती. अपने नाटक को लिखने और वीणा बजाने के अब हर्ष को सुबह बहुत जल्दी उठना पड़ता था. धीरे धीरे हर्षवर्धन को राजनिति और साहित्य में एक तारतम्य दिखने लगा था. राजश्री अब आश्वस्त हो गयीं थी कि अब हर्ष राज्य संभालने के पूरा काबिल हो गया. उसने अब विवाह करने का फैसला लिया. राजश्री का विवाह के ग्रहवर्मा मौखरि साथ हो गया था. विदाई के समय राजश्री की आँखों में आंसू के साथ साथ हर्ष पर टिकी वर्धन साम्राज्य की उमीदें थी और हर्ष की आँखों में आंसू के साथ अपनी बहन के सिखाये हुए सबकों पर विश्वास था. एक दिन जब हर्षवर्धन किसी सोच में डूबे थे कि तभी अचानक उनके सामने एक योद्धा आया. ध्यान से देखते ही हर्ष उनको पहचान गए, ये तो उनके बड़े भाई राज्यवर्धन थे. राज्यवर्धन के शरीर पर युद्ध के अनेक घाव थे, उनकी दाढ़ी और बाल बहुत बड़े हो गए थे. इस से पहले की हर्ष कुछ पूछते राज्यवर्धन खुद ही बोल पड़े "मैं बर्बर हूणों को कुचलते हुए एक के बाद एक युद्ध लड़ रहा था. हर बार कोई नया कबीला, एक बढ़ कर एक राक्षस.. उनसे लड़ते लड़ते एक दिन सुचना मिली कि पिताजी नहीं रहे तो सीधे दौड़ा चला आया. देख रहा हूँ पिताजी की अनुपस्थिति में तुम राज्य को बहुत कुशलता से चला रहे हो. हर्षवर्धन तुम ही अब इस वर्धन साम्राज्य की बागडोर सम्भालो. ये तलवार में तुम्हारे पैरों में रखता हूँ, मैं अब इस सांसारिक जीवन से संयास ले रहा हूँ " ये सब सुनकर हर्ष चकित रह गए. कुछ समय तक कुछ बोल नहीं पाए फिर कुछ शब्द बोले "बड़े भाई के होते हुए छोटा भाई कैसे गद्दी पर बैठ सकता है?" राज्यवर्धन बोले "क्यों नहीं? इतिहास में ऐसा अनेक बार हुआ है"

तभी एक संदेशवाहक हड़बड़ाया सा वहां पंहुचा. उनका हाल देख कर राज्यवर्धन समझ गए थे कि फिर ये कोई बुरी खबर लाया है. सन्देश वाहक निराश भाव से बोलै "महाराज की मृत्यु का समाचार सुनते ही सभी राज्यों ने विद्रोह कर

दिया है. मालव नरेश ने आपकी बहन के पति ग्रहवर्मा मौखरि की हत्या कर दी और राजकुमारी राजश्री को कैद कर लिया है. अब कन्नौज पर अपनी सेना भेज दी हैं. "

ये समाचार सुनने की देर थी कि राज्यवर्धन की संयास की योजना तुरंत स्थगित हो गयी. उन्होंने फ़ौरन जमीन पर रखी तलवार फिर उठा ली और बोले "पहले मई इस मालव राज को ख़त्म करूँगा और फिर आगे की सोचूंगा, सेनापति सबसे बड़ी सेना ले कर मेरे साथ चलो" हर्ष बोल पड़े "लेकिन भैया आपके बिना ये राज्य कैसे चलेगा?" राज्यवर्धन ने विश्वास के साथ कहा "जैसे अब तक चलते आया है!" इतना कहते ही राज्यवर्धन एक विशाल सेना के साथ मालव नरेश से युद्ध करने निकल गए. हर्षवर्धन ने अब राज्य की सत्ता पूरी तरह से अपने हाथ में ले ली. भूमि से लेकर कर तक,राजस्व से लेकर अपराध तक हर विषय के निर्णय लेने की दक्षता हर्ष में बहुत जल्दी आ गयी. शायद ये उनके साहित्य प्रेम का ही नतीजा हो. लेकिन राज्य चलाना अंगारों पर चलने जैसा है.

राज्यवर्धन ने विशाल सेना के साथ मालव राजधानी पर जोरदार आक्रमण कर दिया. मालव नरेश को सँभलने का मौका ही नहीं मिला. राज्यवर्धन सबके मालव नरेश का सर धड़ से अलग कर दिया. ये देख कर मालव के सभी विद्रोहियों ने हथियार डाल दिए और आत्मसमर्पण कर दिया. राज्यवर्धन अपनी बहन राजश्री को लेकर कानौज्ज की तरफ चल पड़े. रात को वो अपने शिविर में रुकने की बजाय पास ही गौड़ राज्य से राज्यपाल शशांक के घर रुकने की योजना बनायी. शशांक को वो अपना अच्छा मित्र मानते हैं. शशांक ने राज्यवर्धन और राजश्री का गर्मजोशी से स्वागत किया. रात को जब सब सो रहे थे, शशांक अचानक राज्यवर्धन के कक्ष में आया. धीरे से राज्यवर्धन को जगाते हुए बोला "महाराज मैं आपको कुछ दिखाना चाहता हूँ, मेरे साथ सैन्य शिविर में चलिए. " राज्यवर्धन उत्सुकता के साथ शशांक के साथ सैन्य शिविर की ओर चल पड़े. शिविर में पहुंचते ही जब राज्यवर्धन ये पूछते हुए पलटे "क्या दिखाना कहते हो?"

तब वो देखते हैं की शशांक के बहुत सारे सैनिक उनको भाले की नोंक पर घेरे हुए हैं.

राज्यवर्धन चिल्लाते हुए अपनी तलवार निकालते हैं "गद्दार.. "

इस से पहले कि वो अपनी तलवार निकाल पाते, शशांक के सैनिकों ने एक साथ सारे भाले उनके शरीर में घोंप दिए. शशांक ने राजश्री को बंदी बना लिया और कन्नौज पर आक्रमण के लिए सेना भेज दी.

महाराज हर्ष जब अपनी सभा में सभी बड़े मंत्रियों और अधिकारियों के साथ किसी गंभीर विषय पर चर्चा कर रहे थे. तभी सुचना मिली "राजकुमार राज्यवर्धन ने मालव राज को हरा दिया है. लेकिन युद्ध से लौटते समय उन्होंने अपने मित्र गौड़ाधिपति शंशाक के घर पर शरण ली. लेकिन गौड़ाधिपति शशांक ने धोखे से राजकुमार राज्यवर्धन की हत्या कर दी. " ये सुनते ही हर्ष आक्रोश में आ गए और चिल्लाते हुए बोले "गौड़ाधिपति शशांक अब तुझे जीवित रहने का कोई अधिकार नहीं है. " पूरी सभा सन्न थी. महाराज हर्ष ने भी तुरंत ही अपने गुस्से पर काबू पा लिया. थोड़ी देर शांत रहने के बाद उन्होंने घोषणा की "केवल गौड़ाधिपति ही नहीं बल्कि सभी राज्यों को ये सुचना भेजवा दो या तो सीधे सीधे वर्द्धन साम्राज्य की अधीनता स्वीकार कर लो या फिर मरने को तैयार रहो. हर विद्रोही को वही मौत मिलेगी जो अभी गौड़ाधिपति शशांक को मिलने वाली है. " उस दिन राजा हर्षवर्धन जब युद्ध कवच पहन कर सैन्य शिविरों में गए तो फिर कभी राजमहल लौटे ही नहीं. शशांक को ढूंढते ढूंढते उन्होंने बहुत विद्रोहियों को कुचला.

उधर राजश्री बंदी गृह में खाली बैठने वालों में से नहीं थी. रोज की दिनचर्या में राजश्री ने कैद से भाग निकलने का सही समय और रास्ता खोज लिया था. राजश्री भगवान शिव के प्रसाद के रूप में हलवा रोज बनाती थी. ये प्रसाद वहां के सब लोग खाते थे. एक दिन उस प्रसाद में एक विशेष जड़ीबूटी का रस मिलाया हुआ था. सारे सैनिकों और रक्षकों ने भी प्रसाद खाया और सब बेहोश हो गए. सही समय आते ही राजश्री शशांक के कैदखाने से भाग निकलीं. उधर हर्षवर्धन ने जबरदस्त सैन्य अभियान छेड़ दिया था. रास्ते में आते हर विद्रोही को कुचलते हुए, हर्षवर्धन काल का रूप धारण कर चुके थे. उन के इस भयंकर आक्रमण को देख कर शशांक भाग खड़ा हुआ. लेकिन हर्षवर्धन ने उसको तब तक दौड़ाया जब तक वो थक के गिर न जाए. हर्ष ने शशांक के साथ भी वही किया जो राज्यवर्धन ने मालव नरेश के साथ किया था. उसकी गर्दन काट कर हवा में लहराते हुए ऐलान किया "ये सम्पूर्ण आर्यावर्त वर्धन साम्राज्य के अधीन आता है, जिसको भी इस बात पर कभी कोई शक होगा तो उसका भी यही हश्र होगा"

सभी राज्य खुद ही समर्पण करने लगे. लेकिन राजश्री कहाँ गायब हो गयी थी हर्ष समझ ही नहीं पा रहे थे. महाराज अपनी बहन को ढूढ़ने के लिए राज्य के कोने कोने की यात्रा की, मठों, विहारों, आश्रमों में ढूँढा लेकिन कोई सूचना नहीं मिल रही थी. एक दिन किसी गुप्तचर से सूचना मिली कि राजश्री गुरु दिवाकर मित्र के आश्रम के आसपास हो सकती हैं. हर्षवर्धन तुरंत दिवाकर मित्र के आश्रम पहुंचे. लेकिन दिवाकर मित्र को राजश्री के विषय में कुछ भी नहीं पता था. तभी एक सूचना मिली कि एक योगिनी गंगा के तट पर आत्मदाह करने वाली है. ये सूचना सुनते ही हर्षवर्धन और दिवाकर मित्र तेजी से गंगा तट की ओर भागे. राजश्री अग्नि चिता में प्रवेश करने ही वाली थी कि वहां हर्षवर्धन पहुँच गए और चिल्लाये "दीदी" हर्ष को देखते ही राजश्री उनकी तरफ भागी और उनसे लिपट गयीं. राजश्री को लेकर महाराज हर्षवर्धन कन्नौज आ गए.

"यहीं बाणभट्ट का हर्षचरित समाप्त हो जाता है". ये बात बोलते हुए भूषण कुमार भट्ट ने अपने आसपास देखा कि सब एक टक लगा कर उनकी तरफ देख रहे थे और ध्यान से सुन रहे थे. एक दर्शिका बोली "सभी बहनों को हर्ष जैसा भाई मिले"

तभी दूसरी दर्शिका ने प्रश्न किया "सुना है कि मंत्रियों ने बाणभट्ट के खिलाफ राजा हर्षवर्धन के खूब कान भरे? " कुमारभट्ट ने जवाब दिया "सही सुना है आपने. क्योंकि राजा हर्षवर्धन अपने आसपास चापलूस मंत्रियों के बजाय बाणभट्ट, दिवाकर मित्र और व्हेन स्वांग जैसे रत्नों को स्थान देना शुरू कर दिया था. " एक बार ऐसे ही चापलूस सामंतों ने महाराज के साथ सभा की. उनमें से एक मंत्री बोला "हर्षचरित की सारी प्रतियों को जप्त करके उनमें आग लगवाइये परमेश्वर. आपका प्रिय बाणभट्ट नमक तो आपका खाता है लेकिन आपका विरोध करने से बाज नहीं आता. " महाराज हर्षवर्धन बोले "ऐसा क्या कर दिया महाकवि ने?" मंत्री ने हर्षचरित खोलते हुए एक प्रसंग की ओर इशारा करते हुए कहा "देखिये यहाँ क्या लिखा है - जब हर्षवर्धन गौड़ाधिपति पर आक्रमण करने जा रहे थे तब गाँव के किसान महाराज की आलोचना कर रहे थे. आपकी आलोचना, परमेश्वर की आलोचना? अरे आगे जाने क्या क्या नहीं लिखा है. " हर्ष ने शांत भाव से जवाब दिया "मैंने पढ़ा है, सही तो लिखा है, क्या परमेश्वर की आलोचना नहीं हो सकती? " दूसरे मंत्री ने पूछा "आपके हर्षचरित में आपकी ही निंदा? " हर्ष मुस्कुराते हुए बोले "ये कविओं और जनता का अधिकार है "

तभी एक अन्य मंत्री ने हर्षचरित के प्रसंग को इंगित करते हुए सवाल उठाया "लोक सेवकों और जन अधिकारियों के विषय में कोई ये कैसे लिख सकता है - राज सेवक ऐसे तपस्वी हैं जो क्रोधित होकर श्राप नहीं दे सकते और प्रसन्न

हो कर कृपा नहीं कर सकते. वह केवल मुँह से मीठी मीठी बात करने वाला नपुंसक है. प्रजा का खून पीने वाला नर पिशाच है. रिश्वत से बड़ा इनका कोई धर्म नहीं है, अधिक से अधिक क्षेत्र पर कब्ज़ा करना चाहते हैं क्योंकि अधिक से अधिक जनता को वो लूट सकें. महाराज ये बाणभट्ट आपके अधीन कार्यरत अधिकारियों के आलोचना कर रहा है तो वो आप पर भी बाण चला रहा है" ये सुनकर मजरज हर्ष फिर मुस्कुराते हुए बोले "अगर ये बाण है तो शासकों और अधिकारियों को ऐसे बाणों की आदत डाल लेनी चाहिए. क्योंकि प्रजा का दुःख इन बाणों के दुःख से बहुत बड़ा होता है. जिस दिन शासकों ने कवि, लेखक और नाट्यकारों से ये अधिकार छीन लिया उस दिन वो शासन निरंकुश हो जायेगा. मुझे बाण प्रिय है क्योंकि बाण को सिर्फ सत्य प्रिय है"

"ऐसे थे हमारे महाराज हर्ष, अपना जीवन महलों से ज्यादा शिविरों में गुजारा, राज्य के राजस्व का चौथाई हिस्सा शिक्षा पर खर्च किया. नालंदा विश्व विद्यालय को 500 गाँव दान में दिए. हर पांचवे साल अपने राज्यकोष को पूरा दान कर देते थे " भूषण कुमार भट्ट ये सुना ही रहे थे की एक दूत सूचना लेकर आता है "कुमारभट्ट जल्दी चलिए आपके पिता बाणभट्ट अंतिम सांसें के रहे हैं, आपको बहुत याद कर रहे हैं "

कुमारभट्ट तुरंत घर पहुंचते हैं उनको देखते ही वृद्ध बाणभट्ट बोलते हैं "तुम आ गए बेटा. कब से अपने प्राणों को उखड़ने से रोक रखा है. क्योंकि तुमसे कुछ कहना बाकी था. कुमारभट्ट, व्यक्ति और परिवार से देश और मनुष्यता बड़ी होती है बेटा. और सबको ये बार बार याद दिलाना कवि का काम है. मैं हर्ष की सभा का कवि था, लेकिन गीत हमेशा प्रजा के गाता था. केवल कमजोर और मुर्ख राजा ही अपने दरबारियों की चापलूसी से खुश होता है. तुम ये हमेशा याद रखना. हो सके तो चारण नहीं बनना. प्रजा का कवि बनना. देश का कवि बनना. राष्ट्र का कवि बनना. कादंबरी को पूरा करना. " ऐसा कहते कहते बाणभट्ट ने अपने प्राण त्याग दिए.

राजा हर्षवर्धन का राज्य एक आदर्श राज्य था, इसको देखने के लिए दूर दूर से लोग आते थे. एक यात्री तो बहुत दूर से आया है. व्हेन स्वांग चीन से चलकर उस भारत को देखने आया है जिसका जिक्र उसने फाह्यान के यात्रा वृतांत में पढ़ा था. चीन से किसी का भारत जाना वहां के क़ानून के हिसाब से प्रतिबंधित था. व्हेन स्वांग ने प्रतिबंधों की परवाह न करते हुए भारत की ओर यात्रा जारी रखी. प्रतिबंध न भी होता तो भी चीन से कोई भारत नहीं आ सकता था. रास्ता ही नहीं था. जिस रास्ते से व्हेन स्वांग आने का प्रयास कर रहे थे वो बहुत चुनौतियों भरा है. व्हेन स्वांग और उनके साथी कितनी बार तो मरते मरते बचे हैं. ऊपर से बर्फीली हवाएं. जैसे तैसे जान बचाते जब व्हेन स्वांग भारत की सीमा में पहुंचे तो भारत काफी बदला हुआ नजर आया. वहां से हर्षवर्धन के महल आने तक उनको डाकुओं ने चार बार लूटा भी.

लेकिन जब कुछ दिनों के बाद महाराजा के महल से लौटा तो महाराज हर्षवर्धन और राजश्री की प्रशंसा करता हुआ नहीं थक रहा था.

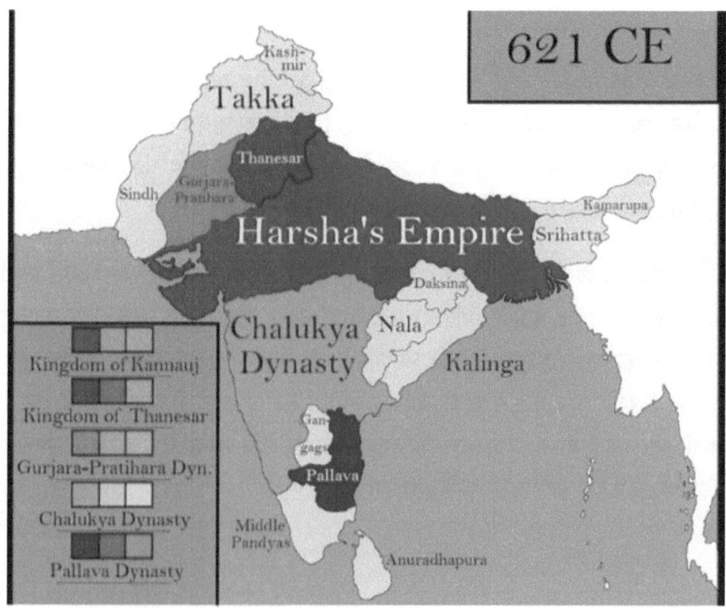

राजश्री और हर्षवर्धन फिर से राज्य के कामकाज में फिर उसी तरह जुट गए. महाराज हर्षवर्धन ने विशाल भूभाग को एक छत्र के नीचे ला दिया था. ये साम्राज्य कहलाता है 'हर्षवर्धन साम्राज्य'. राजश्री और हर्षवर्धन के पास शिव की गंगा की निर्मलता थी, वासुदेव की यमुना का वैभव था और ब्रह्मा की सरस्वती का ज्ञान था. जिस भूमि पर इन तीनों का संगम होता है वो सबसे पवित्र भूमि होती है. प्रयागराज में गंगा, यमुना और सरस्वती के संगम पर हर्षवर्धन ने विशाल सार्वजनिक स्नान का आयोजन रखवाया. इस भूमि पर अमृत की बुंदे हैं. देश भर से दूर दूर से साधु, संत,सन्यासी, गृहस्थ सब लोग आये संगम में डुबकी लगाने. ये प्रथा सदियों तक चलने वाली परंपरा बन गयी. जो आज तक चली आ रही है.

(संगम काल और त्रिपक्षीय संघर्ष – 700 CE से 800 CE)

कुंदवई और राजराजा चोल

हर्षवर्धन ने वर्धन साम्राज्य को सम्पूर्ण भारत में फैलाया. इस समुद्र से ले कर उस समुद्र तक. लेकिन विंध्य से उस पार हर्षवर्धन को रोके हुए था - पुलकेशिन द्वितीय - चालुक्य वंश का प्रतापी राजा.

पुलकेशिन द्वितीय की राजधानी थी वातापी या बादामी. इसीलिए चालुक्यों की इस शाखा को बादामी के चालुक्य भी कहते हैं. चालुक्य कई बार सत्ता पर बैठे और कई बार दूसरे साम्राज्यों के अधीन सामंत बन कर रहना पड़ा. और सही समय का इंतजार करके फिर से सत्ता पर बैठ जाते. ये प्रक्रिया दक्षिण के सभी साम्राज्यों ने आम थी. इसी वजह से चालुक्य की तीन शाखाएं थीं - बादामी चालुक्य, कल्याणी चालुक्य और वेंगी चालुक्य.

पुलकेशिन द्वितीय कई मामलों हर्षवर्धन से समानता रखता है. जिस तरह हर्षवर्धन को उत्तर पथ का चक्रवर्ती कहते हैं वैसे ही पुलेशिन को दक्षिण पथ का चक्रवर्ती कहते हैं. पुलकेशिन ने भी बहुत प्रतिकूल परिस्थितियों का सामना करते हुए बादामी चालुक्य को इतना मजबूत साम्राज्य बनाया. जैसे हर्ष के राजकवि थे बाण वैसे है पुलकेशिन के राजकवि थे रविकीर्ति. रविकीर्ति ने ऐहोल प्रशस्ति में साफ़ साफ़ लिखा है कि नर्मदा नदी के तट पर पुलकेशिन ने राजा हर्षवर्धन को हराया और उनसे फिर कभी युद्ध न करने की संधि कर ली. इतिहासकारों के लिए ऐहोल का शिलालेख एक बहुत महत्वपूर्ण ऐतिहासिक साक्ष्य है. इस प्रशस्ति पर पहली बार घटना के साथ साथ दिनांक भी लिखी थी. इसी ऐहोल शिलालेख के आधार पर इतिहासकार कुरुक्षेत्र के युद्ध की सही तिथि पता लगाने की कोशिश करते हैं. पुलकेशिन ने हर्ष को हराकर उत्तर से होने वाले हमलों से अपने राज्य को सुरक्षित कर लिया था. लेकिन दक्षिण में उसके सबसे बड़े प्रतिदंद्वी थे पल्लव. पल्लव राजवंश दक्षिण के शक्तिशाली राजवंशों में से एक था. पल्लव, वाकाटकों के सामंत थे और वाकाटक स्वयं गुप्तों के सामंत थे और गुप्त कुषाणों के सामंत थे.

कोई नहीं जनता था, सामंत कब सम्राट बन जाएँ और सम्राट को कब किसी और के अधीन सामंत बनाना पड़े, ये प्रक्रिया हमेशा जारी रही. पल्लव और चालुक्यों के बीच कई युद्ध हुए. पुलकेशिन ने एक युद्ध में पल्लव के राजा महेंद्रवर्मन को हरा दिया और हत्या कर दी. इस बात का प्रतिशोध लेने के लिए महेंद्रवर्मन के पुत्र नरसिंह वर्मन ने पुलकेशिन पर हमला कर दिया और पुलकेशिन की हत्या कर दी.

बादामी के चालुक्यों की सत्ता यहीं पर ख़त्म होती है और उनकी गद्दी पर पल्लव बैठ जाते हैं. चालुक्य अब पल्लवों के सामंत के रूप में शासन चलाते हैं लेकिन सही समय आने का इंतज़ार भी करते हैं. जब पल्लव वंश सत्ता में आया

तब उसके राजा थे नरसिंह वर्मन. पल्लवों का मुकाबला तमिलनाडु के पांड्यों से बार बार होता है. पाण्ड्य साम्राज्य में तमिलनाडु क्षेत्र के कुशल नाविक, व्यापारी और नौसैनिक थे. समुद्र के माध्यम से वो लगातार चीन, अरब और यूनान के साथ व्यापारिक और सांस्कृतिक संपर्क में थे. पांड्य इस समय पल्लवों के साथ लगातार युद्ध में जुटा हुआ है. पांड्यों और पल्लवों के बीच इस युद्ध का फायदा उठा कर एक और शक्ति ने उभरने की कोशिश की- पांड्यों के सामंत चोल. चोलों के वंश के एक प्रतापी राजा विजयालय ने पांड्यों के मुथैरयर को हरा कर, चोल साम्राज्य की स्थापना की. उसने तंजावुर को पांड्यों से छीन कर चोल साम्राज्य की राजधानी बना दिया.

चेर, चोल और पाण्ड्य बहुत प्राचीन समय से यहाँ रहते आये हैं. हमने देखा था कि ऋग्वैदिक काल में ऋषि अगस्त्य और लोपामुद्रा ने दक्षिण की यात्रा की थी और यहाँ संगम सभा की अध्यक्षता की थी. ऐसे कुल तीन संगम सभाएं हुयीं. इन सभाओं में जिन ग्रंथों की चर्चा हुई है उसी से हमें चेर, चोल और पाण्ड्य वंशों के वैदिक समय के इतिहास का पता चलता है. ये तीनों अकसर एक दूसरे से मुकाबला करते रहते हैं. लेकिन 9 वीं सदी में चोल एक महाशक्ति के रूप में उभरे और सम्पूर्ण दक्षिण भारत पर कब्ज़ा कर लिया. विजयालय के बेटे आदित्य प्रथम ने पल्लव साम्राज्य को नष्ट करके चोलों के साम्राज्य का और विस्तार किया. उसके बाद आये राजा परांतक ने राष्ट्रकूटों के कृष्ण द्वितीय को हरा कर चोल साम्राज्य का और विस्तार किया. राष्ट्रकूट महाराष्ट्र और कर्णाटक की एक बहुत बड़ी शक्ति थे. इसी वंश के राजा कृष्ण प्रथम ने एलीफैंटा के अब्दुद कैलाश मंदिर का निर्माण करवाया. लेकिन उसकी कहानी कभी और. राष्ट्रकूटों को हराकर परांतक ने चोल साम्राज्य को कावेरी तक पंहुचा दिया था. परांतक के बाद चोल साम्राज्य के राजा बने गंडारादित्य. लेकिन गंडारादित्य की जल्दी मृत्यु की वजह से उनका बेटा उत्तम राजा बनने के लिहाज़ से बहुत छोटा था. इसलिए गंडारादित्य के छोटे भाई अरिंजय ने राज्य संभाल लिया. लेकिन अरिंजय की भी जल्दी ही मृत्यु हो गयी. कायदे से अब चोल साम्राज्य की सत्ता उत्तम को मिलनी चाहिए, लेकिन ऐसा हुआ नहीं. उत्तम चोल की बजाय गद्दी पर बैठे अरिंजय के पुत्र सुन्दर चोल. सुन्दर चोल के सबसे बेटे हैं आदित्य करिकालन, उनकी बेटी कुंदवई और उनके छोटे बेटे 'अरुळमुझि वर्मन'. यही 'अरुळमुझि वर्मन' आगे चल कर राजराज चोल के नाम से प्रसिद्ध हुए. राजराज चोल का जन्म 947 AD में पिता सुन्दर चोल के घर 'अरुळमुझि वर्मन' के नाम से हुआ.

आदित्य करिकालन और कुंदवई अपने छोटे भाई राजराजा से बहुत प्रेम करते हैं. बचपन से घुड़सवारी से लेकर तलवारबाजी तक सब तीनों ने साथ में सीखा था. आदित्य करिकालन बहुत उत्तेजित और अभिमानी युवा थे, इसी वजह से उनके कई शत्रु थे. सबसे बड़ा तो उनकी सेना का एक सेनापति है जो आदित्य करिकालन की शिकायत राजा सुन्दर से करते हुए कहता कि "राजकुमार आदित्य करिकालन खुद को राजा समझने लगे हैं". राजा सुन्दर चोल ने अपने बड़े बेटे आदित्य करिकालन को बुलाया और कहा "पांड्यों ने फिर सिर उठाना शुरू कर दिया है, क्या तुम मदुरई जा कर वीर पंड्या को सबक सीखा सकते हो?" आदित्य करिकालन बड़ी ख़ुशी से एक काम को स्वीकार करते हैं. तभी राजकुमार राजराजा भी वहां आ जाते हैं और पूछते हैं "क्या मैं भी जा सकता हूँ भैया के साथ युद्ध में इनका साथ देने? " सुन्दर चोल कहते हैं "बिलकुल, मुझे तुमसे यही उम्मीद थी. लेकिन जाने से पहले मैं तुमसे कुछ कहना चाहता हूँ मेरे बच्चों. " ये कहते हुए राजा ने सेनापति को जाने का इशारा किया. उसके जाने के बाद राजा बोले "मेरे हृदय पर एक बोझ है. "

आदित्य करिकालन बोले "हमें बताइये पिताजी". सुन्दर चोल अब अपने दिल के बात बताते हैं "कायदे से सिंहासन पर मेरा नहीं मेरे चचेरे भाई उत्तम का अधिकार है. उत्तम के पिता ने सिंहासन मेरे पिता को दिया था और मेरे पिता ने मुझे दे दिया. उत्तम अब अपना राज सिंहासन वापिस चाहता है. " तभी अचानक आदित्य करिकालन पूछ पड़े "लेकिन आपने तो अपना उत्तराधिकारी मुझे घोषित कर दिया है? "

राजराजा ने बीच में आते हुए उसका उत्तर दिया "आप सिर्फ पिताजी की आज्ञा का पालन कीजिए. " सुन्दर चोल अपने बेटे करिकालन के चेहरे पर दुविधा के भाव साफ देख पर रहे थे, वे बोले "मेरी आत्मा हमेशा कहती थी मुझे राजगद्दी उत्तम को सौंप देनी चाहिए. लेकिन मैं ऐसा कर नहीं पाया. अब उत्तम चोल के बहुत सारे समर्थक हैं. मंत्रिमंडल में, सेना में कई लोग हैं जो उत्तम चोल से सद्भावना रखते हैं और तुमसे घृणा करते हैं करिकालन "

आदित्य करिकालन दुविधा में ये बोलते हुए वहां से चले गए "मैं इस पर सोच कर कुछ बताऊंगा. " करिकालन अपने भाई राजराजा के साथ अपनी बहन कुंदवई से मिलने गए, सारा वृतांत सुनाया और पूछा "क्या मुझे पिता जी की गद्दी का उत्तराधिकार छोड़ देना चाहिए?"

कुंदवई ने पूरे विश्वास के साथ उत्तर दिया "तुम्हें डरने की कोई जरुरत नहीं है भैया. जब आप पांड्यों को हराकर एक विजेता ले रूप में लौटेंगे तब प्रजा आप सर आँखों पर बैठा लेगी. कायर उत्तम चोल गद्दी के अधिकारी नहीं हैं " तभी वहां पर करिकालन का दोस्त वण्डिय देवन आता है और बोलता है "यानि मैंने जो अपवाहें सुनीं थी बो सच थी. तो अब तुम क्या निर्णय लोगे दोस्त?"

कुंदवई ने कहा "भाई अपने अधिकार को लड़ कर लेगा. "

राजराजा ने कहा "राजा की इच्छा को मानना हमारा फ़र्ज़ है. "

वण्डिय देवन ने कहा "तुम्हारे पिताजी अब भी राजा हैं. उनकी इच्छा पूरी करना तुम्हारा कर्तव्य है"

करिकालन ने जवाब दिया "हम कल ही युद्ध के लिए निकल रहे हैं. कुंदवई अकेली हो जाएगी उसका ध्यान रखना. "

वण्डिय देवन ने कहा "जी, राजकुमार, हम आपके विजयी होने की कामना करते हैं"

अगले दिन करिकालन और राजराजा अपने सैन्य दल के साथ चल दिए. दो ताकतवर सेनाएं आमने सामने थीं - वीर चोल और शक्तिशाली पाण्ड्य. युद्ध पूरे दिन चलता रहा. करिकालन और राजराजा बहुत बहादुरी से लड़ रहे थे, लेकिन वीर पाण्ड्य भी मजबूती से सामना कर रहा था. राजराजा सोच रहे थे "हमारी संख्या इनसे बहुत कम है, हम हार न जाएँ "

शाम होते होते चोल सेना ने बढ़त हासिल कर ली और पाण्ड्य को हार की कगार पर धकेल दिया. वीर पांड्या अपनी जान बचा कर भाग गया.

करिकालन ने चिल्लाते हुए बोला "कोई फायदा नहीं है. एक भी पांड्य जिन्दा नहीं रहेगा, हम आ रहे हैं. "

राजराज और करिकालन ने बिना किसी से पूछे वीर पांड्य का पीछा करने और सभी पाण्ड्य राजाओं का वध करने का फैसला कर लिया.

भागते हुए वीर पंड्या को ये एहसास हो जाता है कि उसका पीछा किया जा रहा है. तभी करिकालन के योजना बनाते हैं "उसको पता चल गया है हम उसके पीछे आ रहे हैं. हम पेड़ों में छुपते हुए सामने से आकर उसको चकमा देंगे. "

वीर पंड्या ने ये सोच कर कि करिकालन ने पीछा करना छोड़ दिया है, अपने घोड़े की रफ्तार धीमी कर ली. और सामने दिख रहे एक घर में जा कर आराम करने की सोची.

जैसे ही वो उस घर में घुसा तुरंत ही सो गया. तभी घर एक बाहर वीर पांड्या के घोड़े को देख कर करिकालन अपनी तलवार लिए उस घर में जाते हैं और वीर पंड्या के ऊपर तलवार तानते हुए बोलते हैं "इतनी जल्दी थक गए, अभी गहरी नींद में तुम्हें सुला देता हूँ. "

वीर पंड्या दया की भीख मांगने लगता है. लेकिन करिकालन ने कोई दया न दिखाते हुए वीर पंड्या का सिर धड़ से अलग कर दिया. तभी राजराजा वहां पहुंचते हैं और कहते हैं "मुझे आने में देर हो गयी, मुझे आपको ये करने से रोकना चाहिए था. "

करिकालन ने कहा "मैंने जो किया वो ठीक किया " राजराजा बोले "नहीं भैया आपने जो किया वो अनैतिक है और आप पर शोभा नहीं देता "

राजराजा सही थे उसी रात उन्होंने अपने सेनापति को कहते सुना "करिकालन ने सही तो किया लेकिन वो बहुत क्रूर हैं, राजराजा ऐसा नहीं करते "

अगले दिन ही फिर से तंजाऊर पहुंच कर दोनों भाइयों ने अपने जीत का ऐलान किया. राजराजा ने ये वृतांत कुंदवई को भी सुनाया "भैया को निहत्थे वीर पाण्ड्य की हत्या नहीं करनी चाहिए थी, हमारी सेना अब और भैया से डरी हुई है.

यहाँ तक कि करिकालन के दोस्त भी उस पर शक करते हैं. " तभी वण्डिय देवन ने कहा "लेकिन मैं नहीं. " कुंदवई ने उसके पास आ कर कहा "आप हमेशा हमारे वफादार रहे हैं वण्डिय देवन" वण्डिय देवन कुंदवई की आँखों में गहराई तक देखते हुए सोचने लगा "तुम नहीं जानती किसलिए प्रिय कुंदवई?"

तभी वहां एक दूत आता है और कहता है "राजकुमार राजराजा, महाराज ने आपको बुलाया है "

तभी वण्डिय देवन बोलता है "वो तुम्हें लंका भेजने वाले हैं, मैंने सुना है "

राजराजा महाराज ने सामने हाज़िर हुए. महाराज ने कहा "राजराजा, तुममें बहुत संयम है, तुमने हमेशा अपने भाई से बेहतर प्रदर्शन किया है, इसलिए हम तुम्हें के बड़े अभियान के लिए भेज रहे हैं " राजराजा ने कहा "कहाँ पिताजी?"

महाराज ने जवाब दिया "लंका, राजा महेंद्र ने लंका में विद्रोह का सर उठाया है, जाओ उसे कुचल दो " राजराजा ने अपनी तलवार उठाते हुए कहा "मैं अब खुद को रोक नहीं पा रहा हूँ, मैं तुरंत जीत कर लौटता हूँ"

निकलने से पहले राजराजा अपनी प्रेमिका राजकुमारी वनाति से विदा लेते हैं. राजकुमारी वनाति आंसुओं के साथ राजराजा को विदा करती है. राजकुमारी वनाति के पिता विक्रमकेसी दोनों को बाहर तक छोड़ कर आते हैं. विक्रमकेसी बोलते हैं "राजराजा बहादुर हैं, वो एक दिन राजा बनेंगे. " राजराजा आश्चर्य से पूछते हैं "क्या आप ताऊजी उत्तम चोल और मेरे बड़े भाई को भूल गए हैं? " विक्रमकेसी जवाब देते हैं "हम कुछ नहीं भूले हैं, हम सबको एक बहादुर राजा की जरूरत है, हम आपकी जीत की कामना करते हैं. " राजकुमारी वनाति बोलती हैं "फिर मिलेंगे राजकुमार"

अगले दिन राजराजा की नौसेना पूरी तैयारी कर चुकी थी. बड़े बड़े जहाजों पर सैनिक, हथियार, हाथी, घोड़े सब चढ़ा लिए गए थे. 500 जहाजों के सेना के साथ राजराजा लंका की तरफ चल पड़े. लंका के तट पर पहुंच कर शिविर डाला और अगले दिन हमला करने की योजना बनायीं.

सुबह होते चोल सेना लंका पर आकस्मिक हमला कर देती है. और थोड़ी ही देर में उन पर हावी भी हो जाती है. राजराजा, महेंद्र को तलवार युद्ध में उसके घोड़े से गिरा देते हैं और उसके गले पर अपनी तलवार रख देते हैं. लेकिन थोड़ी देर बाद ही अपनी तलवार पीछे हटा लेते हैं और महेंद्र को जीवनदान दे देते हैं. ये देख का चोल योद्धा और अन्य सैनिकों के नजर में राजराजा का सम्मान बढ़ गया.

उधर कुंदवई अपने महल में बैठी थी तभी वण्डिय देवन वहां एक बहुत बुरा समाचार ले कर आया "राजकुमार करिकालन की किसी ने पुराने खंडहरों के पास हत्या कर दी है. " कुंदवई ये सुन कर घबरा गयीं. वण्डिय देवन ने कहा "मैंने सिर्फ सुना है अभी जा कर पता करता हूँ. " वण्डिय देवन जैसे ही पुराने खंडहरों के पास पहुँचा वहाँ उसको करिकालन का शव मिला. ये सुचना वण्डिय देवन जैसे ही महाराज को देता है. महाराज ने तुरंत वण्डिय देवन को आदेश दिया "फौरन लंका जाओ और राजराजा को ले कर आओ"

वण्डिय देवन उसी समय लंका के लिए निकल गया. राजराजा उसको देखते ही आश्चर्य चकित रहा गए "वण्डिय देवन ! ऐसा क्या हो गया कि तुम्हें यहाँ आना पड़ा है?"

वण्डिय देवन ने कहा "बहुत दुःखद समाचार है. राजकुमार करिकालन की किसी ने हत्या कर दी है. महाराज सुन्दर आपसे बहुत जरूरी बात करना चाहते हैं. "

राजराजा ने खुद को सँभालते हुए कहा "हाँ, पिताजी को हमारी जरूरत है. हमें अभी निकलना चाहिए. " तभी एक नौसैनिक ने कहा "लेकिन राजकुमार मौसम? समुद्र में तेज़ लहरें हैं" राजराजा ने हुक्म देते हुए कहा "हम अभी निकलेंगे"

समुद्र के बीच जहाज के पहुंचते ही वही हुआ जिसका डर था. समुद्र में तेज़ तूफान आ जाता है और जहाज डूब जाता है. लेकिन चोल राज्य के सभी लोग प्रशिक्षित नौसैनिक थे, उन्हें इस तरह के तूफानों में ज़िंदा बच निकलना आता था. राजराजा और वण्डिय देवन बच कर एक टापू पर पहुंच जाते हैं.

उधर तंजावुर में उत्तम चोल के समर्थक मंत्री, सेनापति और प्रजा बार बार महाराज सुन्दर पर दबाव बनाने लगे कि अब उत्तम चोल को सम्राट घोषित कर देना चाहिए. महाराज घबराये हुए कहते हैं "हाँ.. हाँ.. मैं समझता हूँ.. लेकिन राजराजा को तो आ जाने दो" एक भड़का हुआ सैन्य अधिकारी बोला "अब हम और इंतज़ार नहीं कर सकते, चोल साम्राज्य को उसका राजा अभी घोषित करना होगा" महाराज अब इस दबाव को और नहीं झेल पाते. वो खड़े होते हैं और अपना मुकुट उतारते हुए कुछ कहना शुरू करते हैं, तभी वहां राजराजा और वण्डिय देवन आ जाते हैं. महाराज उनको देखकर बहुत प्रसन्न होते हैं. महाराज सुन्दर बहुत विवशता के साथ राजराजा से कहते हैं "मैं अपने जीवन के अंतिम पड़ाव पर हूँ. अब इस राज्य को अब और नहीं संभाल सकता. मैं अब ये राजगद्दी सौंपना चाहता हूँ.. लेकिन बहुत दुविधा में हूँ. " राजराजा अपने पिता की दुविधा को समझ गए और बोले "आप अब राज्य सत्ता का भार ताऊजी उत्तम के हाथों दें. " महाराज सुन्दर का मन अब एकदम हल्का हो गया, वो शांतिभाव के साथ बोले "मुझे तुमसे यही आशा थी मेरे वीर पुत्र. "

राजराजा और वण्डिय देवन फिर उत्तम चोल के पास गए. उत्तम चोल उनको देख कर आश्चर्य से बोला "तुम लोग आ गए? मैंने तो सोचा था.. मैंने तो सुना था कि.. "

राजराजा ने बीच में टोकते हुए कहा "आपने सही सुना था, हमारा जहाज डूब गया था. लेकिन हम बच निकले"

उत्तम चोल बोला "तुम्हारे बड़े भाई नहीं रहे, अब तुम ही राजा के उत्तराधिकारी हो"

राजराजा ने उत्तम के कंधे पर हाथ रखते हुए कहा "नहीं ताऊजी, सिंहासन पर पहली दावेदारी आपकी है, आप ही अगले सम्राट बनेंगे" ये सुन कर उत्तम दंग रह गया और चौंकते हुए पूछा "तुम राजा नहीं बनना चाहते?" राजराजा जवाब देते हैं "बनना तो मैं अब भी चाहता हूँ लेकिन अधिकार सिर्फ आपका है"

उत्तम चोल राजराजा की इस निष्ठा को देखकर मन ही मन उनकी प्रशंसा करने लगता है. थोड़े ही दिनों बाद सुन्दर चोल का देहांत हो जाता है. उसी दिन उत्तम चोल का राज्याभिषेक किया जाता है. अपने राज्याभिषेक के भाषण ने उत्तम चोल अपने भतीजे राजराजा की बहुत प्रशंसा की. प्रजा ने राजा उत्तम चोल की जय के साथ राजराजा की जय के भी नारे लगाए. लेकिन आदित्य करिकालन की हत्या किसने की?

ये सवाल अभी भी सबके मन में घूम रहा है कि आदित्य करिकालन की हत्या किसने की? क्या पांड्यों ने जो अपनी हार का बदला लेना चाहते थे? या हत्या उत्तम चोल ने करवाई है जिसके लिए आदित्य करिकालन उसके राजगद्दी के रास्ते का सबसे बड़ा रोड़ा था. या फिर उसकी हत्या राजराज चोल ने तो नहीं की क्योंकि उसके बाद आखिर गद्दी तो उन्हीं को मिल सकती थी.

किसी के पास कोई सुराग नहीं था. राजराजा और वण्डिय देवन ने छानबीन शुरू की तब उन्हें एक पत्र मिला जिसमें चोल सेनापति बाला ने करिकालन को पुराने खंडहरों के पास मिलने के लिए आने का आग्रह किया था. राजराजा तुरंत सेनापति को गिरफ्तार कर लेते हैं. उस से मिले सुरागों से पता चलता है की करिकालन को मारने में तीन भाई शामिल थे. योजना पाण्ड्य राज्य के गांव में बनायीं गयी थी. वो लोग वीर पाण्ड्य की मौत का बदला लेना चाहते थे. उनके साथ करिकालन का एक करीबी भी मिला हुआ था. राजराजा अपने कुछ सैनिकों के साथ जा कर हत्यारों को मृत्युदंड दिया.

एक दिन कुंदवई के कक्ष में उसके साथ जब वण्डिय देवन और राजराजा बैठे थे. राजराजा बातों बातों में बोलते हैं "वण्डिय देवन, तुम्हारे और कुंदवई में बहुत समानताएं हैं" वण्डिय देवन ने तपाक से पुछा "तो आप हम दोनों का विवाह क्यों नहीं करा देते? " राजराजा आश्चर्य से कुंदवई की तरफ देखते हैं. कुंदवई मुस्कुराते हुए नजरें घुमा लेती हैं. राजराजा ये देख के बहुत खुश हुए और वण्डिय देवन को वादा किया जल्द ही तुम्हारी शादी कुंदवई से होगी. ये कहते हुए फ़ौरन निकल गए और भागते भागते अपनी प्रेमिका वनाती के पास जाते हैं और उसके पिता से वनाती का हाथ मांगते हैं. वनाती के पिता ख़ुशी से अपनी बेटी का हाथ राजराजा के हाथ में दे देते हैं. तंजावुर में राजराजा का वनाती से और वण्डिय देवन का कुंदवई से सामूहिक विवाह होता है. कुंदवई और राजराजा को एक पुत्र और एक पुत्री होती है. बचपन से ही पुत्र महेंद्र बहुत कुशल योद्धा बनने लगा था. ग्यारह साल बाद खबर आयी की राजा उत्तम का देहांत हो गया है और उन्होंने राजराजा को अगला सम्राट घोषित किया. अगले ही दिन कुंदवई और राजराजा चोल का सयुंक्त राज्याभिषेक हुआ. करिकालन की हत्या में शामिल उसका करीबी कौन था? उत्तम चोल? वण्डिय देवन? राजराज चोल? कुंदवई? इसका पता कभी किसी को नहीं लगा.

राजराजा ने 985 CE से 1014 CE तक शासन किया था. वे दक्षिण भारत का सबसे शक्तिशाली तमिल राजा थे. उनके शासनकाल के दौरान और चोल शक्ति को बहाल करने और हिंद महासागर में अपना वर्चस्व सुनिश्चित करने के लिए याद किया जाता है. उनके व्यापक साम्राज्य में पांड्य देश, चेर देश और उत्तरी श्रीलंका के विशाल क्षेत्र शामिल थे. उन्होंने लक्षद्वीप और थिलाधुनमाडुलु एटोल और हिंद महासागर में मालदीव के सबसे उत्तरी द्वीपों के हिस्से का भी अधिग्रहण किया. पश्चिमी गंगा और चालुक्यों के खिलाफ अभियानों ने तुंगभद्रा नदी तक चोल प्राधिकरण का विस्तार किया. पूर्वी तट पर, उन्होंने वेंगी के कब्जे के लिए चालुक्यों के साथ युद्ध किया. राजराजा प्रथम, एक सक्षम प्रशासक थे. एक दिन, राजा राजा चोल ने एक विशाल मंदिर के निर्माण पर चर्चा करने के लिए मंत्रियों और सलाहकारों की एक भव्य सभा बुलाई. ऐसा मंदिर जो साम्राज्य की महिमा के प्रतीक के रूप में खड़ा होगा. कुंदवई, वास्तुकला और कला में अपनी गहरी रुचि के साथ, अपने सुझाव देने के लिए बैठक में शामिल हुईं.

कुंदवई: "भाई, हम जो मंदिर बनाएंगे, वह न केवल कला की उत्कृष्ट कृति होनी चाहिए, बल्कि एक दिव्य निवास भी होना चाहिए जो आने वाली सदियों तक भक्ति को प्रेरित करे. "

राजराजा चोल: "प्रिय बहन, आप बुद्धिमानी से बात करती हैं. आप क्या सुझाव देंगी?"

कुंदवई: "मैं प्रस्ताव देती हूं कि हम भगवान शिव को समर्पित एक मंदिर का निर्माण करें, जो शक्ति और दिव्य अनुग्रह का प्रतीक है. ये एक वास्तुशिल्प के जगत का चमत्कार होगा, जो हमारे साम्राज्य की शक्ति और आध्यात्मिकता के लिए एक साक्षी के रूप में खड़ा होगा. "

सभा में उपस्थित सभी लोगों के मन में यह विचार आया और उन्होंने मंदिर के आकार और भव्यता पर विचार करना शुरू कर दिया.

कुंदवई: "मंदिर को हमारे महान महाकाव्यों के दृश्यों को चित्रित करने वाली जटिल नक्काशी से सजाया जाए, जो हमारे बहादुर राजाओं की कहानियों और हमारी भूमि के शाश्वत ज्ञान को प्रदर्शित करे. "

पहला मंत्री: "राजकुमारी कुंदवई, हमें अपने मंदिर में पानी के महत्व को नहीं भूलना चाहिए. क्यों न हम पास में एक शानदार तालाब का निर्माण करें, जिसमें अनुष्ठानों के लिए पानी और भक्तों के लिए एक शांत स्थान उपलब्ध हो. "

दूसरा मंत्री: "और मंदिर के शिखर, विशाल विमान के बारे में क्या? इसे शुद्ध सोने से सजाया जाना चाहिए और सूर्य की तरह चमकना चाहिए, जो साम्राज्य की संपत्ति और समृद्धि का प्रतिनिधित्व करता है. "

कुंदवई की दृष्टि और सभा द्वारा रखे गए विचारों से प्रेरित होकर, राजा राजा चोल ने तंजावुर में बृहदेश्वर मंदिर के निर्माण की शुरुआत की.

कुंदवई ने खुद को पूरी तरह से कारीगरों के साथ झोंक दिया. राजसी विमान सोने से झिलमिलाते हुए आसमान में ऊँचा उठ गया, जबकि जटिल नक्काशीदार दीवारें चोल साम्राज्य की भव्यता की दास्तां बयां करती हैं. अंत में, वह दिन आ गया जब मंदिर बनकर तैयार हो गया. अभिषेक समारोह देखने के लिए पूरा राज्य इकट्ठा हुआ. राजसी पोशाक पहने कुंदावई सभा को संबोधित करने के लिए आगे बढ़ीं.

कुंदवई: "एक दिव्य चमत्कार जो हमारे साम्राज्य की महानता के लिए एक गवाह के रूप में खड़ा है, बृहदेश्वर मंदिर. यह उन सभी के लिए प्रेरणा, ज्ञान और आध्यात्मिकता का स्रोत हो सकता है जो शिव और सत्य में अंतर नहीं करते. "

भीड़ तालियों की गड़गड़ाहट से गूँज उठी और मंदिर की भव्यता देख चकित रह गई. चोल साम्राज्य ने न केवल भूमि पर विजय प्राप्त की थी बल्कि कला, संस्कृति और आध्यात्मिकता के प्रति समर्पण के माध्यम से दिलों को भी जीत लिया था.

उनके शासनकाल के दौरान, तमिल कवियों अप्पर, संबंदर और सुंदरार के ग्रंथों को एकत्र किया गया और थिरुमुराई नामक एक संकलन में संपादित किया गया. उन्होंने 1000 CE में भूमि सर्वेक्षण और मूल्यांकन की एक विशाल परियोजना की शुरुआत की, जिसके तहत पूरे चोल साम्राज्य को को वलनाडस नामक इकाइयों में पुनर्गठित किया गया. 1014 CE में राजराजा की मृत्यु हो गई और उनके बेटे राजेंद्र चोल अगला सम्राट बना. राजेंद्र प्रथम चोल राजवंश का सबसे महान शासक था. उसने अपनी महान विजयों द्वारा चोल साम्राज्य का विस्तार कर उसे दक्षिण भारत का सर्व शक्तिशाली साम्राज्य बनाया. उसने 'गंगई कोंड' की उपाधि धारण की तथा गंगई कोंड चोलपुरम नामक नगर की स्थापना की. वहीं पर उसने चोल गंगम नामक एक विशाल सरोवर का भी निर्माण किया. राजेंद्र चोल के शासनकाल में, चोल साम्राज्य हिंद महासागर के व्यापार मार्गों पर नियंत्रण करके एक प्रमुख नौसैनिक शक्ति बन गया. उनके जहाज दूर-दूर तक जाते थे, विभिन्न राज्यों और क्षेत्रों के साथ व्यापार संबंध और राजनयिक संबंध स्थापित करते थे. चोल नौसेना ने समुद्री वाणिज्य की सुरक्षा सुनिश्चित की और विदेशी क्षेत्रों में उनके हितों की रक्षा की. चोलों ने प्रमुख व्यापारिक केंद्रों, जैसे श्रीलंका, मालदीव, अंडमान और निकोबार द्वीप समूह और वर्तमान मलेशिया और इंडोनेशिया के कुछ हिस्सों पर नियंत्रण स्थापित किया. इन क्षेत्रों ने विभिन्न सभ्यताओं के बीच वस्तुओं, विचारों और संस्कृतियों के आदान-प्रदान की सुविधा प्रदान करते हुए व्यापार के लिए महत्वपूर्ण केंद्रों के रूप में कार्य किया. हिंद महासागर के व्यापार में चोल साम्राज्य के प्रभुत्व ने उनके धन और समृद्धि में बहुत योगदान दिया. उन्होंने मसालों, वस्त्रों, कीमती धातुओं, रत्नों और कृषि उत्पादों सहित वस्तुओं की एक विस्तृत श्रृंखला में व्यापार किया. व्यापार से उत्पन्न राजस्व ने साम्राज्य की अर्थव्यवस्था को मजबूत किया और उनकी महत्वाकांक्षी वास्तुकला और सांस्कृतिक

परियोजनाओं को वित्तपोषित किया. चोलों ने अपने समुद्री संबंधों के माध्यम से सांस्कृतिक आदान-प्रदान को सक्रिय रूप से बढ़ावा दिया. उन्होंने अपनी भाषा, धर्म, कला और स्थापत्य कला को अपने प्रभावित क्षेत्रों में फैलाया. चोल मंदिर, अपनी विशिष्ट स्थापत्य शैली और जटिल मूर्तियों के साथ, पूजा और सांस्कृतिक प्रसार के केंद्र बन गए, उन्होंने जिन समाजों को छुआ, उन पर एक स्थायी छाप छोड़ी.

जिस समय दक्षिण भारत में चेर, पाण्ड्य, चोल, पल्लव,चालुक्य, राष्ट्रकूट आदि आपस में सिंहासन का खेल खेल रहे थे. उसी समय उत्तर भारत में भी एक सिंहासन का खेल चल रहा था. महाराजा हर्ष की मृत्यु के बाद कन्नौज पर कब्ज़ा करने के लिए कई शक्तियां आपस में झगड़ रही थीं. तीन शक्तियां जो भारत के तीन कोनों पर स्थापित थीं.

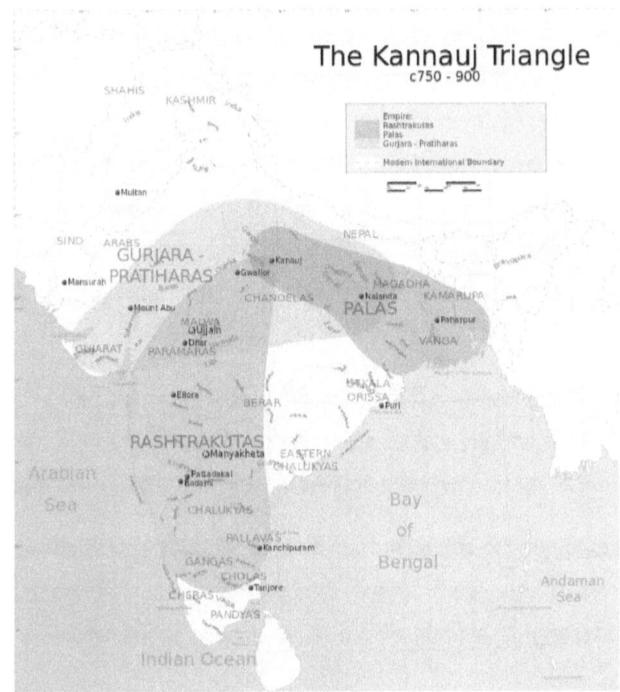

पश्चिम के गुर्जर-प्रतिहार. पूर्व के पाल शासक और दक्षिण के राष्ट्रकूट. राष्ट्रकूटों ने 736 ई. से 973 ई. तक राज्य किया. राष्ट्रकूटों ने एक सुव्यवस्थित शासन प्रणाली को जन्म दिया था. राष्ट्र, जिसे 'मण्डल' कहा जाता था, प्रशासन की सबसे बड़ी इकाई थी. प्रशासन की सबसे छोटी इकाई 'ग्राम' थी. राष्ट्र के प्रधान को 'राष्ट्रपति' या 'राष्ट्रकूट' कहा जाता था. राष्ट्रकूट शासकों के संरक्षण में ब्राह्मण एवं जैन धर्म का अधिक विकास हुआ. ब्राह्मण धर्म सर्वाधिक प्रचलित था. प्रारम्भिक राष्ट्रकूट शासक ब्राह्मण धर्म के अनुयायी थे तथा विष्णु एवं शिव की आराधना करते थ. राष्ट्रकूट शासक अपनी शासकीय मुद्राओं पर गरुड़, शिव अथवा विष्णु के आयुधों का प्रयोग करते थे. ब्राह्मण धर्म की तुलना में जैन धर्म का अधिक प्रचार-प्रसार हुआ. इसे राजकीय संरक्षण प्रदान था. राष्ट्रकूट शासक अमोघवर्ष के समय में जैन धर्म का सर्वाधिक विकास हुआ. अमोघवर्ष के गुरु 'जिनसेन' जैन थे, जिसने 'आदि पुराण' की रचना की. युवराज कृष्ण का अध्यापक गुणभद्र प्रसिद्ध जैनाचार्य था. गंग शासक वेंकेट या उसके पुत्र लोकादित्य जैन धर्म के अनुयायी थे. राष्ट्रकूटों के प्रसिद्ध सेनापति श्री विजय नरसिंह आदि जैन थे. त्रिपक्षीय युद्ध ने वर्षों तक इस क्षेत्र को प्रभावित कर दिया था, गठबंधनों और क्षेत्रीय विवादों के कारण अराजकता और रक्तपात हुआ था. इसी उथल-पुथल भरे दौर में राष्ट्रकूट वंश के राजा कृष्ण प्रथम, जो भगवान शिव के प्रति अपनी भक्ति के लिए जाने जाते थे, ने एक मंदिर के भव्य दर्शन की कल्पना की, जो उनकी आस्था और वास्तुकला का प्रमाण होगा. वर्ष 760 CE में, जहाँ एक तरफ युद्ध छिड़ गया, दूसरी तरफ राजा कृष्ण प्रथम ने अपने सपने को साकार करने के लिए अपने सबसे कुशल वास्तुकारों, मूर्तिकारों और कारीगरों को इकट्ठा किया. स्थान चुना गया एलोरा गुफा परिसर, जो महाराष्ट्र के लुभावने चट्टान काट कर बनाये गए अन्य मंदिरों के बीच स्थित था. काम बहुत कठिन था. कैलाश मंदिर के निर्माण के लिए एक विशाल अखंड चट्टान की पहाड़ी की खुदाई, जटिल आकृतियों और मूर्तियों की नक्काशी और अद्वितीय भव्यता के साथ एक मंदिर परिसर को तराशने की आवश्यकता थी. साथ ही

चल रहे युद्ध से चुनौतियां और भी बढ़ गईं, जिससे संसाधनों और जनशक्ति को जुटाना मुश्किल हो गया. राजा कृष्ण प्रथम अविचलित रहे और उनके वास्तुकारों ने एक सावधानीपूर्वक योजना तैयार की. उन्होंने उस्ताद कारीगरों और श्रमिकों के एक दल का चयन किया, जो राजा के अटूट मार्गदर्शन में दिन-रात मेहनत करेंगे. चट्टानी इलाके और पर्याप्त संसाधनों की कमी से उत्पन्न बाधाओं को दूर करने के लिए राजा के अपने विश्वकर्माओं ने नवीन तकनीकों का आविष्कार किया. जैसे-जैसे निर्माण कार्य आगे बढ़ा, मंदिर की भव्यता की खबरें पूरे राज्यों में फैल गईं. राष्ट्रकूट साम्राज्य कला और वास्तुकला के संरक्षण के लिए प्रसिद्ध था, और कैलाश मंदिर उनकी सर्वोच्च उपलब्धि बनने के लिए तैयार था. इसने युद्धरत गुटों का ध्यान आकर्षित किया, और उन्होंने धार्मिक भक्ति से परे मंदिर के महत्व को महसूस किया.

रक्तपात और विनाश के बीच, त्रिपक्षीय युद्ध ने एक अप्रत्याशित मोड़ ले लिया. गुर्जर-प्रतिहारों और पालों ने क्षण भर के लिए अपने मतभेदों को दूर करते हुए, मंदिर की प्रतिभा और इसके संदेश को पहचाना. वे समझते थे कि मंदिर युद्ध और शत्रुता की सीमाओं को पार करते हुए, मानव उपलब्धि के चरमोत्कर्ष का प्रतिनिधित्व करता है.

एकता के एक उल्लेखनीय प्रदर्शन में, तीन युद्धरत राज्यों ने एक अस्थायी युद्धविराम की घोषणा की, जिससे कैलाश मंदिर का निर्माण बिना किसी बाधा के आगे बढ़ सके. सेनाएँ पीछे हट गईं, और सैनिक मजदूरों में बदल गए, उन्होंने अपने कौशल और ऊर्जा को मंदिर के निर्माण की ओर लगाया. साम्राज्यों के नेता, क्षण भर के लिए अपने मतभेदों

को दूर करते हुए, परियोजना की देखरेख करने के लिए एक साथ आए, इसकी सफलता सुनिश्चित की. जैसे-जैसे साल बीतते गए, मंदिर ने धीरे-धीरे आकार लिया, विस्मयकारी मूर्तियां, जटिल नक्काशी और भगवान शिव को समर्पित विशाल अखंड संरचना का खुलासा किया. अराजकता के बीच सद्भाव का प्रतीक बना कैलाश मंदिर, युद्ध के बीच शांति का नखलिस्तान. अंत में, 780 CE में, निर्माण पूरा हो गया. तीन राज्य, अभी भी युद्ध में, अपने हथियारों को एक तरफ रख दिया और एक महत्वपूर्ण अवसर के लिए कैलाश मंदिर में एकत्रित हुए. मंदिर का उद्घाटन साझा उत्सव की एक दुर्लभ घटना बन गया, जहां सैनिकों, राजाओं और आम लोगों ने समान रूप से उनके सामने खड़ी वास्तुकला की उत्कृष्ट कृति को देखा. एलोरा में कैलाश मंदिर मानव प्रयास की अदम्य भावना, विश्वास की शक्ति और संघर्ष पर कला की विजय का एक स्थायी वसीयतनामा बन गया. मंदिर आज भी खड़ा है, युद्ध द्वारा चिह्नित अवधि का मूक गवाह है, लेकिन उस असाधारण एकता का भी जिसने इसे पार किया.

'प्रतिहार वंश' को गुर्जर प्रतिहार वंश (छठी शताब्दी से 1036 CE) इसलिए कहा गया, क्योंकि ये गुर्जरों की ही एक शाखा थे, जिनकी उत्पत्ति गुजरात व दक्षिण-पश्चिम राजस्थान में हुई थी. प्रतिहारों के अभिलेखों में उन्हें श्रीराम के अनुज लक्ष्मण का वंशज बताया गया है, जो श्रीराम के लिए प्रतिहार (द्वारपाल) का कार्य करता था.

पाल वंश का उद्भव बंगाल में लगभग 750 ई. में गोपाल से हुआ. इस वंश ने बिहार और अखण्डित बंगाल पर लगभग 750 से 1174 ई. तक शासन किया. इस वंश की स्थापना गोपाल ने की थी, जो एक स्थानीय प्रमुख था. गोपाल आठवीं शताब्दी के मध्य में अराजकता के माहौल में सत्ताधारी बन बैठा. उसके उत्तराधिकारी धर्मपाल (शासनकाल, लगभग 770-810 ई.) ने अपने शासनकाल में साम्राज्य का काफ़ी विस्तार किया और कुछ समय तक उत्तर प्रदेश तथा उत्तर भारत पर भी उसका नियंत्रण रहा.

कन्नौज के लिए पाल राजा धर्मपाल और प्रतिहार राजा वत्सराज दोनों एक दूसरे के खिलाफ भिड़ गए. प्रतिहार राजा, वत्सराज विजयी हुआ लेकिन उन्हें राष्ट्रकूट राजा ध्रुव प्रथम से हार का सामना करना पड़ा. हालांकि, राष्ट्रकूट राजा दक्षिण में अपने राज्य को लौट गये, पाल राजा धर्मपाल ने स्थिति का फायदा उठाते हुए कन्नौज पर कब्जा कर लिया. लेकिन कन्नौज पर उसका नियंत्रण अस्थायी था.

इस प्रकार त्रिपक्षीय संघर्ष शुरू हुआ जो सदियों तक चला और इसने लंबे समय तक सभी तीन राजवंशों को कमजोर किया. इसके परिणामस्वरूप देश का राजनीतिक विघटन हुआ और इसका लाभ मध्य-पूर्व से इस्लामी आक्रमणकारियों को हुआ. कन्नौज के लिए यह त्रिपक्षीय संघर्ष लगभग दो सौ वर्षों चला और अंतत: इसका परिणाम गुर्जर-प्रतिहार शासक नागभट्ट द्वितीय के पक्ष में रहने के साथ इस युद्ध का समापन हो गया. नागभट्ट द्वितीय ने कन्नौज को गुर्जर-प्रतिहार साम्राज्य की राजधानी बनाया. इस साम्राज्य ने लगभग तीन सदियों तक शासन किया.

नागभट्ट द्वितीय (795-833), अपने पिता वत्सराज से गद्दी प्राप्त कर गुर्जर-प्रतिहार राजवंश के चौथे राजा बने. नागभट्ट को महाराजाधिराज की उपाधि दी गई थी. और कन्नौज विजय के बाद 'परमेश्वर' की उपाधि दी गई थी. बडोदा ताम्रपत्र (811 ई.) के अनुसार शाकम्भरी के चाहमानों ने प्रतिहारों की आधीनता स्वीकार कर ली और उस समय के चाहमान प्रमुख गुवक ने अपनी बहन कलावती का विवाह नागभट्ट से करा दिया. निस्संदेह नागभट्ट द्वितीय गुर्जर-प्रतीहार वंश का एक शक्तिशाली शासक था. जिस नाहड़राव प्रतिहार ने अजमेर में पुष्कर सरोवर का निर्माण कराया था, वो असल में नागभट्ट द्वितीय ही था. लेकिन सबसे महान काम तो गुर्जर प्रतिहार वंश के संथापक नागभट्ट प्रथम ने अपने मित्र बप्पा रावल और ललित्यादित्य के साथ मिलकर किया.

(इस्लाम का जन्म और अरब आक्रमण – 700 CE से 1000 CE)

हिंद बीबी और बप्पा रावल

जिस समय भारत के बप्पा रावल, नागभट्ट और ललित्यादित्य बचपन में तलवार चलाना सीख रहे थे तभी वहां से हज़ारों किलोमीटर दूर अरब देश में उथल पुथल चल रही थी. इब्न इशाक (लगभग 704-767 ई.) एक अरब इतिहासकार थे जो अपने काम "सीरत रसूल अल्लाह" (अल्लाह के दूत का जीवन) के लिए जाने जाते हैं, जिसे आमतौर पर "इब्न इशाक का सिराह" कहा जाता है. इस्लामिक पैगंबर मुहम्मद(सल्ललाहु अलइ वसल्लम) की इस जीवनी में, इब्न इशाक ने बड़े पैमाने पर पूर्व-इस्लामिक अरब मान्यताओं, रीति-रिवाजों और परंपराओं का दस्तावेजीकरण किया है, जिसमें पूर्व-इस्लामिक अरब जनजातियों द्वारा पूजे जाने वाले देवताओं के बारे में जानकारी भी शामिल है. इब्न इशाक के वृत्तांत के अनुसार, हुबल इस्लाम के आगमन से पहले मक्का में पूजे जाने वाले प्रमुख देवताओं में से एक था. हुबल को एक मूर्ति द्वारा दर्शाया गया था, जिसे अक्सर लाल कारेलियन पत्थर से बनी एक बड़ी मूर्ति के रूप में वर्णित किया गया था. कुरैश जनजाति, जो मक्का पर नियंत्रण रखती थी, हुबल को अपना मुख्य देवता मानती थी और मूर्ति को मक्का के पवित्र अभयारण्य काबा के अंदर रखती थी. इब्न इशाक का "सीरत रसूल अल्लाह" पूर्व-इस्लामिक अरब इतिहास, संस्कृति और धार्मिक प्रथाओं को समझने के लिए एक आवश्यक स्रोत है. हालाँकि, यह ध्यान देने योग्य है कि इब्न इशाक का मूल कार्य अपने पूर्ण रूप में नहीं बचा है. इसके बजाय, इसे मुख्य रूप से बाद के इस्लामी विद्वानों और इतिहासकारों के माध्यम से प्रसारित किया गया, जिनमें इब्न हिशाम भी शामिल थे, जिन्होंने इब्न इशाक के मूल काम का संक्षिप्त संस्करण बनाया था. इब्न इशाक के वृत्तांतों के अलावा, प्रारंभिक इस्लामी साहित्य, जैसे कुरान और हदीसों (पैगंबर मुहम्मद-स. अ. व. के कथन और कार्य) में हुबल और अन्य पूर्व-इस्लामिक अरब देवताओं के संदर्भ हैं. ये संदर्भ अक्सर इस्लाम-पूर्व अरब प्रथाओं को बुतपरस्ती के रूप में चित्रित करते हैं और बहुदेववाद और मूर्ति पूजा की इस्लामी अस्वीकृति पर जोर देते हैं.

अरब प्रायद्वीप 7वीं शताब्दी की शुरुआत में अराजकता और जनजातीय युद्धों में उलझा हुआ था. अरब प्रायद्वीप की बदलती रेत के बीच, जहाँ प्राचीन मान्यताएँ हावी थीं, मक्का के मध्य में, काबा का पवित्र मंदिर ऊंचा खड़ा था, इसकी भव्यता हुबल की रहस्यमय मूर्ति से बढ़ गई थी, जिसे लोग आशीर्वाद और मार्गदर्शन प्रदान करने वाले एक शक्तिशाली देवता के रूप में मानते थे. उसी युग में, कुरैश जनजाति में खदीजा बिन्त खुवेलिड एक धनी और सफल व्यवसायी महिला थी, जो उसी समय के दौरान मक्का में रहती थी. वह अपनी बुद्धिमत्ता, सुंदरता और मजबूत चरित्र के लिए जानी जाती थीं. हुबल खदीजा की सौम्यता और सुंदरता पर मोहित हो गया था और वह स्वर्ग से उसे देखता था. हालाँकि, खदीजा को अपने लोगों के देवताओं में कोई दिलचस्पी नहीं थी और इसके बजाय उन्होंने अपने व्यापारिक उद्यमों पर ध्यान केंद्रित किया. एक दिन, सीरिया की एक सफल व्यापारिक यात्रा से वापस आते समय, खदीजा आराम करने और खुद को तरोताजा करने के लिए ज़म ज़म के कुएं पर रुकी. जैसे ही वह कुएं से पानी पी रही थी, उसने देखा कि महिलाओं का एक समूह एक आदमी के आसपास इकट्ठा हो गया था जो दूर-दराज के देशों और विदेशी प्राणियों की कहानियाँ सुना रहा था. तभी उनकी मुलाकात एक युवा व्यापारी मुहम्मद(स. अ. व.) से हुई, जो बाद में इस्लाम के पैगंबर बने. खदीजा मुहम्मद(स. अ. व.) की ईमानदारी, दयालुता और बुद्धिमत्ता से प्रभावित हुईं और उन्होंने उनके सामने शादी का प्रस्ताव रखा. 619 ई. में खदीजा की मृत्यु तक, उनकी शादी को 25 साल हो गए थे. ज़म ज़म मक्का में काबा के पास स्थित एक कुआँ है, जिसके बारे में मुसलमानों का मानना है कि इसे भगवान ने हाजिरा और उसके बेटे इश्माएल को पानी उपलब्ध कराने के लिए बनाया था. दूसरी ओर, आकाश गंगा भारत की एक नदी है जिसे हिंदू पवित्र मानते हैं. ज़म ज़म की तरह, इसका भारत के हिंदुओं के बीच गहरा महत्व था, माना जाता है कि इसमें शुद्ध

करने वाले गुण होते हैं और इसे दैवीय आशीर्वाद के प्रतीक के रूप में माना जाता है. गंगा का जन्म भी हुबल के पूर्वज शिव की जटाओं से हुआ था, धरतीवासियों की प्यास बुझाने के लिए.

हुबल अपनी बुद्धिमत्ता, करुणा और आध्यात्मिक क्षेत्र के साथ सहज संबंध के लिए जाने जाते थे. उनकी आँखें **दिव्य प्रकाश** से चमक उठीं, और उनकी उपस्थिति से शांति और सुकून झलक रहा था. स्थानीय लोग अक्सर उनसे सलाह लेते थे, उनका मानना था कि उनके शब्दों में जीवन के रहस्यों को खोलने की कुंजी है. हुबल, वास्तव में, भारत के सुदूर देशों में पूजनीय हिंदू देवता शिव का अवतार था. दिव्य उपस्थिति ने अरब प्रायद्वीप में अपने लोगों के दिलों को मार्गदर्शन और रोशन करने के लिए प्रकट होने का विकल्प चुना था. बहुत से लोग नहीं जानते कि हुबल को एक भव्य ब्रह्मांडीय योजना में महत्वपूर्ण भूमिका निभानी थी. जैसे-जैसे साल बीतते गए, एक बुद्धिमान ऋषि के रूप में हुबल की प्रतिष्ठा दूर-दूर तक फैल गई. जीवन के सभी क्षेत्रों से लोग, सांत्वना और ज्ञान की तलाश में, उनके पास आते थे. हुबल की उदार शिक्षाओं की बदौलत मक्का का प्राचीन शहर आध्यात्मिकता और दिव्य ज्ञान का स्वर्ग बन गया. एक रात जब पूर्णिमा ने रेगिस्तानी आसमान को रोशन किया, हुबल को एक गहन दृष्टि प्राप्त हुई. इस दिव्य स्वप्न में, उन्होंने एक पवित्र अभयारण्य, दिव्य रहस्योद्घाटन का घर देखा, जहाँ दुनिया के सभी कोनों से लोग आध्यात्मिक मार्गदर्शन लेने के लिए आते थे. दृष्टि ज्वलंत थी, और हुबल को यकीन था कि ब्रह्मांडीय रचना उसकी आँखों के सामने प्रकट हो रहा था. इस दिव्य दृष्टि से प्रभावित होकर, हुबल ने नियति की पुकार का पालन करने के लिए आध्यात्मिक यात्रा शुरू करने का फैसला किया. अपने भीतर के **दिव्य प्रकाश** से प्रेरित होकर, वह विशाल रेगिस्तानों और पहाड़ी इलाकों को पार करते हुए तीर्थ यात्रा पर निकल पड़े.

जैसे ही हुबल की परोपकारिता और बुद्धिमत्ता की कहानियाँ दूर-दूर तक फैलीं, दूर-दूर से तीर्थयात्री इस पूजनीय देवता को श्रद्धांजलि देने के लिए पवित्र शहर मक्का की यात्रा पर निकल पड़े. उनसे आशीर्वाद मांगने वालों में मुहम्मद (स. अ. व.) नाम का एक युवा साधक भी था. मुहम्मद (स. अ. व.) शुद्ध हृदय और ज्ञान तथा आध्यात्मिक सत्य की अतृप्त प्यास वाले व्यक्ति थे. उन्होंने मार्गदर्शन और परमात्मा की गहरी समझ पाने के लिए अपनी मातृभूमि अरब से दूर-दराज के देशों

की यात्रा की थी. जब वह मक्का पहुंचे, तो उन्हें हुबल के साथ एक गहरा संबंध महसूस हुआ, एक गहरी उपस्थिति का एहसास हुआ जो समय और स्थान की सीमाओं से परे थी. कई दिनों तक, मुहम्मद (स. अ. व.) ने खुद को हुबल की शिक्षाओं में डुबो दिया, और प्राचीन मंदिर के गर्भगृह में जहां देवता की मूर्ति थी, सांत्वना की तलाश की. लेकिन जैसे ही उन्होंने हुबल की मूर्ति को देखा, एक हल्की हवा की तरह उन पर एक रहस्योद्घाटन हुआ: हुबल केवल एक अलग इकाई नहीं थी, बल्कि सभी जीवित प्राणियों के भीतर विद्यमान दिव्य सार का प्रतिबिंब थी. इस अंतर्दृष्टि ने मुहम्मद की आत्मा के भीतर एक परिवर्तनकारी यात्रा को प्रज्वलित किया. उन्होंने महसूस किया कि हुबल द्वारा प्रतीकित परमात्मा को एक पत्थर की मूर्ति तक ही सीमित नहीं किया जा सकता है, बल्कि वह सर्वव्यापी है, हर दिल और आत्मा में निवास करता है. इस रहस्योद्घाटन से प्रेरित होकर, मुहम्मद ने एकता, प्रेम और करुणा का संदेश देना शुरू किया, लोगों से बाहरी मूर्तियों से परे देखने और अपने और दूसरों के भीतर देवत्व की तलाश करने का आग्रह किया. समय के साथ, मुहम्मद की शिक्षाएँ अरब के लोगों के साथ गहराई से जुड़ गईं. एकेश्वरवाद और परमात्मा के साथ आंतरिक संबंध के उनके संदेश ने लोगों को प्रभावित किया और मक्का की तीर्थयात्रा धीरे-धीरे अपनी पिछली बहुदेववादी जड़ों को पार करने लगी. मक्का का पवित्र स्थल, जो कभी हुबल को समर्पित था, आध्यात्मिक ज्ञान, एकता और एक सच्चे ईश्वर की पूजा के केंद्र में तब्दील हो गया. मुहम्मद(स. अ. व.) की आध्यात्मिक यात्रा और छठी शताब्दी ईस्वी में इस्लाम के जन्म ने अरब प्रायद्वीप के आध्यात्मिक परिदृश्य में गहरा बदलाव लाया. पवित्र काबा, जिसमें कभी हुबल की मूर्ति थी, अब इस्लामी तीर्थयात्रा का केंद्र बिंदु बन गया है, जो एक ईश्वर के समक्ष सभी विश्वासियों की एकता का प्रतीक है.

जब वह भारत की भूमि पर पहुंच गए, वहां पवित्र नदियों और प्राचीन मंदिरों के बीच, हुबल ने और अधिक ज्ञान की तलाश में खुद को गहरे ध्यान और प्रार्थना में डुबो दिया. भारत की भूमि पर उनका सामना ऋषि, संतों और फकीरों से हुआ जिन्होंने उनके भीतर के दिव्य सार को पहचाना. उन्होंने उन्हें शिव के अवतार के रूप में स्वीकार किया, जिससे पुष्टि हुई कि उनकी यात्रा एक बड़ी ब्रह्मांडीय योजना का हिस्सा थी. जैसे-जैसे साल बीतते गए, हुबल ने भारत के संतों से गहन अंतर्दृष्टि और ज्ञान प्राप्त करते हुए अपनी आध्यात्मिक यात्रा जारी रखी. प्राचीन ग्रंथों और शास्त्रों ने ब्रह्मांड की दिव्य व्यवस्था के बारे में उनकी समझ को और गहरा कर दिया. पूरे समय, उनका हृदय मक्का की भूमि से जुड़ा रहा, और पवित्र अभयारण्य की दृष्टि उनकी चेतना में बनी रही. समय बीतने के साथ, अरब और भारत की नियति को संरेखित करते हुए, ब्रह्मांडीय योजना सामने आने लगी. दैवीय शक्तियों द्वारा निर्देशित होकर, हुबल मक्का लौट आए, जहां उन्होंने पाया कि वर्षों पहले उन्हें जो दृष्टि प्राप्त हुई थी वह भौतिक रूप ले रही थी. जिस पवित्र अभयारण्य की उन्होंने कल्पना की थी, वह कोई और नहीं बल्कि इस्लाम का सबसे पवित्र स्थल काबा था, जो दुनिया भर के मुसलमानों के लिए आध्यात्मिक एकता का केंद्र बनने वाला था. उन्होंने भारत से जो ज्ञान प्राप्त किया था वह अब इस्लाम की पवित्र शिक्षाओं के साथ जुड़ गया. जैसे-जैसे नियति की हवाएँ बदलने लगीं, पैगंबर मुहम्मद (स. अ. व.) एकेश्वरवाद के अपने संदेश के साथ उभरे, और अकेले अल्लाह की पूजा का उपदेश दिया. उन्होंने लोगों को इस्लाम के सच्चे मार्ग की ओर मार्गदर्शन करने की मांग की, और उनसे पूर्व-इस्लामिक युग में प्रचलित बहुदेववादी प्रथाओं को त्यागने का आग्रह किया. जैसे-जैसे इस्लाम का संदेश फैला, काबा के महत्व में बदलाव आया. हुबल की मूर्ति, जो कभी पूजा का केंद्रीय केंद्र थी, ने अकेले अल्लाह की पूजा की एकता के लिए रास्ता बनाया. काबा इस्लामी तीर्थयात्रा का एक प्रतीक बन गया, और इसके एक कोने में स्थापित काला पत्थर इस्लामी आस्था की एकता और आध्यात्मिकता का प्रतीक था.

हुबल की सबसे बड़ी भक्त थीं हिंद बिन्त उतबा. जिन्होंने इस्लाम कबूल करने से पहले मुहम्मद(स. अ. व.) से लड़ाई लड़ी. हिंद बिन्त उतबा इस्लाम-पूर्व अरब में बहुत प्रभावशाली महिला थीं. वह कुरैश जनजाति के सबसे शक्तिशाली नेताओं में से एक अबू सुफियान की पत्नी थीं. हिंद मक्का में काबा के प्रमुख देवता हुबल का भी सबसे बड़ा भक्त था. हुबल के प्रति उसकी भक्ति इतनी प्रबल थी कि वह काबा और उसके देवताओं के हितों की रक्षा के लिए कुछ भी करने को तैयार थी.

जब पैगंबर मुहम्मद (स. अ. व.) ने इस्लाम का संदेश देना शुरू किया, तो हिंद और अबू सुफियान उनके कट्टर विरोधियों में से थे. उन्होंने इस्लाम को अपनी जीवन शैली और क्षेत्र में अपनी शक्ति के लिए ख़तरे के रूप में देखा. उहुद की लड़ाई में हिंद ने मुसलमानों के खिलाफ एक सेना का नेतृत्व भी किया, जिसमें उनके पति अबू सुफियान भी एक प्रमुख खिलाड़ी थे. अपने शुरुआती विरोध के बावजूद, हिंद और अबू सुफियान को अंततः इस्लाम की सच्चाई का पता चला. ऐसा कहा जाता है कि हिंद ने एक सपना देखा था जिसमें उसने पैगंबर मुहम्मद (स. अ. व.) को देखा था और उनके संदेश से बहुत प्रभावित हुई थी. अबू सुफियान को भी इस्लाम में ज्ञान और उसे अपनाने की ज़रूरत नज़र आने लगी. इस्लाम अपनाने की उनकी यात्रा आसान नहीं थी. उन्हें अपने अहंकार और अपने साथियों और परिवार के सदस्यों के विरोध पर काबू पाना था. लेकिन वे दृढ़ रहे और अंततः हिंद और अबू सुफियान दोनों मुसलमान बन गए. उनका इस्लाम में रूपांतरण अरब के इतिहास में एक महत्वपूर्ण मोड़ था. इसने कुरैश के पुराने रक्षकों से हटकर इस्लाम के नए विश्वास की ओर सत्ता में बदलाव का संकेत दिया. हिंद और अबू सुफियान प्रारंभिक मुस्लिम समुदाय में महत्वपूर्ण व्यक्ति बन गए, उन्होंने इस्लाम के संदेश को फैलाने और उभरते हुए नए समाज के निर्माण में मदद करने के लिए अपने प्रभाव का उपयोग किया. हिंद बिन्त उत्बा और अबू सुफियान की कहानी विश्वास की शक्ति और व्यक्तियों की बदलने और बढ़ने की क्षमता का एक प्रमाण है. इस्लाम के कट्टर विरोधियों से लेकर इसके सबसे समर्पित अनुयायियों तक की उनकी यात्रा एक ऐसी कहानी है जो आज भी दुनिया भर के मुसलमानों को प्रेरित करती है. कुरान के पन्नों में, अल्लाह ने काबा को मानवता के लिए स्थापित पूजा के पहले घर के रूप में घोषित किया, भक्ति और आध्यात्मिक संबंध के स्थान के रूप में इसके कालातीत महत्व पर जोर दिया. जैसे-जैसे समय बीतता गया, विश्व के

कोने-कोने से मुसलमान वार्षिक हज यात्रा के दौरान काबा में एकत्र हुए, जो अकेले अल्लाह के प्रति उनकी आस्था और भक्ति का प्रमाण था. हिंद और उसके समर्पित प्रेमी की प्रेम कहानी, अरब प्रायद्वीप की परिवर्तनकारी घटनाओं से जुड़ी हुई, विश्वास और संस्कृति के मतभेदों को पार करते हुए, प्रेम की एकजुट शक्ति के गहरे प्रभाव को चित्रित करती है. उनके मिलन में, प्राचीन परंपराएँ इस्लाम के आह्वान के साथ विलीन हो गईं, जो समय की बदलती रेत में प्रेम और विश्वास की सार्वभौमिकता को उजागर करती हैं.

मुहम्मद (सल्ललाहु अलइ वसल्लम) को इस्लाम के पैगंबर के रूप में जाना गया. हजरत मुहम्मद(स. अ. व.) को 610 ई. में मक्का के पास हीरा नाम की गुफा में ज्ञान की प्राप्ति हुई. अगले दो दशकों में, उन्होंने अपनी शिक्षाओं का प्रसार किया और कई लोगों को नए धर्म में परिवर्तित किया. मक्का में नए पैगम्बर के जन्म और मदीना पर सफल विजय से अरब के लोग बहुत उत्साह में हैं. नबी अंतिम पैगम्बर हैं और उन पर अल्लाह का सच्चा पैगाम नाज़िल हुआ है. अल्लाह ही एकमात्र पूजनीय है और हुज़ूर उनके रसूल हैं. ये बात आगे चल कर जिस नए धर्म को जन्म देती है वो है इस्लाम. हर मुस्लमान तक इस पैगाम को पहुंचने के लिए मदीना में मस्जिद बनायीं गयी - मस्जिद-ए-नबवी. इसे हुज़ूर ने अपने हाथों से बनाया था. पैगंबर मुहम्मद(स. अ. व.) की मृत्यु के बाद, इस्लामी दुनिया को असमंजस की स्थिति में डाल दिया गया था. इस्लामी समुदाय के नेता के रूप में उन्हें कौन सफल करवा सकता है? अधिकांश मुसलमानों ने पहले खलीफा के रूप में पैगंबर के सबसे करीबी साथी अबू बक्र को चुना. इसने रशीदून खलीफा की शुरुआत की, जिसके बाद उमय्यद खलीफा का शासन आया. इस अवधि के दौरान, अरब सेनाओं ने फारस, मिस्र और मध्य एशिया के कुछ हिस्सों सहित पड़ोसी देशों को जीतकर अपने क्षेत्रों का विस्तार करना शुरू कर दिया. अरब सेनाएँ अत्यधिक कुशल और प्रेरित थीं, और उन्होंने अपनी भाषा, धर्म और संस्कृति को अपने साथ लाते हुए शीघ्रता से विशाल प्रदेशों पर विजय प्राप्त की.

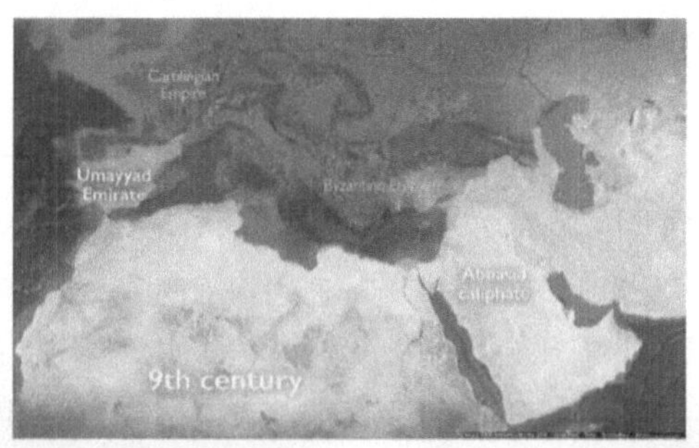

इसी समय भारत में, मेवाड़ के नव निर्वाचित राजा बप्पा रावल अपने सिंहासन पर गहरे विचार में बैठे थे. उनके विचार उनके बचपन में चले गए, जब वे किसान के घर में एक साधारण बच्चे के रूप में रह रहे थे, खेतों में कड़ी मेहनत कर रहे थे. उन्हें वह दिन याद आया जब उन्होंने एक सैनिक बनने का फैसला किया था, अपने लोगों और अपनी जमीन के लिए लड़ने के लिए. जैसे-जैसे वो बड़े होते गए, वह एक कुशल योद्धा बनते गए और उनकी ख्याति दूर-दूर तक फैल गई. उन्होंने कई लड़ाइयाँ लड़ीं, और उनकी जीत ने उन्हें बहुत प्रसिद्धि और सम्मान दिलाया. अब, मेवाड़ के राजा के रूप में, उन्होंने अपने लोगों के प्रति उत्तरदायित्व की एक बड़ी भावना महसूस की. वे जानते थे कि उनके राज्य की सुरक्षा उसकी सेना की ताकत पर निर्भर करती है. और इसलिए, उन्होंने अरब आक्रमणकारियों के खतरे पर चर्चा करने, उनकी भूमि की रक्षा और एक गठबंधन बनाने के लिए देश के महानतम राजाओं की एक सभा बुलाने का फैसला किया. उन्होंने नागभट्ट, ललितादित्य और राजा दाहिर और अन्य राजाओं को अपने राज्याभिषेक के उपलक्ष्य में राजसूय यज्ञ के लिए अपने महल में आमंत्रित किया. राजा एक-एक करके अपने अनुचरों और सेनाओं के साथ पहुँचे. वे सभी अलग-अलग उम्र के और अलग-अलग राज्यों से थे, लेकिन वे अरब आक्रमणकारियों से अपनी भूमि की रक्षा करने के अपने लक्ष्य में एकजुट थे. बप्पा रावल ने उन सभी का गर्मजोशी से स्वागत किया और वे अपनी रणनीति पर चर्चा करने के लिए बैठ गए. उन्होंने अपनी सेनाओं की ताकत, उनके हथियारों और उनकी रणनीति के बारे में बात की. वे सभी सहमत थे कि उन्हें अरब आक्रमणकारियों का सामना करने के लिए अपनी सेना को एकजुट करने और अपनी भूमि की रक्षा के लिए एक मजबूत गठबंधन बनाने की आवश्यकता थी. उन्होंने बप्पा रावल के नेता के रूप में राजपुताना का एक संघ बनाने का फैसला किया. समारोह पूरी तरह सफल रहा और राजा नए सिरे से उद्देश्य और दृढ़ संकल्प के साथ चले गए. वे जानते थे कि उनके सामने एक बड़ा कार्य है, लेकिन वे अपनी भूमि और अपने लोगों की रक्षा के लिए किसी भी चुनौती का सामना करने के लिए तैयार थे. बप्पा रावल ने नागभट्ट, ललितादित्य और राजा दाहिर को विदा किया, उनका दिल गर्व और आशा से भरा हुआ था. वह जानते थे कि एक साथ मिलकर वे किसी भी बाधा को पार कर सकते हैं और उनका गठबंधन साहस और शक्ति का एक चमकदार उदाहरण होगा.

भारत पर अरब आक्रमण उमय्यद खलीफा के दौरान शुरू हुआ, जब मुहम्मद बिन कासिम को सिंध के गवर्नर के रूप में नियुक्त किया गया था. कासिम को भारतीय क्षेत्रों को जीतने और क्षेत्र में इस्लाम फैलाने का काम सौंपा गया था. 711 ईस्वी में, कासिम ने सिंध के आक्रमण में 6,000 अरब सैनिकों और 10,000 बलूच भाड़े के सैनिकों का नेतृत्व किया. 717 CE में, दमिश्क शहर में, खलीफा को सिंध के शासक राजा दाहिर के नेतृत्व में एक विद्रोह के बारे में सिंध में अपने गवर्नर से एक सूचना मिली. सूचना में मुहम्मद बिन कासिम नाम के एक युवा जनरल का भी उल्लेख किया गया था, जिसे विद्रोह को दबाने के लिए भेजा गया था.

ख़लीफ़ा सुलेमान: "यह क्या खबर है जो मैं सिंध से सुन रहा हूँ? ऐसा लगता है कि राजा दाहिर ने हमारे शासन के विरुद्ध विद्रोह कर दिया है. "

गवर्नर जुनैद अल्गारी: "हाँ, खलीफत रसूल अल्लाह. सिंध के शासक ने सिर झुकाने से इनकार कर दिया है और हमारे खिलाफ लड़ने के लिए एक सेना इकट्ठी कर ली है. "

खलीफा सुलेमान: "जनरल मुहम्मद बिन कासिम को एक संदेश भेजें. मैं चाहता हूं कि वह इस विद्रोह को तुरंत खत्म कर दें. उनके पास मेरा पूरा समर्थन और हमारी सेनाओं का समर्थन है. "

गवर्नर जुनैद: " जो हुक्म मेरे आका. "

खलीफा जानता था कि सिंध की विजय अरब दुनिया के लिए एक महत्वपूर्ण व्यापारिक मार्ग को सुरक्षित करेगी, जिसे फारस में ससैनियन साम्राज्य द्वारा बंद कर दिया गया था. खलीफा ने इस विजय के माध्यम से भारत के लोगों में इस्लाम के संदेश को फैलाने की भी आशा की. उसे शायद ही पता था कि यह विजय घटनाओं की एक श्रृंखला को जन्म देगी जो भारत के इतिहास को हमेशा के लिए आकार देगी.

रावर के किले पर रानी बाई प्राचीर पर खड़ी दीवारों के पार फैले विशाल रेगिस्तान को निहार रही थी. वह जानती थी कि आक्रमणकारी आ रहे थे, और यह कि उसके लोग आने वाले समय के लिए तैयार नहीं थे. जैसे ही रानी अपने अगले कदम पर विचार कर रही थी, एक संदेशवाहक यह खबर लेकर आया कि राजा दाहिर ने उसकी सहायता के लिए एक सेना भेजी है. यह जानकर उसने राहत की सांस ली कि हिन्दू राजा दाहिर एक दुर्जेय योद्धा था, जो पहले अरब आक्रमणकारियों का सामना कर चुका था. दिन हफ्तों में बदल गए और रावर की घेराबंदी जारी रही. अरब सेना अच्छी तरह से सुसज्जित और अच्छी तरह से प्रशिक्षित थी, लेकिन सिंधी रक्षक अपनी जमीन पर टिके रहने के लिए दृढ़ थे. एक दिन जब महारानी रानी बाई युद्ध के मैदान का सर्वेक्षण कर रही थीं, तो उन्होंने अरब शिविर के पास एक हंगामा देखा. वह देख सकती थी कि अरब के वेश में सजे एक युवक को हमलावर सेना के कमांडर के रूप में निर्देश दिए जा रहे थे. जैसा कि रानी ने देखा, उसने युवक को ऐसी भाषा में बोलते हुए सुना जो उसे समझ में नहीं आया. कौतूहलवश, रानी रानी बाई ने अपने एक सलाहकार से पता लगाने को कहा कि वह युवक कौन था और उसे अरब सेनापति के सामने क्यों लाया गया था. सलाहकार चौंकाने वाली खबर के साथ लौटा: वह युवक मुहम्मद बिन कासिम था, जो इराक के गवर्नर का भतीजा था, और उसे खलीफा ने सिंध को जीतने और उसके लोगों को इस्लाम में परिवर्तित करने के लिए भेजा था. रानी रानी बाई जानती थीं कि उनकी प्रजा आक्रमणकारियों के सामने कभी नहीं झुकेगी और रावर के लिए युद्ध और भी तीव्र होने वाला था. लड़ाई अब और अधिक क्रूर हो गई. सिंधी रक्षक साहस

और दृढ़ संकल्प के साथ लड़े. मुहम्मद बिन कासिम और राजा दाहिर के बीच भयंकर और रक्तरंजित युद्ध हुआ. कासिम की सेना के पास बेहतर हथियार थे और सैन्य रणनीति में अच्छी तरह से प्रशिक्षित थी, लेकिन दाहिर की सेना उग्र थी और अपनी भूमि और लोगों की रक्षा के लिए दृढ़ थी. कई दिनों तक लड़ाई चली, जिसमें किसी भी पक्ष को स्पष्ट लाभ नहीं मिला. कासिम ने महसूस किया कि अगर उसे जीत हासिल करनी है तो उसे अपनी रणनीति बदलने की जरूरत है. उसने अपने सैनिकों को गांवों में आग लगाने का आदेश दिया और मंदिरों पर हमले शुरू कर दिए. राजा दाहिर की सेनाएं किले को छोड़कर मंदिरों और गाँवों की रक्षा करने निकल पड़ी. दाहिर स्वयं बहादुरी से लड़े, लेकिन अंत में, एक लंबी और खूनी घेराबंदी के बाद रावर गिर गया. राजा दाहिर युद्ध में वीर गति को प्राप्त हुए. रानी रानी बाई ने यह महसूस करते हुए कि वह अब और सहन नहीं कर सकतीं, उसने अपमान के स्थान पर मृत्यु को तरजीह देते हुए जौहर की रस्म के द्वारा आत्महत्या कर ली.

विजयी अरब सेनापति, मुहम्मद बिन कासिम ने मृत राजा की दूसरी रानी, रानी लादी को निकाह द्वारा अपनी निजी दासी के रूप रख में लिया, जबकि दो राजकुमारियों, सूर्या देवी और परिमल देवी को राजधानी में खलीफा के हरम में उपहार के रूप में दमिश्क भेजा जाना तय किया गया. सिंध का प्राचीन कालक्रम चाचनामा के अनुसार, मुहम्मद बिन कासिम की मृत्यु में सूर्य देवी ने भूमिका निभाई थी. जब खलीफा ने सूर्य देवी से निकाह करना चाहा, तो उसने उसे बताया कि वह अब कुंवारी नहीं थी, क्योंकि मुहम्मद बिन कासिम ने उसे और उसकी बहन को भेजने से पहले उस से निकाह किया था. प्रतिक्रिया के रूप में, खलीफा ने आदेश दिया कि मुहम्मद को बैलों की खाल में लपेटा और सिल दिया जाए, और सीरिया भेज दिया जाए, जिसके परिणामस्वरूप दम घुटने से उनकी मृत्यु हो गई.

738 CE में गुर्जर-प्रतिहार वंश के शासक नागभट्ट युद्ध के लिए तैयार थे. उसके पास खबर पहुँची थी कि सिंध के गवर्नर जुनैद के नेतृत्व में एक अरब आक्रमण सेना ने सिंधु नदी को पार किया था और अपने राज्य की ओर बढ़ रही थी. नागभट्ट ने अपनी सेना को बुलाया और उन्हें संबोधित किया, "भाइयों, हमें इन आक्रमणकारियों से बहुत बड़ा खतरा है. वे हमें अधीन करना चाहते हैं और हम पर अपना धर्म थोपना चाहते हैं. लेकिन हम उनके सामने नहीं झुकेंगे.

हम अपनी जमीन और अपने लोगों के लिए लड़ेंगे. " नागभट्ट अपनी सेना को शत्रु की ओर ले जाते हुए आगे बढ़ा. जैसे ही वे पास पहुंचे, उन्होंने देखा कि अरब सेना उनकी प्रतीक्षा कर रही है, उनके झंडे हवा में लहरा रहे हैं. नागभट्ट अरब सेनापति के पास गए और उन्हें द्वंद्वयुद्ध के लिए ललकारा. जुनैद को अपने हुनर पर भरोसा था और उसने इस चुनौती को स्वीकार किया. दो योद्धा आपस में भिड़ गए, उनकी तलवारें भोर के उजाले में बज उठीं. एक भयंकर लड़ाई शुरू हुई, जिसमें दोनों सेनानियों ने अपना सब कुछ झोंक दिया. लेकिन अंत में, नागभट्ट विजयी हुए, उनकी तलवार जुनैद के कवच को चीरती हुई और उनके दिल को छेदती हुई निकली. जुनैद जान बचा कर भाग गया. नागभट्ट ने अवसर का लाभ उठाया और अपनी सेना का नेतृत्व कर एक भयंकर आक्रमण किया. दोनों पक्ष भिड़ गए, तीर और भाले हवा में उड़ गए. नागभट्ट की सेना ने साहस और संकल्प के साथ युद्ध किया. अरब आक्रमणकारियों ने अपने विरोधियों की क्रूरता से चकित होकर लड़खड़ाना शुरू कर दिया. अंत में, नागभट्ट विजयी हुए, अरब आक्रमणकारियों को सिंधु नदी के पार वापस खदेड़ दिया. अपने शासक के विजयी होकर लौटने पर मथुरा के लोगों ने खुशी मनाई. हालाँकि, नागभट्ट जानते थे कि खतरा टला नहीं है. उसने आक्रमणकारियों की अगली लहर के लिए हमेशा सतर्क रहते हुए अपनी सेना और अपने बचाव को मजबूत करना जारी रखा.

जुनैद भाग कर कश्मीर में छिप गया और फिर से अपनी सेना बनानी शुरू कर दी. उस समय कश्मीर में ललितादित्य मुक्तापीड नाम के एक शानदार राजा का शासन था. ललितादित्य मुक्तापीड कश्मीरी राजवंश के एक शक्तिशाली शासक थे जो अपने सैन्य कौशल और प्रशासनिक सुधारों के लिए जाने जाते थे. उनके शासनकाल के दौरान, अरब आक्रमणकारियों ने इस क्षेत्र को जीतने का प्रयास किया, लेकिन ललितादित्य एक दुर्जेय प्रतिद्वंद्वी साबित हुए. जुनैद अल्गारी के नेतृत्व में अरब सेना ने कश्मीर पर आक्रमण किया. ललितादित्य ने अपने राज्य की रक्षा के लिए एक विशाल सेना इकट्ठी की. उनकी सेना में घुड़सवार सेना, पैदल सेना और धनुर्धारी शामिल थे, जिन्होंने आक्रमणकारियों को खदेड़ने के लिए जमकर लड़ाई लड़ी. कश्मीरी सेना हथियारों और कवच से सुसज्जित थी, और उन्हें अपने इलाके पर लड़ने का फायदा था. दिनों तक चलने वाली क्रूर लड़ाई में दोनों सेनाएँ आपस में भिड़ गईं. ललितादित्य की सेना के लचीलेपन से अरब सेना अचंभित हो गई, और उन्होंने कोई महत्वपूर्ण प्रगति करने के लिए संघर्ष किया. हालाँकि, अरब सेना के पास एक गुप्त हथियार था - हाथी. वे मध्य एशिया से कई युद्ध हाथी लाए थे, जिन्हें वे कश्मीरी रेखाओं से तोड़ते थे.

ललितादित्य ने जल्दी से इस नई चुनौती को स्वीकार किया और हाथियों का मुकाबला करने की रणनीति बनाई. उसने अपने धनुर्धारियों को आदेश दिया कि वे हाथियों की आँखों और सूंडों पर तीर चलाएँ, जिससे वे घबरा जाएँ और नियंत्रण खो दें. कश्मीरी सैनिकों ने तब भटके हुए हाथियों पर हमला किया, जिससे अरब रैंकों में खलबली मच गई. कई और दिनों तक युद्ध चला, लेकिन ललितादित्य की सेना विजयी हुई. अरब सेना को भारी नुकसान हुआ और जुनैद अल्गारी को युद्ध के मैदान से भागने के लिए मजबूर होना पड़ा. ललितादित्य ने पीछे हटने वाली सेना का पीछा किया, और अरब सेना पूरी तरह से हार गई. ललितादित्य के हाथों अरब सेना की हार कश्मीरी साम्राज्य के लिए एक महत्वपूर्ण जीत थी. ललितादित्य की सैन्य रणनीति और बहादुरी ने उनके राज्य को एक विदेशी आक्रमण से बचा लिया था. इस जीत ने अपने समय के सबसे शक्तिशाली शासकों में से एक के रूप में उनकी प्रतिष्ठा को मजबूत किया और कश्मीरी नेताओं की भावी पीढ़ियों को किसी भी विदेशी खतरे के खिलाफ अपने राज्य की रक्षा करने के लिए प्रेरित किया.

बप्पा रावल, नागभट्ट और ललितादित्य के नेतृत्व में राजपूत सेना, अरब आक्रमणकारियों के खिलाफ अंतिम लड़ाई की तैयारी के लिए मेवाड़ के मध्य में एकत्रित हुई थी. वे जानते थे कि यह लड़ाई भारत और उसके लोगों के भाग्य का फैसला करेगी. बप्पा रावल ने अपनी सेना को संबोधित करते हुए कहा, "मेरे साथी वीर योद्धाओं, हम आज यहां न केवल अपनी भूमि की रक्षा के लिए बल्कि अपने सम्मान की रक्षा के लिए भी खड़े हैं. हमारे पूर्वजों ने विदेशी आक्रमणकारियों के खिलाफ बहादुरी से लड़ाई लड़ी, और यह हमारा कर्तव्य है कि हम उनकी विरासत को आगे बढ़ाएँ. न केवल अपने लिए लड़ें बल्कि भारत की आने वाली पीढ़ियों के लिए लड़ें. " सेना ने प्रतिक्रिया में खुशी जताई, और नागभट्ट ने आगे कदम बढ़ाया, "हम भले ही कम हों, लेकिन हम बेजोड़ हैं. हमारे पास अपनी इच्छा शक्ति और अपने दृढ़ विश्वास का साहस है. हम अपनी पूरी ताकत से लड़ेंगे और कोई कसर नहीं छोड़ेंगे. जय भवानी. " ललितादित्य ने कहा, "याद रखें कि हमारा कारण न्यायपूर्ण है, और हम एक महान उद्देश्य के लिए लड़ते हैं. वक्त आ गया है अपनी तलवारों की प्यास बुझाने का. " सेना ने सहमति में गर्जना की, और युद्ध शुरू हुआ. अरब आक्रमणकारियों को इससे पहले कभी इतने उग्र प्रतिरोध का सामना नहीं करना पड़ा था. राजपूत योद्धा बड़ी वीरता और दृढ़ संकल्प के साथ लड़े, और दुश्मन पीछे हटने लगे. बप्पा रावल ने अपनी तलवार से दुश्मन के सैनिकों को काटते हुए हमले का नेतृत्व किया. नागभट्ट और ललितादित्य उनके साथ लड़े, और तीनों राजपूत नेताओं ने अपने सैनिकों को पूरी ताकत से लड़ने के लिए प्रेरित किया. घण्टों तक युद्ध चला, जिसमें किसी पक्ष को लाभ नहीं हुआ. जैसे ही सूरज ढलने लगा, राजपूत सेना ने अरब आक्रमणकारियों पर अंतिम हमला किया. राजपूत हमले की ताकत से दुश्मन बहुत कमजोर हो गया और उनकी सेनाएं टूटने लगीं. राजपूत लगातार दुश्मन का पीछा करते रहे और उन्हें मारते रहे. अंत में, एक लंबी और भीषण लड़ाई के बाद, अरब आक्रमणकारियों की हार हुई. राजपूत सेना विजयी हुई, और राजपूताना के लोग आनंदित हुए.

जैसे-जैसे साल बीतते गए, अरब आक्रमणकारियों के खिलाफ लड़ने वाले बहादुर राजपूत योद्धाओं की यादें लोककथाओं का हिस्सा बन गयीं. अरब हमलावर कभी भी भारत में जीत नहीं पाए, अगले तीन सौ सालों तक अरब आक्रमणकारियों ने पूरी दुनिया में खूब रक्तपात किया लेकिन भारत पूरी तरह सुरक्षित रहा. ग्यारहवीं सदी आते आते भारत के बाहर दूर दूर तक इस्लाम का राज कायम हो गया था. दुनिया के अलग अलग हिस्सों के लोगों को इस्लाम तो कबूल करवा लिया गया था लेकिन सबकी अपनी अपनी संस्कृति थी. मध्य एशिया के लोगों की अपनी संस्कृति थी, ईरान की अलग संस्कृति

थी, हालाँकि दोनों मुस्लिम आबादी वाले क्षेत्र थे. अरब में इस्लाम के जन्म के बाद, पारसी जोरास्ट्रियन के एक समूह को अरब आक्रांताओं के अधीन उत्पीड़न का सामना करना पड़ा, जिन्होंने इस क्षेत्र पर अपना नया विश्वास थोपने की कोशिश की। उनमें दस्तूर बहमन कैकोबाद नाम का एक कुलीन और विद्वान पुजारी था। अपने जीवन और धार्मिक स्वतंत्रता के डर से, दस्तूर बहमन और उनके अनुयायियों ने अपनी मातृभूमि से भागने और भारत की सुदूर भूमि में शरण लेने का फैसला किया। यात्रा खतरों से भरी थी, और समूह को विशाल रेगिस्तानों और खतरनाक पहाड़ों से गुजरते हुए कई चुनौतियों का सामना करना पड़ा। हालाँकि, अपने धर्म, जोरास्ट्रियन धर्म में उनके अटूट विश्वास ने उन्हें चलते रहने की शक्ति और दृढ़ संकल्प प्रदान किया। जब वे अपने विश्वास का सार रखने वाली बहुमूल्य किताबें और कलाकृतियाँ लेकर यात्रा कर रहे थे, तो एक कहानी दोहराई गई, जिसे किस्से-ए-संजन के नाम से जाना जाता है। यह पवित्र कहानी पारसियों के भारत आगमन और संजान के स्थानीय राजा जादी राणा द्वारा उनका स्वागत करने के तरीके के बारे में बताती है। पारसियों ने शरण मांगी और दूध का एक कटोरा पेश किया, यह दर्शाता है कि वे दूध की तरह मीठे और समृद्ध होंगे, जबकि भारत की भूमि चीनी होगी, जो उन्हें सामंजस्यपूर्ण रूप से मिश्रण करने की अनुमति देगी। उनके शांतिपूर्ण स्वभाव से प्रभावित होकर दयालु राजा ने उन्हें अपने राज्य में बसने की अनुमति दे दी।

पारसियों ने अग्नि मंदिर बनाए, जिन्हें "अगिएरीज़" के नाम से जाना जाता है, जहां उन्होंने अपनी आस्था के प्रतीक के रूप में शाश्वत अग्नि को बनाए रखा। उन्होंने अपनी परंपराओं को संरक्षित करते हुए स्थानीय भाषा और संस्कृति को अपनाया, जिससे फ़ारसी और भारतीय प्रभावों का सामंजस्यपूर्ण मिश्रण हुआ।

पारसी भारत में फले-फूले और उनके समुदाय ने कई महान व्यक्तित्व पैदा किए जिन्होंने देश की वृद्धि और विकास में महत्वपूर्ण योगदान दिया। उन्होंने व्यवसाय, उद्योग, विज्ञान, साहित्य और परोपकार सहित विभिन्न क्षेत्रों में उत्कृष्ट प्रदर्शन किया। भारत के कुछ उल्लेखनीय पारसियों में शामिल हैं:

जमशेदजी टाटा: एक दूरदर्शी उद्योगपति जिन्होंने भारत के सबसे बड़े और सबसे सम्मानित समूहों में से एक टाटा समूह की स्थापना की, जिसने देश के औद्योगीकरण में महत्वपूर्ण भूमिका निभाई।

दादाभाई नौरोजी: एक प्रमुख राजनीतिक नेता और अर्थशास्त्री, जिन्हें "भारत के ग्रैंड ओल्ड मैन" के रूप में भी जाना जाता है, जो ब्रिटिश औपनिवेशिक शासन से भारतीय स्वतंत्रता के लिए आह्वान करने वाले शुरुआती नेताओं में से एक थे।

होमी भाभा: एक परमाणु भौतिक विज्ञानी और भारत के परमाणु ऊर्जा आयोग के संस्थापक निदेशक, जिन्होंने भारत के परमाणु अनुसंधान कार्यक्रम को आकार देने में महत्वपूर्ण भूमिका निभाई।

रतन टाटा: एक व्यवसायी और परोपकारी व्यक्ति, जिन्होंने अपने परदादा जमशेदजी टाटा की विरासत को जारी रखते हुए टाटा समूह के अध्यक्ष के रूप में कार्य किया।

भारत में पारसी समुदाय देश के ताने-बाने का अभिन्न अंग बना हुआ है और इसकी सांस्कृतिक विविधता और प्रगति में योगदान दे रहा है। उनके विश्वास, अस्तित्व और लचीलेपन की कहानी पीढ़ियों को प्रेरित करती रहती है, प्रतिकूल परिस्थितियों में एकता, सहिष्णुता और दृढ़ता की शक्ति का प्रदर्शन करती है।

"इस्लाम का जन्म अरब में हुआ था, लेकिन यह फारस में पला और बढ़ा." इस प्रसिद्ध उद्धरण का श्रेय इसी वक्त के फारसी विद्वान और इतिहासकार अबू रेहान अल-बिरूनी को दिया जाता है. अरब प्रायद्वीप में इस्लाम की स्थापना के बाद फारस (आधुनिक ईरान) ने इस्लाम के विकास और प्रसार में महत्वपूर्ण भूमिका निभाई. फारस इस्लामी शिक्षा और ज्ञान का केंद्र बन गया, जिससे कई प्रभावशाली धर्मशास्त्री, दार्शनिक और वैज्ञानिक पैदा हुए जिन्होंने इस्लामी दुनिया और उससे आगे महत्वपूर्ण योगदान दिया. नए तरह के धर्मान्तरित मुस्लिम लड़ाके सामने आए. ऐसा ही एक समूह तुर्क था, जो अरबों से कई मायनों में अलग था. अरब धार्मिक उत्साह और इस्लाम फैलाने की इच्छा से प्रेरित थे, जबकि तुर्क अधिक व्यावहारिक लक्ष्य से प्रेरित थे- लूट. गजनी का महमूद ऐसे ही लूटेरों में से एक था, उसने भारत पर विनाशकारी हमले किये, जम कर लूटपाट करता और फिर लौट जाता. 997 CE और 1030 CE के बीच कई बार भारत पर आक्रमण करने वाले इन तुर्की विजेताओं में महमूद सबसे सफल था. उनके अभियान में उनके साथ अल-बिरूनी जैसे विद्वान भी थे, जिन्होंने भारतीय समाज और संस्कृति की विस्तृत टिप्पणियों को दस्तावेजों में दर्ज किया. अपने हिंसक तरीकों के बावजूद, इन विद्वानों ने गणित, खगोल विज्ञान और अन्य क्षेत्रों के अध्ययन में भी महत्वपूर्ण योगदान दिया.

ऐसी खतरों का सामना करते हुए राजपूत साम्राज्यों ने विरोध जारी रखा. इस युग के सबसे उल्लेखनीय राजपूत योद्धाओं में से एक सुहेल देव थे, जिनके बारे में कहा जाता है कि उन्होंने युद्ध में गजनी के बेटे को मार डाला था. वह एक महान शख्सियत बन गए, जो उनकी बहादुरी और युद्ध में कौशल के लिए जाने जाते थे. इस समय के अन्य राजपूत नायकों में गाजी सालार मसूद और गाजी मियाँ शामिल हैं. सुहेल देव ने गाजी सालार मसूद को युद्ध में बुरी तरह से परास्त किया और उसका वध कर दिया. गाजी सालार मसूद की मज़ार जो बहराइच में गाजी मियाँ की मजार के नाम से आज भी प्रसिद्ध है.

बप्पा रावल, नागभट्ट, ललितादित्य और सुहेल देव को नायक के रूप में प्रतिष्ठित किया गया था, और उनके नाम इतिहास में हमेशा के लिए अंकित हो गए. लड़ाई ने भारत में अरब आक्रमणों का अंत किया, और उन्होंने ने दिखाया था कि वे न केवल बहादुर योद्धा थे, बल्कि अपनी भूमि और उसके लोगों के रक्षक भी थे..

(मुस्लिम का आगमन: 1000 CE से 1200 CE)

संयोगिता और पृथ्वीराज चौहान

महान योद्धा और शासक बप्पा रावल ने देश को एकजुट किया और अगले 300 वर्षों तक अरब हमलों से सफलतापूर्वक बचाव किया. भारत में अभी भी विभिन्न राजपूत राजवंशों का शासन था, किंवदंती है कि अब दिल्ली के रूप में जाना जाने वाला शहर शुरू में इंद्रप्रस्थ कहलाता था, जिसे हिंदू महाकाव्य महाभारत के अनुसार पांडवों द्वारा स्थापित किया गया था. कहा जाता है कि इस शहर की स्थापना 1450 ईसा पूर्व के आसपास पांडव राजकुमार युधिष्ठिर ने की थी, जिन्होंने महान युद्ध में अपनी जीत के बाद वहां एक भव्य यज्ञ किया था. हालाँकि, शहर का नाम सदियों बाद दिल्ली रखा गया था, तोमर वंश के शासनकाल के दौरान, जिसने 9वीं से 12वीं शताब्दी CE तक इस क्षेत्र पर शासन किया था. तोमर एक शक्तिशाली राजवंश थे जिन्होंने अपने शासन के दौरान अधिकांश दिल्ली क्षेत्र को नियंत्रित किया, और कला, वास्तुकला और संस्कृति के संरक्षण के लिए जाने जाते थे. तोमर वंश के सबसे प्रसिद्ध राजाओं में से एक अनंगपाल तोमर थे, जिन्हें लाल कोट के निर्माण का श्रेय दिया जाता है, जो कि तोमर साम्राज्य की राजधानी के रूप में एक विशाल किला था. कहा जाता है कि यह किला प्राचीन शहर इंद्रप्रस्थ की जगह पर बनाया गया था, जो खंडहर हो गया था. अनंगपाल तोमर एक महान शासक थे, जिन्हें उनकी प्रजा अपने ज्ञान, वीरता और दयालुता के लिए प्यार करती थी. उन्हें हिंदू भगवान विष्णु के एक समर्पित अनुयायी के रूप में जाना जाता था, और कहा जाता है कि उन्होंने उनके सम्मान में शहर में कई भव्य निर्माण परियोजनाओं की शुरुआत की थी. एक दिन, अनंगपाल तोमर लाल कोट के आसपास के जंगलों में शिकार कर रहे थे, जब उनकी मुलाकात ब्राह्मणों के एक समूह से हुई, जो यज्ञ कर रहे थे, एक अनुष्ठानिक अग्नि समारोह. राजा समारोह से चकित था और ब्राह्मणों से पूछा कि वे क्या कर रहे थे. उन्होंने उसे बताया कि वे बुरी आत्माओं को भगाने और राज्य की समृद्धि सुनिश्चित करने के लिए यज्ञ कर रहे हैं. अनंगपाल तोमर ब्राह्मणों की भक्ति से प्रभावित हुए और उन्हें अपनी उपस्थिति में फिर से यज्ञ करने के लिए कहा. ब्राह्मण सहमत हो गया, और समारोह के दौरान, उसने बार-बार "ढिल्लिका" शब्द का उच्चारण किया, जिसका अर्थ संस्कृत में "दहलीज" है. राजा इस शब्द से चकित हुआ और ब्राह्मणों से इसका अर्थ पूछा. उन्होंने समझाया कि यह अच्छाई और बुराई के बीच की दहलीज को संदर्भित करता है, और यह माना जाता है कि यह वह स्थान है जहां देवता और राक्षस मिलते थे. अनंगपाल तोमर शब्द के महत्व से प्रभावित हुए और इसके बाद अपने राज्य का नाम रखने का फैसला किया. उसने लाल कोट का नाम बदलकर ढिल्लिका कर दिया, जो अंततः दिल्ली के आधुनिक

नाम के रूप में विकसित हुआ. और इसलिए दिल्ली शहर का जन्म हुआ, जिसका नाम तोमर वंश के एक शक्तिशाली और बुद्धिमान राजा के नाम पर रखा गया, जो अपने लोगों की भक्ति और कर्मकांड की शक्ति से प्रेरित था. कहानी के अनुसार, अनंगपाल तोमर हिंदू भगवान विष्णु के एक समर्पित अनुयायी थे और कला और वास्तुकला के संरक्षण के लिए जाने जाते थे. वह एक कुशल धातु विज्ञानी भी थे और लौह स्तंभ में उनकी गहरी रुचि थी. अनंगपाल तोमर ने प्राचीन कलाकृतियों के महत्व को पहचाना और इसे अपनी राजधानी ढिल्लिका ले जाने का आदेश दिया, जो अब दिल्ली है. इसके विशाल आकार और वजन को देखते हुए, लौह स्तंभ को ले जाने का कार्य कोई आसान उपलब्धि नहीं थी. हालाँकि, अनंगपाल तोमर अपने शहर में स्तंभ रखने के लिए दृढ़ थे, और उन्होंने काम करने के लिए कुशल कारीगरों की एक टीम को नियुक्त किया. चालक दल ने पोल को हटा दिया और इसे गाड़ियों की एक श्रृंखला पर लाद दिया, जिसे बाद में बैलों की एक टीम ने खींचा. ढिल्लिका की यात्रा में कई सप्ताह लग गए और यह डाकुओं और खराब मौसम सहित कई चुनौतियों से भरा था. हालांकि, टीम डटी रही और अंततः लौह स्तंभ को अक्षुण्ण रखते हुए दिल्ली पहुंच गई. एक बार जब खंभा अपने नए स्थान पर फिर से जुड़ गया, तो अनंगपाल तोमर ने अपने धातुकर्मियों को इसे साफ करने और इसे अपने पूर्व गौरव को बहाल करने का आदेश दिया. शिल्पकारों ने खंभे से रासायनिक उपचार और यांत्रिक तरीकों का उपयोग करते हुए महीनों तक अथक परिश्रम किया. जब जीर्णोद्धार पूरा हो गया, तो लौह स्तंभ प्राचीन भारतीय धातुविदों के कौशल और सरलता के लिए एक स्मारक के रूप में खड़ा हो गया. यह तोमर वंश की शक्ति और भव्यता के प्रतीक के रूप में भी काम करता था, जिसने महान सांस्कृतिक और कलात्मक उत्कर्ष के समय दिल्ली पर शासन किया था. कहा जाता है की इस बड़ी सी लोहे की कील को स्थापित करने के कई प्रयासों में ये कील्ली थोड़ी ढीली रह जाती थी और शायद इसी वजह से इन्द्रप्रस्त का नया नाम ढिल्लिका पड़ गया. आज, लौह स्तंभ प्राचीन भारतीय इंजीनियरिंग और धातु विज्ञान का चमत्कार बना हुआ है, और हर साल हजारों पर्यटकों द्वारा दौरा किया जाता है. यह भारत की समृद्ध सांस्कृतिक विरासत और अनंगपाल तोमर सहित इसके प्राचीन शासकों की कई उपलब्धियों का जीवंत स्मरण है, जिन्होंने भविष्य की पीढ़ियों के लिए अतीत को संरक्षित करने के महत्व को पहचाना. अनंगपाल तोमर के शासन के बाद कई शताब्दियों तक तोमर वंश का शासन दिल्ली पर बना रहा.

12वीं शताब्दी में, इस क्षेत्र में एक नए राजवंश का उदय हुआ: चौहान. चौहान वंश का सबसे प्रसिद्ध शासक पृथ्वीराज चौहान था, जो 1178 ई. में गद्दी पर बैठा.

पृथ्वीराज रासो मध्ययुगीन युग में चंद बरदाई द्वारा लिखित एक महाकाव्य है, जिसमें महान राजपूत राजा पृथ्वीराज चौहान के जीवन और समय को दर्शाया गया है. कविता को हिंदी साहित्य की सबसे महान कृतियों में से एक माना जाता है और यह पृथ्वीराज के समय में प्रचलित सामाजिक और राजनीतिक परिस्थितियों के बारे में जानकारी का एक महत्वपूर्ण स्रोत है.

कविता की शुरुआत पृथ्वीराज और उनके कवि और विश्वासपात्र चंदबरदाई के बीच घनिष्ठ मित्रता के वर्णन से होती है. यह पृथ्वीराज के योद्धा कौशल पर प्रकाश डालता है, जो उनके समय में किसी के द्वारा बेजोड़ थे. उनकी बहादुरी, बुद्धिमत्ता और नेतृत्व के गुणों ने उन्हें अपने लोगों की नज़रों में एक प्रतिष्ठित व्यक्ति बना दिया.

1190 में, चौहान वंश के एक शक्तिशाली और सफल शासक पृथ्वीराज चौहान ने भारत पर शासन किया. इसी बीच अफगानिस्तान में मुहम्मद गौरी नाम का एक तुर्क तेजी से शक्तिशाली होता गया. इस्लाम के विस्तार का बहाना बनाकर उसने पहले ही इस क्षेत्र के कई नगरों और राज्यों पर आक्रमण कर उन्हें लूट लिया था. गौरी अपने पूर्वज महमूद गजनवी के नक्शेकदम पर चल रहा था, जिसने भारत पर 17 बार आक्रमण किया था और उसके धन और मंदिरों को लूटा था. ये लोग अरब आक्रांता नहीं थे. ये बिल्कुल अलग थे. तुर्क आक्रमणकारी मध्य एशियाई मूल के थे और तुर्क भाषा बोलते थे, जबकि अरब आक्रमणकारी अरब मूल के थे और अरबी बोलते थे. तुर्की और अरब आक्रमणकारी दोनों मुसलमान थे, लेकिन उन्होंने इस्लाम के विभिन्न संप्रदायों का पालन किया. तुर्क आम तौर पर सुन्नी मुसलमान थे, जबकि अरब मुख्य रूप से शिया इस्लाम के अनुयायी थे.

1191 में, मुहम्मद गौरी ने भारत पर हमला किया, और तराइन में उनकी सेना और पृथ्वीराज चौहान की सेना के बीच एक महान युद्ध हुआ. कम संख्या में होने के बावजूद, पृथ्वीराज चौहान विजयी हुए, और उनके मित्र और शाही कवि, चंदवरदाई ने उनकी कविता में उनकी प्रशंसा की. लेकिन गौरी को मारने के बजाय पृथ्वीराज ने उसे जाने दिया. यह एक गलती साबित हुई, क्योंकि गौरी कुछ साल बाद एक बड़ी सेना के साथ लौटा. हालाँकि, पृथ्वीराज के पड़ोसी राजा, कन्नौज के जयचंद, उसे पसंद नहीं करते थे क्योंकि वह हमेशा अन्य राज्यों पर हमला करता था और उनकी सुंदर लड़कियों को अपने साथ ले जाता था. कविता पृथ्वीराज और कन्नौज के शासक जयचंद के बीच प्रतिद्वंद्विता की भी चर्चा करती है, जो पृथ्वीराज की शक्ति से ईर्ष्या करता था और उसे पराजित देखना चाहता था. जयचंद की बेटी संयोगिता पृथ्वीराज की महिमा सुनकर उस पर मोहित हो गई और उसने एक तोते के साथ संदेश भेजा. इस पत्र में संयोगिता ने अपने प्रेम का इज़हार कर दिया. पृथ्वीराज ने सन्देश पाकर जवाब भी उसी तोते के माध्यम से भेजा. तोते के माध्यम से संदेशों का सिलसिला शुरू हो गया.

पृथ्वीराज रासो में दो महान योद्धाओं का भी जिक्र आता है जिनका सामना पृथ्वीराज से हुआ. आल्हा और उदल भारत में 12वीं शताब्दी के दो महान योद्धा भाई थे, जिन्होंने महोबा के राजा के अधीन सेवा की. पृथ्वीराज चौहान दिल्ली के राजा थे, जो अपनी वीरता और साहस के लिए प्रसिद्ध थे. किंवदंती के अनुसार, महोबा राज्य पर पड़ोसी राज्यों द्वारा लगातार हमला किया जा रहा था, जो इसके धन और संसाधनों को चाहते थे. महोबा का राजा जिसका नाम परमल था, एक कमजोर शासक था, जो इन आक्रमणों से अपने राज्य की रक्षा करने में असमर्थ था. आल्हा और उदल, जो तथाकथित नीची जाति के परिवार में पैदा हुए थे, अपनी वीरता और युद्ध कौशल के लिए जाने जाते थे. हमलावर सेनाओं के खिलाफ अपने राज्य की रक्षा के लिए उन्हें महोबा के राजा ने किराए पर लिया था. भाई भयंकर योद्धा थे और महोबा के कई शत्रुओं को पराजित करने में सक्षम थे.

एक दिन, दिल्ली के राजा पृथ्वीराज चौहान ने आल्हा और उदल की बहादुरी के बारे में सुना और उन्हें युद्ध के लिए चुनौती देने का फैसला किया. पृथ्वीराज अपने युद्ध कौशल के लिए जाने जाते थे और उन्हें विश्वास था कि वे दोनों भाइयों को हरा सकते हैं. आल्हा, ऊदल और पृथ्वीराज के बीच भयंकर युद्ध हुआ और कई दिनों तक चला. कम संख्या में होने के बावजूद, आल्हा और ऊदल ने वीरतापूर्वक लड़ाई लड़ी और पृथ्वीराज की सेना के खिलाफ अपनी जमीन पकड़ने में सक्षम रहे. हालाँकि, अंत में, पृथ्वीराज आल्हा और उदल को हराने में सक्षम था, और उन्हें बंदी बना लिया गया. पृथ्वीराज दोनों भाइयों की बहादुरी से प्रभावित हुए और उन्होंने उनकी जान बख्शने का फैसला किया. उसने उन्हें अपनी सेना में पदों की पेशकश भी की, लेकिन भाइयों ने इनकार कर दिया और महोबा लौटने और अपने राजा की सेवा करने को प्राथमिकता देने का फैसला किया.

पृथ्वीराज जिस समय दिल्ली के सिंहासन पर था, कन्नौज के राजा जयचन्द ने राजसूय यज्ञ करने का निश्चय किया और इसी अवसर पर उसने अपनी कन्या संयोगिता का स्वयंवर भी करने का संकल्प किया. राजसूय का निमंत्रण उसने दूर दूर तक के राजाओं को भेजा और पृथ्वीराज को भी उसमें सम्मिलित होने के लिये आमंत्रित किया. पृथ्वीराज और

उसके सामन्तों को यह बात खली कि बहुराजाओं के होते हुए भी कोई अन्य राजसूय यज्ञ करे और पृथ्वीराज ने जयचंद का निमंत्रण अस्वीकार कर दिया. जयचन्द ने स्वयंवर के दिन पृथ्वीराज का मजाक उड़ाने के लिए उसका एक पुतला बनवाकर उसको एक द्वारपाल के रूप में दरवाजे पर खड़ा कर दिया.

जब संयोगिता वरमाला ले कर आयी तो सभी राजाओं-राजकुमारों की तरफ देख कर पृथ्वीराज को ढूंढने लगी. लेकिन पृथ्वीराज कहीं नहीं दिखे. फिर संयोगिता की नजर पृथ्वीराज के पुतले पर पड़ी. संयोगिता तेज़ी से उसकी तरफ बढ़ी और उस पुतले को वरमाला पहना दी.

तभी कुछ ऐसा हुआ कि वहां मौजूद सभी लोगों के पैरों से जमीन खिसक गयी. उस पुतले के अंदर से पृथ्वीराज निकले. उन्होंने संयोगिता को घोड़े पर बैठाया और सबके सामने से उठा कर ले गए. जयचंद के सैनिकों ने उनका पीछा किया, जो उन्हें पकड़ नहीं पाए. चंद बरदाई ने ललकार कर जयचंद से कहा कि उसका शत्रु पृथ्वीराज उसकी कन्या का वरण कर चुका है अब उससे दायज के रूप में युद्ध माँग रहा था. परिणामत: दोनों पक्षों में संघर्ष प्रारंभ हो गया. दो दिनों के युद्ध में जब पृथ्वीराज के अनेक योद्धा मारे गए, सामंतों ने उसे युद्ध का तरीका बदलने की सलाह दी. उन्होंने सुझाया कि वह संयोगिता को लेकर दिल्ली की ओर बढ़े और वे जयचंद की सेना को दिल्ली के मार्ग में आगे बढ़ने से रोकते रहें जब तक वह संयोगिता को लेकर दिल्ली न पहुँच जाए. पृथ्वीराज ने इस स्वीकार कर लिया और अनेक सामंतों तथा शूर वीरों योद्धाओं के साथ संयोगिता को लेकर दिल्ली गया. जयचंद अपनी सेना के साथ कन्नौज लौट गया. दिल्ली पहुँचकर पृथ्वीराज संयोगिता के साथ, विलासमग्न हो गया. छह महीने तक आवास से बाहर निकला ही नहीं, जिसके परिणामस्वरूप उसके गुरु, बांधव, भृत्यों तथा लोक में उसके प्रति असंतोष उत्पन्न हो गया. प्रजा ने राजगुरु से

कष्ट का निवेदन किया तो राजगुरु चंद को लेकर संयोगिता के आवास पर गया. जयचंद ने बदला लेने के लिए मुहम्मद गौरी के साथ हाथ मिला लिया और मुस्लिम आक्रमणकारियों के साथ गठबंधन किया और उन्होंने मिलकर पृथ्वीराज पर हमला करने की योजना बनाई. मुहम्मद गौरी इस बार बहुत बड़ी सेना के साथ आता है. जयचंद ने उसको सभी गुप्त रास्तों और पृथ्वीराज की कमियों के बारे में बता दिया. दोनों ने मिलकर पृथ्वीराज को गौरी के आक्रमण की सूचिका पत्रिका भेजी और संदेशवाहिका दासी से संदेश भेजा: 'गौरी रत्त तुअ धरा तू गौरी अनुरत्त. ' राजा की विलासनिद्रा भंग हुई और वह संयोगिता से विदा होकर युद्ध के लिये निकल पड़ा.

1192 में, मुहम्मद गौरी ने तराइन के उसी युद्ध के मैदान में पृथ्वीराज चौहान पर फिर से हमला किया. पृथ्वीराज के अनेक शूर वीर योद्धा और सामंत कन्नोज युद्ध में ही मारे जा चुके थे. परिणामत: पृथ्वीराज की सेना रणक्षेत्र से लौट पड़ी और गौरी विजयी हुआ. उसने पृथ्वीराज चौहान को पकड़ लिया और उसे अफगानिस्तान के गजनी ले गया. गौरी पृथ्वीराज को अपने दरबार में ले आया और उसे इस्लाम कबूल करने के लिए कहा. लेकिन पृथ्वीराज ने यह कहते हुए इनकार कर दिया कि वह एक गर्वित हिंदू है और अपना धर्म नहीं छोड़ेगा. पृथ्वीराज की अवहेलना से क्रोधित होकर, गौरी ने उसे अंधा छोड़कर उसकी आंखें निकाल लेने का आदेश दिया. पृथ्वीराज को गौरी की जेल की एक अंधेरी और गन्दी कोठरी में डाल दिया गया. लेकिन अपनी कैद में भी पृथ्वीराज ने उम्मीद नहीं खोई. उसने सुल्तान से बदला लेने की कसम खाई और भागने की साजिश रची.

उधर चंदवरदाई ने ग़ज़नी जा कर पृथ्वीराज से मिलने की योजना बनाई. चंदवरदाई घोड़े पर बैठ कर अफगानिस्तान की तरफ निकल पड़े. कई दिन बिना कुछ खाये पिए वो चलते रहे. उनकी दाढ़ी बढ़ गयी और हुलिया बिलकुल बदल गया. आखिर को गज़नी शहर पहुंचे. वहां के जगह रहकर गज़नी में घूम घूम कर जादू दिखाने का काम किया. अफगानिस्तान के लोग अनपढ़ और बहुत अंधविश्वासी थे. चंदवरदाई के जादू के किस्से जल्द ही पुरे गज़नी ने फ़ैल गए. ये बात जब सुल्तान गौरी को पता चली तो उसने चंदवरदाई को दरबार में बुलवाया. चंदवरदाई ने सुल्तान से कहा कि उनके जादू में इतनी ताकत है कि वह अपनी इच्छा से सूर्य को गायब और फिर से प्रकट कर सकते हैं. चंदवरदाई वास्तव में ज्योतिष के बड़े विद्वान थे और वे सुल्तान के राज्य के पास एक गाँव में रहते थे. अपने ज्योतिष ज्ञान से आने वाले सूर्य ग्रहण का सही दिन और सटीक समय जानते थे. सुल्तान भी अंधविश्वासी था. सुल्तान इस बात से चिढ़ गया और उसने चंदवरदाई को अपने महल में एक तय दिन ये जादू दिखाने का आदेश दिया. सूर्य ग्रहण के दिन निश्चित समय पर चंदवरदाई ने अपना जादू दिखाया. चंदवरदाई के इशारे पर सूर्य गायब हो गया और थोड़ी देर बाद चंदवरदाई के दूसरे इशारे से सूर्य फिर लौट आया. सुल्तान बहुत प्रभावित हुआ. उसने चंदवरदाई का स्वागत शाही अतिथि के रूप में किया और उन्हें भव्य उपहार और आतिथ्य की पेशकश की.

चंदवरदाई शाही मेहमान बन कर सुल्तान के महल में रहने लगे. वो महल में हर जगह घूम घूम कर पृथ्वीराज को ढूंढने लगे. अगर कोई दिख जाता तो उसको कोई कविता सुनाकर उसका ध्यान भटका देते थे. आखिरकार एक दिन चंदबरदाई ने पृथ्वीराज का पता लगा ही लिया. सभी कोठरियों में खोजने के बाद एक छोटी सी अँधेरी कोठरी में उनको पृथ्वीराज दिखाई दिए. उनकी हालत बहुत ख़राब थी, उनकी आँखों को लोहे की लाल छड़ों से फोड़ दिया गया था. उनके पूरे शरीर पर यातनाओं के बहुत सारे घाव थे. चंदबरदाई देखते ही पृथ्वीराज के गले लग गए. एक दूसरे का हाल चाल लेने के बाद दोनों ने मिलकर एक गुप्त योजना बनायीं.

चन्दबरदाई ने सुल्तान के पास सन्देश भिजवाया की उनकी जेलों में एक दुनिया का सर्वश्रेष्ठ धनुर्धर बंद है. सुल्तान ने जवाब दिया कि वो उसके करतब को देखना चाहते हैं. तय दिन सुल्तान मैदान में एक सभा आयोजित करता है. मैदान दर्शकों से खचाखच भरा था. चंदबरदाई और पृथ्वीराज मैदान के बीचों बीच खड़े थे. सुल्तान सात मंजिला ऊँचे तख़्त पर बैठ कर नजारा देख रहा था. पृथ्वीराज के आँखों पर पट्टी बाँधी गयी. उसको एक धनुष और एक बाण दिया गया. सामने एक घंटी थी जिसकी आवाज सुनकर उस पर बाण मारना था. योजना के मुताबिक चंदबरदाई गुप्त भाषा में एक कविता गायी. कविता में सुल्तान की सटीक जगह का वर्णन था. "चार बांस चौबीस गज, अंगुल अष्ट प्रमाण, ता ऊपर सुल्तान है मत चुके चौहान. " कविता सुनकर पृथ्वराज ने मन ही मन सुल्तान के बैठने के स्थान का अंदाज़ा लगाया और उसी दिशा में तीर चला दिया. तीर सीधे सुल्तान को लगा और वो वहीँ ढेर हो गया. इस से पहले की सुल्तान के सैनिक कुछ कर पाते चंदबरदाई और पृथ्वीराज ने एक दूसरे को चाकू मार कर अपनी रक्षा की. दोनों के गले मिले शव कुछ देर तक वहीँ पड़े रहे. चंदबरदाई और पृथ्वीराज ने हमेशा साथ जीने और मरने की कसम खायी थी और इस कसम को अंत तक निभाया. उनके दोस्ती के किस्से युगों युगों तक सुनाये जाते रहे.

इतिहासकारों का कहना है कि पृथ्वीराज की हत्या तराइन के युद्ध के समय ही कर दी गयी थी, लेकिन पृथ्वीराज रासो की अलग अलग प्रचलित प्रतियों में पृथ्वीराज के ग़ज़नी वाले प्रकरण को तरह तरह से सुनाया जाता रहा है.

(दिल्ली सल्तनत: 1200 CE से 1300 CE)

रजिया सुल्तान और याकूत

मुहम्मद गौरी ने 12वीं शताब्दी के अंत में भारत पर आक्रमण किया और 1192 में तराइन की लड़ाई में राजपूत राजा पृथ्वीराज चौहान को हराया. जीत के बाद, वह गजनी लौट आया और अपने भरोसेमंद गुलाम और सेनापति कुतुबुद्दीन ऐबक को नियुक्त किया, नव स्थापित दिल्ली सल्तनत के राज्यपाल के रूप में. गद्दी पर बैठते ही कुतुबुद्दीन ऐबक ने जो काम किये उसे एक शब्द में कहा जा सकता है - तबाही. उसने अपने सिपहसालारों को खुली छूट दी थी, हिंदुस्तान के विहारों, गुरुकुलों, विद्यालयों, पुस्तकालयों और विश्व-विद्यालयों को नेस्तनाबूद करने की.

अजमेर के एक संस्कृत विद्यलय को ध्वस्त करके ऐबक ने उसे एक मस्जिद में तब्दील कर दिया, आज उसे हम ढाई दिन का झोपड़ा नाम से जानते हैं. ऐबक के एक लड़ाके बख्तियार ख़िलजी ने नालंदा विश्व-विद्यालय पर बर्बर हमला किया. नालंदा विश्वविद्यालय पर हमला 12वीं सदी में घटित भारतीय इतिहास की विनाशकारी घटना थी. विश्वविद्यालय, जो भारत के वर्तमान बिहार राज्य में स्थित था, शिक्षा का एक प्रसिद्ध केंद्र और दुनिया के सबसे पुराने विश्वविद्यालयों में से एक था. यह हमला तुर्की सेनापति बख्तियार खिलजी द्वारा किया गया था, जिसके पास मुस्लिम

सैनिकों की एक बड़ी सेना थी. खिलजी एक भयंकर और निर्दयी योद्धा था जिसे उसके सेनापति ने बिहार के पूरे क्षेत्र को जीतने का काम सौंपा था. जब खिलजी और उसकी सेना नालंदा पहुंची, तो उन्होंने विद्वानों, भिक्षुओं और छात्रों का एक शांतिपूर्ण और संपन्न समुदाय को देखा. विश्वविद्यालय बौद्ध शिक्षा और विज्ञान का एक केंद्र था, जिसमें एक विशाल पुस्तकालय था जिसमें हजारों प्राचीन ग्रंथ और पांडुलिपियां थीं. खिलजी और उसके सैनिक, जो इस क्षेत्र की संस्कृति और परंपराओं से अपरिचित थे, विश्वविद्यालय की शांति से अचंभित रह गए. वे इस तरह के शांतिपूर्ण और विद्वतापूर्ण वातावरण का सामना करने के अभ्यस्त नहीं थे, और उनको ये अपनी शक्ति और प्रभाव के लिए खतरे जैसा प्रतीत हुआ. बिना किसी चेतावनी के, खिलजी और उसके सैनिकों ने विश्वविद्यालय पर हमला किया, इमारतों में आग लगा दी और पुस्तकालय को नष्ट कर दिया. उन्होंने कई विद्वानों और भिक्षुओं को मार डाला और विश्वविद्यालय के खजाने और क़ीमती सामान को लूट लिया. नालंदा पर हमला विनाश का एक दुखद और संवेदनहीन कार्य था, और इसका भारत की बौद्धिक और सांस्कृतिक विरासत पर विनाशकारी प्रभाव पड़ा. नालंदा का पुस्तकालय दुनिया में सबसे बड़ा और सबसे महत्वपूर्ण था, जिसमें दर्शन और धर्म से लेकर चिकित्सा और खगोल विज्ञान तक के विषयों पर हजारों दुर्लभ और मूल्यवान ग्रंथ थे. पुस्तकालय के नष्ट होने का अर्थ था कि इसमें से अधिकांश ज्ञान हमेशा के लिए खो गया, और यह भारत की बौद्धिक और सांस्कृतिक विरासत के लिए एक गंभीर आघात था. नालंदा पर हमले को भारतीय इतिहास में एक काले क्षण के रूप में देखा जाता है, जो हमें युद्ध की विनाशकारी शक्ति और हमारी सांस्कृतिक विरासत की रक्षा और संरक्षण के महत्व की याद दिलाता है.. कहते हैं कि नालंदा के पुस्तकालयों में इतनी किताबें थी की तीन महीने तक वो जलती रहीं.

कुतुबुद्दीन ऐबक, ने 1206 से 1210 तक शासन किया, और अपने शासनकाल के दौरान, उसने दिल्ली में कुतुब मीनार और कुव्वत-उल-इस्लाम मस्जिद सहित कई महत्वपूर्ण संरचनाओं का निर्माण किया. कुतुबुद्दीन की मृत्यु के बाद उसका दामाद इल्तुतमिश उसके बाद सुल्तान बना. इल्तुतमिश के शासनकाल में कई उल्लेखनीय उपलब्धियां

हासिल की गईं, जिनमें एक स्थिर और कुशल प्रशासनिक प्रणाली की स्थापना और दिल्ली सल्तनत के क्षेत्रों का विस्तार शामिल है. उसने दिल्ली के महरौली में क़ुतुब की अधूरी मीनार के काम को पूरा करवाया जो वहां मौजूद गुप्त काल की प्राचीन धरोहरों के खंडहरों पर बनी थी. इल्तुतमिश के कई बेटे थे, सब के सब नाकारा और नालायक. इल्तुतमिश को किसी पर भरोसा नहीं था, उसको भरोसा था तो अपनी बेटी रज़िया पर. रज़िया, सक्षम और बुद्धिमान थी. बचपन से ही वो खुद को लड़के की तरह ही दर्शाती थी. उनकी तरह ही उसने सैन्य प्रशिक्षण लिया. सुल्तान इल्तुतमिश की बेटी के रूप में, रज़िया को सैन्य के साथ साथ राजनीतिक मामलों में प्रशिक्षित भी किया गया था, उसके मन में कहीं न कहीं ख्वाहिश थी कि वो एक दिन सिंहासन पर बैठेगी और सुल्तान कहलाएगी.

ये वो दौर था जहाँ गुलामों की बड़ी अहमियत थी. इस वंश का नाम ही गुलाम वंश पड़ गया. गुलामों को दूर दूर की जगहों से ख़रीदा और बेचा जाता था. जो गुलाम जितना वफादार होता था उसकी कीमत भी उतनी ही ज्यादा होती थी. ऐसा ही एक वफादार गुलाम था याकूत. काली त्वचा वाला लम्बा चौड़ा मांसल शख्श जिसे अफ्रीका से भारी रकम चुका कर ख़रीदा गया था. याकूत को रज़िया का व्यक्तिगत गुलाम नियुक्त किया गया. वो रज़िया को घोड़े पर बैठने में मदद करने से लेकर उसके लिए युद्ध करने तक के सारे काम करता था. वो रज़िया का राजनितिक सलाहकार भी था. याकूत शारीरिक रूप से तो मजबूत था ही साथ ही साथ वो एक रौशन दिमाग आदमी भी था. हर विषय पर उसकी गहरी समझ और साफ़ सोच, रज़िया को बहुत आकर्षित करती थी. अब रज़िया और याकूत के बीच सियासी मसलों के अलावा आम जिंदगी की बातें भी होने लगी. जिंदगी क्या है, इसका मकसद क्या है? सुल्तान की क्या जिम्मेदारियां होती हैं.

समय के साथ, रज़िया और याकूत का रिश्ता एक निषिद्ध प्रेम में बदलने लगा, गुलामों को इश्क करने की बिल्कुल भी इजाजत नहीं थी. याकूत ने तो शहज़ादी से इश्क़ किया था, उसका गुनाह तो बहुत बड़ा है. अदालत और धार्मिक नेताओं की अस्वीकृति के बावजूद, रज़िया ने मार्गदर्शन और समर्थन के लिए याकूत पर भरोसा करना जारी रखा. जब उनके भाई रुकनुद्दीन फिरोज शाह अपने पिता की मृत्यु के बाद सिंहासन पर चढ़े, तो वह एक अप्रभावी शासक साबित हुए, जिससे लोगों में व्यापक असंतोष फैल गया.

रुकनुद्दीन फ़िरोज़ सुल्तान इल्तुतमिश के सबसे बड़ा बेटा और रज़िया सुल्ताना का सौतेला था. सुल्तान इल्तुतमिश की मृत्यु के बाद, रुकनुद्दीन को दिल्ली के सुल्तान के रूप में ताज पहनाया गया, लेकिन वह एक कमजोर और अप्रभावी शासक था. रज़िया के एक वफादार गुलाम याकूत ने रुकनुद्दीन को सिंहासन के लिए चुनौती देने के लिए राजी कर लिया. याकूत और रज़िया ने मिलकर एक बहुत बड़े सेना का गठन किया.

1236 ई. में रज़िया रुकनुद्दीन का सामना करने के लिए अपनी सेना के साथ दिल्ली की ओर बढ़ी. दोनों सेनाएँ वर्तमान हरियाणा के पास कैथल नामक स्थान पर मिलीं. रुकनुद्दीन और रज़िया के बीच लड़ाई छोटी थी, क्योंकि रुकनुद्दीन की सेना कमजोर और खराब प्रशिक्षित थी. दूसरी ओर, रज़िया की सेना सुसज्जित और युद्ध के लिए तैयार थी. रुकनुद्दीन को रज़िया की सेना ने गिरफ्तार कर लिया और उसे सिंहासन छोड़ने के लिए मजबूर किया गया. रज़िया को तब दिल्ली की नई सुल्तान घोषित किया गया, जिससे वह दिल्ली सल्तनत की पहली महिला शासक बन गईं. उसे याकूत का समर्थन प्राप्त था, जो उसका विश्वसनीय सलाहकार और विश्वासपात्र बन गया. राजगद्दी पर बैठने के बाद रज़िया ने प्रजा की दशा सुधारने के लिए कई सुधार लागू किए. वह एक न्यायप्रिय और निष्पक्ष शासक थीं, जिन्होंने गैर-मुस्लिमों पर जजिया कर को समाप्त कर दिया और राज्य के बुनियादी ढांचे में सुधार किया. उन्होंने महिलाओं की शिक्षा को भी बढ़ावा दिया और उन्हें सरकार और प्रशासन में भूमिका निभाने के लिए प्रोत्साहित किया. रुकनुद्दीन और रज़िया के

बीच की लड़ाई भारत के इतिहास में महत्वपूर्ण थी, क्योंकि इसने एक पुरुष-प्रधान समाज में एक महिला के उत्थान को चिह्नित किया. कई चुनौतियों और विरोधों का सामना करने के बावजूद, रजिया एक सक्षम शासक साबित हुई, जिसने भारत के इतिहास पर एक स्थायी प्रभाव छोड़ा.

इल्तुतमिश की बेटी और दिल्ली सल्तनत पर शासन करने वाली पहली महिला रजिया सुल्तान को अपने शासनकाल में कई चुनौतियों का सामना करना पड़ा. वह एक कुशल प्रशासक और न्यायप्रिय शासक थीं, लेकिन पुरुष-प्रधान दरबार में उनके लिंग को कई लोगों ने एक बाधा के रूप में देखा. वह दिल्ली सल्तनत पर शासन करने वाली पहली और एकमात्र महिला थीं. रजिया एक न्यायप्रिय और प्रभावी शासक बनने के लिए दृढ़ संकल्पित थी, और उसने अपनी प्रजा के जीवन को बेहतर बनाने के लिए नीतियों को जल्दी से लागू करना शुरू कर दिया. रजिया की सबसे महत्वपूर्ण उपलब्धियों में से एक योग्यता-आधारित प्रशासनिक प्रणाली का निर्माण था, जहाँ प्रमुख पदों पर नियुक्तियाँ पारिवारिक संबंधों या व्यक्तिगत निष्ठा के बजाय प्रतिभा और योग्यता पर आधारित थीं. इसने उसे लोगों का सम्मान और वफादारी अर्जित की, लेकिन इसने रईसों के बीच उसके कई दुश्मन भी बना दिए, जो अपने पद और शक्ति को अपने रक्तपात से सुरक्षित करने के आदी थे. मामले को बदतर बनाने के लिए, रजिया के अपने निकटतम सलाहकार और विश्वासपात्र याकूत के साथ संबंध को अदालत के भीतर कई रूढ़िवादी और धार्मिक गुटों द्वारा निंदनीय माना गया. याकूत, जो मूल रूप से रजिया के पिता के दरबार में एक गुलाम था, उसका मुख्यमंत्री और एक विश्वसनीय सलाहकार बनने के लिए बढ़ गया था. हालाँकि, अफवाहें फैलीं कि रजिया और याकूत गुप्त रूप से प्यार में थे और याकूत सुल्तान पर बहुत अधिक प्रभाव डाल रहा था. इन अफवाहों को इस तथ्य से हवा मिली कि रजिया अक्सर पुरुषों के कपड़े पहनती थी और घोड़े की पीठ पर शहर में निकल जाती थी, बिना प्रथागत घूंघट और पहरेदारों के बिना जो एक मुस्लिम राजकुमारी की अपेक्षा की जाती थी.

उनके शासन काल में सड़कों, अस्पतालों के निर्माण और व्यापार और वाणिज्य को बढ़ावा देने जैसी महान उपलब्धियां हासिल हुईं. रजिया को उनकी बुद्धिमत्ता और साहस के लिए भी जाना जाता था, उन्हें उनके पिता,

पूर्व सुल्तान, इल्तुतमिश द्वारा मार्शल आर्ट, घुड़सवारी और प्रशासन में प्रशिक्षित किया गया था. हालांकि, हर कोई उसके शासन से खुश नहीं था. रज़िया की सेना में शक्तिशाली सैन्य नेताओं के एक समूह 40 रईस सरदारों ने सत्ता को केंद्रीकृत करने और उनके अधिकार को कम करने के प्रयासों की वजह से नाराज़ थे. वो रज़िया को बिलकुल पसंद नहीं करते थे. उनको ये कतई बर्दाश्त नहीं था कि एक महिला उनके ऊपर राज करे. वो लोग रज़िया का मजाक उड़ाने के लिए उसे पेटीकोट सुल्तान बुलाते थे. उन तंग दिमाग सरदारों को रज़िया और याकूत की नजदीकी से भी दिक्कत थी. ये बात उनको इस्लाम के खिलाफ लगती थी.

रज़िया और 40 रईस सरदारों के बीच तनाव अंततः एक विद्रोह में बदल गया, 40 रईस सरदारों ने रज़िया के अधिकार को चुनौती देने के लिए एक गठबंधन बनाया और उसे उखाड़ फेंकने के लिए दिल्ली की ओर कूच किया.

जैसे ही विद्रोह की खबर फैली, रज़िया जानती थी कि उसे क्या करना है. उसने अपने सलाहकारों को बुलाया, जिसमें याकूत भी शामिल था. याकूत रज़िया के प्रति गहरा वफादार था. उसने उसके और अन्य सलाहकारों के साथ अपने विकल्पों पर चर्चा की, और उन्होंने फैसला किया कि सल्तनत की रक्षा के लिए उन्हें युद्ध में 40 रईस सरदारों से मिलना होगा.

रज़िया ने अपने सैनिकों को इकट्ठा किया, जिसमें वफादार सैनिक और निजी रक्षक शामिल थे, और विद्रोहियों का सामना करने के लिए निकल पड़े. उसने युद्ध में अपने सैनिकों का नेतृत्व किया, हाथ में तलवार लेकर बहादुरी से लड़ती रही. लड़ाई भयंकर और खूनी थी, जिसमें दोनों पक्षों को भारी नुकसान उठाना पड़ा. रज़िया के सैनिकों की संख्या कम थी, लेकिन वे दृढ़ संकल्प और साहस के साथ लड़े. पूरी लड़ाई के दौरान, याकूत रज़िया के पक्ष में था, उसने रणनीतिक सलाह और प्रोत्साहन दिया. उसने सैन्य रणनीति का अध्ययन किया था और इलाके को पढ़ना जानता था, इसलिए वह मूल्यवान अंतर्दृष्टि प्रदान करने में सक्षम था जिसने रज़िया को महत्वपूर्ण निर्णय लेने में मदद की. कम संख्या में होने के बावजूद, रज़िया के सैनिकों ने अपनी जमीन पर कब्जा करने और 40 रईस सरदारों से लड़ने में कामयाबी हासिल की. वे अंततः विजयी हुए, रज़िया के नेतृत्व और याकूत की रणनीतिक सलाह के लिए कोई छोटा हिस्सा नहीं था. जैसे ही रज़िया ने युद्ध के मैदान का सर्वेक्षण किया, उसने जीत की कीमत देखी. उसके कई सैनिक मारे गए या घायल हो गए थे, और विद्रोह से सल्तनत कमजोर हो गई थी. फिर भी, वह जानती थी कि उसे सल्तनत और उसके लोगों की रक्षा के लिए लड़ते रहना होगा. याकूत के साथ रज़िया ने ज्ञान और शक्ति के साथ सल्तनत पर शासन करना जारी रखा, नई नीतियों और सुधारों को पेश किया जिससे उनके लोगों के जीवन में सुधार हुआ. उनकी विरासत महिलाओं की पीढ़ियों को बाधाओं को तोड़ने और समाज की पारंपरिक लिंग भूमिकाओं को चुनौती देने के लिए प्रेरित करती रही है. और याकूत उसका भरोसेमंद सलाहकार और वफादार दोस्त बना रहा, जब भी उसे जरूरत होती थी, हमेशा अपना समर्थन और मार्गदर्शन देने के लिए तैयार रहता था.

40 रईस सरदारों के खिलाफ अपनी जीत के बाद, रज़िया सुल्ताना ने अपनी नीतियों और सुधारों के साथ अपने लोगों के जीवन में सुधार करते हुए, ज्ञान और शक्ति के साथ दिल्ली सल्तनत पर शासन करना जारी रखा. हालाँकि, उसका शासन अब भी चुनौतियों से आज़ाद नहीं था. भटिंडा किले का गबर्नर अल्तुनिया रज़िया से शादी करना चाहता था. एक वफादार सेना और कई सहयोगियों के साथ, अल्तुनिया अपने आप में एक शक्तिशाली और सम्मानित शासक था. उन्होंने रज़िया को एक समान भावना और एक योग्य साथी के रूप में देख रहा था. रज़िया ने शुरुआत इंकार कर

दिया. लेकिन बाद में उसने याकूत के साथ एक राजनैतिक चर्चा की. याकूत ने सलाह दी कि उसे अल्तुनिया से शादी कर लेनी चाहिए. वह अंततः अल्तुनिया के गुणों को देखने लगी और उससे शादी करने के लिए तैयार हो गई. शादी विवादास्पद थी, क्योंकि यह उस समय के पारंपरिक रीति-रिवाजों के खिलाफ थी, जहां एक सुल्तान एक सामान्य व्यक्ति से शादी नहीं कर सकता था, वह अपने धर्म के बाहर किसी से भी शादी नहीं कर सकता था. यह निर्णय रज़िया के कई सलाहकारों और अधिकारियों के साथ अच्छा नहीं रहा, जिन्होंने महसूस किया कि वह अपनी व्यक्तिगत भावनाओं को सल्तनत के हितों के आगे रख रही थी. वे उसके विरुद्ध षड्यन्त्र रचने लगे, अफ़वाहें फैलाने लगे और उसके अधिकार को कम करने लगे.

स्थिति उस समय चरम पर पहुंच गई बंगाल में एक विद्रोह फूट पड़ा. इसको दबाने के लिए रज़िया ने एक अभियान का नेतृत्व किया. उसने अपनी अनुपस्थिति में व्यवस्था बनाए रखने के लिए उस पर भरोसा करते हुए दिल्ली के प्रभारी अल्तुनिया को छोड़ दिया. रज़िया के उन सलाहकारों को जो अल्तुनिया से शादी के खिलाफ थे, इसी मौके की तलाश थी. रज़िया बहुत दूर थी और अल्तुनिया दिल्ली में अकेला, दुश्मनों से घिरा हुआ था. मौके का फायदा उठाते हुए अल्तुनिया विद्रोहियों के साथ सेना में शामिल हो गया और खुद को दिल्ली का सुल्तान घोषित कर दिया. जब रज़िया वापस लौटी तो वो बुरी तरह से फंस चुकी थी. वह अब न केवल बाहरी ताकतों से बल्कि अपने स्वयं के अधिकारियों से भी विद्रोह का सामना कर रही थी. रज़िया फंस गयी गुंडों में. अल्तुनिया ने रज़िया की सेना के खिलाफ अपनी सेना का नेतृत्व करते हुए स्थिति को तेजी से पूर्ण पैमाने पर युद्ध में बदल दिया. लेकिन रज़िया पीछे हटने वालों में से नहीं थी. उसने अपनी सल्तनत और अपने लोगों की रक्षा के लिए दृढ़ संकल्प के साथ अपनी पूरी ताकत से लड़ाई लड़ी. लड़ाई भयंकर थी, जिसमें दोनों पक्षों को भारी नुकसान उठाना पड़ा. अल्तूनिया की सेना में सैनिकों की संख्या बहुत ज्यादा थी, लेकिन रज़िया की सेना ने कौशल और दृढ़ संकल्प के साथ संघर्ष किया.

अंत में, हालांकि, रज़िया की सेना हारने लग गई, और युद्ध अल्तुनिया के पक्ष में चला गया गया. अपनी बहादुरी और दृढ़ संकल्प के बावजूद, रज़िया को अल्तुनिया और उसके सैनिकों ने चारों तरफ से घेर लिया. उसके पास बचने का अब कोई मौका नहीं है. तभी अचानक एक तेज़ दौड़ते घोड़े पर याकूत आया और रज़िया को उठा का अपने साथ घोड़े पर बैठा कर लेता गया. दुश्मनों ने उनके ऊपर कर तीर मारे लेकिन वो दोनों बस चलते ही रहे.

रज़िया की मृत्यु भारत में लैंगिक समानता के लिए के लिए एक त्रासदी थी. उसने दिखाया था कि महिलाएं मजबूत और सक्षम शासक हो सकती हैं, लेकिन उसके भाग्य ने उन कठिनाइयों को उजागर किया, जिनका सामना पुरुष-प्रधान समाज में महिलाओं को करना पड़ता था. उनका शासनकाल, जबकि अल्पकालिक, दिल्ली सल्तनत के इतिहास में एक महत्वपूर्ण अध्याय था, और एक सक्षम और न्यायपूर्ण शासक के रूप में उनकी विरासत, साथ ही साथ सत्ता के पदों पर महिलाओं के लिए एक पथप्रदर्शक, आज भी कायम है. रज़िया सुल्तान और याकूत की कहानी प्रेम और राजनीति की एक दुखद कहानी है, जो मध्यकालीन दिल्ली सल्तनत की पृष्ठभूमि पर आधारित है. यह एक पितृसत्तात्मक समाज में एक महिला शासक के सामने आने वाली चुनौतियों और एक जटिल राजनीतिक माहौल में सत्ता बनाए रखने की कठिनाइयों पर प्रकाश डालती है रज़िया सुल्तान ने सभी दुश्मनों का डट कर सामना किया

और युद्ध लड़ते हुए वीर गति को प्राप्त हुईं. रज़िया सुल्तान दिल्ली सल्तनत की कुछ महिला शासकों में से एक थी. वह अपनी नीतियों के लिए जानी जाती थीं जो आम लोगों का पक्ष लेती थीं, और भ्रष्टाचार पर अंकुश लगाने और न्याय को बढ़ावा देने के उनके प्रयासों के लिए. रज़िया की मृत्यु के बाद, दिल्ली सल्तनत अस्थिरता के दौर में चली गई, जिसमें कमजोर शासकों के उत्तराधिकारी सत्ता के लिए होड़ कर रहे थे. इस समय के दौरान, मंगोलों ने भारत पर आक्रमण किया और दिल्ली को लूट लिया, जिससे व्यापक विनाश और मौत हुई.

(भक्ति आंदोलन: 1000 CE से 1400 CE)

उभय भारती और शंकराचार्य

ऐबक, ख़िलज़ी, तुगलक जैसे लोग बार बार एक ही गलती कर रहे थे. तलवार की ताकत से भारत को जीतने की कोशिश कर रहे थे. तलवार के जोर पर भारत को न कोई जीत पाया था न जीत पायेगा. भारत को जीतना है तो उसका दिल जीतना पड़ेगा. जब गौरी अजमेर आया था तब उसके साथ सिर्फ उसकी गुलामों की फ़ौज नहीं थीं, कुछ विद्वान भी साथ आये थे. हज़रत मोईनुद्दीन चिश्ती जो पेशे से एक संत थे, जिनकी अब तक की शिक्षा में ऊपर वाला सर्वशक्तिमान है, उसके रूप का बखान करना एक गुनाह है. उन्होंने जब भारत में भक्त और ईश्वर के रिश्ते को देखा तो वो हैरान रह गए. भारत में भगवान को झूला झुलाया जाता है, नहलाया जाता है, भोजन कराया जाता है, लोरी गा कर सुलाया जाता है. किसी के घर में ईश्वर उसके छोटे से लाडले बच्चे की तरह है तो किसी के घर में ईश्वर माँ है. किसी के लिए तो ईश्वर उनका प्रेमी और पति भी है. भक्त का भगवान के ऐसे अनूठे रिश्ते को देख कर हज़रत मोईनुद्दीन अंदर से हिल गए. इस बात ने उनको अपनी पुरानी सभी धारणाओं को उलटने पलटने पर मजबूर कर दिया. भारत की इस अनूठी परंपरा को अपनी पुरानी सोच में शामिल करते हुए हज़रत मोईनुद्दीन ने एक नयी धारा की शुरुआत की- सूफ़ी परंपरा. भारत में सबसे पहले सूफ़ी संतों में से एक ख्वाजा मोइनुद्दीन चिश्ती 12वीं शताब्दी में अजमेर में बस गए थे. उन्होंने कई राजपूत शासकों सहित कई शिष्यों को आकर्षित किया और उनकी शिक्षाओं ने हिंदुओं और मुसलमानों के बीच विभाजन को पाटने में मदद की. चिश्ती सम्प्रदाय भारत में सबसे प्रभावशाली सूफ़ी सम्प्रदायों में से एक बन गया, इसके कई सदस्यों ने पूरे देश में प्रेम और भक्ति का संदेश फैलाया.

13 वीं शताब्दी में, प्रसिद्ध सूफी संत हजरत निजामुद्दीन औलिया दिल्ली आए और भारत में सबसे सम्मानित सूफी संतों में से एक बन गए. वह अपनी धर्मपरायणता, करुणा और सभी प्राणियों के लिए अपने प्रेम के लिए जाने जाते थे. उनके कई शिष्य थे, जिनमें प्रसिद्ध कवि और संगीतकार अमीर खुसरो भी शामिल थे, जो सूफी आंदोलन के सबसे महत्वपूर्ण व्यक्तियों में से एक बने. खुसरो की कविता, जिसने फ़ारसी और भारतीय प्रभावों को मिश्रित किया, सभी प्राणियों की एकता और प्रेम और भक्ति के महत्व का जश्न मनाया. खुसरो ने भरतीय भषाओं और संगीत को सीखने का प्रयास किया. अपनी मातृ भाषा फारसी में भारतीय ब्रज और अवधी को मिश्रित करके उन्होंने जो शायरियां लिखीं, वो आगे चल कर एक नयी भाषा को जन्म देने की शुरुआत बनीं. यहीं से हिंदवी जुबान का जन्म हुआ, जो आगे चल कर हिंदुस्तानी और फिर हिंदी और उर्दू के रूप में विकसित हुई.

ज़ेहाल-ए-मिस्कीं मकुन तग़ाफुल, दुराये नैना बनाये बतियाँ.

सखी पिया को जो मैं न देखूँ, तो कैसे काटूँ अँधेरी रतियाँ.

अमीर खुसरो के गीतों में भक्त एक प्रेमिका के रूप में होती है जो अपने प्रेमी यानि ईश्वर से मिलने के लिए तड़प रही है. सूफी परम्परा, हिंदुस्तानी भाषा, हिंदी, उर्दू इन सभी विधाओं का जन्म भारत के उसी दौर में हुआ. कहते हैं अमीर खुसरो ने 7 सुल्तानों के शासन को देखा था. खुसरो ने गुलाम वंश, खिलज़ी वंश और फिर तुगलक वंश के सुल्तानों को गद्दी पर बैठते और उनका पतन होते देखा था. इस समय तक भारत में हिन्दू धर्म की स्थिति बहुत ख़राब हो चुकी थी. इसी अवधि में भक्ति आंदोलन का उदय हुआ, जिसमें कई कवियों और संतों ने अपने चुने हुए देवताओं की प्रशंसा में भक्ति गीतों और भजनों की रचना की. हिंदू धर्म का पतन 6वीं शताब्दी ईसा पूर्व में बौद्ध धर्म और जैन धर्म के उदय के साथ शुरू हुआ, और तीसरी शताब्दी ईसा पूर्व में मौर्य सम्राट अशोक के अधीन वैदिक रीतियों पर प्रतिबंध से यह और बढ़ गया. बाद में, मध्ययुगीन काल के दौरान, हिंदू धर्म को इस्लामी आक्रमणकारियों और शासकों से और अधिक चुनौतियों का सामना करना पड़ा, जिन्होंने हिंदू संस्कृति और धर्म को दबाने और नष्ट करने की कोशिशें कीं. कई हिंदू मंदिरों और पवित्र स्थलों को नष्ट कर दिया गया या मस्जिदों में बदल दिया गया, और मुस्लिम शासन के तहत हिंदुओं को भेदभाव और उत्पीड़न का सामना करना पड़ा. इस संदर्भ में, आदि शंकराचार्य ने हिंदू धर्म को पुनर्जीवित करने और पुनर्व्याख्या करने में महत्वपूर्ण भूमिका निभाई. उन्होंने इसे कई तरीकों से किया. आदि शंकराचार्य एक शानदार दार्शनिक और विद्वान थे, जिन्होंने हिंदू शास्त्र और दर्शन की विविध और अक्सर परस्पर विरोधी शिक्षाओं को एक सुसंगत और सुव्यवस्थित प्रणाली में संश्लेषित और व्याख्या की. हिंदू धर्म में आदि शंकराचार्य के सबसे महत्वपूर्ण योगदानों में से एक प्राचीन वैदिक ग्रंथों की पुनर्व्याख्या और उनका व्यवस्थितकरण थी. उन्हें उपनिषदों, दार्शनिक ग्रंथों के अध्ययन को पुनर्जीवित करने का श्रेय दिया जाता है. जो स्वयं की प्रकृति और परम वास्तविकता का पता लगाते और वेदों, पुराणों और अन्य हिंदू धर्मग्रंथों की विविध शिक्षाओं को एक सुसंगत और दार्शनिक प्रणाली में लिखते हैं.

आदि शंकराचार्य ने पूरे भारत में बड़े पैमाने पर यात्रा की, अन्य धार्मिक नेताओं और विद्वानों के साथ शिक्षण और बहस की. उन्होंने बड़ी संख्या में शिष्यों को आकर्षित किया, जिन्होंने उनकी मृत्यु के बाद उनकी शिक्षाओं को आगे बढ़ाया. आदि शंकराचार्य का दर्शन, जिसे अद्वैत वेदांत कहा जाता है, सभी चीजों की एकता और ब्रह्म की परम वास्तविकता, ब्रह्मांड के अपरिवर्तनीय और शाश्वत सार पर जोर देता है. उन्होंने तर्क दिया कि भौतिक दुनिया, या

जगत, माया द्वारा बनाया गया एक भ्रम है, और यह कि मनुष्य जन्म और मृत्यु के चक्र से मुक्ति प्राप्त कर सकता है, जो कि अस्तित्व की वास्तविक प्रकृति, ब्रह्म के साथ अपनी पहचान को महसूस कर सकता है.

आदि शंकराचार्य ने पूरे भारत में चार प्रमुख मठों की स्थापना की. इन मठों ने शिक्षा और विद्वता के केंद्रों के रूप में कार्य किया. इन मठों ने जो आज भी सक्रिय हैं, आदि शंकराचार्य द्वारा विकसित दार्शनिक प्रणाली अद्वैत वेदांत के संरक्षण और प्रचार में एक केंद्रीय भूमिका निभाई है. आदि शंकराचार्य द्वारा स्थापित चार मठ हैं:

श्रृंगेरी शारदा पीठम कर्नाटक राज्य में स्थित है. इस मठ की स्थापना स्वयं आदि शंकराचार्य ने की थी, और यह देवी सरस्वती के रूप देवी शारदा की पूजा के लिए समर्पित है, जो विद्या और ज्ञान से जुड़ी हैं.

गोवर्धन मठ ओडिशा राज्य के पुरी शहर में स्थित है. यह मठ भगवान कृष्ण की पूजा के लिए समर्पित है और पुरी में जगन्नाथ मंदिर से जुड़ा हुआ है.

द्वारका शारदा पीठम गुजरात राज्य के द्वारका शहर में स्थित है. यह मठ देवी शारदा की पूजा के लिए समर्पित है और द्वारका में द्वारकाधीश मंदिर से जुड़ा हुआ है.

ज्योतिर्मठ उत्तराखंड राज्य के जोशीमठ शहर में स्थित है. यह मठ भगवान शिव की पूजा के लिए समर्पित है और हिमालय की तलहटी में स्थित है.

आदि शंकराचार्य के इन मठों की स्थापना के कार्य की सफलता के पीछे की कहानी दृढ़ता और समर्पण की कहानी है. किंवदंती के अनुसार, आदि शंकराचार्य को अपनी शिक्षाओं को फैलाने और मठों की स्थापना के प्रयासों में कई बाधाओं का सामना करना पड़ा. ऐसा कहा जाता है कि उन्हें अन्य धार्मिक नेताओं के विरोध का सामना करना पड़ा, जो उनकी शिक्षाओं पर संदेह करते थे और उनके प्रभाव से डरते थे. उन्हें उस समय के राजनीतिक अधिकारियों से भी चुनौतियों का सामना करना पड़ा, जो अक्सर धार्मिक असंतोष के विरोधी थे. इन बाधाओं के बावजूद, आदि शंकराचार्य पूरे भारत में बड़े पैमाने पर यात्रा करते हुए और छात्रों, शिष्यों और अनुयायियों को आकर्षित करते हुए अपने मिशन के साथ लगे रहे. उन्होंने विद्या और विद्वत्ता के केंद्रों के रूप में मठों की स्थापना की, जहाँ विद्वान शास्त्रों का अध्ययन कर सकते थे और बौद्धिक बहस और चर्चा में संलग्न हो सकते थे. समय के साथ, मठ अपने आप में महत्वपूर्ण संस्थान बन गए. हिंदू धर्म में मंदिरों और अन्य पवित्र स्थलों की एक समृद्ध और विविध परंपरा है जो दुनिया भर के लाखों लोगों द्वारा पूजनीय हैं. कुछ सबसे महत्वपूर्ण प्रकार के हिंदू मंदिरों और पवित्र स्थलों में शामिल हैं ज्योतिर्लिंग, शक्तिपीठ, मठ, धाम और अन्य महत्वपूर्ण मंदिर.

ज्योतिर्लिंग बारह पवित्र स्थलों का एक समूह है जो भगवान शिव से जुड़े हैं. उन्हें शैवों के लिए सबसे महत्वपूर्ण तीर्थ स्थल माना जाता है, और माना जाता है कि वे भगवान शिव की दिव्य ऊर्जा और शक्ति का प्रतीक हैं. कुछ सबसे प्रसिद्ध ज्योतिर्लिंगों में गुजरात में सोमनाथ मंदिर, मध्य प्रदेश में महाकालेश्वर मंदिर और वाराणसी में काशी विश्वनाथ मंदिर शामिल हैं.

शक्तिपीठ 51 पवित्र स्थलों का एक समूह है जो देवी शक्ति से जुड़े हैं. ऐसा माना जाता है कि ये वे स्थान हैं जहाँ देवी सती के शरीर के अंग अपने पिता द्वारा अपने पति भगवान शिव के अपमान के जवाब में आत्मदाह करने के बाद गिरे

थे. कुछ सबसे प्रसिद्ध शक्तिपीठों में असम में कामाख्या मंदिर, ओडिशा में तारा तारिणी मंदिर और जम्मू और कश्मीर में वैष्णो देवी मंदिर शामिल हैं.

धाम चार पवित्र स्थलों का एक समूह है जो भगवान विष्णु से जुड़े हैं. ऐसा माना जाता है कि ये वे स्थान हैं जहाँ विष्णु ने स्वयं को विभिन्न रूपों में पृथ्वी पर प्रकट किया था. चार धाम उत्तराखंड में बद्रीनाथ, गुजरात में द्वारका, ओडिशा में पुरी और तमिलनाडु में रामेश्वरम हैं.

हिंदू धर्म में कई अन्य महत्वपूर्ण मंदिर और पवित्र स्थल हैं जो दुनिया भर के भक्तों द्वारा पूजनीय हैं. कुछ सबसे प्रसिद्ध में उत्तराखंड में केदारनाथ मंदिर, आंध्र प्रदेश में तिरुपति बालाजी मंदिर और तमिलनाडु में मीनाक्षी मंदिर शामिल हैं. आदि शंकराचार्य की शिक्षाओं की सर्वोच्चता स्थापित करने के लिए अन्य विद्वानों के साथ उनकी कई बहसें हुईं. ऐसी ही एक बहस प्रसिद्ध विद्वान और मीमांसा दर्शनशास्त्र के नेता मंडन मिश्र के साथ हुई थी. आदि शंकराचार्य ने मंडन मिश्र के साथ बहस करने के लिए नर्मदा नदी के तट पर बसे महिष्मती शहर की यात्रा की थी. मंडन मिश्रा मीमांसा दर्शनशास्त्र के विशेषज्ञ के रूप में जाने जाते थे, जो वेदों की व्याख्या पर केंद्रित था. जब आदि शंकराचार्य महिष्मती पहुंचे तो उन्होंने पाया कि मंडन मिश्र नर्मदा नदी में स्नान करने गए हैं. आदि शंकराचार्य नदी के किनारे एक पेड़ के नीचे बैठ गए और ध्यान करने लगे. जैसे ही उन्होंने ध्यान किया, विद्वानों का एक समूह उनके चारों ओर इकट्ठा हो गया और वेदों पर चर्चा करने लगा. आदि शंकराचार्य ने उनकी बातचीत सुनी और देखा कि वे वेदों पर चर्चा करने के लिए जटिल और तकनीकी भाषा का उपयोग कर रहे थे. उन्होंने अनुभव किया कि मण्डन मिश्र से वाद-विवाद करने के लिए उन्हें यह भाषा सीखनी पड़ेगी. उसी क्षण, एक पक्षी ने उड़कर आदि शंकराचार्य के सिर पर एक फल गिरा दिया, जिससे वे दर्द से कराह उठे. जो विद्वान उसके आस-पास इकट्ठे थे, वे हँसे और ज्ञान की कमी के लिए उसका मज़ाक उड़ाया. इतने में मंडन मिश्र स्नान करके लौटे और आदि शंकराचार्य को पेड़ के नीचे बैठे देखा. उन्होंने विद्वानों से पूछा कि क्या चल रहा था, और उन्होंने उन्हें उस बहस के बारे में बताया जो होने वाली थी. मंडन मिश्र आदि शंकराचार्य के साथ बहस करने के लिए सहमत हुए, और दोनों विद्वानों ने वास्तविकता, आत्मा और वेदों की प्रकृति के बारे में एक लंबी और गहन बहस शुरू की. कई दिनों तक बहस चलती रही और दोनों विद्वानों ने अपने-अपने मत के समर्थन में दमदार दलीलें पेश कीं. आदि शंकराचार्य बहस के विजेता के रूप में उभरे. कहा जाता है कि मंडन मिश्र की पत्नी उभय भारती स्वयं विद्वान थीं और अपने पति के समान ज्ञानी थीं. जब मंडन मिश्र उपस्थित नहीं थे, आदि शंकराचार्य ने उभय भारती से संपर्क किया और उन्हें आगामी बहस में एक न्यायाधीश के रूप में कार्य करने के लिए कहा. उभय भारती ने प्रस्ताव पर सहमति व्यक्त की, लेकिन एक कठिन सवाल पूछा: आदि शंकराचार्य, एक ब्रह्मचारी साधु, इच्छा और मैथुन की प्रकृति पर चर्चा कैसे कर सकते हैं, जो मानव अस्तित्व के अभिन्न अंग हैं? आदि शंकराचार्य ने उत्तर दिया कि जबकि उन्होंने व्यक्तिगत रूप से इच्छा और मैथुन का अनुभव नहीं किया था, उन्होंने शास्त्रों में उनका व्यापक अध्ययन किया था और इसलिए उनके बारे में बोलने के योग्य थे. उभय भारती ने तब उनसे इच्छा, काम और वास्तविकता की प्रकृति के बारे में कई सवाल पूछे.

आदि शंकराचार्य ने बड़ी कुशलता और विद्वता के साथ उनके सवालों का जवाब दिया और कई दिनों तक बहस चलती रही. बहस के दौरान, आदि शंकराचार्य ने स्वयं की प्रकृति, माया (भ्रम) की अवधारणा और ब्रह्म की परम वास्तविकता की व्याख्या की. उन्होंने तर्क दिया कि भौतिक दुनिया, या जगत, माया द्वारा बनाया गया एक भ्रम है और परम वास्तविकता अपरिवर्तनीय और शाश्वत ब्रह्म है. आदि शंकराचार्य ने भी इच्छा और काम की प्रकृति पर चर्चा की, यह तर्क देते हुए कि वे अंततः भ्रामक हैं और मानव अस्तित्व की वास्तविक प्रकृति जन्म और मृत्यु के चक्र से मुक्ति की तलाश करना है. आदि शंकराचार्य और उभय भारती के बीच की बहस को भारत की बौद्धिक और दार्शनिक परंपराओं का एक उत्कृष्ट उदाहरण माना जाता है. यह इस तथ्य के लिए भी उल्लेखनीय है कि आदि शंकराचार्य को चुनौती देने और उनके ज्ञान और कौशल का परीक्षण करने वाली एक महिला उभय भारती ने बहस में केंद्रीय भूमिका निभाई थी.

मंडन मिश्र के साथ आदि शंकराचार्य की बहस की कहानी को भारतीय दर्शन में एक महत्वपूर्ण घटना माना जाता है और इसे अक्सर बौद्धिक कठोरता और दार्शनिक जांच की भारतीय परंपरा की गहराई के उदाहरण के रूप में उद्धृत किया जाता है. मध्यकाल में, कई अन्य भक्ति संत उभरे, जिनमें 14वीं शताब्दी के प्रसिद्ध कवि कबीर भी शामिल थे, जो हिंदू और मुस्लिम परंपराओं को मिश्रित करने वाली अपनी सरल, शक्तिशाली कविता के लिए जाने जाते थे. कबीर ने एक व्यक्तिगत देवता के प्रति प्रेम और भक्ति के महत्व पर जोर दिया और उनकी कविता सभी जातियों और धर्मों के लोगों के बीच लोकप्रिय हुई. अन्य महत्वपूर्ण भक्ति संतों में मीराबाई, तुलसीदास और सूरदास शामिल थे, जिनमें से प्रत्येक ने शक्तिशाली भक्ति कविता की रचना की, जिसने प्रेम और भक्ति की शक्ति का जश्न मनाया.

(विजयनगर साम्राज्य: 1336 CE से 1646 CE)

तिरुमाला और कृष्णदेव राया

संतों में जब भक्ति पर चर्चा हो रही थी, उसी समय यूरोप में एक नए युग की शुरुआत हो रही थी. 15वीं सदी में यूरोप तेजी से बदलाव के दौर से गुजर रहा था. पुनर्जागरण पूरे जोरों पर था, और नए विचार और प्रौद्योगिकियां उभर रही थीं जो दुनिया को हमेशा के लिए बदल देंगी. सबसे महत्वपूर्ण परिवर्तनों में से एक था पूँजीवाद का उदय, जिसके कारण वस्तुओं की माँग में वृद्धि हुई और व्यापार में रुचि बढ़ी. उसी समय, यूरोप राजनीतिक अस्थिरता का अनुभव कर रहा था, जिसमें राष्ट्र गठजोड़ और प्रतिद्वंद्विता के एक जटिल जाल में शक्ति और प्रभाव के लिए होड़ कर रहे थे. ओटोमन साम्राज्य, जो अब आधुनिक तुर्की में स्थित था, 15वीं शताब्दी के अंत में भूमध्यसागरीय क्षेत्र में एक शक्तिशाली शक्ति था. ओटोमन्स ने यूरोप और एशिया के बीच के अधिकांश थलचर व्यापार मार्गों को नियंत्रित किया, जिससे यूरोपीय देशों के लिए एशियाई बाजारों के साथ सीधे व्यापार संबंध स्थापित करना मुश्किल हो गया. इस आर्थिक चुनौती ने एशिया के लिए नए समुद्री मार्गों की खोज की ओर अग्रसर किया, जो अंततः खोज की यात्राओं का नेतृत्व किया. इस अवधि के सबसे प्रसिद्ध खोजकर्ताओं में से एक क्रिस्टोफर कोलंबस थे, जो अटलांटिक के पार पश्चिम में नौकायन करके एशिया के लिए एक नया मार्ग खोजने के लिए निकल पड़े. हालाँकि उन्हें एशिया नहीं मिला, लेकिन कोलंबस ने कैरेबियाई द्वीपों और मध्य और दक्षिण अमेरिका की खोज की, जिससे यूरोपीय अन्वेषण के लिए एक नई दुनिया खुल गई.

इन यात्राओं के माध्यम से, ऐसे कई नायक थे जिन्होंने अज्ञात जल में बहादुरी से नाव यात्रा की और अपने लक्ष्यों को प्राप्त करने के लिए बड़ी चुनौतियों का सामना किया. पुर्तगाली खोजकर्ता वास्को डी गामा ने भारत के लिए समुद्री मार्ग खोजने की यात्रा शुरू की. वह अफ्रीका के दक्षिणी सिरे पर केप ऑफ गुड होप के चारों ओर चला गया और अंततः 1498 में कालीकट, भारत पहुंचा. इसने एशिया के लिए एक नया व्यापार मार्ग खोल दिया और भारत में पुर्तगाली व्यापारिक पदों को स्थापित करने में मदद की. सितंबर 1500 इस्वी में, उसी रास्ते से एक और पुर्तगाली पेड्रो अल्वारेज कैब्राल भारत आया और कालीकट में पहले पुर्तगाली कारखाने की स्थापना की. ये कारखाना आगे चल कर पूरे भारत में कैसे जहर बन के फैलने वाला था ये उस समय किसी ने नहीं सोचा होगा. खैर बात अभी की, भारत में आने वाला पहला मुसलमान, पहला ईसाई और पहला यूरोपीय सब भारत के केरल में ही आये. ये सभी लोग व्यापारियों के साथ आये और उसके साथ ही लाये नए रिवाज, नयी भाषा, नए उत्पाद, नए फल, नयी सब्जियां. कहते

हैं की आलू जो आज पूरे भारत में तरह तरह से खाया जाता है वो भारत की नहीं पेरू की पैदाईश है और पुर्तगिलयों के साथ भारत आया.

आदि शंकराचार्य ने अपनी शिक्षाओं और दर्शन के प्रचार के लिए देश के चार अलग-अलग हिस्सों में चार मठों की स्थापना की थी: ज्योतिर्मठ, द्वारका शारदा, गोवर्धन पीठम, श्रृंगेरी शारदा. इस समय श्रृंगेरी मठ में विद्या पूरी कर चुके विद्यार्थिओं का दीक्षांत समारोह चल रहा था. आचार्य ने एक विद्यार्थी सायण से पूछा "तुम यहाँ से जाने के बाद क्या काम करोगे?" सायण ने जवाब दिया "आचार्य, मैं वेदों का संकलन करूँगा और उनपर भाष्य लिखूंगा" इसी तरह आचार्य ने अन्य विद्यार्थियों से भी यही सवाल किया. किसी ने व्याकरण पर काम करने तो किसी ने उपनिषदों पर शोध करने को अपना काम बताया. लेकिन विद्यारण्य माधव नमक विद्यार्थी किन्हीं और खयालों में डूबा हुआ था. वो दिल्ली के बारे में सोच रहा था. दिल्ली की सल्तनत पर गुलाम वंश के बाद खिलजी वंश का शासन आ गया है. खिलज़ी तो और भी ज्यादा क्रूर हैं. इनका सुल्तान अलाउद्दीन खिलजी बहुत महत्वाकांक्षी है. जो 1296 में सत्ता में आया था. खिलजी अपनी क्रूरता के लिए जाना जाता था, खासकर अपने दुश्मनों के प्रति. उसने पड़ोसी राज्यों के खिलाफ युद्ध किया और हजारों लोगों की मौत के लिए जिम्मेदार था. वह अपने परिवार के सदस्यों सहित महिलाओं के खिलाफ अत्याचार के लिए भी जाना जाता था. अपने गुलाम मालिक काफूर की सहायता से को वो उत्तर भारत के सभी राज्यों पर अंधाधुंध हमले करने लगा. मालिक काफूर के नेतृत्व वाली सेना का उद्देश्य होता था अधिक से अधिक माल लूटना. मंदिरों और किलों पर आक्रमण से उन पर कब्ज़ा भी हो जाता था और लूट में बहुत दौलत भी हाथ लग जाती थी. लेकिन अलाउद्दीन का लालच बढ़ता जा रहा था. उत्तर में भरपूर लूट पाट मचाने के बाद उसने दक्षिण भारत पर हमले करने की योजना बनायीं. मालिक काफूर ने एक बड़ी सी सेना के साथ वारंगल पर धावा बोल दिया. वहां अफरा तफरी हो गयी. खिलज़ी के सैनिकों ने निर्दोष लोगों की जान लेना शुरू कर दिया. मार काट के साथ वो लूट भी पूरी करते हैं. वारंगल के बेसकीमती ख़ज़ाने को लूट लिया गया. इस लूट में वो हीरा भी शामिल था जो बाद में जाना गया - 'कोहिनूर'. सैनिकों में गाँव गाँव जा कर खूब मार काट और लूटपाट की. दिल्ली सल्तनत का एक

और कुख्यात शासक मुहम्मद बिन तुगलक था, जो 1325 में सत्ता में आया था. तुगलक अपनी सनक और मानव जीवन के प्रति सम्मान की कमी के लिए जाना जाता था. उसने पूरी आबादी के नरसंहार का आदेश दिया, और सैकड़ों हजारों लोगों की मौत के लिए जिम्मेदार था. तुगलक को दिल्ली सल्तनत की राजधानी को दौलताबाद में स्थानांतरित करने के असफल प्रयासों के लिए भी जाना जाता था, जिसके परिणामस्वरूप हजारों लोगों की मौत हुई थी, जिन्हें स्थानांतरित करने के लिए मजबूर किया गया था. उनकी नीतियों और कार्यों के कारण व्यापक पीड़ा और मृत्यु हुई, और उन्हें दिल्ली सल्तनत के सबसे अमानवीय शासकों में से एक माना जाता है.

आचार्य ने पूछा "विद्यारण्य माधव, तुम शिक्षा पूरी करने के बाद क्या काम करोगे?"

विद्यारण्य माधव ने जवाब दिया "मैं अपने राष्ट्र के लिए काम करूँगा. खिलजियों के बार बार के हमले से राष्ट्र कमजोर होता जा रहा है. मैं अपने राष्ट्र की रक्षा के लिए काम करूँगा. "

सभी लोग आश्चर्य से विद्यारण्य की तरफ देख रहे थे. आचार्य ने आश्चर्य से पूछा "लेकिन इस विषय में तुम क्या कर लोगे? तुम तो निरीह ब्राह्मण हो?"

विद्यारण्य माधव के पास कोई जवाब नहीं था.

विद्यारण्य माधव वारंगल राज्य की पहाड़ियों के पास ही एक आश्रम में रहने लग गए. वो स्थानीय लोगों को उपदेश देते थे. उनके उपदेश सुनने बहुत लोगों की भीड़ इकट्ठी होती थी. उनके प्रवचनों में वो हर बार राष्ट्र की रक्षा के लिए खुद को बलिदान करने का आह्वान करते थे.

दिल्ली सल्तनत में तख्ता पलट हो गया. खिलजियों की जगह तुगलक दिल्ली की गद्दी पर बैठ गए. लेकिन तुगलक तो लूट पाट और हमलों के मामले में खिलजियों से भी आगे थे. आये दिन किसी न मंदिर या किले पर हमला करके उसको लूट लिया जाता.

एक दिन जब विद्यारण्य अपने आश्रम में थे तब दो घुड़सवार वहां आये और उनसे पूछा "बाबा, यहाँ विद्यारण्य माधव का आश्रम किधर है?" विद्यारण्य ने उनको ध्यान से देखा. वो मुस्लिम वेशभूषा में दो नौजवान थे. विद्यारण्य बोले "क्या काम है उनसे?"

एक युवक ने कहा "ये हम उन्हीं को बताएँगे " विद्यारण्य ने अपने आश्रम के दरवाजे की तरफ इशारा करते हुए कहा "डरो मत विद्यारण्य के आश्रम में डर का कोई स्थान नहीं है. " दोनों युवक घोड़े से उतर कर आश्रम के भीतर आ गए और उनमें से बड़े वाले ने कहा "विद्यारण्य माधव आचार्य को प्रणाम. मेरा नाम हरिहर है और ये मेरा भाई बुक्का. " विद्यारण्य माधव बीच में ही बोल पड़े "हक्का और बुक्का? तुम लोगों का नाम मैंने खूब सुना है. तुगलकों के साथ होने वाली झड़पों में तुम बहुत बहादुरी से लड़ते हो. "

हरिहर ने जवाब दिया "हर मुठभेड़ में हम तुगलकों के दांत खट्टे कर देते हैं लेकिन अंतिम मुठभेड़ में वो हम पर हावी हो गए और हमें बंदी बना लिया. "

हरिहर ने निराशा भरे स्वर में आगे की बात बतायी "हमें बंदी बनाकर दिल्ली ले जाया गया और कैदखाने में डाल दिया गया. हमें कड़ी यातनाएं दी जाने लगी. हम से जबरदस्ती इस्लाम कबूल करवाया गया. लेकिन एक दिन हम उनकी कैद से भाग निकले. भेष बदल कर हम आपको ढूंढने निकल गए, "

विद्यारण्य ने पूछा "मुझसे क्या चाहते हो?"

हक्का ने कहा "हमने सुना है आप यहाँ कम्पिली में तुगलकों के खिलाफ विद्रोह करने की योजना बना रहे हैं. क्या योजना है आपकी?"

विद्यारण्य ने मुस्कुराते हुए कहा "मेरी योजना के मुताबिक मुझे तुम्हारे जैसे नौजवानों का ही इंतजार था. तुम लोगों को इकट्ठा करो और यहाँ मेरे आश्रम में उनको सैन्य प्रशिक्षण दो" हक्का ने कहा "आश्रम में? लेकिन हम लोगों को यहाँ तक लाएंगे कैसे?"

विद्यारण्य आश्रम की गुफा के और अंदर बढ़ते हुए बोले "मेरे पीछे आओ"

आगे बढ़ते हुए गुफा संकरी होती जा रही थी. कुछ दूर चलने के बाद थोड़ा उजाला नजर आने लगा. उसके पास जाने पर पता चला ये रास्ता एक मंदिर में खुलता है.

मंदिर में आने के बाद विद्यारण्य ने हक्का बुक्का से कहा "लोग भजन का बहाना करके यहाँ तक आएंगे, उसके आगे का काम तुम्हें करना होगा. "

अगले दिन से ही योजना के अनुसार काम शुरू हो गया. बहुत सारे भक्त हर हर महादेव का नारा लगते मंदिर में आते, फिर वहां से सुरंग के रास्ते प्रशिक्षण केंद्र पर पहुंचते हैं. और उनका सैन्य प्रशिक्षण शुरू होता है. कई दिन प्रशिक्षण के बाद जब सेना पूरी तरह तैयार थी, सुबह अंधेरे में ही उन्होंने अनेगुंडी के किले पर धावा बोल दिया. उत्साही सैनिकों ने एक एक तुर्क को चुन चुन कर मारा. और थोड़ी ही देर में अनेगुंडी के किले पर हक्का और बुक्का का अधिकार हो गया. तुंगभद्रा नदी के तट पर विद्यारण्य ने उनको आने को कहा. हक्का और बुक्का जब वहां गए तो देखा कि विद्यारण्य वहां यज्ञ कर रहे हैं. हक्का और बुक्का उनके सामने बैठ जाते हैं. विद्यारण्य बोलते हैं "ये बहुत पवित्र भूमि है, यहाँ अपने साम्राज्य का निर्माण करो"

हरिहर और बुक्का ने अपने गुरु विद्यारण्य माधवाचर्य के साथ मिल कर जिस साम्राज्य की नींव रखी उसका नाम है विजयनगर साम्राज्य. आगे चल कर यही साम्राज्य पूरे दक्षिण भारत पर राज करने वाला एक मात्र साम्राज्य बन जायेगा. और काम को अंजाम दिया इस वंश के एक राजा- कृष्णदेव राया. कृष्णदेव राया का नाम भी अन्य राजाओं की तरह भुला दिया गया होता अगर उनकी मुलाकात तिरुमाला से नहीं हुई होती. कृष्णदेव राया ने जब सत्ता संभाली तब दक्षिण भारत में उनका सबसे बड़ा शत्रु था बहमनी साम्राज्य. ये तुगलकों के प्रभाव वाले हिस्से से खुद को स्वतंत्र घोषित करके अस्तित्व में आया था. कृष्णदेव राया ने कई बार बहमनी साम्राज्य पर हमले किये लेकिन सफलता नहीं मिली. इस बार के हमले में भी शत्रु पूरी तरह से तैयार था और कृष्णदेव राया को निराश हो कर लौटना पड़ा. लौटते समय उन्हें भेष बदल मित्र राज्य में शरण लेनी पड़ी.

यहीं एक मंदिर में एक नृत्यांगना शिव की आराधना में नृत्य कर रही थी. ये थीं तिरुमाला. वो कृष्णदेव राया के मन को भा गयीं थीं. अगले दिन जब कृष्णदेव जंगल से गुजर रहे थे तभी वहां एक घोड़े पर बैठी हाथ में तीर धनुष लिए तिरुमला तेज़ी से गुजरती हुई दिखाई दीं. जैसे ही उन्होंने तीर छोड़ा वो सीधा जा कर एक बाघ को लगा और बाघ वहीं

ढेर हो गया. कृष्णदेव तिरुमला के इस कौशल को देखकर आश्चर्यचकित रह गए. सही समय आने पर कृष्णदेव राया ने अपना परिचय दिया और तिरुमाला के सामने विवाह का प्रस्ताव रखा. तिरुमाला ने प्रस्ताव को स्वीकार किया. कृष्णदेव राया उनको लेकर श्रीरंगपट्टम आ गए. और विधिवत विवाह किया. कृष्णदेव राया और तिरुमाला रोज शिकार पर साथ जाते और पूरे रास्ते सैन्य रणनीतियों पर चर्चा करते. एक दिन शिकार से लौटते हुए कृष्णदेव बोले "बहमनियों पर हमने कई बार चढ़ाई की लेकिन कभी सफल नहीं हो पाए, वो बहुत ताकतवर हैं"

तिरुमाला ने जवाब दिया "वो ताकतवर नहीं हैं हमारी रणनीति गलत है"

कृष्णदेव राया ने आश्चर्य से पूछा "मतलब?" तिरुमाला ने जवाब दिया "मैंने पिछले किये गए कई हमलों का विश्लेषण किया है, हम पूरी तैयारी के साथ जाते हैं लेकिन एक चीज की कमी रहती है - चकित कारक. शत्रु को हमारे हमले की खबर पहले ही लग जाती है और वो सतर्क हो जाता है. हम आज बहमनियों पर आक्रमण की नयी नीति बनाएंगे. लेकिन ये योजना गुप्त रहेगी, सिर्फ सेनाध्यक्षों को ही आमंत्रित करिये. "

योजना के मुताबिक कृष्णदेव राया गड़रिये के भेष में अपने सेनापति के साथ बहमनी साम्राज्य की रेकी करने लगे. रोज की जासूसी से इकट्ठी हुई जानकारी के अनुसार शाम को सूरज ढलते समय, किले के पहरेदारों की अदलाबदली होती है. दिन वाले सैनिक अपने हथियार और कवच उतार कर रख रहे होते हैं और नए रात वाले सैनिक अपने एक हाथ में मशाल लिए खड़े रहते हैं, अभी तक उन्होंने हथियार उठाये नहीं होते. ये ही सबसे सही समय होगा धावा बोलने का. सभी सेनाध्यक्षों को रानी तिरुमाला ने आदेश दिया "आप सेना को ये बिना बताये कि किस अभियान पर जा रहे हैं, कूच करने के लिए तैयार करिये. " तय समय पर सेना तय जगह पर इकट्ठा हुई और किले की तरफ चुपके चुपके बढ़ती रही. सब लोग झाड़ियों में छुप सूर्यास्त होने का इंतज़ार करने लगे. जैसे ही पहरेदारों की अदलाबदली की प्रक्रिया शुरू हुई कृष्णदेव राया की सेना ने आकस्मिक आक्रमण कर दिया. भारी संख्या में सैनिक किले के दरवाजे के पास इकट्ठे होने लगे. बहमनियों के एक एक सैनिक को काटते हुए कृष्णदेव की सेना किले के दरवाजे पर बड़े बड़े लट्ठों से धक्का मरना शुरू कर दिया. थोड़ी देर में ही किले का दरवाजा खुल गया और कृष्णदेव की सेना किले के अंदर घुस गयी. बहमनी सरदार वहां से जान बचा कर भाग गया और बहमनी साम्राज्य विजयनगर के अधीन हो गया.

रानी तिरुमाला ने हवा में तलवार लहरा कर अपनी जीत की घोषणा की. बहमनी सल्तनत के बाद कृष्णदेव राया बीजापुर, गोलकोंडा और ओडिशा के गजपतियों के सुल्तानों को हराकर प्रायद्वीप के प्रमुख शासक बन गए. विजयनगर साम्राज्य ने 300 सालों तक राज किया. इसके राज में दक्षिण भारत में कला और संस्कृति का खूब विकास हुआ. कृष्णदेव राया ने हम्पी को अपनी राजधानी बनाया. जो आज एक यूनेस्को वर्ल्ड हेरिटेज साइट है. स्थापत्य कला में हम्पी इतना आधुनिक था कि नगर को देखकर सबकी आँखें चौंधिया जाती थी. उस समय विजयनगर की यात्रा करने वाले विदेशी यात्रियों ने विजयनगर के बारे में ये लिखा -

पुर्तगाली यात्री डोमिंगो बेस ने कहा "हम्पी शहर रोम जितना बड़ा है "

फ़ारसी राजदूत अब्दुर रज्जाक कहते हैं "उन्होंने विजयनगर से ज्यादा सुन्दर और कोई जगह देखी ही नहीं है "

पुर्तगाली यात्रु फर्नाओ नुनीज़ बताते हैं कि कृष्णदेव राया के समय में श्रीलंका, पेगु (बर्मा) और मलाया भी विजयनगर को नज़राना भेंट करते थे.

पुर्तगाली यात्री डोमिंगो पेस ने कृष्णदेव राया के बारे में कहा "वो एक प्रशिक्षित सैन्य जनरल भी हैं और युद्ध का नेतृत्व सामने से करते हैं. वो घायल सैनिकों की सेवा स्वयं करते हैं. "

उनके बनवाये गए इमारतों को पुर्तगाली यात्री डोमिंगो पेस "दुनिया के अजूबे " कहते हैं.

उन्होंने विरुपाक्ष मंदिर और अन्य शिव मंदिरों का पुनर्निर्माण किया. उन्होंने तिरुमाला, श्रीशैलम, अमरावती, चिदंबरम, अहोबिलम और तिरुवन्नामलाई के मंदिरों को भूमि अनुदान दिया. उन्होंने तिरुमाला वेंकटेश्वर मंदिर पर हीरे जड़ित मुकुट से लेकर सुनहरी तलवारों, नौ प्रकार के कीमती रत्नों और बेशकीमती मूल्य की कई वस्तुओं की खोज की. कृष्णदेव राय के बनवाये वेंकटेश्वर उनके संरक्षक देवता हैं. तिरुमाला देवस्थानम द्वारा प्रकाशित लगभग 1250 मंदिर अभिलेखों में से 229 का श्रेय कृष्णदेव राय को जाता है. तिरुमाला के मंदिर परिसर में कृष्णदेव राय की उनकी दो पत्नियों के साथ एक मूर्ति मिली है. ये मूर्तियां अभी भी मंदिर के निकास द्वार पर दिखाई देती हैं.

कृष्णदेव राया के बारे में मुग़ल बादशाह बाबर ने कहा "ये भारत के सबसे महान योद्धा हैं"

(मुग़ल काल की शुरुआत: 1526 CE)

कर्णावती और बाबर

तुगलकों के दौर में दिल्ली पर मंगोलों की शाखा जिसका नेतृत्व तैमूर ए लंग कर रहा था ने हमला कर दिया. दिल्ली पर तैमूर का हमला दिसंबर 1398 में शुरू हुआ, जब उसकी सेना ने सिंधु नदी को पार किया और भारतीय उपमहाद्वीप में प्रवेश किया. तैमूर की सेना में लगभग 90,000 सैनिक शामिल थे, जिनमें घुड़सवार सेना और पैदल सेना के साथ-साथ युद्ध के हाथी भी शामिल थे. उसने पंजाब के रास्ते से कूच किया और दिल्ली के रास्ते में कई शहरों को बर्बाद कर दिया. जब तैमूर की सेना दिल्ली पहुंची, तो उनका सामना सुल्तान नसीरुद्दीन महमूद शाह तुगलक की सेना से हुआ, जो आकार में बहुत छोटी थी. शहर के बाहर एक भीषण युद्ध में दोनों सेनाएँ आपस में भिड़ गईं, लेकिन तैमूर की श्रेष्ठ सैन्य रणनीति और हथियारों ने उसे काफी लाभ पहुंचाया. तुगलक सेना हार गई और सुल्तान शहर छोड़कर भाग गया. तैमूर के सैनिकों ने तब दिल्ली में प्रवेश किया और लूटपाट, आगजनी और हत्या का अभियान शुरू किया. उन्होंने मंदिरों, मस्जिदों और महलों सहित इमारतों को जला दिया और हजारों लोगों को मार डाला. कहा जाता है कि खुद तैमूर शहर में अपने सैनिकों द्वारा की गई हिंसा और विनाश के स्तर से हैरान था. कई दिनों की लूटपाट के बाद, तैमूर ने जीत की घोषणा की और अपने साथ बड़ी मात्रा में खजाना और कैदी लेकर दिल्ली छोड़ दिया. शहर को खंडहर बनाकर छोड़ दिया गया था, और इसकी आबादी को खत्म कर दिया गया था. कई लोगों को गुलाम बना लिया गया या पलायन के लिए मजबूर कर दिया गया और दिल्ली को तबाही से उबरने में कई साल लग गए.

दिल्ली कई दिनों तक अनाथ रही. फिर आसपास के कुछ अफगान कबीलों ने संगठित हो कर एक सत्ता स्थापित की. लोधी कबीले के सरदार को दिल्ली का सुल्तान घोषित कर दिया. लोधी अब तक के दिल्ली सल्तनत के शासकों से अलग थे, ये तुर्क नहीं अफगान थे और इनके राज करने के तरीके भी अलग थे कबीलाई. शुरुआत के सभी लोधी सुल्तानों ने दूसरे सभी अफगान कबीलों की सहमति से ही काम किया. लेकिन इब्राहिम लोधी नाम का सुल्तान अपने बुजुर्गों से अलग निकल गया. इब्राहिम लोधी एक घमंडी, बदजुबान, शक्की, क्रूर और सनकी आदमी था. वो अपनी मनमानी के आगे दूसरे अफगान कबीलों की एक नहीं सुनता था. सारे पुराने वफादारों पर शक करता था. बेवजह उनको कालकोठरी में डाल कर यातनाएं देता था. अफ़ग़ान कबीले इस से तंग आ चुके थे और उनको तख़्त से गिराने के योजना बनाने लगे. अफगानों ने इब्राहिम लोधी को दो मोर्चों से घेरने की योजना बनाई. दो गुप्त सन्देश भेजे गए. एक काबुल में बाबर के पास और दूसरा चित्तौड़ में राणा सांगा के पास. क्योंकि सांगा ने ही पहले भी बहादुरी से लड़ते हुए इब्राहिम लोधी की सेनाओं को हराया था. उनके विशाल शरीर पर उनकी वीरता की निशानियां उनके हर अंग पर छाव के रूप में सुशोभित थीं. उनकी एक आँख नहीं थी, एक हाथ नहीं था, एक पैर नहीं था, पूरे शरीर पर युद्ध के घावों के अनेक निशान थे.

उस समय भारत में कई शक्तियां दिल्ली से आज़ाद अपना राज्य चला रही थीं जैसे बंगाल, जौनपुर, राजपुताना. राजपूताना में सबसे शक्तिशाली था चित्तौड़, जिसने कभी किसी की अधीनता स्वीकार नहीं की. बप्पा रावल और राणा कुंभा के वंश में ही राजा रायमल ने अपने उत्तराधिकारी चुनने के लिए सामंतों की सभा बुलाई. सभा का निर्णय ये है की उत्तराधिकारी का चुनाव देवी वाणी पर छोड़ देना चाहिए. प्रमुख सामंत ने मंदिर जा कर देवी से पूछने की जिम्मेदारी ली. अगली सुबह तड़के ही राजा रायमल के बड़े बेटे कुंवर पृथ्वीसिंह मुख्य सामंत के साथ मंदिर पहुंचे और वहां सबसे ऊँची चट्टान पर बैठ गए. उसके बाद वहां पहुंचे छोटे बेटे जगमल, जो नीचे वाली चट्टान पर बैठ गए. अंत में पहुंचे राणा सांगा, कोई और जगह न दिखने पर, पास रखी बाघ की खाल को जमीन पर बिछाया और उसपर बैठ गए. तभी पुजारिन चरनी देवी प्रकट हुई. आते ही पूछा "यहाँ सबसे पहले कौन आया?"

कुंवर पृथ्वीसिंह बोले "मैं सबसे पहले आया "

चरणी देवी: उसके बाद?

जगमल: फिर मैं आया माँ.

राणा सांगा: मैं तो सबसे बाद में आया.

चरणी देवी: बाद में आये फिर भी बाघ की खाल पर बैठ गए? सुनो देवी माँ का जवाब, बाघ की खाल पर बैठने वाला ही राजा बनेगा.

कुंवर पृथ्वीसिंह: ऐसे कैसे बनेगा? सबसे पहले मैं आया, मैं चाहता तो मैं बाघ की खाल पर बैठ जाता.

चरनी देवी: लेकिन आप बैठे तो नहीं. तुम देवी का जवाब सुनने आये थे, देवी माँ ने जवाब दे दिया है आगे तुम्हारी किस्मत.

कुंवर पृथ्वीसिंह अपनी तलवार निकालते हुए बोला "इस संग्राम सिंह (सांगा) को मार कर भी तो मैं बाघ की खाल पर बैठ सकता हूँ "

ऐसा कहते हुए उसने राणा सांगा पर तलवार से जोरदार हमला कर दिया. राणा सांगा का चेहरा बुरी तरह से घायल हो गया. उन्होंने अपनी एक आँख खो दी. तभी मुख्य सामंत और जगमल ने पृथ्वीसिंह को पकड़ लिया.

मुख्य सामंत ने चेतावनी दी "ये आपने क्या किया? ये राजपूतों को शोभा नहीं देता. राजा जी को जब इसके बारे में पता चलेगा तो वो बर्दाश्त नहीं करेंगे "

पृथ्वीसिंह ने जवाब दिया "राजा जी तक बात पहुंचने से पहले अगर संग्राम सिंह जिन्दा रहेगा तब ना "

इतनी देर में राणा सांगा अपने घोड़े पर बैठ कर वहां से निकल गए, राणा सांगा का कई सालों तक कोई अता पता नहीं था. राजा रायमल को जब अपने बड़े बेटे के मंदिर वाले कुकृत्य के बारे में पता चला तब उन्होंने कुंवर पृथ्वीसिंह को देश निकाला दे दिया और अपने छोटे बेटे जगमल को मज़बूरी में राजा बना दिया. जब रायमल मृत्युशैया पर थे तभी उनको खबर मिलती है कि राणा सांगा जीवित हैं और चित्तौड़ आने वाले हैं.

राणा सांगा जैसे ही चित्तौड़ आते हैं रायमल उनको राजा घोषित कर देते हैं और स्वर्ग सिधार जाते हैं. राजा बनते ही राणा सांगा ने राजपूताने को संगठित करने का काम शुरू कर दिया. सभी सामंतों के साथ सम्मान और मित्रता का सबंध बनाया. भूमिगत रहने के दिनों में जिन मित्रों ने उनकी मदद की थी उनको भी बहुत सम्मान और उपहार दिया. तभी उनके पास दिल्ली से एक गुप्त संदेशा आया "दिल्ली के अफगान मुखिया राणा सांगा को इब्राहिम लोधी पर हमला करने के लिए आमंत्रित करते हैं" राणा सांगा ने कहा "सुना है बाबर नाम का कोई मंगोल दिल्ली पर हमले के लिए योजना बना रहा है, उसके पास हमारा संदेशा भेजो "

इसी दौरान उधर काबुल में बाबर सैन्य शिविर में अपने प्यारे बेटे हुमायूँ की शादी का जश्न मना रहा था. तभी उसके पास दो संदेशे पहुंचे, एक दिल्ली से और दूसरा चित्तौड़ से. दिल्ली वाला सन्देश अफगान सरदारों का है जो बाबर को दिल्ली पर हमले के लिए न्योता दे रहे हैं. चित्तौड़ वाले सन्देश में लिखा है "हम आगरा पर आक्रमण करने जा रहे हैं, इब्राहिम लोधी कमजोर हो जायेगा आप दिल्ली पर हमले की तैयारी करिये. "

दोनों सन्देश सुनने के बाद बाबर सोच में पड़ गया. उसका अपना साम्राज्य खड़ा करने का सपना जिसका पीछा वो बचपन से कर रहा था कहीं वो दिल्ली में तो पूरा नहीं होगा?

राणा सांगा को इस बात की भनक भी नहीं है, वो अपने सामंतों को समझाते हुए कहते हैं "दिल्ली में इब्राहिम लोधी और बाबर को आपस में लड़ने दो, हमें बीच में पड़ने की कोई जरुरत नहीं है"

मुख्य सामंत बोलते हैं "लेकिन अगर बाबर जीत गया तो कहीं वो दिल्ली पर कब्ज़ा न कर ले "

राणा सांगा ने कहा "वो मंगोल हैं, लूटेरे. चंगेज़ खान रुका? तैमूर रुका? ये लोग बस दिल्ली में लूटपाट करेंगे और चले जायेंगे, फिर दिल्ली पर राज हमारा होगा. "

मुख्य सामंत ने पूछा "आगरा में सेना भेजने की क्या योजना है?"

राणा सांगा बोले "अभी नहीं, अभी बाबर और लोधी को आपस में लड़ने दो"

उधर बाबर अपना पूरा लाव लश्कर ले कर हिंदुस्तान की तरफ बढ़ गया. कई दिनों तक आगरा में हमले का इंतज़ार करने के बाद वो बोला "राणा सांगा ने वादा खिलाफी की है लेकिन इब्राहिम लोधी को हराने में हम अकेले ही काफी हैं, पानीपत की जमीन अब लाल होने वाली है "

बाबर की मुगल सेना लगभग 12,000 सैनिकों से बनी थी, जिसमें बाबर की सेना के 8000 सैनिक और 4000 अफगान सहयोगी शामिल थे. दिल्ली सल्तनत की सेना में लगभग 100,000 सैनिक थे, जिनमें घुड़सवार, पैदल सेना और हाथी शामिल थे. युद्ध का मैदान वर्तमान हरियाणा, भारत में पानीपत गाँव के पास स्थित था. सल्तनत की सेना ने बाबर की सेना पर हमला शुरू कर दिया, लेकिन मुगलों ने हमले को रोकने के लिए अपनी तोपखाने का इस्तेमाल किया और फिर जवाबी हमला किया. हल्की तोपों और बंदूकों से युक्त मुगल तोपखाना एक महत्वपूर्ण लाभ साबित हुआ, और सल्तनत सेना को भारी नुकसान हुआ. मुगल सेना ने अपनी घुड़सवार सेना का भी प्रभावी उपयोग किया, जिसमें मध्य एशिया के कुशल घुड़सवार शामिल थे. कम संख्या में होने के बावजूद, मुगलों ने जमीन पर कब्जा कर लिया, और लड़ाई कई घंटों तक जारी रही. आखिरकार, सल्तनत की सुरक्षा सेना टूट गई और में इब्राहिम लोदी मारा गया. पानीपत का युद्ध जीतने के बाद बाबर दिल्ली की गद्दी पर बैठ गया और अफगान सरदारों से दोस्ताना सम्बन्ध बनाने शुरू कर दिए. ये बात जैसे ही राणा सांगा को पता चली कि बाबर तो वापस लौटने के इरादे नहीं रखता है, उन्होंने सामंतों की सभा बुलाई. सेनापति ने बताया "कई अफगान सरदार हुकुम (राणा सांगा) को दिल्ली की गद्दी पर देखना चाहते हैं, वो बाबर की सेना के खिलाफ लड़ने को तैयार हैं. "

राणा सांगा ने कहा "बस अब और देर नहीं, सभी राजपूतों को इकट्ठा कीजिये, अफगानों को भी अपनी सेनाओं के साथ बुलाइये, अब बाबर को हरा कर दिल्ली को जीतना है "

खानबा का युद्ध 17 मार्च 1527 को मुगल बादशाह बाबर और मेवाड़ के राजपूत शासक राणा सांगा के बीच लड़ा गया था. लड़ाई वर्तमान राजस्थान में खानवा गांव के पास हुई थी. राणा सांगा ने राजपूत शासकों का एक गठबंधन बनाया था और उसके पास पैदल सेना, घुड़सवार सेना और युद्ध के हाथियों सहित 80,000 से अधिक सैनिकों की एक विशाल सेना थी. दूसरी ओर, बाबर के पास लगभग 20,000 सैनिकों की एक छोटी सेना थी, लेकिन वे आग्नेयास्त्रों और तोपखाने से बेहतर सुसज्जित थे.

लड़ाई भयंकर थी, जिसमें दोनों पक्षों को भारी जनहानि हुई. राणा सांगा ने स्वयं बहादुरी से लड़ाई लड़ी और कई बार घायल हुए लेकिन युद्ध के मैदान को छोड़ने से इनकार कर दिया. हालाँकि, बाबर की श्रेष्ठ रणनीति और तोपखाने और आग्नेयास्त्रों का उपयोग निर्णायक साबित हुआ. अंततः राणा साँगा की सेना हार गई और उसे पीछे हटने के लिए विवश होना पड़ा. राणा सांगा लड़ते हुए वीर गति को प्राप्त हुए.

जब राणा सांगा की मृत्यु हुई, तो मेवाड़ में उत्तराधिकार का संकट उभर गया था, और राज्य दो गुटों में बंट गया था, एक राणा सांगा के सबसे बड़े बेटे, राजकुमार जगमल का समर्थन करता था, और दूसरा दिवंगत राजा के छोटे बेटे राजकुमार उदय सिंह का समर्थन करता था. जिस समय मुगल इतने बड़े खतरे के रूप में सामने खड़े हों, उस समय मेवाड़ की गद्दी पर कोई योग्य व्यक्ति ही बैठना चाहिए. राणा सांगा की पत्नी महारानी कर्णवती ने ये जिम्मेदारी स्वयं के कन्धों पर ली. पूरे राजकीय विधि विधान से उनका राज्याभिषेक हुआ. रानी बनते ही उन्होंने सभी राजपूतों को संगठित किया. साथ ही साथ आदिवासियों के साथ भी अच्छे रिश्ते बना लिए. ये आदिवासी मेवाड़ की रक्षा में हर युग में खड़े नजर आये. इस दौरान राजकुमार उदय सिंह के पालन पोषण और सुरक्षा की जिम्मेदारी धाय माँ पन्ना धाय ने निभाई.

वह शाही परिवार की एक बहादुर और वफादार सेवक थी, और उसने युवा राजकुमार की सुरक्षा सुनिश्चित करने के लिए अपनी जान जोखिम में डाल दी. एक दिन, राजकुमार जगमल के समर्थकों द्वारा नियुक्त हत्यारों का एक समूह उस कमरे में प्रवेश करने में कामयाब हो गया जहाँ राजकुमार उदय सिंह सो रहे थे. पन्ना धाय को हमले की पहले से आशंका थी, उसने जल्दी से राजकुमार को उठाया और उसकी जगह अपने बेटे को लिटा दिया, जो एक समान उम्र और कद का था. हत्यारों ने पन्ना धाय के बेटे को राजकुमार समझकर मार डाला, और घटनास्थल से भाग गए. पन्ना धाय राजकुमार उदय सिंह के साथ कुम्भलगढ़ के पास के गाँव में भाग आयी. राजकुमार उदयसिंह ने जंगलों में अपने आदिवासी भाइयों के घर में शरण ली. कई वर्षों तक, राजकुमार उदय सिंह छिपकर रहे, रूखी सुखी रोटी खा कर अपने समर्थकों के साथ संघर्ष करते रहे. पन्नाधाय ने उन्हें अपने बेटे के रूप में पाला, ताकि उन्हें एक दिन मेवाड़ की गद्दी पर बैठने योग्य बना सके.

मुगलों ने दिल्ली की बजाय आगरा को अपनी राजधानी के लिए चुना. बाबर हिंदुस्तान में 4 साल ही जिन्दा रह पाया और 1530 में उसकी मौत हो गयी. ऐसे में कम उम्र के उनके बेटे हुमायूँ को गद्दी पर बैठना पड़ा. 1534 में, रानी कर्णावती को बाबर के बेटे वर्तमान मुग़ल बादशाह हुमायूँ का एक पत्र मिला जिसको पढ़ कर महारानी हैरान रह गयीं. हुमायूँ नाजों में पला हुआ शहज़ादा था, वो एक बेकार शासक साबित हुआ. 1534 में, मेवाड़ के राजपूत साम्राज्य की रानी, रानी कर्णावती को मुगल सम्राट हुमायूँ का एक पत्र मिला, हुमायूँ ने रानी से आमने सामने मिल कर राजनैतिक स्तर पर बात करने का प्रस्ताव रखा. हुमायूँ कर्णावती के दरबार में प्रवेश करता है.

हुमायूँ ने कहा " मल्लिका-ए-राजपूताना का इकबाल बुलंद हो. रानी आप एक मजबूत सूबे की मजबूत मल्लिका हैं. मुग़ल मेवाड़ के साथ अच्छे ताल्लुकात बनाना चाहते हैं. मैं ये पैग़ाम खुद ले कर इसलिए आया हूँ क्योंकि दो बुलंद ताकतों को एक करने के लिए, मैं आपसे निकाह करना चाहता हूँ. "

कर्णावती आश्चर्यचकित थी, उसने कहा "आपका प्रस्ताव सबसे अप्रत्याशित है, सम्राट हुमायूँ. मुझे आपको यह बताते हुए खेद है कि मैं इसे स्वीकार नहीं कर सकती. "

हुमायूँ निराश हो गया और बोला, "क्या मैं जान सकता हूँ कि क्यों, महामहिम?"

कर्णावती: मैं एक राजपूत योद्धा रानी हूं, और मेरा कर्तव्य सभी खतरों के खिलाफ अपने राज्य की रक्षा करना है. हमारी संस्कृतियां अलग हैं और मैं राजनीतिक गठबंधन के लिए अपने लोगों के साथ विश्वासघात नहीं कर सकती.

हुमायूँ: रानी कर्णावती, मैं आपकी बात समझ रहा हूँ. लेकिन जान लें कि मेरा प्रस्ताव अभी भी कायम है, और मुझे आशा है कि हम अपने लोगों की भलाई के लिए मिलकर काम करने का एक तरीका खोज सकते हैं.

रानी की अस्वीकृति के बावजूद, हुमायूँ उसके साहस और सुंदरता का कायल हो गया. उसने बल के माध्यम से मेवाड़ का दिल जीतने की उम्मीद में अपनी सेना के साथ मेवाड़ पर मार्च करने का फैसला किया. हुमायूँ की सेना मेवाड़ के पास पहुँचती है.

कर्णावती ने अपने सलाहकारों से कहा "हमें आक्रमणकारियों के खिलाफ अपने राज्य की रक्षा के लिए तैयार रहना चाहिए. चित्तौड़गढ़ के राजा जयमल को एक संदेश भेजें, उनकी मदद के लिए पूछें"

हुमायूँ की सेना और राजपूत युद्ध में भिड़ गए.

हुमायूँ ने अपने सेनापतियों से कहा " हमारी फौजें आगे क्यों नहीं बढ़ रहीं? आगे बढ़ो और किले की दीवारें तोड़नी शुरू करों.. "

कर्णावती ने अपने सैनिकों से कहा, ‘‘मेरे योद्धाओं, अपनी पूरी ताकत से लड़ो. हम दुश्मन को हमारी भूमि पर विजय प्राप्त करने और हमारे लोगों का अपमान करने नहीं दे सकते. "

कई दिनों तक लड़ाई चली, जिसमें दोनों पक्षों को भारी नुकसान उठाना पड़ा. अंत में, मुगल विजयी हुए, और हुमायूँ ने मेवाड़ में विजयी रूप से मार्च किया. हुमायूँ रानी के महल में प्रवेश करता है.

हुमायूँ ने जीत की भावना के साथ कहा "आपका राज्य अब मेरा है, रानी कर्णावती. आप या तो मेरे शासन को स्वीकार कर सकतीं हैं या नतीजे भुगतने के लिए तैयार रहिये. "

कर्णावती ने अवज्ञापूर्वक कहा, ‘‘मैं किसी विदेशी आक्रमणकारी के सामने कभी आत्मसमर्पण नहीं करूंगी. मेरा सम्मान और मेरे लोगों का सम्मान किसी भी राज्य या धन से अधिक मूल्यवान है. "

शत्रु के हाथ लगने के बजाय, रानी कर्णावती और उनके अनुयायियों ने "जौहर" करने का फैसला किया, एक प्रथा जिसमें महिलाओं ने शत्रु द्वारा बंदी बनाए जाने से बचने के लिए खुद को बलिदान कर देती थीं. रानी और उनके साथी एक कक्ष में एकत्र हुए और अपमान पर मौत का चयन करते हुए, रानी कर्णावती आग के कुंड में वैसे ही कूद गयीं जैसे किसी युग में सती कूदीं थी. जौहर करने से पहले रानी कर्णावती ने एक पत्र और एक राखी शेर शाह सूरी को भेजी थी. पत्र मिलते ही शेर शाह सूरी ने दिल्ली पर हमला कर दिया और मुग़लों की सत्ता का अंत कर दिया. 1537 में, राजकुमार उदय सिंह को खबर मिली कि उनके बड़े भाई, राजकुमार जगमल की मृत्यु हो गई है. वर्षों के संघर्ष बाद सही मौका देखकर राजकुमार उदय सिंह अपने समर्थकों के साथ मेवाड़ की राजधानी चित्तौड़गढ़ की ओर कूच किया. चित्तौड़ के लोगों ने उनका जोर शोर से स्वागत किया और उन्हें सम्राट घोषित कर दिया और राणा उदय सिंह के नाम से गद्दी पर बैठे. शेरशाह सूरी, एक पश्तून योद्धा थे. उन्होंने मुगलों का नामो निशान मिटाने के उद्देश्य से 1539 में चौसा की लड़ाई और 1540 में कन्नौज की दोनों लड़ाइयों में, शेर शाह विजयी हुए, दिल्ली की गद्दी पर शेर शाह सूरी का अधिकार हो गया. वे बहुत थोड़े समय के लिए ही सम्राट रह पाए, लेकिन इस दौरान उन्होंने प्रशासन में आधारभूत सुधार किये. वह अपने प्रशासनिक सुधारों के लिए जाने जाते थे, जैसे ग्रैंड ट्रंक रोड का निर्माण जो उनके साम्राज्य के विभिन्न हिस्सों को जोड़ता था. उन्होंने साम्राज्य के प्रांतों में विभाजन और प्रत्येक प्रांत की देखरेख के लिए राज्यपालों की नियुक्ति सहित कई प्रशासनिक सुधारों की शुरुआत की. उन्होंने भू-राजस्व संग्रह की एक प्रणाली भी शुरू की, जिसने साम्राज्य की संपत्ति को बढ़ाने में मदद की. हुमायूं जान बचा कर फारस की तरफ भाग गया.

(मुग़ल काल: 16 वीं शताब्दी)

जोधा बाई और अकबर

शेर शाह सूरी की मृत्यु के बाद दिल्ली की गद्दी पर बैठे हेमचंद्र, जिन्हें हेमू के नाम से भी जाना जाता है, वे एक हिंदू राजा थे जो 16वीं शताब्दी के दौरान सत्ता में आये थे. उन्होंने अफगान शासक आदिल शाह के अधीन दिल्ली के प्रधान मंत्री के रूप में कार्य किया और बाद में दिल्ली की लड़ाई में मुगलों की सेना को हराने के बाद खुद को भारत का शासक घोषित कर दिया. हेमचन्द्र एक न्यायप्रिय राजा थे. उनकी न्यायप्रियता की वजह से ही प्रजा ने उन्हें विक्रमादित्य की उपाधि से नवाजा था.

उन दिनों हुमायूँ उमरकोट में निर्वासन में था, जिसे दिल्ली के शासक शेर शाह सूरी ने भारत से बाहर कर दिया था. उसी दौरान 15 अक्टूबर 1542 को एक बेटा हुआ - जलालुद्दीन मुहम्मद जो बाद में अकबर के नाम से प्रख्यात हुआ. अकबर का बचपन अस्थिरता में बीता, क्योंकि उनके पिता निर्वासन में थे और उनके परिवार को कई चुनौतियों का सामना करना पड़ा था. शेरशाह सूरी की मृत्यु के बाद, हुमायूँ फारसी शासक शाह तहमासप की मदद से मुगल सिंहासन को पुनः प्राप्त करने में सक्षम था. लेकिन एक दिन अचानक हुमायूँ एक मीनार की सीढ़ी पर लड़खड़ाता हुआ गिरा और मर गया. उसने शासन भी लड़खड़ाते हुए किया और मरा भी लड़खड़ाते हुए. 1556 में अपने पिता की मृत्यु के

बाद, अकबर 14 वर्ष की आयु में सम्राट बन गए. अकबर का संरक्षक था बैरम खान. मुग़लों का कट्टर वफादार. बैरम खान ने हेमू से युद्ध करके दिल्ली पर फिर से मुग़ल परचम लहराने की योजना बनाई. युद्ध का मैदान वही पानीपत.

5 नवंबर, 1556 को मुगल सम्राट अकबर की सेना और हेमू की सेना पानीपत के मैदान में आमने सामने आयी. हेमचन्द्र विक्रमादित्य, एक हाथी पर सवार हो कर सेना का नेतृत्व कर रहे थे. उनका शरीर भारी कवच से ढंका हुआ था. पूरे शरीर में केवल उनकी आँखें खुली हुई थीं. हेमू की सेना मुख्य रूप से राजपूत और उन अफगानी सैनिकों से बनी थी, जो मुग़लों से खफा थे. अकबर की सेना मुगल, राजपूत और फारसी सैनिकों का मिश्रण थी, लड़ाई का नेतृत्व अकबर के संरक्षक बैरम खान ने किया. लड़ाई शुरू होते ही हेमू की भयंकर घुड़सवार सेना ने मुग़लों पर घातक आक्रमण कर दिया. मुग़लों की सेना डर कर पीछे भागने लगी. बैरम खान ने मुगल सैनिकों की एक टुकड़ी के साथ जवाबी हमला किया, जिसने लड़ाई का रुख थोड़ा बदल दिया. बैरम खान ने विदेश के कुछ तीरंदाजों को बुलाया था. ये तीरंदाज शुरुआत से ही सिर्फ एक लक्ष्य पर केंद्रित थे. कई बार एक असफल प्रयासों के बाद एक तीर हेमू की आँख में जा लगा. हेमू अपने हाथी से नीचे गिर गए. ये देखकर उनकी सेना को लगा कि उनके राजा शहीद हो गए और सभी सैनिक अपनी जान बचा कर भागने लगे. अकबर की सेना की जीत हुई. हेमू को अकबर की सेनाओं द्वारा गिरफ्तार कर लिया गया सबके सामने उनकी गर्दन काट कर उनका क़त्ल कर दिया. ये लड़ाई इतिहास में पानीपत के द्वितीय युद्ध के नाम से प्रसिद्ध हुई. लड़ाई के बाद, बैराम खान ने कई वर्षों तक अकबर के संरक्षक और सलाहकार के रूप में काम करना जारी रखा, और अकबर को अपने इशारों का नचाता रहा. जब अकबर बड़े होने लगे तब उनको किसी के अधीन रह कर राज्य चलाना स्वीकार्य नहीं हुआ. उन्होंने बैरम खान को तुरंत हज़ यात्रा पर जाने का हुक्म दे दिया. जब अकबर बैरम खाँ के संरक्षण से मुक्त हुए तो उनकी धाय माता आगा खाँ ने उन्हें अपना कठपुतली बना लिया. आगा खान का अपना बेटा आदम खान मुगल सिंहासन पर बैठना चाहता था. महम आगा खान और आदम खान अंदर ही अंदर अकबर के खिलाफ षड्यंत्र करते रहते थे.

एक बार जब अकबर के वित्त मंत्री राजा टोडरमल और वज़ीर-ए-आजम दरबार में कुछ चर्चा कर रहे थे, तभी शराब के नशे में धुत आदम खान अपनी तलवार लेकर आता है और वज़ीर-ए-आजम को मार डालता है. और तेजी से अकबर के कमरे की ओर बढ़ने लगता है. राजा टोडरमल तुरंत सैनिकों के साथ उसके पीछे भागते हैं. आदम खान अकबर के कमरे में प्रवेश करता है और उन पर हमला करता है. अकबर जल्दी से अपनी तलवार निकालते हैं और एक ही झटके में आदम खान को निहत्था कर देते हैं. तभी राजा टोडरमल सिपाहियों के साथ वहां पहुंचते हैं और आदम खान को गिरफ्तार कर लेते हैं. अकबर हुक्म देते हैं "उसे किले की दीवार से नीचे फेंक दो, अगर वह बच गया तो उसे फिर से फेंको. " आदम खान को मौत की सजा सुनाने के बाद, अकबर ने आगा खान को भी देश निकाला दिया. अब अकबर अपने तरीके से शासन करने के लिए पूरी तरह से स्वतंत्र थे. उन्हें दिल्ली दरबार में शेर शाह सूरी से राजा टोडर मल जैसे विद्वान और वफादार मंत्री विरासत में मिले. अकबर अपने मित्र राजा टोडरमल के साथ आम आदमियों के भेष में आगरा की सड़कों पर आम लोगों का जीवन देखा करते थे. बाजारों में घूमते हुए उन्हें व्यापारियों की मनमानी का पता चला. बाजारों में घूमते हुए अकबर को ये भी महसूस हुआ की प्रजा उन्हें अपना नहीं मानती. प्रजा में बहुसंख्यक हिन्दू थे और वर्षों से चले आ रहे मुस्लिम शासन से त्रस्त थी. उन पर बेमतलब कर लगाए हुए थे. ये सब लोग सदियों से धार्मिक भेदभाव का भी शिकार होते आये थे. ऐसे में ये मुग़लों को अपना राजा कैसे मान सकते थे?

अकबर ने गद्दी पर बैठते ही व्यापारियों द्वारा मनमाने दामों पर अनाज बेचने पर प्रतिबंध लगा दिया. लेकिन एक दिन ऐसा ऐतिहासिक फैसला लिया जिसने सभी को हैरान कर दिया. उन्होंने जजिया कर हटाने का हुक्म जारी कर दिया. ये वो टैक्स था जो मुस्लिम सुल्तानों के समय से चला आ रहा है, जिसमें प्रत्येक गैर-मुस्लिम को अपनी सुरक्षा के लिए सुल्तान को कर देना पड़ता था. ऐसा ही एक और कर था जिसमें हिन्दू तीर्थयात्रियों को तीर्थ यात्रा के लिए कर देना पड़ता था. अकबर ने जजिया और तीर्थयात्रा कर को हटाकर सभी को चौंका दिया. राजा टोडरमल भी हैरान थे और सल्तनत के राजस्व के बारे में चिंतित थे. उलेमा सबसे ज्यादा नाराज थे. मुस्लिम धार्मिक शिक्षक. अकबर के दरबार में बड़ी संख्या में उलेमा थे. उनमें से एक था बदायूंनी. बदायुनी अकबर का बहुत सम्मान करता था और उसे अच्छी सलाह भी देता था, लेकिन जजिया कर के फैसले से वह अकबर से नाराज था. बदायूनी की स्पष्ट मान्यता थी कि धर्म संबंधी मामलों का निर्णय उलेमाओं पर छोड़ देना चाहिए, बादशाह को इसमें शामिल नहीं होना चाहिए. अकबर उनकी बात का पूरा सम्मान करते थे, लेकिन साथ ही यह भी जोड़ते थे कि "उलेमाओं को भी राजनीतिक मामलों में पैर नहीं अड़ाने चाहिए".

उलेमाओं के अलावा अकबर के मित्रों में मुस्लिम विद्वान भी थे जो पुस्तकों से अधिक ज्ञान में विश्वास करते थे. ऐसे ही एक विद्वान थे शेख मुबारक. शेख मुबारक अकबर को पूरी दुनिया का सुल्तान मानते थे और कहते थे, "सच्चाई को मौलवियों और पंडितों की किताबों में नहीं, बल्कि अपने मन में तलाशना चाहिए. " शेख मुबारक के शिष्य अबुल फजल और फैजी अकबर के नवरत्नों में से हैं. अकबर ने दृढ़ता से घोषणा की कि जजिया कर एक राजनीतिक निर्णय है और उलेमाओं का इससे कोई लेना-देना नहीं है. इस निर्णय से हिन्दू प्रजा बहुत प्रसन्न हुई और अकबर को अपना लिया, उनका सम्मान करने लगी. राज्य का राजस्व घटने के बजाय बढ़ने लगा. अकबर ने साम्राज्य के विस्तार की योजनाएँ भी बनाईं.

एक दिन, अकबर का ईरानी सेनापति असफ खान अकबर के पास आया और बोला, 'महाराज, राजपूत बेचैन हैं. उन्हें हमारे इरादों पर पूरा भरोसा नहीं है. "

अकबर ने जवाब दिया, "मुझे पता है. मुझे उनका विश्वास हासिल करने के लिए कुछ करने की जरूरत है. "

शेख मुबारक ने कहा, "शायद एक राजपूत राजकुमारी के साथ विवाह संबंध मदद करेगा. यह उन्हें दिखाएगा कि हम उनके साथ काम करने और उनकी परंपराओं का सम्मान करने के इच्छुक हैं. "

अकबर ने सोच-समझकर सिर हिलाया और कहा, "आप सही कह रहे हैं. मैं राजपूत राज्यों को एक प्रस्ताव भेजूंगा. "

अकबर ने अलग अलग राज्यों में कई संधि प्रस्ताव भेजे. जिनमें से एक विवाह प्रस्ताव भी था. अकबर ने जोधाबाई के कई गुणों के बारे में सुना था और उनसे मिलने के लिए उत्सुक थे. उन्होंने उनके पिता राजा भारमल को विवाह का प्रस्ताव भेजा. कुछ शुरुआती झिझक के बाद भारमल गठबंधन के लिए तैयार हो गए. जोधाबाई शुरू में अकबर से शादी करने के लिए अनिच्छुक थीं, क्योंकि वह एक समर्पित हिंदू थीं और उन्हें डर था कि उन्हें इस्लाम में परिवर्तित होना पड़ेगा. अकबर के पास सूचना आयी "राजकुमारी जोधा बाई आपसे अकेले में बात करना चाहती हैं. " अकबर बिना कोई हथियार लिए अकेले राजकुमारी के शिविर में चले गए. वहां एक पर्दा लगा था. पर्दे के पीछे से राजकुमारी की आवाज़ आयी "घणी खम्मा, अकबर बादशाह!"

अकबर ने अदब से अभिवादन स्वीकार किया. राजकुमारी बोलीं "आपसे शादी करने के लिए मेरी कुछ शर्तें हैं. मैं अपने कान्हा को नहीं छोड़ूंगी, मैं इस्लाम नहीं अपनाउंगी, मुझे और मेरे कान्हा को उचित सम्मान और जगह मिले. अपने बच्चों को भी मैं कृष्ण भजनों के बीच बड़ा करने के लिए स्वतंत्र रहूंगी. "

अकबर ने बिना एक क्षण का भी समय लिए कहा "हमें मंजूर है"

अकबर ने उसे आश्वासन दिया कि उसे अपने धर्म का पालन करने की अनुमति दी जाएगी और वह उसकी मान्यताओं का सम्मान करेगा. अकबर और जोधाबाई के बीच विवाह एक भव्य समारोह था, जिसमें हिंदू और मुस्लिम दोनों परंपराओं का पालन किया गया था. जोधा बाई को मरियम-उज़-ज़मानी की उपाधि दी गई, जिसका अर्थ है "विश्व की माता", और वह मुगल दरबार में एक प्रिय और प्रभावशाली व्यक्ति बन गईं. अकबर और जोधाबाई के बीच विवाह ने मुगलों और राजपूतों के बीच एक मजबूत गठबंधन बनाने में महत्वपूर्ण भूमिका निभाई. जोधाबाई के पिता, राजा भारमल, अकबर के एक विश्वसनीय सहयोगी बन गए और उन्हें मुगल साम्राज्य में कई महत्वपूर्ण क्षेत्रों के राज्यपाल के रूप में नियुक्त किया गया.

रानी जोधाबाई के साथ उनका चचेरा भाई मान सिंह भी अकबर के पास आ गया. मानसिंह अकबर का बहुत सम्मान करता था और हमेशा वफादार रहा. मानसिंह मुगलों के लिए अपनी राजपूत सेना के साथ युद्ध किया करता था. युद्ध में जीती गयी जमीन और राज्य मुगलों को दे देता था और वहां से लूटा गया धन, सोना, चांदी, जवाहरात आमेर भेज देता था अपने महल के लिए,.

प्रजा अकबर से बहुत खुश थी, विशेष रूप से हिन्दू. हिन्दुओं को ये बात भा गयी थी अकबर जोधा बाई और उनकी आस्था का कितना सम्मान करते हैं. जनता ने अकबर को अपना बादशाह मान लिया था. अकबर जोधा बाई की अपने धर्म के प्रति प्रतिबद्धता से गहराई से प्रभावित थे. कहते हैं जोधाबाई की भक्ति को देखकर ही अकबर के मन में सभी धर्मों को जानने की इच्छा जागृत हुई, जो आगे जा कर दीन-ए-इलाही की शक्ल में दुनिया के सामने प्रकट हुई.

उन्होंने सरकार में कई हिंदुओं को उच्च पदों पर नियुक्त किया, जिसमें राजा बीरबल भी शामिल थे. बीरबल अकबर के मनोरंजन से लेकर गहरे सियासी मसलों तक हर मुद्दे पर दरबार में हाज़िर रहते. अकबर बादशाह का शुरूआती जीवन बैरम खान की कठपुतली के रूप में बीता था, जिसमें तलवार चलाने के अलावा और किसी चीज की शिक्षा नहीं मिली. बादशाह खुद अनपढ़ थे लेकिन अपने दरबार में देश के सबसे बुद्धिमान और गुणी से खुद को घेर रखा था. राजा बीरबल के अलावा जो हुनरमंद लोग अकबर के दरबार में थे उनको नवरत्न कहा जाता है:

अबुल फजल - शेख मुबारक का शिष्य. वह एक इतिहासकार और लेखक था जिसने अकबरनामा लिखा था, अकबर के शासनकाल का विस्तृत इतिहास.

तानसेन - वे एक प्रसिद्ध संगीतकार और गायक थे जिन्हें अपने समय के भारतीय शास्त्रीय संगीत का सबसे बड़ा प्रतिपादक माना जाता था.

राजा टोडर मल - वह एक वित्त मंत्री थे जिन्होंने राजस्व संग्रह की एक ऐसी प्रणाली की शुरुआत की जो कुशल और न्यायपूर्ण थी. वित्तीय सलाह के साथ साथ टोडरमल कभी कभी तुलसीदास जी की रामचरित मानस की कहानियां भी सुनाते थे.

फैजी - वह एक कवि और विद्वान थे जो शेख मुबारक के शिष्य थे.

अब्दुल रहीम खान-ए-खाना - वह एक कवि और विद्वान थे, जो कृष्ण भगवान के बहुत बड़े भक्त थे.

मान सिंह - वह एक सैन्य कमांडर और बंगाल के गवर्नर थे, जो अपनी बहादुरी और रणनीतिक कौशल के लिए जाने जाते थे.

दीवाने आम में अकबर के सभी नौ दोस्तों की सभा बैठी है और बीरबल की हाज़िर जवाबी पर सब ठहाके लगा रहे हैं. थोड़ी शांति होने के बाद राजा मान सिंह एक गंभीर बात बोलते हैं "जिल्लेइलाही, तमाम कोशिशों के बाद भी चित्तौड़ हमारी अधीनता स्वीकार करने को तैयार नहीं हुआ. आप अपना अगला आदेश दें "

अकबर ने सोचते हुए बोला "लश्कर तैयार करो"

मेवाड़ के नए शासक के रूप में, राणा उदय सिंह द्वितीय को कई चुनौतियों का सामना करना पड़ा, जिसमें मारवाड़ और गुजरात के पड़ोसी राज्यों से खतरे और मुगल सेनाओं की लगातार घुसपैठ शामिल थी. हालाँकि, वह अपने राज्य और अपने लोगों की रक्षा करने के लिए दृढ़ था, और उसने मेवाड़ को उसके दुश्मनों से बचाने के लिए किलों और किलों की एक श्रृंखला का निर्माण किया. उन्होंने मेवाड़ की राजधानी को चित्तौड़गढ़ से उदयपुर स्थानांतरित कर दिया, जिसे उन्होंने बगीचों, झीलों और महलों के साथ एक सुंदर शहर में बदल दिया. अकबर के पास स्थानीय शासकों के साथ बातचीत करके और उन्हें अपने राज्य में शामिल होने के लिए विभिन्न प्रोत्साहन की पेशकश करके अपने साम्राज्य का विस्तार करने की नीति थी. हालांकि, उदय सिंह सहित मेवाड़ के शासकों ने अकबर की अधीनता को स्वीकार करने से इनकार कर दिया और मुगल विस्तार का विरोध करना जारी रखा.

1567 में चित्तौड़गढ़ पर हमला अकबर के शासनकाल के दौरान सबसे खूनी घटनाओं में से एक था. चित्तौड़गढ़ मेवाड़ क्षेत्र में एक किलेदार शहर था और राजपूत गौरव का प्रतीक था. चित्तौड़गढ़ का किला दुनिया के सबसे बड़े किलों में से एक था. हमले के दौरान राणा उदयसिंह के सेनापतियों जयमल और पट्टा के नेतृत्व में मुगल सेना का डटकर सामना किया. अकबर की सेना का नेतृत्व मान सिंह सहित उसके कई भरोसेमंद कमांडरों ने किया, जो स्वयं एक राजपूत होने के बावजूद मुगलों की तरफ से लड़ रहे थे. मुगल सेना अच्छी तरह से हथियारबद्ध और प्रशिक्षित थी, जिसमें तोपखाने और बारूद के हथियार थे जो राजपूतों ने पहले कभी नहीं देखे थे.

राणा उदय सिंह के नेतृत्व में राजपूतों की संख्या बहुत कम थी और उनके पास बंदूकें भी बहुत कम थीं, लेकिन वे अपने किले और अपने सम्मान की रक्षा करने के लिए दृढ़ थे. रानी पद्मिनी सहित महल की महिलाओं ने भी चित्तौड़ की रक्षा में महत्वपूर्ण भूमिका निभाई. चित्तौड़ की घेराबंदी कई महीनों तक चली, जिसके दौरान मुगलों ने किले की सुरक्षा को तोड़ने के लिए तरह-तरह के हथकंडे अपनाए. उन्होंने तोपों से दीवारों पर बमबारी की, विस्फोटक लगाने के लिए दीवारों के नीचे सुरंग खोदी, और यहाँ तक कि किले में पानी की आपूर्ति काटने की भी कोशिश की. इन प्रयासों के बावजूद, राजपूतों ने बहादुरी से लड़ाई लड़ी और आत्मसमर्पण करने से इनकार कर दिया. हालांकि, अंत में मुगल किले की दीवारों को तोड़ने और चित्तौड़ पर कब्जा करने में सफल हुए.

शहर पर कब्जा करने के बाद, अकबर ने महिलाओं और बच्चों सहित शेष राजपूत रक्षकों के नरसंहार का आदेश दिया. ऐतिहासिक वृत्तांतों के अनुसार, मुगल सैनिकों ने लड़ाई के बाद लगभग 30,000 लोगों को मार डाला, और शहर को खंडहर बना दिया गया. अकबर ने उदय सिंह को एक शांति संधि की पेशकश की, जिसमें कई रियायतें शामिल थीं, जैसे कि मुगल साम्राज्य के एक जागीरदार राज्य के रूप में सत्तारूढ़ मेवाड़ को जारी रखने का अधिकार. हालांकि, उदय सिंह ने संधि को स्वीकार करने से इनकार कर दिया और मुगल विस्तार का विरोध करना जारी रखा.

उदय सिंह की मृत्यु के बाद, उनके बेटे महाराणा प्रताप ने मुगलों के खिलाफ प्रतिरोध का मंत्र दिया. प्रताप ने अकबर के प्रस्ताव को स्वीकार करने से इनकार कर दिया और मेवाड़ की स्वतंत्रता के लिए लड़ना जारी रखा. 1576 में लड़ी गई हल्दीघाटी की लड़ाई, भारतीय इतिहास की सबसे प्रसिद्ध लड़ाई में से एक है, जिसमें महाराणा प्रताप ने मुगलों के खिलाफ अपनी सेना का नेतृत्व किया. लड़ाई हल्दीघाटी दर्रे में हुई, जो भारत के राजस्थान में अरावली पर्वत श्रृंखला में स्थित है. महाराणा प्रताप के नेतृत्व में राजपूतों ने पहाड़ियों में स्थिति संभाली थी और मुगल सेना का सामना करने के लिए तैयार थे, जिसका नेतृत्व आमेर के राजा मान सिंह कर रहे थे. मुगल सेना राजपूत सेना से बहुत बड़ी थी, जिसमें 80,000 से अधिक सैनिक थे, जिनमें घुड़सवार, पैदल सेना और तोपखाने शामिल थे. दूसरी ओर, राजपूतों के पास

लगभग 20,000 सैनिक थे, जिनमें ज्यादातर तलवार और भाले से लैस घुड़सवार थे. लड़ाई की शुरुआत राजपूतों द्वारा एक भयंकर हमले के साथ हुई, जो पहाड़ियों की ढलानों से नीचे उतरे और मुगल सेना पर हमला किया. राजपूत मुगल रैंकों को तोड़ने और काफी नुकसान पहुंचाने में सक्षम थे, लेकिन मुगलों ने अपनी तोपखाने से जवाब दिया, जिससे राजपूतों को भारी नुकसान हुआ. भारी नुकसान के बावजूद, राजपूतों ने महाराणा प्रताप के नेतृत्व में बहादुरी से लड़ना जारी रखा, जो खुद अपनी तलवार हाथ में लेकर घोड़े पर सवार होकर लड़े थे. राजपूतों ने मुगल सैनिकों के बीच भ्रम और घबराहट पैदा करने के लिए अपनी श्रेष्ठ घुड़सवारी और तलवार के कौशल का उपयोग करते हुए मुगलों के खिलाफ कई मोर्चे लगाए. हालाँकि, लड़ाई का रुख राजपूतों के खिलाफ हो गया जब राजा मान सिंह ने अपने युद्ध के हाथियों को छोड़ दिया, जिसने राजपूत रैंकों के माध्यम से चार्ज किया और अराजकता और विनाश का कारण बना. हाथी अपने दांतों पर नुकीले ब्लेड से लैस थे, जिसका इस्तेमाल वे राजपूतों को मारने और घायल करने के लिए करते थे. किंवदंती के अनुसार, महाराणा प्रताप प्रत्येक हाथ में तलवार लेकर घोड़े पर सवार होकर लड़े और उनके वफादार घोड़े चेतक ने अपने स्वामी को बचाने के लिए अपने प्राणों की आहुति दे दी. हालाँकि महाराणा प्रताप को अंततः पीछे हटने के लिए मजबूर होना पड़ा, लेकिन वे कई वर्षों तक मुगल शासन का विरोध करते रहे और मुगलों के खिलाफ अपनी जमीन बचाने में कामयाब रहे.

अकबर के नेतृत्व में मुगल साम्राज्य अपने क्षेत्रों का विस्तार कर रहा था. अकबर की सेना स्वतंत्र राज्यों को जीतने और उन्हें मुगल शासन के अधीन लाने के लिए दृढ़ संकल्पित थी. गोंडवाना अकबर की महत्वाकांक्षाओं के लिए एक लक्ष्य बन गया, और उसने दुर्गावती के राज्य पर अपनी नजरें जमाईं. जब दुर्गावती को मुगल सेना के आने का पता चला, तो उसने अपने राज्य को युद्ध के लिए तैयार किया. उसने अपने वफादार सैनिकों को इकट्ठा किया और अपने लोगों और उनकी भूमि की रक्षा के लिए रणनीति तैयार की. दुर्गावती मुगल सेना की ताकत से वाकिफ थीं, लेकिन उन्होंने बिना लड़े अपना राज्य छोड़ने से इनकार कर दिया. जैसे ही मुगल सेना गोंडवाना की सीमाओं पर पहुंची, दुर्गावती ने अपने असाधारण नेतृत्व कौशल का प्रदर्शन किया और अपने सैनिकों को निडर होकर युद्ध में ले गई. कम संख्या में होने के बावजूद, उनकी सेना ने बहादुरी से लड़ाई लड़ी, अकबर की सेना के खिलाफ एक भयंकर

प्रतिरोध किया. दुर्गावती स्वयं सबसे आगे थीं, अपने सैनिकों के साथ-साथ लड़ रही थीं, अपने अटूट साहस से उन्हें प्रेरित कर रही थीं. युद्ध के दौरान, दुर्गावती ने असाधारण सैन्य रणनीति और रणनीतिक योजना का प्रदर्शन किया. उन्होंने गुरिल्ला युद्ध तकनीक के साथ युद्ध किया, मुग़ल सेना के वार का मुकाबला किया. हालाँकि, उसकी बहादुरी और उसकी सेना के प्रयासों के बावजूद, मुग़ल सेना की बेहतर ताकत और संसाधन गोंडवाना पर भारी पड़ने लगे. यह महसूस करते हुए कि उसकी सेना धीरे-धीरे जमीन खो रही थी, दुर्गावती ने अपने लोगों की रक्षा के लिए एक दिल दहला देने वाला निर्णय लिया. उसने अपनी प्रजा को और रक्तपात से बचाने के लिए सशर्त समर्पण का आदेश दिया. दुर्गावती ने अकबर और उसकी सेना के सामने नतमस्तक होने से इनकार कर दिया. उन्होंने अपनी अंतिम सांस तक लड़ने की कसम खाते हुए, अपने राज्य की पहाड़ियों में शरण ली और गुरिल्ला युद्ध जारी रखा. एक बार मुग़लों के साथ झड़प में दुर्गावती ने लड़ते हुए अपने प्राणों की आहुति दे दी.

दुर्गावती का बलिदान और बहादुरी की अटूट भावना मुग़ल साम्राज्य के खिलाफ साहस और प्रतिरोध की एक प्रसिद्ध कहानी बन गई. उनकी कहानी ने आने वाली पीढ़ियों को प्रेरित किया, और उन्हें बहादुरी और वीरता के प्रतीक के रूप में याद किया गया. आज भी उनका नाम इतिहास में गूंजता है, हमें अन्याय और अत्याचार के खिलाफ खड़े होने वाले व्यक्तियों की अदम्य भावना की याद दिलाता है.

अकबर ने भारत के जटिल राजनीतिक परिदृश्य के माध्यम से मार्गदर्शन करने के लिए अपने सलाहकारों और भरोसेमंद सहयोगियों पर भरोसा किया. जोधाबाई, मान सिंह, बीरबल, टोडरमल, जहांगीर, महाराणा प्रताप, दुर्गावती, तानसेन, रहीम और चित्तौड़ के साथ उनके संबंधों ने एक शासक के रूप में उनकी सफलता में योगदान दिया और भारतीय इतिहास में एक स्थायी विरासत छोड़ी. अकबर के शासनकाल को कला, वास्तुकला और साहित्य के उत्कर्ष द्वारा भी चिह्नित किया गया था. वह कला के संरक्षक थे और मुग़ल लघु चित्रकला सहित चित्रकला की नई शैलियों के विकास का समर्थन करते थे. अकबर ने आगरा में फतेहपुर सीकरी परिसर सहित कई प्रतिष्ठित इमारतों के निर्माण का काम भी शुरू किया. उन्होंने कला, विशेष रूप से संगीत को संरक्षण देना जारी रखा, और तानसेन जैसे महान संगीतकारों और

रहीम जैसे कवियों के संरक्षक के रूप में जाने जाते थे. अकबर की सबसे उल्लेखनीय उपलब्धियों में से एक नया धर्म, दीन-ए-इलाही बनाना शामिल है, जिसमें इस्लाम, हिंदू धर्म, पारसी धर्म और ईसाई धर्म के तत्व शामिल थे.

मुगलों की बाबर से अकबर तक की कहानी है कि कैसे एक विदेशी राजवंश ने भारत में खुद को स्थापित किया, स्थानीय संस्कृतियों और परंपराओं को आत्मसात किया और एक अनोखी और जीवंत सभ्यता का निर्माण किया जो आज भी भारतीय समाज को प्रभावित करती है. अकबर के समय में प्रजा ने मुस्लिम शासकों को अपने शासक मानने की स्वीकृति दे दी.

(यूरोपियन्स का आगमन: 1600 CE से 1630 CE)

जहाँगीर और नूरजहां

अकबर की छवि एक उदार, पंथनिरपेक्ष बादशाह की थी. लेकिन उसके बेटे सलीम की बगावत की कहानी में अकबर को एक खलनायक की तरह पेश किया जाता है. अकबर की जीवनी उनके दरबारी अबुल फ़ज़ल ने लिखी थी, इसी कहानी में सलीम नशे में धुत रहने वाला, एक बिगड़ा हुआ शहज़ादा था. सलीम ने अबुल फ़ज़ल की हत्या कर दी. सलीम की बदतमीजियां दिन पर दिन बढ़ती जा रही थीं, लेकिन उसकी माँ जोधाबाई हमेशा सलीम का ही पक्ष लेतीं. अकबर सलीम की हालत पर गुस्सा भी थे और चिंतित भी थे. जोधाबाई से बात करते हुए उन्होंने कहा "क्या अब भी आप उसी की तरफदारी करेंगीं? उस कम्बख्त को सरे दरबार मुझ से बदतमीजी करने में भी शर्म नहीं आती"

जोधबाई: मुझसे गलती हो गयी स्वामी, मुझे तो उस दिन से ही डर लग रहा है जब सलीम ने अबुल फ़ज़ल की हत्या की.

अकबर: आपको पता है उसकी हालत क्या हो गयी है? उसका नया शौक है ज़िंदा आदमी की खाल उतारते हुए, उसको तड़पते, चीखते, चिल्लाते हुए देखना.

जोधाबाई: ये सलीम की नहीं, अफीम की गलती है.

तभी अकबर की दूसरी पत्नी सलीमा बीच में बोलती हैं "आपके दो ही तो बेटे हैं, दानियाल और सलीम. दोनों नशे की लत की वजह से खुद को तबाह किये जा रहे हैं. दानियाल ने आगरा आने से इंकार कर दिया है.

अकबर: मैंने हुक्म दे दिया है कि कोई भी शहज़ादों को शराब या अफीम नहीं परोसेगा.

अकबर राजकाज में इतना उलझे रहे कि उनके पास अपने बच्चों के साथ बिताने को वक्त ही नहीं था. नतीजा ये हुआ की उनकी औलादें उनसे नफरत करने लगीं. शुरुआत में अकबर के कोई औलाद नहीं थी. बहुत मिन्नतों और फकीरों की चौखटों पर सर पटकने के बाद अकबर के यहाँ सलीम का जन्म हुआ. सलीम के पास बचपन से ही ऐशो आराम की सारी चीजें थी, बस नहीं था तो बाप का प्यार. वो अपने बाप से नफरत करने लगा. जवाब में अकबर उसको डांटते, मारते और खिल्ली उड़ाते.

सलीम लगभग हमेशा आगरा के बाहर रहता. उसने अपने आसपास चमचों को इकट्ठा कर लिया था और एक अपनी फौज भी बना ली थी. इस फौज के साथ वो मनमानी जगह हमला करता, लूटपाट करता और वहीं शिविर में नशा

और नाच गाने में डूबा रहता. सलीम अपनी ज़िंदगी में प्यार के लिए तरस रहा था और नशे की दुनिया से बाहर आने का उसको मन नहीं करता था. इसी तरह से एक बार सलीम की फौजों ने एक पर्सियन सामंत शेर अफगान के कबीले पर हमला कर दिया. हमले में शेर अफगान मारा गया. हमले में लूटी गयी चीजें सलीम के सामने पेश की गयीं. नायाब हीरे, जवाहरात, अशर्फियाँ लेकिन सलीम की नजर जिस पर अटक गयी वो थी शेर अफगान की पत्नी मेहरुनिशा. सलीम ने इस से सुन्दर औरत इस से पहले कभी नहीं देखी थी. सलीम के फौजी मन ही मन ये चाहते थे कि ये शहज़ादे इस औरत को फौजियों के हवाले कर दें. एक फौजी ने मेहरुनिशा को बालों से पकड़ रखा था बोला "ऐ लड़की देख क्या रही है? शहज़ादे को सलाम कर" मेहरुनिशा ने उस फौजी को थप्पड़ मार दिया. फौज़ी ने गुस्से में मेहरुनिशा का कुर्ता फाड़ दिया. ये देखकर सलीम का खून खौल उठा और उसने उस फौजी के गर्दन उड़ा दी. सलीम ने मेहरुनिशा को शॉल ओढ़ाई और बाकी लोगों को जाने का इशारा किया.

सबके चले जाने के बाद सलीम ने पूछा "आपका नाम क्या है?”

"मेहरुनिशा"

सलीम: यहाँ इस कबीले में आप क्या कर रही हैं?

मेहरुनिशा: मैं इस कबीले के सरदार शेर अफ़ग़ान की बीवी हूँ, जिनका आपके फौजियों ने क़त्ल कर दिया है.

मेहरुनिशा ने अपने बचपन से लेकर अब तक बहुत सी तकलीफें देखीं थी. वो कभी रोती नहीं थी, वो अपने पिता की मौत के बाद भी टूटी नहीं थी, बल्कि आगे की रणनीति बना रही थी. उसने सलीम की कमजोर शक्शियत को करीब

से देख लिया था. मेहरुनिशा तुरंत आंसू अपनी आँखों में भर कर बोली "मुझे भी मार दीजिये हुज़ूर, मैं अब जी कर क्या करूँगी? मेरा सबकुछ ख़त्म हो गया"

सलीम ने उसको अपनी बाँहों में भर लिया और कहा "आप फ़िक्र मत करिये, जबतक हम हैं आपको कोई तकलीफ नहीं होगी"

मेहरुनिशा धीरे धीरे सलीम के और करीब आने लगी. सलीम अब हर समय उसे अपने साथ ही रखता था. सलीम अकबर के पास पैगाम पहुंचाता कि वो मेहरुनिशा से शादी करना चाहता है. अकबर ये कह कर इस प्रस्ताव को ठुकरा देते हैं कि मेहरुनिशा एक छोटे तबके की तड़की है जो मुग़ल शहज़ादी बनने की हैसियत नहीं रखती. ये सुन कर सलीम आग बगुला हो जाता है लेकिन मेहरुनिशा उसको शांत करा देती थी. जब अकबर का हुक्म पंहुचा कि कोई भी राजकुमार को शराब और अफीम नहीं देगा, तो सलीम बेचैन हो गया. उसके दोस्तों के उकसाने पर वो अकबर के खिलाफ बगावत करने का फैसला करता है. वो अपनी फौजों को इकट्ठा करता है और आगरा की तरफ कूच करता है. पचास हज़ार की सेना के साथ सलीम आगरा के पास शिविर डाल कर किले को घेर लेता है. अकबर की फौजें भी युद्ध के लिए पहले से तैयार थीं. युद्ध शुरू नहीं हुआ. मेहरुनिशा ने अपने दिमाग में कोई योजना बना रखी थी. उसने अकबर के दूसरे बेटे दानियाल के पास अपना एक दूत भेजा. दानियाल अकबर की कड़ी सुरक्षा में कैद था जो शराब की एक बून्द के लिए तड़प रहा था. मेहरुनिशा के दूत ने दानियाल तक शराब पहुंचाने का इंतज़ाम कर दिया. तभी खबर आती है कि दानियाल की मौत नशे की अधिक मात्रा की वजह से हो गयी है. अकबर ये खबर सुन कर टूट जाते हैं अब उनका एक ही बेटा बचा है, जिसके खिलाफ अकबर ने अपनी फौजों को भेज रखा है. मेहरुनिशा इसी मौके के इंतज़ार में थी. वो अकबर से अकेले में मिलने का फैसला करती है. अकबर उसके प्रस्ताव को मान लेते हैं.

मेहरुनिशा: बादशाहे हिन्द के क़दमों में कनीज़ का सलाम

अकबर: तो तुम हो मेहरुनिशा, जितना सुना था उस से भी ज्यादा खूबसूरत. मेरा बेटा बेवजह पागल नहीं हुआ है.

मेहरुनिशा: मैं नहीं जानती आप शहज़ादे के बारे में क्या सोचते हैं, लेकिन मैं ये जरूर जानती हूँ कि वो आपकी बहुत इज्जत करते हैं. उनके दिल में आपके लिए बहुत मुहब्बत है.

अकबर: झूठ बोलती हो तुम

मेहरुनिशा: अगर मैं झूठ बोल रही हूँ तो बताइये इतने दिन हो गए उन्होंने हमला क्यों नहीं किया?

अकबर: क्या चाहती हो?

मेहरुनिशा: हुज़ूर यकीन मानिये सलीम आपकी बहुत इज्जत करते हैं और आपसे मिलकर सुलह करना चाहते हैं.

अकबर: ठीक है, हम बात करने को तैयार हैं.

मेहरुनिशा: एक दरख्वास्त है, हुज़ूर सलीम के सामने थोड़ा नरम रुख अपनाएं. एक बार गुस्सा थूक कर अपने उस बेटे से बात करें जिसको पाने के लिए आप ख्वाजा मोईनुद्दीन चिश्ती की चौखट तक नंगे पाँव गए थे.

सलीम जब दरबार में आया तो सबसे पहले अदब से बादशाह-ए-हिन्द के सामने सज़दा किया. अकबर ने जवाब दिया और फिर कमरे में आने का इशारा किया.

सलीम जैसे ही कमरे में गया, अकबर वहां आये और अपने बेटे को अपनी बाहों में भर कर रोने लगे. सलीम भी अपनी भावनाओं को रोक नहीं पाया और रोने लगा.

सलीम: मुझे माफ़ कर दीजिये अब्बु मैं बहक गया था.

अकबर: एक शर्त पर, तुम मेहरुनिशा को मुख्य सलाहकार नियुक्त करोगे और हमेशा मुग़ल सल्तनत के लिए वफादार रहने का वादा करोगे.

सलीम: मैं वादा करता हूँ अब्बू.

अकबर की मौत के बाद उसका बेटा सलीम जहांगीर के नाम से मुग़ल साम्राज्य की गद्दी पर बैठा. जहाँगीर एक तरफ अपने पिता के साथ उलझे हुए रिश्तों की वजह से नशे का आदी था तो दूसरी तरह अपनी माँ जोधाबाई के कृष्ण भक्ति से प्रभावित भी था. इन्हीं मिलीजुली वजहों से जहाँगीर कला और संस्कृति का गहरा प्रेमी बन गया था. जहांगीर एक शानदार चित्रकार था. उसने भगवान कृष्ण की खूब सारी पेंटिंग्स बनवायीं और खुद अपने हाथ से भी कृष्ण की कई पेंटिंग्स बनायीं. जहाँगीर ने 1605 से 1627 तक भारत पर शासन किया. यह भारत में यूरोपीय लोगों के आगमन के रूप में महत्त्व रखता है. जहांगीर के शासनकाल में पुर्तगालियों और अंग्रेजों ने भारत में व्यापारिक चौकियां स्थापित करनी शुरू कर दी थीं. पुर्तगालियों ने 16वीं शताब्दी की शुरुआत में ही भारत में खुद को स्थापित कर लिया था, लेकिन ब्रिटिश 17वीं शताब्दी की शुरुआत में बाद में पहुंचे. यूरोपीय लोगों के आगमन ने भारतीय राजनीति में एक नया आयाम लाया और भारत में यूरोपीय उपनिवेशीकरण की शुरुआत की. जहाँगीर के शासनकाल में ही वो ताकत भारत आयी इसने अगले दो सौ सालों तक भारत का शोषण किया. ब्रिटिश ईस्ट इंडिया कंपनी ने मुग़ल बादशाह जहांगीर के साथ व्यापारिक संबंध स्थापित करना शुरू किया. 1608 में एक ब्रिटिश नाविक कप्तान विलियम हॉकिन्स भारत

आया था. कप्तान हॉकिन्स को राजा जेम्स प्रथम ने मुगल साम्राज्य के साथ व्यापारिक संबंध स्थापित करने के लिए भेजा था. हॉकिन्स अकबर के समय भी मुगल दरबार में आ चुका था. हॉकिंस ने जहाँगीर से मिलने के लिए एक दूत के माध्यम से सुचना भेजवायी. ईस्ट इंडिया कंपनी का दूत जब जहाँगीर के दरबार में आया तो जहाँगीर पता नहीं क्यों पहले ही गुस्सा हो गया. जब उस दूत ने अपनी बात कहनी शुरू की तब जहाँगीर ने टोकते हुए कहा "मुझे फिरंगियों के साथ कोई ताल्लुकात नहीं बनाने, आप जा सकते हैं"

कुछ दिन रुकने के बाद हॉकिंस ने फिर प्रयास किया. इस बार थोड़े वरिष्ठ अधिकारी को भेजा.

जहाँगीर उसकी बात सुनकर गुस्से में बोला "तुम्हारी इतनी जुर्रत? गिरफ्तार कर लो इस बददिमाग को"

हॉकिंस जहाँगीर के इस व्यवहार को देखकर डर गया उसे समझ नहीं आ रहा था कि अब वो क्या करे. तभी एक मुगल अमीर एक पैगाम ले कर आया " बादशाह की निजी मशवरेकार मेहरुनिशा खातून आपसे मिलने की ख्वाहिश रखती हैं". हॉकिंस इस प्रस्ताव को सम्मान से स्वीकार कर लेता है. हॉकिंस ने मेहरुनिशा के सामने आते ही कहा "गुड मॉर्निंग, हर हाइनेस"

मेहरुनिशा: यही अंदाज अगर आपने बादशाह के सामने दिखा दिया तो वो आपकी खाल उतरवा लेंगे.

हॉकिंस: मैं कुछ समझा नहीं हर हाइनेस?

मेहरुनिशा: आप बादशाह से क्या चाहते हैं?

हॉकिंस: हम व्यापारी लोग हैं. आपके विशाल साम्राज्य के एक समुद्र तट पर छोटा सा कारखाना डालना चाहते हैं.

मेहरुनिशा: उस से बादशाह को क्या फायदा होगा?

हॉकिंस: हर जहाज की रवानगी से पहले ही बादशाह की सेवा में बड़ी रकम अग्रिम तौर पर जमा करवाई जायेगी.

मेहरुनिशा: अगर आपके इरादे सिर्फ व्यापार करने के हैं तो मैं आपकी मदद कर सकती हूँ.

हॉकिंस: पूरा इंग्लैंड आपका आभारी रहेगा हर हाइनेस.

मेहरुनिशा: सबसे पहले बात तो आप बादशाह को हिज हाइनेस गलती से भी मत बोल दीजियेगा. दरबार में घुसते ही सिर नीचे और नजरें झुकी हुई होनी चाहिए. पूरे हाथ को हिलाते हुए तबतक मुजरा करते रहना जबतक बादशाह रुकने का इशारा ना कर दें. सीधे काम की बात ना शुरू करें. सबसे पहले बादशाह को महंगे तोहफे पेश करें. फिर तब तक बादशाह की शान में कशीदे पढ़ते रहें जब तक बादशाह खुद आपसे काम की बात करने का हुक्म न दे दें.

हॉकिन्स बादशाह जहाँगीर के लिए बहुत सारे उपहार लाया, जिसमें एक दूरबीन, एक घड़ी और कवच का एक सूट शामिल था. जहांगीर हॉकिन्स के उपहारों से खुश हो गया और बिना कुछ सोचे समझे ईस्ट इंडिया कंपनी को भारत में एक व्यापारिक पोस्ट स्थापित करने की अनुमति देने के लिए सहमत हो गया. ईस्ट इंडिया कंपनी को शुरुआत में कई चुनौतियों का सामना करना पड़ा, जिसमें अन्य यूरोपीय शक्तियों से प्रतिस्पर्धा और स्थानीय आबादी से प्रतिरोध शामिल था.

1611 में मेहरुनिशा और जहांगीर मीना बाजार में घूम रहे थे तब जहाँगीर ने मेहरुनिशा के सामने शादी का प्रस्ताव रखा, जिसे मेहरुनिशा ने तुरंत स्वीकार कर लिया. जहांगीर अपनी कई बीवीओं में से मेहरुनिशा को बहुत ज्यादा प्यार करता था. उसने मेहरुनिशा के सम्मान में उसे एक नया नाम दिया नूरजहाँ, जिसका मतलब होता है दुनिया की रौशनी.

जैसे-जैसे मुगल साम्राज्य का विस्तार हुआ, इसके शासकों ने पुर्तगाली, डच और ब्रिटिश सहित यूरोपीय देशों के साथ व्यापार करना शुरू कर दिया. 1600 के दशक की शुरुआत में, सूरत और आगरा जैसे प्रमुख व्यापारिक केंद्रों में यूरोपीय कारखाने उभरने लगे. जहाँगीर अपने सलाहकारों और दरबारियों से घिरा अपने सिंहासन कक्ष में बैठा था. आज मुगल दरबार में अंग्रेज राजदूत सर थॉमस रो आने वाला है. थॉमस रो के आने से पहले ही बादशाह के लिए इंग्लैंड से भेजे हुए तोहफे पहुंच गए. जहाँगीर इन तोहफों को पाकर बहुत खुश हुआ. वो अपने दरबारियों के तरफ देखकर बोला "यूरोपियों के साथ ये नए ताल्लुकात हमारे सल्तनत के लिए बहुत पैसा ला सकता है. " जब थॉमस रो दरबार में आया तो जहांगीर ने उसका गर्मजोशी से स्वागत किया. जहांगीर उपहार के रूप में दी जाने वाली विलासिता की वस्तुओं से बेहद प्रभावित था.

सर थॉमस रो, अंग्रेजी राजदूत, आगे बढ़े. "जिल्ले इलाही, मैं आपको विश्वास दिलाता हूं कि मेरा देश मुगल साम्राज्य के साथ एक मजबूत संबंध स्थापित करने के लिए उत्सुक है. "

जहाँगीर: "मेरे दरबार में आपका स्वागत है, सर थॉमस रो. मुझे आपको देखकर और आपके देश के चमत्कारों के बारे में सुनकर खुशी हुई. "

रो: "धन्यवाद, जिल्ले इलाही. मैं हमारी दोस्ती और आपके महान साम्राज्य के साथ व्यापार करने की इच्छा के संकेत के रूप में अंग्रेजी रानी से उपहार लाता हूं. "

नूरजहाँ: "क्षमा करें, जिल्ले इलाही, लेकिन क्या मैं सर थॉमस के साथ अकेले में बात कर सकती हूँ?"

जहाँगीर: "बिल्कुल, जैसा तुम चाहो वैसा करो. "

हालाँकि, नूरजहाँ आश्वस्त नहीं है. नूरजहाँ और रो कमरे से बाहर निकलते हैं और एक निजी कक्ष में प्रवेश करते हैं.

नूरजहाँ: "सर थॉमस, मैं आपके उपहारों और हमारे साम्राज्य के साथ व्यापार में आपकी रुचि की सराहना करती हूँ. हालाँकि, हमारे स्थानीय उद्योगों और अर्थव्यवस्था पर यूरोपीय व्यापार के प्रभाव के बारे में मेरी कुछ चिंताएँ हैं. "

रो: "मैं आपको विश्वास दिलाता हूं, जिल्ले इलाही, कि अंग्रेज निष्पक्ष और न्यायसंगत व्यापार में रुचि रखते हैं. हम आपके लोगों या संसाधनों का शोषण नहीं करना चाहते हैं. "

नूरजहाँ: "मुझे आशा है कि यह सच है, सर थॉमस. लेकिन मैंने भारत में आपके द्वारा स्थापित कारखानों की स्थिति के बारे में सुना है, और मैं खुश नहीं हूँ. मैं यह सुनिश्चित करना चाहती हूँ कि हमारे लोगों के साथ उचित व्यवहार हो और हमारी अर्थव्यवस्था विदेशी हितों से कमतर नहीं है. "

रो: "मैं आपकी चिंताओं को समझता हूं, जिल्ले इलाही. मैं उन्हें संबोधित करने और हमारे दोनों देशों को लाभ पहुंचाने वाले एक निष्पक्ष समझौते पर बातचीत करने की पूरी कोशिश करूंगा. "

नूरजहाँ: "मुझे विश्वास है कि आप करेंगे, सर थॉमस. लेकिन यह जान लें कि मैं बारीकी से देख रही हूँ, और यदि हमारे हितों की रक्षा के लिए आवश्यक हो तो मैं कार्रवाई करने में संकोच नहीं करूँगी. "

दूसरी ओर, जहाँगीर, यूरोपीय व्यापार के लाभों को अपनाने के लिए उत्सुक था. वह यूरोपीय वस्तुओं और प्रौद्योगिकी के आगमन को अपने साम्राज्य के परिष्कार और आधुनिकता के संकेत के रूप में देखता है. वह स्थानीय उद्योगों पर प्रभाव के बारे में चिंतित नहीं है, क्योंकि उनका मानना है कि मुगल साम्राज्य यूरोपीय व्यापारियों को आसानी से मात दे सकता है. हालाँकि, नूरजहाँ ने यूरोपीय लोगों के साथ अनियमित व्यापार के संभावित परिणामों को समझा. वह जानती है कि उचित निरीक्षण के बिना, यूरोपीय लोगों द्वारा स्थापित कारखाने और व्यापारिक स्थान भ्रष्टाचार और शोषण के केंद्र बन सकते हैं. वह स्थानीय कारीगरों और व्यापारियों पर प्रभाव के बारे में चिंतित हैं, जो बाजार में बाहर वाले सस्ते माल का मुकाबला करने में सक्षम नहीं हो सकते हैं. नूरजहाँ यूरोपीय व्यापार पर सख्त नियमों को आगे बढ़ाने के लिए अपने प्रभाव का उपयोग करती है. वह जहांगीर को यूरोपीय व्यापारियों की गतिविधियों की निगरानी के लिए एक विशेष आयोग नियुक्त करने और यह सुनिश्चित करने के लिए राजी करती है कि वे निष्पक्ष व्यापार प्रथाओं का पालन कर रहे हैं. उसने आयोग में स्थानीय प्रतिनिधियों को शामिल करने पर भी जोर दिया, ताकि यह सुनिश्चित किया जा सके कि मुगल साम्राज्य के हितों का उचित प्रतिनिधित्व हो. नूरजहाँ की बुद्धि और दूरदर्शिता अमूल्य साबित हुई. आयोग यूरोपीय व्यापारियों की गतिविधियों को विनियमित करने में सफल रहा है, यह सुनिश्चित करता है कि मुगल साम्राज्य निष्पक्ष और न्यायसंगत व्यापार संबंधों से लाभान्वित हो.

जैसे-जैसे जहाँगीर का शासन जारी रहा, नूरजहाँ का दरबार पर प्रभाव बढ़ता गया. वह अपनी बुद्धिमत्ता, बुद्धि और राजनीतिक कौशल के लिए जानी जाती हैं. जहाँगीर उसकी सलाह और मशवरे पर भरोसा करने लगता है, और दरबार में कई लोग उसे मुगल साम्राज्य के वास्तविक शासक के रूप में देखते हैं. दरबार में कई लोग उसके प्रभाव से नाराज़ हैं और उसके अधिकार को कम करने की कोशिश करते हैं. कुछ लोग उसे बदनाम करने और उस पर जहांगीर के विश्वास को कमजोर करने की उम्मीद में उसके खिलाफ साजिश भी रचते हैं. इस तरह की एक साजिश में दरबारियों का एक समूह शामिल होता है, जो नूरजहाँ पर जहाँगीर की हत्या की साजिश में शामिल होने का आरोप लगाकर उसे बदनाम करना चाहते हैं. वे अफवाहें फैलाते हैं कि वह विद्रोहियों के साथ लीग में है और वह विदेशी शक्तियों के साथ गुप्त

रूप से संवाद कर रही है. नूरजहाँ, हालांकि, चुनौती से पीछे हटने वालों में से नहीं हैं. वह आरोप का सामना करती है और सबूत पेश करती है जो उसकी बेगुनाही साबित करती है. वह अपनी बुद्धि और आकर्षण का उपयोग अपने लाभ के लिए स्थिति को मोड़ने के लिए करती है, अपने कई अभियुक्तों पर जीत हासिल करती है और जहाँगीर से और भी अधिक समर्थन प्राप्त करती है. नतीजतन, दरबार पर नूरजहाँ का प्रभाव और भी मजबूत हो गया. वह कला की रक्षक और दरबार में कवियों और लेखकों की संरक्षक के रूप में जानी जाती है. उन्होंने प्रसिद्ध जहाँगीरनामा, जहाँगीर के जीवन और शासनकाल के संस्मरण सहित कला और साहित्य के कई कार्यों को शुरू किया.

जैसे-जैसे मुगल साम्राज्य का विस्तार हुआ और इसके व्यापार मार्ग अधिक लाभदायक होते गए, यूरोपीय कारखानों ने भारत में दुकान स्थापित करना शुरू कर दिया. वे अपने साथ नई प्रौद्योगिकियां और सामान लाते हैं, लेकिन स्थानीय उद्योगों और व्यवसायों के लिए भी खतरा हैं. जहाँगीर, सदा अवसरवादी, लाभ की संभावना देखता है और खुले हाथों से यूरोपीय लोगों का स्वागत करता है. वह उन्हें व्यापारिक अधिकार प्रदान करता है और यहाँ तक कि उन्हें अपने कारखाने स्थापित करने के लिए भूमि और संसाधन भी प्रदान करता है. हालांकि, नूरजहाँ इस कदम के दीर्घकालिक प्रभाव देखती हैं. वह मानती हैं कि यूरोपीय कारखाने स्थानीय उद्योगों के लिए खतरा हैं और इससे भारतीय अर्थव्यवस्था में गिरावट आएगी. वह जहांगीर को यूरोपीय लोगों के प्रभाव को सीमित करने और स्थानीय व्यवसायों की रक्षा करने के लिए राजी करने की कोशिश करती है, लेकिन वह तत्काल मुनाफे पर भी केंद्रित है. परिणामस्वरूप, यूरोपीय कारखाने फलने-फूलने लगते हैं, जबकि स्थानीय उद्योगों को नुकसान होता है. कारीगर और शिल्पकार अपनी आजीविका खो देते हैं, और अर्थव्यवस्था स्थिर होने लगती है. नूरजहाँ नुकसान होते हुए देखती है और समाधान खोजने की कोशिश करती है. वह दरबार में व्यापारियों और व्यवसायियों के साथ परामर्श करती है और स्थानीय उद्योगों की रक्षा के लिए एक योजना बनाती है. वे यूरोपीय वस्तुओं पर कर लगाने और उन्हें स्थानीय रूप से उत्पादित वस्तुओं की तुलना में अधिक महंगा बनाने के लिए टैरिफ शुल्क में वृद्धि का प्रस्ताव करते हैं. जहाँगीर शुरू में योजना के लिए प्रतिरोधी है, लेकिन नूरजहाँ के अनुनय और अर्थशास्त्र के उसके ज्ञान ने अंततः उसे मना लिया. वे योजना को लागू करते हैं, और जल्द ही स्थानीय उद्योग ठीक होने लगते हैं.

जहाँगीर: बेगम, आप रोशन दिमाग हैं, हम आपसे जानना चाहते हैं कि आप उन नए कारखानों के बारे में क्या सोचती हैं जो यूरोपीय लोगों ने स्थापित किए हैं?

नूरजहाँ: जिल्ले इलाही, मैं अदब से एक सलाह देती हूं कि हम यूरोपीय माल पर टैक्स बढ़ा दें और दूसरे शुल्क भी बढ़ा दें.

जहाँगीर: और इससे हमें क्या लाभ होगा?

नूरजहाँ: यूरोपीय चीजों को अधिक महंगा बनाकर, हम अपने स्थानीय लोगों का बनाया सामान खरीदने के लिए प्रोत्साहित करते हैं, जो बदले में हमारी अपनी अर्थव्यवस्था को मजबूत करेगा. यह एक अच्छी आर्थिक रणनीति है जिसका अन्य साम्राज्यों द्वारा सफलतापूर्वक उपयोग किया गया है.

जहाँगीर: हम आपकी बात समझ गए, बेगम. बहुत अच्छा, चलो हम आपकी योजना को लागू करते हैं और देखते हैं कि आगे क्या होता है.

नूरजहाँ की योजना सफल साबित होती है, और स्थानीय उद्योग ठीक होने लगते हैं. मुगल साम्राज्य एक बार फिर व्यापार और वाणिज्य का एक संपन्न केंद्र बन गया. जहाँगीर, नूरजहाँ की आर्थिक समझ से प्रभावित होकर, सलाह और परामर्श के लिए उस पर और भी अधिक भरोसा करने लगता है.

कहते हैं कि इतिहास स्वयं को दोहराता है. जिस तरह से जहाँगीर ने अपनी पिता के खिलाफ बगावत की थी वैसे ही उसके बेटे खुसरो ने उसके खिलाफ बगावत कर दी. जहाँगीर के शरीर पर उसके नशे की आदतों का असर दिखाई देने लगा. वो बीमार रहने लगा. जहांगीर का विद्रोही बेटा खुसरो समर्थकों को इकट्ठा करना शुरू कर देता है और सिंहासन पर अपने हमले की योजना बनाता है.

जहाँगीर: "नूरजहाँ, तुम खुसरो के विद्रोह के बारे में क्या सोचती हो?"

नूरजहाँ: "जिल्ले इलाही, खुसरो का विद्रोह मुगल साम्राज्य की स्थिरता के लिए एक बड़ा खतरा है. हमें इसे फैलने से रोकने के लिए तेजी से कार्रवाई करनी चाहिए. "

जहाँगीर: "आप क्या सुझाव देती हैं?"

नूरजहाँ: "जिल्ले इलाही, मेरा सुझाव है कि हम अन्य राज्यों से समर्थन इकट्ठा करें और खुसरो की सेना को हराने के लिए एक गठबंधन बनाएं. हमें लड़ाई के लिए अपनी सेना भी तैयार करनी चाहिए और यह सुनिश्चित करना चाहिए कि हमारे पास जीतने के लिए आवश्यक हथियार और आपूर्ति हो. "

जहाँगीर: "बहुत अच्छा, नूरजहाँ. मुझे आपके फैसले पर भरोसा है. हमारे वंश और हमारे लोगों की रक्षा के लिए आपको जो करना चाहिए वह करें. "

नूरजहाँ विद्रोह को विफल करने के लिए एक योजना तैयार करना शुरू कर देती है. वह अन्य राज्यों से समर्थन इकट्ठा करने के लिए अपने कूटनीतिक कौशल का उपयोग करती है और उन्हें जहाँगीर के प्रति अपनी वफादारी की प्रतिज्ञा

करने के लिए मनाती है. उसी समय, नूरजहाँ ने सेना को युद्ध के लिए तैयार करना शुरू कर दिया. वह सैनिकों, हथियारों और आपूर्ति का आयोजन करती है और उन्हें आगामी संघर्ष के लिए प्रशिक्षित करती है. जैसे-जैसे विद्रोह बढ़ने लगता है, नूरजहाँ की सैन्य रणनीतियाँ कारगर साबित होती हैं. वह खुसरो की सेना पर हमलों का समन्वय करती है और उन्हें मात देने के लिए इलाके और भूगोल के अपने ज्ञान का उपयोग करती है. उनका सैन्य नेतृत्व उनके सैनिकों को प्रेरित करता है और उन्हें कठिन लड़ाई लड़ने के लिए प्रेरित करता है. अंत में खुसरो के विद्रोह की हार होती है और मुगल साम्राज्य कायम रहता है. जहाँगीर नूरजहाँ के नेतृत्व और रणनीतिक सोच से प्रभावित है, और वह सलाह और परामर्श के लिए उस पर और भी अधिक निर्भर करता है. नूरजहाँ की कूटनीतिक और सैन्य शक्ति मुगल साम्राज्य की स्थिरता को बनाए रखने और यह सुनिश्चित करने में एक महत्वपूर्ण कारक साबित होती है कि यह क्षेत्र में एक शक्तिशाली शक्ति बनी हुई है. जहाँगीर को उसके बुढ़ापे के समय उसके सौतेले बेटे शाहजहां द्वारा गिरफ्तार करवा लिया गया और आगे की ज़िंदगी गुमनामी में बितायी. 1627 में जब जहाँगीर की मौत हुई तब मुग़ल गद्दी पर शाहजहाँ बैठा हुआ था.

(मुग़लों का अंतः 1630 CE से 1707 CE)

माई भागो और औरंगज़ेब

शाहजहाँ पांचवा मुगल सम्राट था, जिन्होंने 1628 से 1658 तक शासन किया. भारत का मुग़ल साम्राज्य शाहजहाँ के शासनकाल में अपने चरमोत्कर्ष पर पहुँच गया था. वह अपने पिता जहांगीर की मृत्यु के बाद 1628 में सिंहासन पर बैठा. शाहजहाँ अपनी रानी मुमताज महल के लिए अपने प्यार के लिए जाना जाता था और उनकी शादी को अब तक की सबसे महान प्रेम कहानियों में से एक माना जाता था. यह उनके शासनकाल के दौरान मुमताज के प्रति उनके प्रेम के प्रतीक के रूप में दुनिया के सात अजूबों में से एक ताजमहल का निर्माण किया गया था.

शाहजहाँ ने उजड़ी हुई दिल्ली को फिर से आबाद करने और उसे अपनी राजधानी बनाने का फैसला किया. उसने शाहजहानाबाद (पुरानी दिल्ली) नाम से एक शानदार शहर का निर्माण किया, जिसमें लाल किला और जामा मस्जिद जैसी विश्वप्रसिद्ध इमारतें बनवायीं. 18वीं शताब्दी में साम्राज्य के पतन तक शाहजहानाबाद मुगल साम्राज्य की राजधानी बना रहा. शाहजहाँ को कला के संरक्षण और उसके शानदार दरबार के लिए भी जाना जाता था, जिसने दुनिया भर के कलाकारों, कवियों और संगीतकारों को आकर्षित किया. उनके शासन में मुगल साम्राज्य संस्कृति और शिक्षा का केंद्र था. लेकिन जब शाहजहाँ कला का एक महान संरक्षक था, तो उसे अपने शासनकाल के दौरान

महत्वपूर्ण आर्थिक चुनौतियों का भी सामना करना पड़ा. मुगल साम्राज्य का एक विशाल क्षेत्र था, और इसकी अर्थव्यवस्था कृषि पर बहुत अधिक निर्भर थी. शाहजहाँ के शासनकाल के प्रारंभिक वर्षों के दौरान, साम्राज्य को एक गंभीर अकाल का सामना करना पड़ा, जिससे व्यापक पीड़ा और कठिनाई हुई. साम्राज्य के सामने आने वाली आर्थिक चुनौतियों का समाधान करने के लिए, शाहजहाँ ने नमक और अफीम जैसे कुछ सामानों के उत्पादन और बिक्री पर राज्य-नियंत्रित एकाधिकार की स्थापना सहित कई नीतियों को लागू किया. उन्होंने कर प्रणाली की दक्षता में सुधार और राज्य के लिए राजस्व बढ़ाने के लिए सुधारों को भी लागू किया. आर्थिक चुनौतियों के बावजूद, शाहजहाँ के शासनकाल को अक्सर महान समृद्धि और सांस्कृतिक उपलब्धि के काल के रूप में याद किया जाता है. हालांकि, उनके उत्तराधिकारी औरंगजेब को अपने ही शासनकाल के दौरान महत्वपूर्ण राजनीतिक और सामाजिक उथल-पुथल का सामना करना पड़ा, जो अंततः मुगल साम्राज्य के पतन की ओर ले जाएगा. शाहजहाँ के साम्राज्य के सामने आने वाली आर्थिक चुनौतियाँ उनके शासनकाल के उत्तरार्ध के दौरान एक प्रमुख चिंता बनी रहीं. दक्कन सल्तनत के साथ महंगे युद्धों और भारत में यूरोपीय व्यापारिक शक्तियों के उदय ने साम्राज्य पर आर्थिक दबाव बढ़ा दिया. शाहजहाँ की नीतियों के भी अनपेक्षित परिणाम हुए. कुछ वस्तुओं पर राज्य के एकाधिकार ने भ्रष्टाचार और तस्करी को जन्म दिया, जिसने अर्थव्यवस्था को और कमजोर कर दिया. किसानों और व्यापारियों पर उच्च कराधान ने व्यापक आक्रोश पैदा किया, और जबरन श्रम की प्रथा, जिसे "रहदारी" प्रणाली के रूप में जाना जाता है, भी बहुत अलोकप्रिय थी. शाहजहाँ के शासनकाल के सबसे स्थायी प्रतीकों में से एक ताजमहल है, जिसे उसकी प्यारी पत्नी मुमताज महल के लिए एक मकबरे के रूप में बनाया गया था. ताजमहल को दुनिया की सबसे बड़ी वास्तुशिल्प कृतियों में से एक माना जाता है और यह मुगल साम्राज्य की भव्यता और समृद्धि का प्रतीक बन गया है.

हालाँकि, शाहजहाँ के पुत्रों के बीच सिंहासन के लिए संघर्ष अंततः औरंगज़ेब के उदय और संघर्ष और अशांति की अवधि का कारण बना जिसका मुगल साम्राज्य के लिए स्थायी परिणाम होगा. शाहजहाँ के तीसरे बेटे के रूप में, औरंगज़ेब को शुरू में सिंहासन का गंभीर दावेदार नहीं माना गया था. हालाँकि, उनकी बुद्धिमत्ता और महत्वाकांक्षा अंततः उन्हें मुगल साम्राज्य में सत्ता के शिखर तक ले गयी. सिंहासन के लिए संघर्ष तब शुरू हुआ जब 1657 में शाहजहाँ बीमार पड़ गया. उसका सबसे बड़ा पुत्र, दारा शिकोह उत्तराधिकारी था, लेकिन सिंहासन के लिए उसके दावे को उसके छोटे भाइयों ने चुनौती दी, जिसमें औरंगज़ेब भी शामिल था. शाहजहाँ के दरबार में तनाव अधिक था क्योंकि बादशाह का स्वास्थ्य बिगड़ गया था. एक दिन, शाही परिवार महल में इकट्ठा हुआ, औरंगज़ेब ने अपने भाई के सिंहासन के दावे के खिलाफ बात की. औरंगज़ेब ने घोषणा की, "दारा जैसा किताबी विद्वान इस विशाल साम्राज्य पर शासन नहीं कर सकता है. " "हमें एक मजबूत और सक्षम नेता की जरूरत है जो हमारी सीमाओं की रक्षा कर सके और हमारे पूर्वजों की परंपराओं को बनाए रख सके. " दारा शिकोह, जो दर्शन और धर्म के प्रति अपने प्रेम के लिए जाने जाते थे, अपने भाई की बातों से अचंभित रह गए. "सिंहासन उत्तराधिकार के अधिकार से मेरा है," उसने जवाब दिया. "मैं सम्राट का सबसे बड़ा पुत्र हूं और जीवन भर इस पद के लिए प्रशिक्षित रहा हूं. " औरंगजेब विचलित नहीं हुआ. उन्होंने शक्तिशाली मुगल अमीरों और सेनापतियों का समर्थन हासिल करते हुए अपनी शक्ति का आधार बनाना जारी रखा. उन्होंने बीजापुर के सुल्तान और मारवाड़ के राजपूत राजा सहित क्षेत्रीय शासकों के साथ गठबंधन भी किया. जैसे ही सिंहासन के लिए संघर्ष तेज हुआ, साम्राज्य अराजकता और रक्तपात के दौर में डूब गया. पूरे देश में लड़ाइयाँ लड़ी गईं, और सत्ता के लिए अलग-अलग गुटों के रूप में गठजोड़ लगातार बदल रहे थे. अंत में औरंगजेब की जीत हुई. उनकी सेनाओं ने दारा शिकोह को युद्ध में हरा दिया, और उन्हें 1658 में सम्राट घोषित किया गया. यह एक लंबे और विवादास्पद शासन की शुरुआत थी जो भारत के इतिहास पर एक स्थायी छाप छोड़ेगा. दारा शिकोह पर औरंगजेब की जीत मुगल साम्राज्य में सत्ता के लिए संघर्ष का अंत नहीं थी. उनका पराजित भाई उनके पक्ष में कांटा बना रहा और उनके समर्थक उनके खिलाफ साजिश करते रहे. जैसे ही औरंगजेब ने अपने शासन को मजबूत किया, दारा शिकोह कैद से भाग निकला और उसने अपनी सेना को इकट्ठा करना शुरू कर दिया. वह कई क्षेत्रीय शासकों में शामिल हो गया, जो औरंगज़ेब के सिंहासन पर बैठने के विरोध में थे. मुगल साम्राज्य के दरबार में तनाव बहुत अधिक था क्योंकि दोनों भाई सत्ता के लिए संघर्ष करते रहे. एक दिन, जब वे सिंहासन कक्ष में एक-दूसरे का सामना कर रहे थे, दारा शिकोह ने सम्राट के रूप में औरंगज़ेब की वैधता को चुनौती दी. दारा शिकोह ने कहा, "आपने बलपूर्वक सिंहासन हड़प लिया है, जबकि मैं अपने पिता की विरासत का असली उत्तराधिकारी हूं. " "भारत के लोग सच्चाई जानते हैं, और वे आपके अत्याचार के खिलाफ उठेंगे. " औरंगजेब अप्रभावित था. "आप एक सपने देखने वाले पागल दार्शनिक आदमी हैं, दारा," उसने जवाब दिया. "भारत के लोग मेरे प्रति वफादार हैं, और वे जानते हैं कि मैं वह मजबूत और सक्षम नेता हूं जिसकी इस साम्राज्य को जरूरत है. " दोनों भाई युद्ध के मैदान में संघर्ष करते रहे, किसी भी पक्ष को निर्णायक लाभ नहीं मिला. औरंगज़ेब की बेहतर सैन्य रणनीति दारा शिकोह के बेहतर कूटनीतिक कौशल से सुसज्जित थी, क्योंकि वह क्षेत्रीय शासकों और अन्य संभावित सहयोगियों का समर्थन हासिल करना जारी रखता था. अंत में, यह कारकों का एक संयोजन था जिसके कारण दारा शिकोह की हार हुई. औरंगजेब की बेहतर सैन्य ताकतों ने अंततः दारा की सेना को परास्त कर दिया, और कई प्रमुख सहयोगियों ने पक्ष बदल लिया. दारा शिकोह को पकड़ लिया गया और उसके भाई के सामने फैसले के लिए लाया गया. औरंगजेब ने सख्ती से कहा, "आपके विद्रोह ने मुगल साम्राज्य और उसके लोगों को बहुत नुकसान पहुंचाया है. " "मेरे पास आपके अपराधों के

लिए आपको मौत की सजा देने के अलावा कोई विकल्प नहीं है. "जैसे ही औरंगज़ेब की कठोर नीतियों और निरंकुश शासन की अफवाहें पूरे साम्राज्य में फैलीं, उसके कुछ विषयों ने सम्राट के रूप में उसकी वैधता पर सवाल उठाना शुरू कर दिया. दारा शिकोह के अनुयायियों ने उसके शासन का विरोध करना जारी रखा, और कभी उसका समर्थन करने वाले क्षेत्रीय शासक अब उसके खिलाफ हो गए. इनमें से सबसे उल्लेखनीय मेवाड़ के राजपूत राजा थे, जो पहले औरंगजेब के सहयोगी थे. जब सम्राट ने इस क्षेत्र पर अपना अधिकार जमाने का प्रयास किया, तो राजा ने एक भयंकर विद्रोह शुरू किया जो वर्षों तक चला. इस बीच, हिंदुओं और अन्य धार्मिक अल्पसंख्यकों के प्रति औरंगज़ेब की नीतियों ने उसकी प्रजा के बीच भौंहें चढ़ाना शुरू कर दिया. मंदिरों के उनके विध्वंस और गैर-मुस्लिमों पर जज़िया कर लगाने को कई लोगों ने दमनकारी के रूप में देखा, और व्यापक आक्रोश और प्रतिरोध को जन्म दिया. इस सारी उथल-पुथल के बीच, अफवाहें फैलने लगीं कि औरंगजेब ने अपने ही भाई दारा शिकोह की हत्या का आदेश दिया था. कुछ ने दावा किया कि फांसी एक दिखावा थी, और यह कि दारा की वास्तव में गुप्त रूप से हत्या कर दी गई थी. दारा शिकोह के साथ जो हुआ उसकी सच्चाई ऐतिहासिक बहस का विषय बनी हुई है. कुछ इतिहासकारों का तर्क है कि औरंगज़ेब ने वास्तव में अपने भाई की हत्या का आदेश दिया था, जबकि अन्य का कहना है कि दारा को एक वैध मुकदमे में मार दिया गया था और इसमें गलत खेल का कोई सबूत नहीं है. सच्चाई जो भी हो, दारा शिकोह की मृत्यु औरंगजेब के शासन में एक महत्वपूर्ण मोड़ साबित हुई. उसकी नीतियां अधिक कठोर हो गईं और उसका शासन अधिक सत्तावादी हो गया, जिससे पूरे मुगल साम्राज्य में और अधिक अशांति और विद्रोह हो गया. हिंदुओं और अन्य धार्मिक अल्पसंख्यकों के प्रति औरंगज़ेब की नीतियां उनके शासनकाल के सबसे विवादास्पद थीं. सम्राट के रूप में अपने पूरे समय में, उसने अक्सर गैर-मुस्लिमों के अधिकारों और स्वतंत्रता की कीमत पर, अपने विषयों पर सख्त इस्लामी कानून लागू करने की मांग की. इन नीतियों में से एक सबसे विवादास्पद गैर-मुस्लिमों पर जजिया कर लगाना था. यह कर गैर-मुस्लिमों के लिए सजा का एक रूप था, जो उन्हें अपने विश्वास का पालन करने से हतोत्साहित करने और इस्लाम में धर्मांतरण को प्रोत्साहित करने के लिए बनाया गया था. जजिया कर के अलावा, औरंगजेब ने हिंदू मंदिरों को ध्वस्त करने और उनकी जगह मस्जिद बनाने की नीति भी लागू की. इसे हिंदू संस्कृति और धर्म पर सीधे हमले के रूप में देखा गया, और साम्राज्य के हिंदू विषयों में व्यापक असंतोष और विद्रोह का कारण बना. कुछ मामलों में, औरंगज़ेब और भी आगे बढ़ गया, उसने उन हिंदुओं को मार डाला जिन्होंने इस्लाम में परिवर्तित होने या जजिया कर का भुगतान करने से इनकार कर दिया था. धार्मिक उत्पीड़न की यह क्रूर नीति पिछले मुगल बादशाहों द्वारा स्थापित धार्मिक सहिष्णुता और स्वतंत्रता के सिद्धांतों का स्पष्ट उल्लंघन थी. इन नीतियों के विरोध के बावजूद औरंगजेब इस्लामी कानून की अपनी सख्त व्याख्या को लागू करने के लिए प्रतिबद्ध रहा. वह खुद को एक समर्पित मुसलमान के रूप में देखता था और मानता था कि यह उसका कर्तव्य है कि वह अपनी प्रजा को कुरान की शिक्षाओं के अनुपालन में लाए. भारत के इतिहास पर औरंगजेब की नीतियों के प्रभाव को कम करके नहीं आंका जा सकता. उन्होंने अपने विषयों के बीच व्यापक अशांति और विद्रोह का नेतृत्व किया, और मुगल साम्राज्य के अंत में गिरावट में योगदान दिया. उन्होंने धार्मिक तनाव और संघर्ष की विरासत को स्थापित करने में भी मदद की जो आज भी जारी है. औरंगजेब का शासनकाल अपनी दमनकारी नीतियों के लिए जाना जाता था, जिसमें कवियों और कलाकारों पर प्रतिबंध लगाना भी शामिल था। हिंदी और उर्दू के कवियों और कलाकारों सहित कई दिग्गज हस्तियां उसके अत्याचार के खिलाफ उठ खड़ी हुईं उनमें मलूक दास भी थे, जो शुरुआत में विशेष रूप से धार्मिक नहीं थे।

जब मलूक दास के गाँव में एक साधु रामायण का पाठ करने पहुँचे। भिक्षु ने राम की परोपकारिता के बारे में बात की, जो परम परोपकारी हैं, जो भूखों को भोजन देते हैं, नग्नों को वस्त्र देते हैं और बेघरों को आश्रय देते हैं। इस तरह के दावों पर संदेह करते हुए, मलूक दास ने भिक्षु से सवाल किया कि क्या सक्रिय रूप से काम किए बिना भी, केवल राम का नाम जपना ही उनके लिए जीविका प्राप्त करने के लिए पर्याप्त होगा।

साधु ने मलूक दास को आश्वस्त किया कि राम वास्तव में उनका भरण-पोषण करेंगे, भले ही वह घने जंगल में अकेले बैठे हों। साधु की बातों से प्रोत्साहित होकर मलूक दास इस दावे की सच्चाई परखने निकल पड़े। वह दैवीय जीविका की आशा में जंगल में गए और एक ऊँचे पेड़ पर चढ़ गए. हालाँकि, रात बीत गई और मलूक दास को कुछ भी खाना नहीं मिला। फिर भी वह दृढ़ रहे और पेड़ पर बैठा रहे। अगली सुबह, राज्य के अधिकारी उसके पेड़ के पास भोजन लेकर पहुंचे, लेकिन शेर की दहाड़ से वे डर गए और भोजन वहीं छोड़ गए। इस स्पष्ट हस्तक्षेप के बावजूद, मलूक दास खाने के लिए पेड़ से नहीं उतरे। बाद में, डकैतों का एक समूह गिरे हुए भोजन के पास आया और उन्हें किसी गड़बड़ी का संदेह हुआ। उन्होंने मलूक दास को धमकाया और ज़हर का परीक्षण करने के लिए उन्हें खाना खाने के लिए मजबूर किया। मलूक दास ने खाना खा लिया और उनको कोई नुकसान नहीं हुआ। जंगल की घटनाओं का मलूक दास पर गहरा प्रभाव पड़ा। उन्होंने इसे एक संकेत के रूप में देखा कि राम ने वास्तव में उनकी बात सुनी थी, और उन्होंने भगवान के प्रति गहरी भक्ति विकसित की। गाँव लौटने पर, उन्होंने अपनी नई समझ और विश्वास को व्यक्त करते हुए एक दोहे की रचना की: "अजगर करे न चाकरी, पंछी करे न काम" - यह संदेश देते हुए कि राम सबके प्रदाता हैं। औरंगजेब के दमनकारी शासन के बावजूद, मलूक दास की कहानी दर्शाती है कि कैसे एक व्यक्ति की संदेह से विश्वास तक की यात्रा ने उसे आध्यात्मिकता अपनाने और इस विश्वास में सांत्वना पाने के लिए प्रेरित किया कि एक उच्च शक्ति उसकी तलाश कर रही थी।

भारत में मुगल काल के दौरान सिख समुदाय एक अलग धार्मिक और सामाजिक समूह के रूप में उभरा. उन्हें मुग़ल बादशाह औरंगज़ेब के अधीन उत्पीड़न का सामना करना पड़ा, जिसने इस्लाम को थोपने और अन्य धर्मों को दबाने की कोशिश की. सिखों के मुगल उत्पीड़न के कारण 1675 में नौवें सिख गुरु, गुरु तेग बहादुर की शहादत हुई. मुगल सिख समुदाय पर अत्याचार कर रहे थे, और कई सिखों ने अपनी जान बचाने के लिए अपना धर्म छोड़ दिया था. हालाँकि, माई भागो अपने विश्वास के प्रति प्रतिबद्ध रही और उसने इसे छोड़ने से इनकार कर दिया. माई भागो एक युवा महिला थी जो मुगल काल के दौरान पंजाब के एक गांव में रहती थी. वह एक ऐसे परिवार में पली-बढ़ी थी जो अपने सिख धर्म के लिए गहराई से प्रतिबद्ध था, और उसने अपने पिता से बहादुर और निडर होना सीखा था, जिन्होंने मुगलों के खिलाफ कई लड़ाई लड़ी थी. गुरु तेग बहादुर की शहादत के बाद, उनके बेटे गुरु गोबिंद सिंह दसवें सिख गुरु बने और समुदाय को एक सैन्य भाईचारे में संगठित किया जिसे खालसा के नाम से जाना जाता है. खालसा को उत्पीड़न के खिलाफ समुदाय की रक्षा करने और न्याय और स्वतंत्रता के लिए लड़ने के लिए बनाया गया था. 1705 में, चाली मुक्ते के नाम से जाने जाने वाले चालीस सिख पुरुषों के एक समूह ने अपना विश्वास छोड़ दिया था और मुगलों के उत्पीड़न से बचने के लिए छिपकर रह रहे थे. जब उन्होंने सुना कि गुरु गोबिंद सिंह उनके क्षेत्र से गुजर रहे हैं, तो उन्होंने जाकर उनसे क्षमा मांगने का फैसला किया. गुरु, जो अपनी करुणा और क्षमा के लिए जाने जाते थे, ने पुरुषों का सिख समुदाय में वापस स्वागत किया और उन्हें उनके पुनर्जन्म के प्रतीक के लिए नए नाम दिए. उन्होंने उन्हें हथियार भी भेंट किए और उन्हें उनके घर वापस भेज दिया. एक मुगल सेना चाली मुक्ते का पीछा कर रही थी, उन्हें पकड़ने या मारने के इरादे से. माई भागो, जिन्होंने चाली मुक्ते के अपने विश्वास पर लौटने के फैसले के बारे में सुना था, उनके दृढ़ संकल्प से प्रभावित हुईं और उन्होंने मुगलों के खिलाफ उनकी लड़ाई में शामिल होने का फैसला किया.

माई भागो मुग़ल सेना पर चंडी की तरह टूट पड़ीं. दोनों हाथों से मुगलों को काटते हुए वो तेज़ी से आगे बढ़ रही थीं. उनको हिसाब नहीं था कि उन्होंने कितने मुग़ल सैनिकों को मार गिराया है, लेकिन उनके पीछे मुग़लों के कटे हुए सिरों की कतार लगी हुई थी. सिख योद्धा बहादुरी से लड़े.

कहा जाता है कि जब माई भागो ने चाली मुक्ते के कुछ सैनिकों को युद्ध के मैदान से भागते देखा, तो उन्होंने उन्हें ललकारते हुए कहा "तुम अपने गुरु की शिक्षाओं और अपने विश्वास और अपने लोगों की रक्षा करने के अपने पवित्र कर्तव्य को भूल गए हो. तुम्हें शर्म आनी चाहिए! वापिस आओ और बहादुर योद्धाओं की तरह लड़ो!"

उसके शब्दों का सैनिकों पर गहरा प्रभाव पड़ा, जो उसके चारों ओर एकत्र हुए और नए जोश के साथ लड़े. माई भागो स्वयं युद्ध में लड़ी और कहा जाता है कि उसने अपनी तलवार से कई मुगल सैनिकों को मार डाला. मुक्तसर की लड़ाई सिखों के लिए एक महान नैतिक जीत थी, कम संख्या में होने के बावजूद, सिख सेना ने बहादुरी से लड़ाई लड़ी और मुगल सेना को भारी नुकसान पहुँचाया. लड़ाई को आज भी सिख वीरता और साहस के एक चमकदार उदाहरण के रूप में याद किया जाता है.

जब गुरु गोबिंद सिंह ने माई भागो की बहादुरी और नेतृत्व के बारे में सुना, तो वे बहुत प्रभावित हुए. उन्होंने उसे और चली मुक्ते को मिलने के लिए आमंत्रित किया, और उनके साहस और बलिदान के लिए उनकी प्रशंसा की. गुरु गोबिंद सिंह माई भागो की बहादुरी से विशेष रूप से प्रभावित थे, और उन्होंने उन्हें सिख समुदाय में एक विशेष दर्जा दिया. उन्होंने घोषणा की कि जिस किसी को भी खालसा में दीक्षा दी गई और माई भागो नाम दिया गया, उसे उन चालीस बहादुर सिखों के बराबर माना गया, जिन्होंने उसके साथ लड़ाई लड़ी थी. बाद के मुगल काल के दौरान, सिखों को निरंतर उत्पीड़न का सामना करना पड़ा, जिसके कारण सिख खालसा और मुगल साम्राज्य के बीच सशस्त्र संघर्षों की एक श्रृंखला बनी रही. सिख खालसा इन संघर्षों में विजयी हुए और पंजाब क्षेत्र में अपना अधिकार स्थापित किया. 18वीं शताब्दी में सिख मिस्लों (कुलों) के उदय ने महाराजा रणजीत सिंह के अधीन सिख साम्राज्य की स्थापना का मार्ग प्रशस्त किया. करिश्माई सिख नेता रणजीत सिंह ने विभिन्न सिख मिसलों को एकीकृत किया और एक केंद्रीय प्राधिकरण की स्थापना की. उन्होंने एक मजबूत सेना का निर्माण किया, जिसमें सिख और मुसलमान दोनों शामिल थे, और आधुनिक सैन्य तकनीक और हथियार इस्तेमाल किए. रणजीत सिंह के शासन के तहत, सिख साम्राज्य दक्षिण एशिया में एक प्रमुख शक्ति बन गया, और पंजाब क्षेत्र ने अपेक्षाकृत शांति और समृद्धि की अवधि का अनुभव किया. साम्राज्य अन्य धर्मों के प्रति अपनी सहिष्णुता और कला, संस्कृति और साहित्य को बढ़ावा देने के लिए जाना जाता था.

(मराठों का उदय: 1630 CE से 1757 CE)
जीजाबाई और छत्रपति शिवाजी

शक्तिशाली मुगल सम्राट औरंगजेब, अपने शासनकाल के दौरान गैर-मुस्लिम धर्मों के प्रति तेजी से असहिष्णु हो गया था. उसने मराठों को अपने शासन के लिए एक खतरे के रूप में देखा, जो मुख्य रूप से हिंदू थे. राष्ट्रवाद की तीव्र भावना और अपनी मराठा विरासत पर गहरा गर्व रखने वाले क्षेत्रीय नेता शिवाजी महाराज औरंगज़ेब की प्रगति का विरोध करने के लिए दृढ़ थे. उन्होंने औरंगज़ेब की सेना को मात देने और अपने साम्राज्य का विस्तार करने के लिए अपनी सैन्य शक्ति और रणनीतिक चालाकी का इस्तेमाल किया. 17 वीं शताब्दी की शुरुआत में, भारतीय उपमहाद्वीप कई छोटे और बड़े राज्यों में विभाजित था, प्रत्येक शक्ति और क्षेत्र के लिए होड़ कर रहा था. इस जटिल राजनीतिक परिदृश्य के बीच, 19 फरवरी, 1630 को महाराष्ट्र में पुणे के पास शिवनेरी के पहाड़ी किले में एक युवा लड़के का जन्म हुआ. उनका नाम शिवाजी था. शिवाजी की माता जीजाबाई अपने पुत्र से कम उल्लेखनीय नहीं थीं. उनका जन्म 1598 में महाराष्ट्र के सिंदखेड शहर में हुआ था, और वह इस क्षेत्र के एक शक्तिशाली रईस लखुजीराव जाधव की बेटी थीं. छोटी उम्र से ही, जीजाबाई को मार्शल आर्ट, साहित्य और प्रशासन में प्रशिक्षित किया गया था, और वह अपनी तेज बुद्धि, साहस और अपने परिवार के प्रति समर्पण के लिए जानी जाती थीं. जीजाबाई ने शाहजी भोसले से शादी की, जो आदिल शाही वंश की सेवा में एक सैन्य कमांडर थे, जिन्होंने वर्तमान महाराष्ट्र और कर्नाटक के कुछ हिस्सों पर शासन किया था. साथ में, उनके दो बेटे, शिवाजी और उनके छोटे भाई, संभाजी थे. एक बच्चे के रूप में, शिवाजी अपनी माँ की बहादुर मराठा योद्धाओं की कहानियों से बहुत प्रभावित थे, जिन्होंने मुगल और आदिल शाही सेनाओं के खिलाफ लड़ाई लड़ी थी. उन्होंने अपने पिता से गुरिल्ला युद्ध और किलेबंदी की कला भी सीखी, जिन्होंने दक्कन के पठार में कई लड़ाइयां लड़ी थीं. 1646 में, जब शिवाजी सिर्फ 16 साल के थे, उनके पिता को आदिल शाही सुल्तान ने कैद कर लिया. इस घटना ने शिवाजी के जीवन में एक महत्वपूर्ण मोड़ दिया, क्योंकि उन्होंने अपने पिता की कमान संभालने और आदिल शाही और मुगल सेना के खिलाफ लड़ने का फैसला किया. इस प्रकार एक महान योद्धा और दूरदर्शी राजा बनने की दिशा में शिवाजी की यात्रा शुरू हुई. शिवाजी का पालन-पोषण उनके समय के लिए अपरंपरागत था. कई अन्य मराठा रईसों के विपरीत, जिन्होंने फारसी और संस्कृति भाषा को अपनाया था, शिवाजी और उनकी मां की मराठी विरासत में गहरी जड़ें थीं. वे घर पर मराठी बोलते थे, हिंदू धर्म के पवित्र ग्रंथों को पढ़ते थे और अपने लोगों के पारंपरिक रीति-रिवाजों और त्योहारों का पालन करते थे. जीजाबाई एक धर्मनिष्ठ हिंदू थीं और उन्होंने शिवाजी में धार्मिक और सांस्कृतिक पहचान की एक मजबूत भावना पैदा करने में महत्वपूर्ण भूमिका निभाई. उन्होंने उन्हें प्राचीन भारतीय शास्त्रों को पढ़ने और उनके ज्ञान को समझने के लिए भी प्रोत्साहित किया. हिंदू धर्म और

उसके दर्शन के इस प्रारंभिक प्रदर्शन ने बाद में एक शासक के रूप में शिवाजी की नीतियों और विश्वदृष्टि को प्रभावित किया. जैसे-जैसे शिवाजी बड़े होते गए, उनका आदिल शाही राजवंश के भ्रष्ट और अक्षम प्रशासन से मोहभंग होता गया. उन्होंने शासक अभिजात वर्ग द्वारा आम लोगों के उत्पीड़न और शोषण को प्रत्यक्ष रूप से देखा, और वे एक बदलाव लाने के लिए दृढ़ संकल्पित थे.

1645 में, शिवाजी ने बीजापुर सल्तनत के नियंत्रण में पास के तोरना शहर के खिलाफ अपना पहला सैन्य अभियान शुरू किया. बहुत अधिक संख्या में होने के बावजूद, शिवाजी और उनके सैनिकों के छोटे दल ने किले पर कब्जा करने में कामयाबी हासिल की, जो ऐसी कई जीतों में से पहली जीत थी. अगले कुछ वर्षों में, शिवाजी ने अपने क्षेत्र का विस्तार करना और अपनी सेना को मजबूत करना जारी रखा. उन्होंने नवीन गुरिल्ला रणनीति अपनाई, जैसे कि बिजली की गति से और आश्चर्यजनक हमले, जो बड़े और महाशक्तिशाली दुश्मन ताकतों के खिलाफ अत्यधिक प्रभावी साबित हुए. इस पूरी अवधि के दौरान, जीजाबाई शिवाजी के लिए शक्ति और समर्थन का स्रोत बनी रहीं. वह उनकी विश्वासपात्र, सलाहकार और नैतिक दिशासूचक थी जिसने उनके कार्यों का मार्गदर्शन किया. उनकी क्षमताओं में उनका अटूट विश्वास और उनके प्रति उनका गहरा प्रेम उनके सत्ता में आने में सहायक था. शिवाजी के सामने सबसे बड़ी बाधाओं में से एक बीजापुर सल्तनत की शत्रुता थी, जिसने उन्हें इस क्षेत्र में अपने स्वयं के प्रभुत्व के लिए एक खतरे के रूप में देखा. 1659 में, बीजापुर और औरंगजेब की मुगल संयुक्त सेना ने शिवाजी के विद्रोह को एक बार और कुचलने के उद्देश्य से, शिवाजी के राज्य पर बड़े पैमाने पर आक्रमण किया. बीजापुर की आदिलशाही सल्तनत, भारत के दक्कन क्षेत्र की प्रमुख शक्तियों में से एक, ने शिवाजी और उनके बढ़ते मराठा साम्राज्य को वश में करने के लिए अपने सेनापति अफजल खान की कमान में एक विशाल सेना भेजी. अफजल खान एक अनुभवी कमांडर और एक दुर्जेय विरोधी था, और उसकी सेना शिवाजी की तुलना में बहुत बड़ी और आधुनिक हथियारों से सुसज्जित थी. भारी संख्या में होने के बावजूद, शिवाजी ने बड़ी सेना पर काबू पाने के लिए अपनी बेहतर चपलता और कौशल का उपयोग करने की उम्मीद में, आमने-सामने की मुठभेड़ में अफजल खान का सामना करने का फैसला किया. वह अफजल खान से पश्चिमी घाट के रणनीतिक स्थान प्रतापगढ़ गांव के बाहर एक तंबू में मिलने के लिए तैयार हो गया.

जब शिवाजी तंबू में पहुंचे, तो अफजल खान ने उनका खुले हाथों से स्वागत किया, अफ़्ज़ल खान साढ़े छः फीट कद का व्यक्ति था. उसकी योजना थी की वो शिवजी को अपनी भुजाओं में जकड़ कर मार डाले. कुछ इतिहासकार कहते हैं कि अफ़्ज़ल खान ने शिवजी की हत्या करने के उद्देश्य से एक खंजर अपनी आस्तीन में छिपा रखा था. हालाँकि, शिवाजी को अफजल खान के इरादों पर संदेह था और उसने अपनी रक्षा के लिए सावधानी बरती थी. उसने अपनी हथेली में एक छोटा सा हथियार, "वाघ नख" या बाघ का पंजा छिपा रखा था, और उसने खुद को अपने वफादार अंगरक्षकों के एक समूह के साथ घेर लिया था, जिन्हें "शिम्पी" और "मावलस" के रूप में जाना जाता था. तंबू में घुसते ही अफजल खान ने शिवाजी को गले से लगा लिया

अफजल खान: "आइए, हम एक दूसरे को भाइयों की तरह गले लगाएं. "

शिवाजी: "निश्चित रूप से, मैं स्वीकार करता हूं. लेकिन पहले हम मराठा शैली में गले लगाएं, जो एक दूसरे को कंधों से पकड़ना है और फिर एक दूसरे को कसकर गले लगाना है. "

अफजल खान: "जैसी आपकी मर्जी. "

अफजल खान ने शिवाजी का गला घोंटने का प्रयास किया. शिवाजी ने तुरंत प्रतिक्रिया दी, अपने छिपे हुए हथियार को अफ़्ज़ल खान के पेट में घुसेड़ दिया और उसे तुरंत मार डाला. तम्बू के बाहर तैनात मराठा योद्धाओं ने बिजली की तेज़ी से बीजापुर की सेना पर हमला कर दिया. इस से पहले की बीजापुर सेना कुछ समझ पाती उसके सैनिकों को गाजर मूली की तरह काट दिया गया. बीजापुर की जीत के साथ शिवाजी का अब दक्कन पर एक छत्र राज कायम हो गया. अब वे छत्रपति शिवाजी महाराज के नाम से जाने जाते हैं. छत्रपति शिवाजी महाराज उन चंद शासकों में से हैं जिनका सम्मान भारत के हर वर्ग का व्यक्ति करता है. शिवाजी राष्ट्रवादी हिन्दुओं के भी आदर्श हैं और दलित, शोषित, वंचित वर्ग के लोगों के भी आदर्श हैं. छत्रपति शिवाजी महाराज किसानों के बीच बहुत सम्मानित थे. किसान उनसे बहुत स्नेह और आदर करते थे. शिवाजी महाराज की सेना में लगभग सभी मराठा योद्धा पेशे से किसान थे. किसान, मजदूर, दलित ये लोग शिवाजी की इतनी इज्जत क्यों करते थे? युद्ध तो और भी राजाओं ने लड़े लेकिन उन युद्धों और शिवाजी के लड़े हुए युद्धों में जमीन आसमान का फर्क था. शिवाजी महाराज से पहले जितने भी राजा महाराजों ने युद्ध लड़े वो अपने साम्राज्य के विस्तार के लिए लड़े न कि प्रजा के हितों के लिए. उन युद्धों में सेनाएं जिस जगह से भी गुजरती वहां के सारे खेतों की सारी फसलें नष्ट हो जातीं. सेनाएं अपने ही देश की खड़ी फसलों को कुचलते हुए निकल जातीं. युद्ध के दौरान सेना अपने ही राज्य के गाँवों को लूट लेते, अपने ही राज्य की महिलाओं के साथ बलात्कार करतीं. लेकिन छत्रपति शिवाजी महाराज के सैन्य अभियानों में ये सब कुछ नहीं होता था. छत्रपति शिवाजी महाराज पहले व्यक्ति थे जिन्होंने दक्कन की आम जनता की तकलीफों से मुक्ति दिलाने के लिए मुग़लों से टक्कर ली. जिस समय शिवाजी ने अपनी लड़ाई शुरू की थी तब ना उनके पास राज्य था ना सेना. लेकिन उनके नेक इरादों को देखते हुए आम जनता, किसान, मजदूर, दलित सब लोग शिवाजी की सेना बन गए. और एक एक करके दक्कन के किलों को जीतना शुरू कर दिया.

शिवाजी महाराज की बढ़ती ताकत देखकर औरंगज़ेब बुरी तरह से घबरा गया.

1660 में औरंगजेब ने शिवाजी को आगरा में अपने दरबार में बुलाया. ये मुलाकात राजपुताना के राजा जय सिंह की मध्यस्थता से समपन्न हुई. राजा जय सिंह ने शिवाजी को वचन दिया कि उनके प्राणों को कोई खतरा नहीं होगा. शिवाजी अपने वफादार अनुयायियों के एक छोटे से दल के साथ आगरा पहुंचे, लेकिन मुगल दरबारियों द्वारा उनके साथ अवमानना की गई. औरंगजेब के दरबार में शिवाजी को पंच हज़ारी राजाओं के बीच खड़ा किया गया. शिवाजी दक्कन के राजा थे और उन्हें पांच हज़ार गांवों के जमींदारों के बीच खड़ा करना, उनका घोर अपमान था. इस अपमान से शिवाजी क्रोधित हो गए, और उन्होंने मुगलों से बदला लेने की कसम खाई. औरंगजेब ने शिवाजी को अपने कक्ष में बुलाया.

औरंगज़ेब: मेरे नौकरों से गलती हुई, हम समझते हैं आपके सम्मान के साथ ठीक सुलूक नहीं किया गया. लेकिन हम आपके साफगोई की दाद देते हैं और आपको दक्कन पर अपना राज्य मुग़ल परचम के तले चलाने की अनुमति देते हैं.

शिवाजी: जहाँपनाह, मैं मिट्टी का पुत्र हूं. मैं कुछ उपाधियों और सम्मानों के लिए अपने लोगों और अपनी मातृभूमि को नहीं छोड़ सकता. मेरी वफादारी मेरे लोगों और मेरे देश के प्रति है.

औरंगज़ेब: हम आपको जमीन छोड़ने के लिए कहाँ कह रहे हैं. हम तो आपको दक्कन का गवर्नर स्वीकार करने को तैयार हैं. अपनी जमीन से जितना पैसा कमाना चाहें कमाइए, हमें बदले में कुछ नहीं चाहिए. सिर्फ आपके किले पर झंडा मुग़ल सल्तनत का होना चाहिए बस.

शिवाजी: यानि आप मुझे कह रहे हैं मैं मुग़लों का दास बनकर दक्कन के लोगों का शोषण करूँ?

औरंगज़ेब: आप बहुत जल्द ख़फ़ा हो जाते हैं, हम आपको अपना भाई मानते हैं.

शिवाजी: अपने भाइयों के साथ आपने क्या सलूक किया हम जानते हैं. इतने सालों में दक्कन में पहली बार किसी ने वहां की प्रजा को इंसान समझ कर उनको जीने का हक़ दिया है, इस से पहले वहां बदइंतजामी के अलावा कुछ नहीं था.

औरंगज़ेब: तो क्या वहां की बदइंतजामी के जिम्मेदार हम हैं?

शिवाजी: वो इलाका आपका था ही कब?

औरंगज़ेब: हज़ारों सालों से चली आ रही परंपरा यही है.

शिवाजी: मुग़ल सल्तनत खुद हज़ार साल पुराना नहीं है. आप तो अपने बुजुर्गों की बनायीं मुहब्बत की नीतियों को भी कायम ना रख पाए. और उम्मीद करते हैं कि दक्कन आपके साये में जिए? आपकी ये नीति आपके इस विशाल मुग़ल साम्राज्य के पतन का कारण बनेगी.

औरंगज़ेब: शिवाजी! तुम्हारी इतनी हिम्मत कि तुम मेरे सामने मेरी बर्बादी की बात करो? इसको गिरफ्तार कर लो और सलावत खान की हवेली में क़ैद कर लो.

राम सिंह: लेकिन हुज़ूर मेरी वालिद ने शिवाजी से वादा किया था कि...

औरंगज़ेब: हवेली के पहरेदारी की जिम्मेदारी तुम्हारी होगी राम सिंह.

शिवाजी की को गिरफ्तार करके सलावत खान की हवेली में कैद कर लिया गया. शिवाजी ज्यादातर समय योग और ध्यान करने में बीताने लगे. औरंगज़ेब के गुप्तचर नियमित रूप से निगरानी करने आते थे और शिवाजी के व्यवहार पर नजर रखते थे. शिवाजी को उनके गुप्त सूत्रों से पता चला कि औरंगज़ेब ने जेल में ही शिवाजी की हत्या की योजना बनाई है. शिवाजी अब बीमार रहने लगे थे. और रोज बहुत सारा दान पुण्य करने लगे. रोज कई टोकरी फल शिवाजी अपने हाथों से दान करते. जेल से बाहर निकलते ही सभी फलों की टोकरियों को अच्छी तरह से जांचा जाता और फिर गरीबों में बांटने के लिए भेज दिया जाता. ये क्रम कई दिनों तक चला. अब फलों की टोकरियों की जाँच की प्रक्रिया में ढिलाई आने लगी थी. शुरुआत की दो तीन टोकरियों को खोल कर देख लिया जाता और बाकी को बिना जांचे ही जाने की अनुमति दे दी जाती. शिवाजी को इसी समय का इंतजार था. एक दिन शिवाजी एक बड़ी से टोकरी में फल रखने की बजाय खुद सिमट कर बैठ गए. उनके साथियों ने उनको ऊपर से पत्तों से ढंक दिया. फलों की बहुत सारी टोकरियों के साथ उन्हें बाहर की तरफ रवाना कर दिया गया. सुरक्षाकर्मियों ने रोका और एक एक टोकरी को खोल कर देखने लगे. शिवाजी पांचवी टोकरी में बैठे थे. सैनिक ने पहली, दूसरी, तीसरी टोकरी को खोल कर देखा और जाने का इशारा कर दिया. लेकिन तभी उसकी नजर पांचवी टोकरी में हिलती हुई किसी चीज पर पड़ी. वो उसको खोल कर देखने के लिए आगे बढ़ा. तभी शिवाजी के एक सहयोगी ने आगे बढ़ कर मुग़ल सैनिक को रोक लिया और बोला: अरे उसको ऐसे हाथ मत लगाओ, उसमें भगवान शिवलिंग बैठे हुए हैं. किसी ब्राह्मण को बुलाओ.

मुग़ल सैनिक ने जाने की अनुमति दे दी. शिवाजी आगरा शहर से बाहर आते ही घोड़े पर सवार हुए और तेजी से मथुरा की ओर बढ़े. मथुरा आकर उन्होंने अपने समर्थकों को इकट्ठा किया और वापस दक्कन की यात्रा शुरू की. शिवाजी

के गायब हो जाने का समाचार मिलने पर औरंगजेब आगबबूला हो गया और उसने उसे पकड़ने के लिए बड़े पैमाने पर सेनाएं भेजीं. शिवाजी मुगलों के दरबार में घुस कर औरंगजेब के गाल पर सरे दरबार तमाचा मार कर फिर अपने घर दक्कन आ गए, जहाँ उन्होंने 'हिंदवी स्वराज' के लिए अपनी लड़ाई फिर से शुरू की.

1664 में, औरंगजेब ने शिवाजी और उनके मराठा साम्राज्य को पकड़ने और वश में करने के लिए अपने पुत्र राजकुमार मुअज्जम की कमान में एक विशाल सेना भेजी. मुगल सेना मराठों की तुलना में बहुत बड़ी और बेहतर सुसज्जित थी, और वे कल्याण और पुणे सहित कई महत्वपूर्ण किलों और शहरों पर कब्जा करने में सक्षम थे. हालाँकि, शिवाजी बिना लड़े हार मानने को तैयार नहीं थे. उन्होंने अपने सैनिकों को इकट्ठा किया और गुरिल्ला युद्ध रणनीति की एक श्रृंखला में मुगलों को शामिल किया, उनकी आपूर्ति लाइनों पर हमला किया और उनके संचालन को तोड़ दिया. आखिरकार, मुगल लंबे संघर्ष से थक गए और उन्होंने शांति समझौता करने की कोशिश की.

वापस दक्कन में, शिवाजी ने मुगलों के खिलाफ अपनी गुरिल्ला युद्ध रणनीति जारी रखी, लेकिन उन्होंने शत्रुता को समाप्त करने के लिए एक कूटनीतिक समझौते की आवश्यकता को भी स्वीकार किया. उन्होंने अपने दूत रघुनाथराव को औरंगजेब के प्रतिनिधि मिर्जा राजा जय सिंह के साथ बातचीत करने के लिए भेजा, जो शिवाजी के सैन्य कौशल से प्रभावित थे और उनके साहस की प्रशंसा करते थे. कई दौर की बातचीत के बाद एक शांति समझौता हुआ, जिसे पुरंदर संधि के नाम से जाना जाता है. संधि की शर्तों के अनुसार, शिवाजी को अपने 23 किलों को मुगलों को सौंपने की आवश्यकता थी, और उन्हें श्रद्धांजलि के रूप में एक बड़ी राशि का भुगतान भी करना पड़ता था. बदले में, मुगलों ने शिवाजी को एक वैध शासक के रूप में मान्यता दी और उन्हें "राजा" की उपाधि दी. पुरंदर की संधि को आज भी मराठा साम्राज्य के इतिहास में एक महत्वपूर्ण क्षण के रूप में याद किया जाता है.

हालाँकि, पुरंदर की संधि के लिए शिवाजी का समझौता अल्पकालिक था. बाद में उन्होंने इसे त्याग दिया और मुगलों के खिलाफ अपनी लड़ाई फिर से शुरू कर दी. 1670 में, उन्होंने कोंडाना (अब सिंहगढ़ के रूप में जाना जाता है) के रणनीतिक किले पर कब्जा कर लिया, जो मुगलों के लिए एक बड़ा झटका था. अपनी सैन्य असफलताओं के बावजूद, मुगलों ने शिवाजी को विफल करने का प्रयास जारी रखा. 1674 में, औरंगजेब ने मराठा साम्राज्य के खिलाफ बड़े पैमाने पर अभियान चलाया, लेकिन शिवाजी मुगल सेना को पीछे हटाने और विजयी होने में सक्षम थे. उन्होंने खुद को मराठा साम्राज्य का छत्रपति (सर्वोच्च राजा) घोषित किया. उनका राज्याभिषेक समारोह एक भव्य समारोह था, जिसमें पूरे क्षेत्र के रईसों और गणमान्य व्यक्तियों ने भाग लिया. यह शिवाजी के लिए विजय का क्षण था, लेकिन यह बड़ी चुनौतियों का भी समय था. उसे अब अपनी शक्ति को मजबूत करना था, एक विशाल और विविध साम्राज्य पर अपना शासन स्थापित करना था, और मुगलों और अन्य प्रतिद्वंद्वियों से लगातार खतरों का सामना करना था. मराठा साम्राज्य के छत्रपति के रूप में, शिवाजी को अपनी शक्ति को मजबूत करने और एक विशाल और विविध राज्य पर अपना शासन स्थापित करने के चुनौतीपूर्ण कार्य का सामना करना पड़ा. हालाँकि, उनकी सैन्य जीत और रणनीतिक गठजोड़ ने उन्हें इन लक्ष्यों को प्राप्त करने और भारतीय इतिहास में सबसे सफल शासकों में से एक के रूप में उभरने की अनुमति दी. शिवाजी की सबसे उल्लेखनीय उपलब्धियों में से एक अलग-अलग मराठा कुलों को एक आम बैनर के तहत एकजुट करने की उनकी क्षमता थी. उन्होंने मराठा लोगों की क्षमता को पहचाना, जिन्हें लंबे समय से सत्तारूढ़ अभिजात वर्ग द्वारा अनदेखा किया गया था, और उन्होंने उन्हें अपने कारण के लिए लामबंद किया. उन्होंने

अपनी स्थिति को मजबूत करने और अपने प्रभाव का विस्तार करने के लिए अन्य क्षेत्रीय शक्तियों, जैसे कि जंजीरा के सिद्दीस और पुर्तगालियों के साथ गठजोड़ किया. इन गठबंधनों ने उन्हें हिंद महासागर में अपनी शक्ति का प्रदर्शन करने और अन्य देशों के साथ व्यापार संबंध स्थापित करने की अनुमति दी. शिवाजी सिर्फ एक सैन्य नेता नहीं थे; वह एक दूरदर्शी शासक भी थे जो सुशासन के महत्व को समझते थे. उन्होंने अपने लोगों के लिए न्याय, समानता और समृद्धि को बढ़ावा देने के उद्देश्य से कई सुधार पेश किए. उनके सबसे महत्वपूर्ण सुधारों में से एक अष्टप्रधान (आठ मंत्रियों की परिषद) की स्थापना थी, शासन की एक प्रणाली जिसने अधिक जवाबदेही और दक्षता की अनुमति दी. उन्होंने आधिकारिक दस्तावेजों में मराठी भाषा के उपयोग को भी बढ़ावा दिया और स्थानीय उद्योगों के विकास को प्रोत्साहित किया. शिवाजी के शासन में, मराठा साम्राज्य आकार और शक्ति दोनों में बढ़ा. उसने पूरे क्षेत्र में महत्वपूर्ण किलों और शहरों पर कब्जा करते हुए अपने क्षेत्रों का विस्तार करना जारी रखा. उनकी सबसे बड़ी सैन्य जीत 1670 में हुई, जब उन्होंने कोंडाना (अब सिंहगढ़ के रूप में जाना जाता है) के रणनीतिक किले पर कब्जा कर लिया, जिससे उन्हें पूरे पुणे क्षेत्र को नियंत्रित करने की अनुमति मिली. चुनौतियों का सामना करने के बावजूद, शिवाजी ने एक स्वतंत्र मराठा राज्य के लिए अपने दृष्टिकोण को कभी नहीं खोया. औरंगजेब एक कट्टर मुसलमान था जिसने अपने पूरे साम्राज्य में इस्लामी कानून लागू करने की कोशिश की. दूसरी ओर, शिवाजी एक हिंदू थे, जो धार्मिक सहिष्णुता में विश्वास करते थे और अपने साम्राज्य में हिंदुओं के अधिकारों को सक्रिय रूप से बढ़ावा देते थे. अपने मतभेदों के बावजूद, शिवाजी और औरंगज़ेब दोनों दुर्जेय नेता थे जिन्होंने भारतीय इतिहास पर एक स्थायी प्रभाव छोड़ा. उनकी बातचीत ने मराठा साम्राज्य और मुगल साम्राज्य को आकार दिया, और उनकी विरासत आज भी भारत में महसूस की जा रही है. उनके शत्रुतापूर्ण संबंधों के बावजूद, औरंगज़ेब और शिवाजी के बीच कूटनीतिक जुड़ाव के क्षण थे. अंततः यह शिवाजी की सैन्य शक्ति और अपने लोगों की स्वतंत्रता के प्रति अटूट प्रतिबद्धता थी, जिसने उन्हें विजयी होने और भारतीय इतिहास में मराठा साम्राज्य को एक शक्तिशाली शक्ति के रूप में स्थापित करने की हिम्मत दी. शिवाजी के खौफ की वजह से औरंगज़ेब कई रातों तक सोया नहीं. उसके मन में अजीब से बैचनी थी. वो अपने कमरे में बंद रहने लगा. एक दिन खबर आयी कि औरंगज़ेब अपने कमरे में मरा पाया गया. 1707 में औरंगजेब की मृत्यु ने भारतीय इतिहास में एक युग का अंत कर दिया. औरंगज़ेब ने लगभग 50 वर्षों तक मुगल साम्राज्य पर शासन किया था, लेकिन उनके शासनकाल को राजनीतिक उथल-पुथल, धार्मिक संघर्ष और आर्थिक पतन द्वारा चिह्नित किया गया था. औरंगज़ेब की मृत्यु का मराठा साम्राज्य के लिए भी महत्वपूर्ण प्रभाव था, जो उसके शासनकाल के दौरान उसके प्राथमिक विरोधियों में से एक था. औरंगज़ेब की मृत्यु के साथ, मुग़ल साम्राज्य अराजकता और पतन के दौर में चला गया. साम्राज्य के विभिन्न क्षेत्र टूटने लगे और अपनी स्वतंत्रता का दावा करने लगे, और मराठा अपने क्षेत्र का विस्तार करने और अपनी शक्ति को मजबूत करने में सक्षम हो गए. औरंगजेब की मृत्यु के सांस्कृतिक और सामाजिक निहितार्थ भी थे. अपने शासनकाल के दौरान, औरंगजेब ने इस्लाम का एक सख्त और शुद्धतावादी रूप लागू किया था, जिसने कई हिंदुओं और अन्य धार्मिक समूहों को अलग-थलग कर दिया था. उनकी मृत्यु के साथ, भारतीय संस्कृति की अधिक सहिष्णु और समकालिक परंपराएँ फिर से उभरने और फलने-फूलने में सक्षम हुईं. मराठा साम्राज्य के लिए, औरंगज़ेब की मृत्यु ने सत्ता के विस्तार और समेकन के नए अवसरों को खोल दिया. पेशवाओं के नेतृत्व में, मराठा एक मजबूत और केंद्रीकृत सरकार स्थापित करने में सक्षम थे, और उन्होंने सफल सैन्य अभियानों की एक श्रृंखला के माध्यम से अपने क्षेत्र का विस्तार करना जारी रखा. शिवाजी एक शानदार सैन्य रणनीतिकार और एक करिश्माई नेता थे जो विभिन्न मराठा कुलों और जनजातियों को एक आम बैनर के तहत एकजुट करने में सक्षम थे. वह

अधिक शक्तिशाली मुगल साम्राज्य को हराने और एक स्वतंत्र मराठा राज्य स्थापित करने में भी सक्षम था. शिवाजी और उनके उत्तराधिकारियों के नेतृत्व में महान मराठा साम्राज्य की शक्ति और आकार में वृद्धि हुई. इसने सैन्य विजय और रणनीतिक गठजोड़ के संयोजन के माध्यम से अपने क्षेत्र का विस्तार किया, और इसने एक केंद्रीकृत सरकार की स्थापना की जो हिंदू शासन के सिद्धांतों पर आधारित थी.

18वीं शताब्दी के मध्य में, भारत में मुगल साम्राज्य का पतन हो रहा था, और मराठा साम्राज्य इस क्षेत्र में एक प्रमुख शक्ति के रूप में उभर रहा था. अफगानिस्तान के राजा अहमद शाह दुर्रानी ने भारत पर आक्रमण करने और अपने साम्राज्य का विस्तार करने का अवसर देखा. उन्होंने मराठों के खिलाफ लड़ने के लिए रोहिल्ला सरदार नजीब-उद-दौला और अवध के नवाब शुजा-उद-दौला के साथ गठबंधन किया. 14 जनवरी, 1761 को पानीपत के मैदान में दोनों सेनाएँ भिड़ गईं. सदाशिवराव भाऊ के नेतृत्व में मराठों के पास एक बड़ी ताकत थी, लेकिन अहमद शाह दुर्रानी के नेतृत्व वाली अफगान सेना बेहतर प्रशिक्षित और सुसज्जित थी. लड़ाई क्रूर थी और कई घंटों तक चली. मराठों को भारी नुकसान हुआ, और सदाशिवराव भाऊ सहित उनके कई शीर्ष नेता मारे गए. अफगान सेना विजयी हुई और युद्ध के परिणामस्वरूप मराठा साम्राज्य बुरी तरह कमजोर हो गया. लड़ाई के बाद दोनों पक्षों के लिए विनाशकारी था. ऐसा अनुमान है कि युद्ध में 100,000 से अधिक सैनिक मारे गए थे, जो इसे भारतीय इतिहास के सबसे खूनी युद्धों में से एक बनाता है. मराठों ने उत्तरी भारत पर अपनी पकड़ खो दी और मुगल साम्राज्य और कमजोर हो गया. लड़ाई का भारत के भविष्य पर भी महत्वपूर्ण प्रभाव पड़ा, क्योंकि इसने अंग्रेजों के लिए देश पर अपना शासन स्थापित करने का मार्ग प्रशस्त किया.

(ईस्ट इंडिया कम्पनी की बढ़ती ताकत: 1757 से 1857)

फखर उन निशा और टीपू सुल्तान

18वीं शताब्दी के अंत में मराठा साम्राज्य भारत के अधिकांश हिस्सों में प्रमुख शक्ति था. लेकिन आंतरिक विभाजनों और बाहरी दबावों ने साम्राज्य को कमजोर कर दिया और अंततः कई छोटे छोटे सूबे बन गए. मैसूर और बंगाल उनमें शक्तिशाली सूबे थे. यूरोप से भारत में व्यापार के लिए आयी अलग अलग कंपनियों में आपसी संघर्ष हुआ. ब्रिटेन और फ्रांस के बीच हुए 7 संघर्ष ने पूरी दुनिया की राजनीति पर असर डाला. फ्रांस के लोग राजशाही के खिलाफ क्रांति के सफल होने से बहुत उत्साहित थे. फ्रांस की क्रांति ने दुनिया भर की राजनीति को बदल कर रख दिया था. डेमोक्रेसी और लिबर्टी फ्रांस के स्वाभिमान और उत्साह का मुख्य कारण था. यहीं से संसद में लेफ्ट (वामपंथ) और राइट (दक्षिणपंथ) की शुरुआत हुई.

नेपोलियन बोनापार्ट एक फ्रांसीसी सैन्य और राजनीतिक नेता थे, जो फ्रांसीसी क्रांति के दौरान प्रमुखता से उठे और 18वीं सदी के अंत और 19वीं सदी की शुरुआत में यूरोप के अधिकांश हिस्सों पर विजय प्राप्त की. उनके सबसे बड़े विरोधियों में से एक ब्रिटिश साम्राज्य था, जिसके साथ उन्होंने कई युद्ध लड़े.

यह वर्ष 1798 था और मिस्र में नेपोलियन बोनापार्ट का अभियान पूरे जोरों पर था। हालाँकि, उसे इस बात का अंदाज़ा नहीं था कि मिस्र की रेत के बीच एक रहस्यमयी कलाकृति छिपी हुई है जिसमें प्राचीन रहस्यों को खोलने की कुंजी है। जैसे ही नेपोलियन की सेनाएँ आगे बढ़ीं, उनकी नज़र रेगिस्तान के भीतर दबे एक प्राचीन मंदिर पर पड़ी। अंदर, उन्होंने एक छिपे हुए कक्ष की खोज की जिसमें अजीब शिलालेखों से ढकी एक अनोखी पत्थर की तख्ती थी। यह कुछ और नहीं बल्कि सुप्रसिद्ध रोसेटा स्टोन था, जो प्राचीन इतिहास का एक महत्वपूर्ण टुकड़ा था जो प्राचीन मिस्र की सभ्यता के रहस्यों को उजागर कर सकता था। पत्थर के महत्व से अनजान, नेपोलियन के लोग इसे अपने शिविर में वापस ले आए, जहां इसने एलिस्टेयर सिंक्लेयर नामक एक प्रतिभाशाली युवा भाषाविद् का ध्यान आकर्षित किया। पत्थर के रहस्यमय शिलालेखों से प्रभावित होकर, एलिस्टेयर ने प्राचीन चित्रलिपि को समझना शुरू कर दिया। जैसे-जैसे उन्होंने प्रगति की, उन्हें एहसास हुआ कि यह पत्थर मिस्र के खोए हुए ज्ञान को समझने की कुंजी हो सकता है। इस बीच, काहिरा के मध्य में, अमीरा नाम की एक साधन संपन्न और साहसी मिस्र की महिला नेपोलियन के आक्रमण को विफल करने के लिए प्रतिरोध के लिए एक जासूस के रूप में काम कर रही थी। उसकी बुद्धिमत्ता और बुद्धि ने उसे "द डेजर्ट फॉक्स" उपनाम दिया था। उसका नवीनतम मिशन रोसेटा स्टोन को पुनः प्राप्त करना और उसके रहस्यों को गलत हाथों में पड़ने से रोकना था। जैसे ही फ्रांसीसी सेना ने मिस्र पर अपनी पकड़ मजबूत की, अमीरा ने नेपोलियन के शिविर में घुसपैठ करने के लिए अपनी जान जोखिम में डाल दी। वहां उसकी मुलाकात एलिस्टेयर से हुई, जो उसके दृढ़ संकल्प और स्थानीय रीति-रिवाजों और भाषा के ज्ञान से मंत्रमुग्ध हो गया। साथ में, उन्होंने रोसेटा स्टोन को नेपोलियन के हाथों में पड़ने से बचाने के लिए एक अप्रत्याशित गठबंधन बनाया। नेपोलियन की सेना मिस्र के रेगिस्तानों और प्राचीन शहरों में अमीरा और एलिस्टेयर को खोज कर रही है। उनकी यात्रा खतरे और रहस्य से भरी थी, क्योंकि उन्हें विश्वासघाती भाड़े के सैनिकों, प्राचीन जालों और विश्वासघात के लगातार बढ़ते खतरे का सामना करना पड़ा। जैसे ही एलिस्टेयर ने रोसेटा स्टोन को डिकोड करना जारी रखा, उन्हें एहसास हुआ कि इसके रहस्य किसी की भी कल्पना से कहीं अधिक गहरे थे। इस पत्थर में एक ऐसी प्राचीन शक्ति का ज्ञान था जो लंबे समय से दुनिया के लिए खोई हुई थी - एक ऐसी शक्ति जो इतिहास की दिशा को हमेशा के लिए बदल सकती है। अमीरा और एलिस्टेयर एक छिपे हुए मंदिर की ओर दौड़े जहाँ उनका मानना था कि पत्थर की असली शक्ति का उपयोग किया जा सकता है। वहां, उन्हें स्वयं नेपोलियन के साथ अंतिम टकराव का सामना करना पड़ा, जो अपने लाभ के लिए पत्थर पर दावा करने के लिए दृढ़ था। हृदय-विदारक चरमोत्कर्ष में, मिस्र का भाग्य और उसके प्राचीन रहस्य अधर में लटक गए। रोसेटा स्टोन का असली उद्देश्य सामने आ गया, और पात्रों के सामने अंतिम विकल्प था - अतीत के ज्ञान की रक्षा करना या व्यक्तिगत लाभ के लिए इसका शोषण करने की अनुमति देना। रोसेटा स्टोन के रहस्य के मानव इतिहास के सबसे आकर्षक पहेलियों में से एक का उदाहरण है।

1803 में, फ्रांस और ब्रिटेन के बीच तनाव चरम पर पहुंच गया और दोनों देशों के बीच युद्ध छिड़ गया. नेपोलियन ने ब्रिटेन पर एक नौसैनिक आक्रमण शुरू किया, लेकिन ब्रिटिश नौसेना की बेहतर ताकत और रणनीतिक कौशल के कारण उनके प्रयास अंततः असफल रहे. 1805 में, दोनों पक्ष स्पेन के तट से दूर ट्राफलगर की लड़ाई में भिड़े. एडमिरल होरेशियो नेल्सन की कमान के तहत ब्रिटिश नौसेना ने निर्णायक रूप से फ्रांसीसी बेड़े को हरा दिया, प्रभावी रूप से नेपोलियन की ब्रिटेन पर सफल आक्रमण की उम्मीदों को समाप्त कर दिया. हालाँकि, नेल्सन लड़ाई में मारे गए, ब्रिटेन में एक राष्ट्रीय नायक बन गए. इस हार के बावजूद, नेपोलियन ने पूरे यूरोप में अपने साम्राज्य का विस्तार करना जारी रखा, साथ ही ब्रिटिश उसके सबसे बड़े विरोधी बन गए. 1805 में ऑस्टरलिट्ज़ की लड़ाई, 1812 में बोरोडिनो की लड़ाई और 1815 में वाटरलू की लड़ाई सहित दोनों पक्षों ने लड़ाई की एक श्रृंखला लड़ी. 1812 में, नेपोलियन ने रूस पर एक योजनाबद्ध आक्रमण शुरू किया. फ्रांस के सैनिक रूस की कठोर सर्दियों और गुरिल्ला युद्ध रणनीति के कारण मारे गए. इसने उनकी सेना को कमजोर कर दिया और 1815 में, नेपोलियन को ब्रिटिश, प्रुसिअन और डच सेनाओं के गठबंधन द्वारा वाटरलू की लड़ाई में पराजित किया गया, 1821 में नेपोलियन की मृत्यु हो गई. अंत में ब्रिटिश ईस्ट इंडिया कंपनी की जीत हुई और वो भारत में अपने पैर जमाने में सफल हुई. ब्रिटिश ईस्ट इंडिया कंपनी ने साम, दाम, दंड, भेद का सहारा ले कर भारतीय राजाओं से कंपनी के कारखाने डालने की अनुमति ले ली. उन कारखानों की रक्षा के लिए पास में एक सैन्य छावनी की भी अनुमति ले ली. सैन्य छावनी का असली काम कारखानों की रक्षा करना नहीं था. अंग्रेज अपने सैनिकों का इस्तेमाल स्थानीय राजाओं के बीच चल रहे आपसी झगड़े का फायदा उठाने के लिए करते थे. अंग्रेज पानी का बेहतरीन जहाज बनाने की कला में माहिर हो गए थे. इसी वजह से वे जल्दी ही पूरे ग्रह के हर स्थल पर पहुंच गए और वहां की भूमि का जम कर शोषण करने लगे. वहां के मूल निवासियों को गुलाम बना कर उनकी ही खानों से सोना, चांदी, हीरे निकलवाने के काम में मजदूरी करवाते. बंधुआ मजदूरी. कोई रोक टोक ही नहीं थी जहाँ से जितना मन करे सोना, हीरे, जवाहरात लूटो. अफ्रीका इस मामले में बहुत दुर्भाग्यशाली रहा. प्राकृतिक संसाधनों से धन्य अफ्रीका यूरोपियन्स के आने के बाद गरीबी की इतनी बदतर स्थिति में चला गया जिस से आज तक नहीं उबर पाया. इस लूटे हुए माल से अंग्रेज बहुत ज्यादा ताकतवर हो गए. उन्हें अब द ग्रेट ब्रिटेन कहा जाने लगा. आज भी अगर लंदन के म्यूजियम को जाकर देखें तो पता चलेगा उनका असली नाम द ग्रेट थीफ ऑफ ब्रिटेन होना चाहिए. मानव इतिहास की सबसे बड़ी लूट साम्राज्यवादी अंग्रेजों ने की थी. इस से बड़ी लूट ना पहले कभी हुई थी ना बाद में फिर कभी हुई. अंग्रेज इतने ताकतवर हो गए थे अब उनको रोक पाना किसी के बस की बात नहीं थी. ईस्ट इंडिया कंपनी की लालची नजर भारत पर पड़ चुकी थी. वो हर हाल में भारत पर पूर्ण नियंत्रण पाकर उसे पूरी तरह से चूसने की ख्वाहिश रखती थी. अंग्रेजों ने एक एक कदम आगे बढ़ाते हुए अपनी सेना बनायी और देशी राजाओं पर लगातार हमले शुरू कर दिए. देशी राजा बहुत ताकतवर थे उन्होंने कई बार अंग्रेजों को हराया लेकिन अंग्रेज हर बार फिर अगले युद्ध के लिए तैयार हो जाते. तब तक हमले करते रहते जब तक कि देशी राजा हार न मान ले. अंग्रेज एक आंधी बन कर आये थे इनको अब कोई नहीं रोक सकता था क्योंकि अब इनका समय आ गया था.

रॉबर्ट क्लाइव ईस्ट इंडिया कम्पनी में काम करने वाला मामुली क्लर्क था. लेकिन वो 'फूट डालो राज करो' नीति का उस्ताद था. दो स्थानीय राजा जो आपस में झगड़ रहे हों, उनमें से एक के पास जाकर उसे सैन्य सहायता का न्यौता देना. अपनी सेना भेज कर एक राजा को हरा कर उसके राज्य पर ईस्ट इंडिया कंपनी का अधिकार स्थापित कर लेना, उसके काम करने का आम तरीका था. उसके काम से खुश हो कर कंपनी ने उसे बड़े सैन्य अधिकारी के पद पर बैठा दिया. लेकिन रॉबर्ट क्लाइव सैनिक नहीं था, उसमें सैनिकों जैसे कोई आदर्श नहीं थे. वो एक धूर्त, भ्रष्ट और बेईमान आदमी था. उसने फ़र्ज़ी दस्तावेजों और जाली हस्ताक्षरों के सहारे ईस्ट इंडिया कंपनी को भारत में बहुत मजबूत कर दिया. ईस्ट इंडिया कंपनी भारत में एक सदी से अधिक समय से काम कर रही थी. उन्होंने व्यापारिक पदों की स्थापना की थी और एक आकर्षक व्यवसाय स्थापित किया था, लेकिन वे और अधिक चाहते थे. उनकी निगाहें बंगाल के समृद्ध और उपजाऊ प्रांत पर टिकी थीं, जिस पर नवाब सिराज-उद-दौला का शासन था.

सिराज एक युवा और अनुभवहीन शासक थे, लेकिन वे लालची अंग्रेजों से अपने राज्य की रक्षा करने के लिए दृढ़ संकल्पित थे. सिराज के भरोसेमंद मंत्रियों में से एक मीर जाफर थे, जिन्हें बंगाल सेना के कमांडर-इन-चीफ के रूप में नियुक्त किया गया था. मीर जाफर दरबार में एक सम्मानित और प्रभावशाली व्यक्ति थे, और उन्होंने सिराज का विश्वास अर्जित किया था. संघर्ष तब शुरू हुआ जब नवाब ने अंग्रेजों पर सिंहासन के लिए अपने प्रतिद्वंद्वी का समर्थन करने का आरोप लगाया और उन्होंने अपनी सेना को ब्रिटिश-अधिकृत शहर कलकत्ता की ओर बढ़ा दिया. 20 जून, 1756 को बंगाल के नवाब, सिराज उद-दौला ने कलकत्ता में फोर्ट विलियम पर कब्जा कर लिया, जो ब्रिटिश ईस्ट इंडिया कंपनी का था. अंग्रेजों की इस कैद को 'कलकत्ता के ब्लैक होल' के रूप में भी जाना जाता है. नवाब ने अंग्रेजों पर अपने मामलों में दखल देने और अपने दुश्मनों को शरण देने का आरोप लगाया. किले पर कब्जा करने के बाद, नवाब ने ब्रिटिश सैनिकों और नागरिकों को एक छोटे, तंग कमरे में बंद करने का आदेश दिया, जिसे कलकत्ता के क्रूर ब्लैक होल घटना के रूप में जाना जाता है. भेड़ बकरियों की तरह भरे इस कमरे में कई कैदियों की दम घुटने और बंगाल की जून की गर्मी की थकावट के कारण मृत्यु हो गई, और इस घटना के कारण ब्रिटेन में नवाब के कार्यों की व्यापक आलोचना हुई.

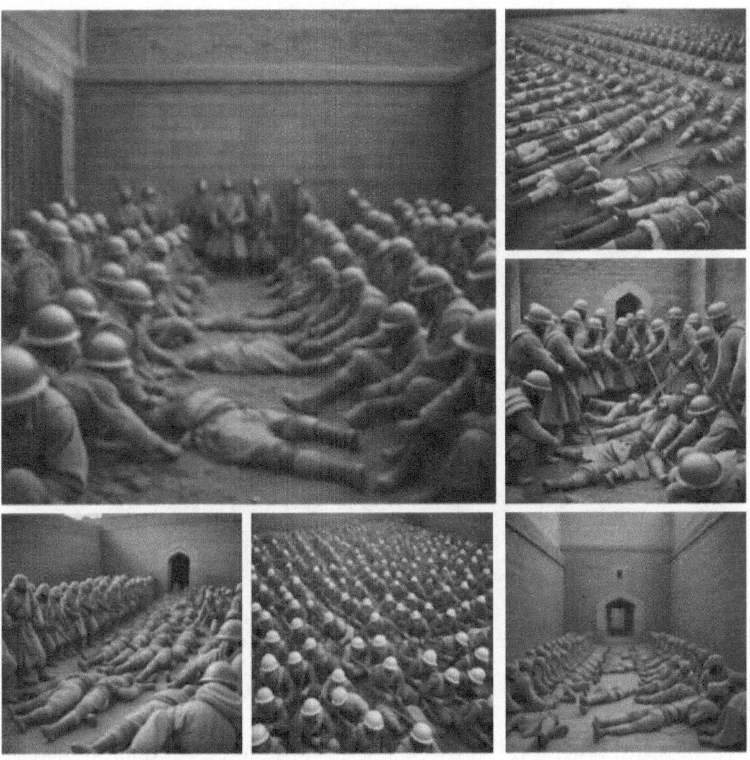

जिवाब में, अंग्रेजों ने नवाब की सेना को वापस खदेड़ने के लिए रॉबर्ट क्लाइव की कमान में एक छोटी सी सेना भेजी. क्लाइव मुर्शिदाबाद के पास एक गांव प्लासी पंहुचा, जहां उसने नवाब के कमांडर-इन-चीफ मीर जाफर सहित नवाब की सेना के कई प्रमुख सदस्यों को अपने पक्ष में जाने के लिए मनाने में संभावना तलाशनी शुरू की. ईस्ट इंडिया कंपनी

ने मीर जाफर को एक ऐसा सौदा पेश किया जिसे वह मना नहीं कर सका. बंगाल में ईस्ट इंडिया कंपनी के प्रमुख प्रतिनिधि रॉबर्ट क्लाइव ने कहा, "मीर जाफर, हम जानते हैं कि आप नवाब के शासन से नाखुश हैं. " "हम आपको एक रास्ता दे सकते हैं. सिराज-उद-दौला का तख्तापलट करने में हमारी मदद करें, और हम आपको अगला नवाब बना देंगे. "

मीर जाफर इस प्रस्ताव से ललचा गया. वह जानता था कि अंग्रेज शक्तिशाली हैं और उसकी महत्वाकांक्षाओं को प्राप्त करने में उसकी मदद कर सकते हैं. लेकिन वह भी धर्म संकट में था. सिराज ने उस पर भरोसा किया था, और उसका कर्तव्य था कि वह वफादार रहे.

“मैं नवाब के साथ विश्वासघात नहीं कर सकता,” मीर जाफ़र ने कहा. "वह मेरे लिए अच्छा रहा है, और मैं उसकी वफादारी का एहसानमंद हूं. "

क्लाइव मुस्कुराया. "यह समझ में आता है, मीर जाफ़र. लेकिन भविष्य के बारे में सोचो. हमारी मदद से, आप अगले नवाब हो सकते हैं. आपके पास अपने बेतहाशा सपनों से परे शक्ति, धन और प्रभाव हो सकता है. "

मीर जाफ़र हिचकिचाया. वह जानता था कि क्लाइव सही था, लेकिन वह अभी भी अनिश्चित था.

“अपना समय ले लो, मीर जाफ़र,” क्लाइव ने कहा. "लेकिन याद रखें, प्रस्ताव हमेशा के लिए मेज पर नहीं रहेगा. "

इस बीच, सिराज-उद-दौला बंगाल में ब्रिटिश उपस्थिति के बारे में चिंतित था. वह जानता था कि वे अधिक शक्ति और प्रभाव हासिल करने की कोशिश कर रहे थे, और वह उनका विरोध करने के लिए दृढ़ था. लेकिन सिराज युवा और तेज-तर्रार था और वह अक्सर बिना सोचे समझे काम करता था. उसने अपने ही दरबार में दुश्मन बना लिए और अपने कुछ करीबी सहयोगियों को अलग-थलग कर दिया.

जैसे ही नवाब और अंग्रेजों के बीच तनाव बढ़ा, मीर जाफ़र की वफादारी की परीक्षा हुई. वह जानता था कि उसे एक चुनाव करना है: सिराज के प्रति वफादार रहना या अंग्रेजों के साथ रहना और अगला नवाब बनना. भ्रष्ट और चालाक ब्रिटिश ईस्ट इंडिया कंपनी ने सिराज-उद-दौला को उखाड़ फेंकने और उसके स्थान पर अपने स्वयं के कठपुतली शासक को स्थापित करने की साजिश रची थी. सिराजुद्दौला को लगा कि कुछ गड़बड़ है. वह जानता था कि अंग्रेज उसके खिलाफ साजिश रच रहे हैं, लेकिन वह नहीं जानता था कि किस पर भरोसा किया जाए. मीर जाफ़र हमेशा एक वफादार मंत्री रहे थे, लेकिन सिराज को अपना शक था.

"मीर जाफ़र, मुझे आपकी मदद की ज़रूरत है," सिराज ने मीर जाफ़र को अपने कक्ष में बुलाते हुए कहा. "मुझे डर है कि अंग्रेज मेरे खिलाफ साजिश रच रहे हैं. मैं चाहता हूं कि आप उन पर नजर रखें और मुझे इत्तला करें. "

मीर जाफ़र ने सिर हिलाया, अपने अपराध को छिपाने की कोशिश कर रहा था. "बेशक, जहाँपनाह. हमारे राज्य की रक्षा के लिए जो भी करना होगा, मैं करूँगा. "

लेकिन जैसे ही उसने सिराज के कक्ष को छोड़ा, मीर जाफ़र रॉबर्ट क्लाइव से मिलने गया, जो पास के तंबू में उसका इंतज़ार कर रहा था.

"अच्छा, मीर जाफर, क्या तुमने अपना फैसला कर लिया है?" क्लाइव ने पूछा.

अंत में बोलने से पहले मीर जाफर एक पल के लिए झिझके. "मैं सिराज-उद-दौला को हराने में आपकी मदद करने को तैयार हूं," उसने कहा. "लेकिन मेरी एक शर्त है. मैं अगला नवाब बनना चाहता हूं. "

क्लाइव मुस्कुराया. "बेशक, मीर जाफ़र. हम आपसे पहले ही वादा कर चुके हैं. "

मीर जाफर को अंग्रेजों के साथ समझौता करते हुए अपराध बोध महसूस किया. वह जानता था कि वह सिराज को धोखा दे रहा है, लेकिन वह यह भी जानता था कि वह अपना भविष्य खुद सुरक्षित कर रहा है.

अंग्रेजों ने अपनी चाल चलनी शुरू कर दी और सिराजुद्दौला को साजिशों में फंसा लिया. जून 1757 में, प्लासी की लड़ाई में दोनों सेनाएं आमने-सामने हुईं. मीर जाफर ने गुप्त रूप से अंग्रेजों का समर्थन करने का वादा किया था, और उसने युद्ध के मैदान से अपने सैनिकों को हटाकर अपना वादा पूरा किया. सिराज-उद-दौला बहादुरी से लड़े, लेकिन उन्हें उनके ही आदमियों ने धोखा दिया. युद्ध के दिन, नवाब की सेना से ब्रिटिश सेना की संख्या अधिक थी, जिसमें फ्रांसीसी सैनिक शामिल थे. हालाँकि, क्लाइव की धूर्तता और मीर जाफर के विश्वासघात के कारण अंग्रेजों को एक तेज और निर्णायक जीत मिली. केवल 3,000 सैनिकों और 8 तोपों वाली ब्रिटिश सेना ने नवाब की 50,000 सैनिकों और 50 तोपों की सेना को हरा दिया. लड़ाई कुछ ही घंटों तक चली और नवाब को युद्ध के मैदान से भागने के लिए मजबूर होना पड़ा. जीत के बाद, अंग्रेजों ने मीर जाफर को बंगाल के नए नवाब नियुक्त किया, और उन्होंने ईस्ट इंडिया कंपनी को आकर्षक बंगाल क्षेत्र पर नियंत्रण प्रदान किया. प्लासी की जीत ने अंग्रेजों को भारत में पैर जमाने का मौका दिया. जैसे ही मीर जाफर अपने ब्रिटिश सलाहकारों से घिरे अपने महल में बैठा, वह बेचैनी महसूस किए बिना नहीं रह सका. उन्होंने नवाब बनने की अपनी महत्वाकांक्षा हासिल की थी, लेकिन किस कीमत पर? उसने अपने ही शासक

और अपने ही लोगों के साथ विश्वासघात किया था, और वह अब भ्रष्ट और चालाक ईस्ट इंडिया कंपनी के हाथों की कठपुतली शासक था.

जिस समय बंगाल में सिराजुद्दौला अंग्रेजों से लड़ रहे थे, मैसूर एक ताकतवर राज्य के रूप में अंग्रजों को चुनौती दे रहा था. मैसूर पर हैदर अली का शासन था. हैदर एक कुशल सैन्य नेता और चतुर राजनीतिज्ञ थे, और उन्होंने जल्दी से अपने राज्य का विस्तार करने और अपनी स्थिति को मजबूत करने के बारे में सोचा. मराठा साम्राज्य की अभी भी दक्कन क्षेत्र में महत्वपूर्ण उपस्थिति थी, और वे अपनी सत्ता को एक नए प्रतिद्वंद्वी को सौंपने के लिए तैयार नहीं थे. 1761 में, हैदर ने हैदराबाद के निज़ाम के साथ गठबंधन किया और मराठों के खिलाफ एक संयुक्त अभियान चलाया. उदगीर की लड़ाई में दोनों पक्ष भिड़ गए, जो हैदर और उसके सहयोगियों के लिए एक निर्णायक जीत थी. मराठों के कमजोर होने के साथ, हैदर ने अपना ध्यान कर्नाटक और त्रावणकोर के पड़ोसी राज्यों की ओर लगाया. उन्होंने इन राज्यों के खिलाफ कई सफल अभियान चलाए, अपने क्षेत्र का विस्तार किया और अपनी शक्ति को मजबूत किया.

हैदर एक दूरदर्शी नेता थे जिन्होंने अपने राज्य को हर तरह से आधुनिक बनाने और मजबूत करने की कोशिश की. उन्होंने अपनी सेना में भारी निवेश किया, अच्छी तरह से प्रशिक्षित सैनिकों और नवीन हथियारों की एक शक्तिशाली सेना का निर्माण किया. उन्होंने व्यापार और वाणिज्य को भी प्रोत्साहित किया, कई आर्थिक सुधारों की स्थापना की जिससे उनके लोगों की समृद्धि को बढ़ावा देने में मदद मिली. लेकिन शायद सबसे महत्वपूर्ण बात यह है कि हैदर कला और विज्ञान का संरक्षक थे. उन्होंने पूरे भारत और उसके बाहर के विद्वानों और बुद्धिजीवियों को अपने दरबार में आने के लिए आमंत्रित किया, जहाँ वे विचारों और ज्ञान का आदान-प्रदान कर सकते थे. उनकी पत्नी फख्र उन निशा ने हाल ही में एक बच्चे को जन्म दिया है. अपने पहले बच्चे के आगमन पर दंपति बहुत खुश थे. सुल्तान को विशेष रूप से गर्व था, क्योंकि उन्होंने हमेशा एक बेटा होने का सपना देखा था जो एक दिन राज्य पर शासन करेगा. जैसे ही बच्चे को सुल्तान के सामने पेश किया गया, उन्होंने उसे अपनी बाहों में ले लिया. "वह एक मजबूत और स्वस्थ बच्चा है," उन्होंने कहा. "हम उसका नाम महान संत टीपू मस्तान औलिया के नाम पर टीपू रखेंगे. " फख्र उन निशा अपने पति को देखकर मुस्कुराई. "वह वास्तव में एक मजबूत बच्चा है," उसने कहा. "और उसके पास तुम्हारी आंखें हैं, मेरे शौहर. " सुल्तान ने नीचे बच्चे को देखा और मुस्कुराया. "वह एक दिन एक महान योद्धा बनेगा," उन्होंने कहा. "पुरुषों के बीच एक बाघ. " सुल्तान के पुत्र के जन्म का समाचार शीघ्र ही पूरे राज्य में फैल गया. बधाई देने के लिए दूर-दूर से लोग पहुंचे. वे सोने और जवाहरात के उपहार लाए और बच्चे के स्वास्थ्य और समृद्धि के लिए प्रार्थना की. आगंतुकों में से एक सुल्तान का विश्वसनीय सलाहकार पूर्णैया था. "बधाई हो, मेरे प्रभु," उन्होंने झुकते हुए कहा. "आपका बेटा बड़ा होकर अपने पिता की तरह एक महान राजा बन सकता है. "

सुल्तान ने सिर हिलाया. "धन्यवाद, पूर्णैया. मुझे अपने बेटे से बहुत उम्मीदें हैं. वह एक मजबूत और न्यायप्रिय शासक होगा, और वह हमारे राज्य को महानता की ओर ले जाएगा. "

पूर्णैया ने बच्चे को देखा और मुस्कुराया. "उसे मार्गदर्शन करने के लिए एक मजबूत माँ की आवश्यकता होगी," उन्होंने कहा.

फख्र उन निशा ने आगे कदम बढ़ाया. "मैं उसे एक बुद्धिमान और न्यायप्रिय शासक बनाने के लिए अपनी शक्ति में सब कुछ करूंगी," उसने कहा.

सुल्तान ने सिर हिलाया. "मुझे कोई संदेह नहीं है कि तुम, मेरे प्रिय. तुम एक बाघ की माँ हो, आखिर. "

और इस तरह मैसूर के टाइगर टीपू सुल्तान का जन्म एक मजबूत और प्यार करने वाली माँ और एक ऐसे पिता से हुआ था, जिनकी उनके लिए बड़ी महत्वाकांक्षाएँ थीं. रोमांच और वैभव के जीवन के लिए मैसूर के लोग उत्सुकता से यह देखने के लिए इंतजार कर रहे थे कि उनके युवा राजकुमार का भविष्य क्या होगा.

जैसे-जैसे टीपू बड़े होते गए, उनमें एक प्रतिभाशाली और प्रतिभाशाली बालक होने के लक्षण दिखाई देने लगे. उनकी मां, फख्र उन निशा, उन्हें सबसे अच्छी शिक्षा देने के लिए दृढ़ थीं, और उन्होंने उन्हें पढ़ाने के लिए बेहतरीन आलिम को काम पर रखा था. टीपू एक उत्कृष्ट छात्र साबित हुए, खासकर गणित और विज्ञान के क्षेत्र में. उन्होंने सैन्य रणनीति में भी बहुत रुचि दिखाई, और अक्सर अपने पिता के साथ सैन्य अभियानों पर जाते थे. एक दिन, जब टीपू सिर्फ बारह वर्ष का थे, वे अपने पिता के साथ एक सैन्य अभियान पर गए. युद्ध तब शुरू हुआ जब हैदर अली के नेतृत्व में मैसूर

सेना ने मद्रास में ब्रिटिश चौकी पर हमला किया. हैदर अली ने अंग्रेजों को बुरी तरह से हरा दिया. हैदर अली एक शानदार योद्धा थे, अपने युद्ध कौशल से उन्होंने अंग्रेजों को धूल चटा दी. अंग्रेज दया की भीख मांगने लगे. हैदर अली ने उनको जाने दिया. जैसे ही वे अपने शिविर में वापस आए, सुल्तान टीपू की ओर मुड़े "तुम आज अच्छी तरह से लड़े, मेरे बेटे," उन्होंने कहा. "मुझे आप पर गर्व है. "

टीपू गर्व से फूल उठा. " शुक्रिया अब्बू," उन्होंने कहा. "मैं आपकी तरह एक महान योद्धा बनना चाहता हूँ. "

सुल्तान मुस्कुराया. "आप जरूर बनेंगे," उन्होंने कहा. "आप पुरुषों के बीच एक बाघ हैं. "

अगले कुछ वर्षों में, टीपू अपने पिता के साथ सैन्य अभियानों पर जाते रहे. उन्होंने सीखा कि कैसे लड़ना है, कैसे योद्धाओं का नेतृत्व करना है, और कैसे रणनीति बनाना है. लेकिन उन्होंने एक और बात भी सीखी- राजनय का महत्व. एक दिन सुल्तान को मद्रास के ब्रिटिश गवर्नर का संदेश मिला. गवर्नर मैसूर और ब्रिटिश ईस्ट इंडिया कंपनी के बीच एक शांति संधि पर बातचीत करना चाहता था. सुल्तान सहमत हो गए, और उन्होंने टीपू को संधि की शर्तों पर बातचीत करने के लिए भेजा. टीपू थोड़े व्याकुल थे, लेकिन उन्होंने अपना सर्वश्रेष्ठ प्रदर्शन करने का दृढ़ निश्चय भी किया. उन्होंने ब्रिटिश गवर्नर से मुलाकात की और उन्होंने घंटों बात की. अंत में, वे एक समझौते पर आने में सक्षम थे जो दोनों पक्षों को स्वीकार्य था. जैसे ही टीपू मैसूरियन शिविर में वापस आये, उन्हें गर्व और उपलब्धि की भावना महसूस हुई. उन्होंने दुनिया के सबसे शक्तिशाली साम्राज्यों में से एक, अंग्रेजों के साथ एक संधि पर बातचीत की थी.

जब वह शिविर में लौटे तो उन्होंने अपनी माँ को ढूँढ़ा. "माँ, मैंने यह कर दिखाया!" उन्होंने कहा. "मैंने अंग्रेजों के साथ एक संधि पर बातचीत की!"

फखर उन निशा मुस्कुराईं. "मुझे हमेशा से पता था कि तुम मेरे बेटे हो," उन्होंने कहा. "आपके पास एक महान सुल्तान बनने के लिए बुद्धि और ज्ञान है. "

टीपू वापस मुस्कुराये. "धन्यवाद, माँ," उन्होंने कहा. "मैं आपको और अब्बा को फ़ख्र करने के लिए अपनी पूरी ताकत लगा दूंगा. "

टीपू सुल्तान ने खुद को एक प्रतिभाशाली छात्र, एक बहादुर योद्धा और एक कुशल राजनयिक साबित कर दिया था. युवा राजकुमार के लिए भविष्य उज्ज्वल दिख रहा था, और मैसूर के लोग यह देखने के लिए उत्सुक थे कि वह आगे क्या हासिल करेगा. साल बीतते गए और टीपू सुल्तान एक शक्तिशाली और करिश्माई नेता के रूप में विकसित हुआ. उनकी सैन्य विजय ने उन्हें "मैसूर के टाइगर" की उपाधि दी थी और उनके कूटनीतिक कौशल ने उन्हें देश और विदेश दोनों में सहयोगी बना दिया था. लेकिन एक दुश्मन था जो अभी भी उसके रास्ते में खड़ा था - ब्रिटिश ईस्ट इंडिया कंपनी. वर्षों पहले की गई शांति संधि के बावजूद, मैसूर और कंपनी के बीच तनाव लगातार बढ़ता जा रहा था. 1780 में, तनाव अंततः खुले संघर्ष में बदल गया. अंग्रेजों ने मैसूर पर आक्रमण शुरू किया, और टीपू सुल्तान जानते थे कि उन्हें अपने राज्य की रक्षा के लिए जल्दी से कुछ ठोस करना होगा. उन्होंने फ्रांसीसी प्रशिक्षित पैदल सेना की एक बड़ी टुकड़ी सहित 30,000 से अधिक सैनिकों की एक सेना को इकट्ठा किया. मैसूरियों की संख्या अंग्रेजों से अधिक थी, जिनके पास 60,000 से अधिक सैनिक थे. लेकिन टीपू को अपनी क्षमताओं पर भरोसा था और वह अपने लोगों के लिए लड़ने के लिए दृढ़ संकल्पित थे. कांचीपुरम शहर के पास, पोलिलुर के मैदान में दोनों सेनाएँ मिलीं. लड़ाई भयंकर और क्रूर थी, जिसमें दोनों पक्षों को भारी नुकसान उठाना पड़ा. टीपू सुल्तान एक बाघ की तरह बहादुरी से लड़े. उन्होंने अंग्रेजों के छक्के छुड़ा दिए. अंग्रेज बुरी तरह से मार खा रहे थे. जिस चीज ने अंग्रेजों को सबसे ज्यादा परेशान किया था उसे आज हम बोलते हैं रॉकेट मिसाइल. टीपू सुल्तान विज्ञान के विद्वान थे, उन्होंने विश्व में पहली बार रॉकेट्स का इस्तेमाल युद्ध में किया. अंग्रेज इस अजूबे को देख कर हैरान रह गए. उस युद्ध में अंग्रेजों की बुरी तरह हार हुई. अंत में जीत टीपू सुल्तान की हुई. उन्होंने दुनिया की सबसे शक्तिशाली सेनाओं में से एक को हराया था, और उसने इसे एक ऐसे बल के साथ किया था जो उसके आकार का आधा था. लेकिन जीत की कीमत चुकानी पड़ी. उसके कई सैनिक मारे गए या घायल हो गए, और राज्य उथल-पुथल की स्थिति में रह गया. टीपू जानते थे कि व्यवस्था बहाल करने और अपनी सेना के पुनर्निर्माण के लिए उन्हें तेजी से काम करना होगा. उन्होंने मार्गदर्शन के लिए अपनी मां फख्र उन निशा की ओर रुख किया. "माँ, मुझे क्या करना चाहिए?" उन्होंने पूछा. "मैं अपने लोगों को अंग्रेजों से कैसे बचा सकता हूं?"

फख्र उन निशा ने बेटे के कंधे पर हाथ रखा. "आप पहले ही दिखा चुके हैं कि आप एक महान योद्धा हैं," उन्होंने कहा. "लेकिन अंग्रेजों को हराने के लिए आपको ताकत और बहादुरी से ज्यादा की जरूरत होगी आपको बुद्धिमत्ता, चालाकी और कूटनीति की. "

टीपू ने सिर हिलाया. "मैं समझता हूँ," उन्होंने कहा. "लेकिन मैं कहाँ से शुरू करूँ?"

फखर उन निशा मुस्कुराई. "आप गठबंधन बनाने से शुरू करते हैं," उन्होंने कहा. "अन्य राज्यों, अन्य नेताओं तक पहुंचें. उन्हें दिखाएं कि आप अंग्रेजों के खिलाफ अपनी लड़ाई में अकेले नहीं हैं. साथ में, आप महान चीजें हासिल कर सकते हैं. "

टीपू सुल्तान ने अपनी मां की सलाह को दिल से लगा लिया. उन्होंने दूसरे राज्यों तक पहुंचना शुरू किया, गठबंधन बनाने और ऐसे संबंध बनाने शुरू किए जो आने वाले वर्षों में महत्वपूर्ण साबित होंगे.

साल बीतते गए और टीपू सुल्तान अपने राज्य की स्वतंत्रता और संप्रभुता के लिए लड़ते रहे. उन्होंने अंग्रेजों के खिलाफ कई लड़ाइयाँ जीतीं और एक कुशल सैन्य रणनीतिकार के रूप में उनकी प्रतिष्ठा बढ़ी.

लेकिन अंग्रेज आसानी से विचलित नहीं हुए. 1799 में, उन्होंने राजधानी शहर श्रीरंगपटना पर कब्जा करने और टीपू सुल्तान को हमेशा के लिए हराने के लक्ष्य के साथ मैसूर पर बड़े पैमाने पर आक्रमण किया.

मैसूरी सेना ने एक वीरतापूर्ण बचाव किया, लेकिन अंततः उनकी संख्या कम हो गई. कई महीनों की घेराबंदी के बाद, अंग्रेजों ने श्रीरंगपटना की दीवारों को तोड़ दिया और महल पर अंतिम हमला किया. टीपू सुल्तान ने अपने सैनिकों को संबोधित करते हुए कहा "बहादुरों, वहां, उस दीवार के पीछे मौत हमारा इंतजार कर रही है. क्या कहते हो? क्यों ना मौत को कुछ देर और इंतजार करवाया जाए?"

अपनी अपनी तलवार उठाते हुए सबने नारा लगाया

"नारा ए तकबीर, अल्लाह हु अकबर"

"हर हर महादेव "

नारे लगाते हुए टीपू और उनके सैनिक किले की दीवार से बाहर निकले और बहादुरी से लड़ने लगे. कुछ ही देर में अंग्रेज सैनिकों ने बंदूक की गोलियों से टीपू सुल्तान को छलनी कर दिया. टीपू सुल्तान अंतिम सांस तक लड़ते रहे और वीर गति को प्राप्त हुए. हिंदुस्तान के इतिहास में हज़ारों राजा आये और चले गए, लेकिन इतिहास उस राजाओं को कभी नहीं भूल पाता जो अपनी जनता की रक्षा के लिए खुद लड़ते लड़ते अपनी जान दे दे. फख्र उन निशा अपने बेटे की मौत से टूट गई थीं. लेकिन अपने दुःख में भी, वे जानती थीं कि उन्हें अपनी विरासत को जारी रखना है और मैसूर की स्वतंत्रता के लिए लड़ना है.

उन्होंने नेतृत्व की बागडोर संभाली और अंग्रेजों के खिलाफ लड़ाई जारी रखने के लिए मैसूरियन सेना को एकजुट किया. वह एक कुशल रणनीतिकार और नेता साबित हुईं और उन्होंने ब्रिटिश सेना के खिलाफ कई लड़ाइयां जीतीं. लेकिन अंततः युद्ध का रुख उनके खिलाफ हो गया. 1801 में, मैसूर एक ब्रिटिश अधीन राज्य बन गया, और फख्र उन निशा को अपने शेष दिनों को ब्रिटिश शासन के अधीन रहने के लिए मजबूर होना पड़ा. लेकिन हार में भी फख्र उन निशा प्रतिरोध और साहस की प्रतीक बनी रहीं.

(1857 की क्रांति: 1857 से 1858)

रानी लक्ष्मीबाई और बहादुर शाह ज़फर

वर्ष 1857 था, और भारत उथल-पुथल में था. अंग्रेज लगभग 100 वर्षों से भारत पर शासन कर रहे थे, और भारतीय लोगों में उनके शासन के प्रति असंतोष बढ़ता जा रहा था. कलकत्ता के निकट बैरकपुर में मंगल पाण्डे नाम का एक युवा सैनिक तैनात था. मंगल पाण्डे अपने साथी सैनिकों के प्रति अपनी निष्ठा और अपने धर्म के प्रति गहरी भक्ति के लिए जाने जाते थे. एक दिन पांडे को अपनी बंदूक के लिए नए कारतूसों की खेप मिली. कारतूसों में गाय और सुअर की चर्बी लगी होने की अफवाह थी, जो क्रमशः हिंदुओं और मुसलमानों दोनों के लिए बेहद अपमानजनक था. बैरकपुर में यह एक गर्म और उमस भरा दिन था, जब लेफ्टिनेंट कर्नल जॉर्ज कारमाइकल-स्माइथ अपनी मेज पर बैठे थे, अपने सिपाहियों की दैनिक रिपोर्ट देख रहे थे. ब्रिटिश ईस्ट इंडिया कंपनी द्वारा जारी किए गए नए कारतूसों का उपयोग करने से इनकार करने वाले एक सिपाही की रिपोर्ट पढ़ते हुए, "यहाँ कुछ सही नहीं लग रहा है," वह खुद से बुदबुदाया. "क्षमा करें, महोदय," मंगल पांडे नाम के सिपाही ने कमरे में प्रवेश करते हुए कहा. "क्या बात है पाण्डे?" कारमाइकल-स्माइथ ने अपने काग़ज़ों में से ऊपर देखते हुए पूछा. "मेरे पास आपको दिखाने के लिए कुछ है, सर," पांडे ने जवाब दिया, अपनी मस्कट खींची और दिखाया कि कैसे नए कारतूसों को दांतों से खोलना पड़ता है, इससे पहले कि उन्हें लोड किया जा सके. "यह हमारे धार्मिक विश्वासों का उल्लंघन है, सर," पांडे ने समझाया. "कारतूस में सूअरों और गायों की चर्बी लगी होती है, जिसे हम अशुद्ध मानते हैं. " कारमाइकल-स्माइथ का चेहरा गुस्से से लाल हो गया. "मैं अपने आदमियों के बीच अपमान बर्दाश्त नहीं करूंगा" वो चिल्लाया " तुम नए कारतूसों का उपयोग करोगे, वरना परिणाम भुगतने होंगे. " "लेकिन, सर, यह एक नाराजगी है!" पाण्डेय ने विरोध किया. "हम इन कारतूसों का उपयोग नहीं कर सकते!" कारमाइकल-स्माइथ अपनी मेज से उठा, उसका हाथ उसकी पिस्तौल पर था. "मैं अपने आप को नहीं दोहराऊंगा, पांडे. या तो आदेशों का पालन करो या परिणामों का सामना करो. " जैसे ही पांडे कमरे से बाहर निकले, अपनी सांस के नीचे बुदबुदाते हुए, कारमाइकल-स्मिथ अपने साथी अधिकारी, कैप्टन हॉलिडे की ओर मुड़े. "मुझे डर है कि यह केवल शुरुआत है," उन्होंने गंभीर होकर कहा. "कुछ बड़ा होने वाला है, और मुझे डर है कि यह हमारे नियंत्रण से बाहर हो सकता है. "

मेरठ में जिन भारतीय सैनिकों ने जानवरों की चर्बी वाले नए कारतूसों का उपयोग करने से इनकार कर दिया, उनका कोर्ट मार्शल किया जा रहा था. मंगल पांडे को बेड़ियों में जकड़ा हुआ था, अंग्रेज पहरेदारों के बीच वो धीरे धीरे आगे बढ़ रहे थे. तभी मंगल पांडे तेज़ी से पलटते हैं और एक पहरेदार के हाथ से बन्दूक छीन लेते हैं. मंगल पांडेय का ये साहस देखकर बाकी के साथी सैनिक भी पहरेदारों के हाथ से बंदूकें छीन लेते हैं.

मंगल पांडे: "भाइयों, यह लड़ने का समय है! हम उन्हें हमारे धर्म और हमारे रीति-रिवाजों का अपमान नहीं करने दे सकते!"

मंगल पांडे के नेतृत्व में सैनिकों का एक झुण्ड सारे ब्रिटिश अधिकारिओं को घेर लेता हैं और छावनी पर कब्ज़ा कर लेता है. उसके बाद विद्रोही सैनिक जेल की तरफ भागते हैं और सारे कैदियों को आज़ाद कर देते हैं. ये कैदी भी विद्रोही सैनिकों के साथ मिल कर लड़ने लगते हैं.

इस बीच, झाँसी में, रानी लक्ष्मीबाई को मेरठ में विद्रोह का समाचार मिलता है. वह अपने सलाहकारों की एक परिषद को इस बात पर चर्चा करने के लिए बुलाती है कि उन्हें क्या करना चाहिए.

रानी लक्ष्मीबाई: "मेरे प्यारे दोस्तों, हमारे लिए कार्रवाई करने का समय आ गया है. हमें अंग्रेजों को दिखा देना चाहिए कि हम उनके अत्याचार को अब और बर्दाश्त नहीं करेंगे. "

सलाहकार: "लेकिन, मेरी रानी, हमें सावधान रहना चाहिए. यदि हम खुलकर विद्रोह करते हैं, तो अंग्रेज हमें कुचलने में संकोच नहीं करेंगे. "

रानी लक्ष्मीबाई: "मुझे पता है, लेकिन हम सिर्फ खड़े होकर कुछ नहीं कर सकते. हमें स्वतंत्रता के लिए अपने साथी भारतीयों का समर्थन करना चाहिए. "

स्वर्गीय पेशवा बाजी राव द्वितीय के दत्तक पुत्र नाना साहब, अंग्रेजों के खिलाफ लड़ाई में शामिल होने के लिए कानपुर में अपने सैनिकों की रैली कर रहे थे. वह अपने साथी भारतीयों से आह्वान करते हैं कि वे उठ खड़े हों और अपनी आजादी के लिए संघर्ष करें.

नाना साहेब: "भाइयों और बहनों, अब समय आ गया है कि हम अंग्रेजों के खिलाफ हथियार उठाएं. उन्होंने हमें बहुत लंबे समय तक प्रताड़ित किया है, और अब समय आ गया है कि हम इस भूमि पर अपना हक जताएं. "

सिपाही और नागरिक नाना साहब के शब्दों से प्रेरित होते हैं और विद्रोह में उत्सुकता से शामिल होते हैं. इनमें नाना साहब के निकट सहयोगी तात्या टोपे भी हैं.

तात्या टोपे: "हमें अपनी पूरी ताकत और साहस के साथ लड़ना चाहिए. हमें तब तक आराम नहीं करना चाहिए जब तक हम अंग्रेजों को अपनी भूमि से बाहर नहीं निकाल देते. "

साथ में, नाना साहब और तात्या टोपे ने कानपुर में विद्रोह का नेतृत्व किया, ब्रिटिश किलों और चौकियों पर हमले शुरू किए. अंग्रेजों ने, अचानक हुए विद्रोह से हतप्रभ, विद्रोह को रोकने के लिए संघर्ष किया.

इस बीच लखनऊ में, जहां अपदस्थ नवाब वाजिद अली शाह की पत्नी बेगम हजरत महल अंग्रेजों के खिलाफ लड़ाई का नेतृत्व करती हैं. वह लखनऊ के लोगों से आजादी की लड़ाई में शामिल होने का आह्वान करती हैं.

बेगम हजरत महल: "मेरे प्यारे दोस्तों, अंग्रेजों ने हमारे सही शासकों को लूट लिया है और हमें बहुत लंबे समय तक प्रताड़ित किया है. यह समय है कि हम हथियार उठाएं और अपनी आजादी के लिए लड़ें. "

बेगम हजरत महल के शब्दों से प्रेरित होकर लखनऊ के लोग विद्रोह में शामिल हो गए. वे ब्रिटिश किलों और चौकियों पर हमले शुरू करते हैं, और विद्रोह को रोकने के लिए ब्रिटिश संघर्ष करते हैं. नाना साहेब, तात्या टोपे और बेगम हजरत महल के साथ अंग्रेजों के खिलाफ लड़ाई का नेतृत्व करते हुए विद्रोह पूरे उत्तर प्रदेश में फैल गया. विद्रोह बल प्राप्त कर रहा है, और अंग्रेज भारत पर अपनी पकड़ को लेकर चिंतित होते जा रहे हैं.

अंतिम मुगल बादशाह बहादुर शाह ज़फर दिल्ली में अपने महल में थे. बहादुर शाह ज़फर एक कमाल के शायर थे. उस दौर के उर्दू के महान शायर मिर्ज़ा ग़ालिब इनके अज़ीज़ मित्र हुआ करते थे. दोनों दोस्तों में बहुत चर्चाएं हुआ करती थीं. इश्क, शराब, सियासत, मुल्क, बगावत इन सारे मुद्दों पर खूब बातें हुआ करती थी. मुश्किल की इस घड़ी में बहादुर शाह फिर एक बार अपने दोस्त मिर्ज़ा ग़ालिब से मिले.

बहादुर शाह: अस्सलाम-ओ-अलैकुम मिर्ज़ा ग़ालिब, कैसे हो आप?

मिर्ज़ा ग़ालिब: वा अलैकुम अस्सलाम हुज़ूर, मैं खैरियत से हूं. आप कैसे हैं?

बहादुर शाह: आज कल दिल बहुत उदास है, क्या आपको पता है क्या हो रहा है मुल्क में?

मिर्ज़ा ग़ालिब: हाँ, बहुत आवाजें सुनाई देती हैं. कुछ तो गड़बड़ है.

बहादुर शाह: हाँ, मुझे भी ऐसा ही लग रहा है. लेकिन मैं क्या करूं, मेरी उम्र बहुत हो गई है, और मैंने अपनी जिंदगी में बहुत सी जंगों को देख लिया है.

मिर्ज़ा ग़ालिब: लेकिन क्या आपने कभी सोचा है कि आपकी उम्र का आपकी ज़िम्मेदारी से कोई ताल्लुक नहीं है?

बहादुर शाह: आपका क्या मतलब है?

मिर्ज़ा ग़ालिब: मतलब ये है कि अगर आप कुछ नहीं करेंगे तो कौन करेगा? आपके पास अब भी ताकत है, और आपके ज़रीये अगर आप ने मुल्क के लिए कुछ किया तो लोग आपको कभी भूलेंगे नहीं.

बहादुर शाह: लेकिन मिर्ज़ा गालिब, मैं इतना भी ताकतवर नहीं हूं. और मुझे ख़ौफ़ है कि अगर मैं कुछ गलत कदम उठाऊंगा तो ये मुल्क को और भी तबाह कर देगा.

मिर्ज़ा ग़ालिब: हुज़ूर, जब तक आप कुछ नहीं करेंगे, तब तक आपको ये नहीं पता चलेगा कि आप कितने ताकतवर हैं. और अगर आप सही रास्ते पर चले तो आपकी हिम्मत और ताकत आपको कामयाबी तक पहुंच सकती है.

बहादुर शाह: कहा तो सही है आपने मिर्ज़ा गालिब. मैंने यह फैसला लिया है कि मैं अपने जान की कुर्बानी देकर मुल्क के लिए कुछ करना चाहता हूं.

मिर्ज़ा ग़ालिब: आपकी शान और नाम ज़िंदगी भर काम आएगा, क्योंकि आपने अपने मुल्क के लिए कुर्बानी दी है. जैसा आपने लिखा है:

"उम्र भर ग़ालिब यही भूल करता रहा,

धूल चेहरे पे थी, और आईना साफ करता रहा"

बहादुर शाह: वाह वाह मिर्ज़ा ग़ालिब, आपकी शायरी हमेशा मुझे हौसला देती है.

मिर्ज़ा ग़ालिब: शुक्रिया बादशाह, बस यही तो मेरी दुआ है कि मेरी शायरी लोगों की आंखों में आंसू और दिल में उम्मीद अदा करें.

थोड़ी ही देर बाद बाग़ी सैनिकों का एक दूत बादशाह से मिलने आया.

सिपाही: "महाराज, हमने अंग्रेजों के खिलाफ विद्रोह कर दिया है. हमें आपके समर्थन की जरूरत है. "

बहादुर शाह ज़फर: मैं उस अजीमोशान मुगलिया सल्तनत की एक छोटी सी परछाई हूँ. मगर इन बूढ़ी हड्डियों में अभी इतना दम है कि मैं अपने बुज़ुर्गों की लीक पर चल सकूँ. मैं इस लड़ाई में तुम्हारा बादशाह बन कर लड़ूंगा. हिन्दोस्तान की आज़ादी की जंग मुगलिया परचम के तले ही लड़ी जाएगी.

बहादुर शाह के सैनिकों ने अंग्रेजों को दिल्ली के किले में घेर लिया. अंग्रेज अपनी जान बचाने के लिए किले की चौकियों में छिपे हुए थे. ब्रिटिश जनरल, सर आर्चडेल विल्सन, किसी भी हालत में विद्रोह को कुचलने और दिल्ली को फिर से अपने नियंत्रण में लेने के लिए बेचैन था.

सर आर्चडेल विल्सन: "हम इन विद्रोहियों को राजधानी पर कब्जा नहीं करने दे सकते. हमें हर कीमत पर शहर को वापस लेना चाहिए और उन्हें ब्रिटिश साम्राज्य की ताकत दिखानी चाहिए. "

अंग्रेज़ों ने विद्रोही ठिकानों पर हमलों की एक श्रृंखला शुरू की, लेकिन वे कोई महत्वपूर्ण लाभ हासिल करने में असमर्थ रहे. बहादुर शाह ज़फर और उनके सेनापतियों के नेतृत्व में विद्रोही दृढ़ संकल्प और साहस के साथ अपनी स्थिति की रक्षा करते हैं.

बहादुर शाह ज़फर: बहादुरों, पूरे मुल्क में सारी छावनियों पर एक एक करके हिंदुस्तान के मुग़ल सल्तनत का परचम लहराने लगा है. जैसे जैसे हम छावनियों पर कब्ज़ा कर रहे हैं हमें हथियारों का नया खज़ाना मिलता जा रहा है. अंग्रेज अपनी जान की भीख मांग रहे हैं. दोस्तों मैंने ये भी सुना है कि आप लोग अंग्रेज़ों की औरतों के साथ बहुत अदब से पेश आये. उनको जहाज पर बैठाया और अपनी जेब से उनको इंग्लिशतान भेजने का खर्चा उठाया. यही हमारी हज़ारों सालों से चली आ रही तहज़ीब है. मत भूलो, तुम किसी मामूली मुल्क के बाशिंदे नहीं हो. आज ये महान मुल्क तुमसे लहू मांग रहा है. क्या तुम लहू देने को तैयार हो?

सैनिक: हर हर महादेव. नारा ए तकबीर, अल्लाह हु अकबर.

झांसी की रानी लक्ष्मीबाई अंग्रेज़ों के खिलाफ विद्रोह में शामिल हो गई हैं. वह अपने लोगों और अपनी भूमि के लिए लड़ने के लिए दृढ़ संकल्पित है, और वह अंग्रेज़ों के खिलाफ लड़ाई में अपने सैनिकों का नेतृत्व करती है.

रानी लक्ष्मीबाई: "हमें अब और अधिक अंग्रेज़ों को अपने ऊपर अत्याचार नहीं करने देना चाहिए. हमें अपनी पूरी ताकत और साहस के साथ लड़ना चाहिए और उन्हें दिखाना चाहिए कि हम कमजोर नहीं हैं. "

1853 में, रानी लक्ष्मी बाई के पति, महाराजा राजा गंगाधर राव का निधन हो गया. अब तक उनकी कोई संतान नहीं थी जिसे उत्तराधिकारी घोषित किया जा सके. लॉर्ड डलहौज़ी हिंदुस्तानी रियासतों पर कब्ज़ा करने के लिए नया नियम लाया था. जिसके तहत अगर किसी राज्य के पास कोई उत्तराधिकारी नहीं होगा तो वहां के राजा की मौत के बाद उस राज्य पर ईस्ट इंडिया कंपनी का पूरा अधिकार हो जायेगा. झांसी पर कब्ज़ा करने के लिए ब्रिटिश ईस्ट इंडिया कंपनी ने अपना अभियान छेड़ दिया. रानी ने इसे मानने से इंकार कर दिया और अंग्रेज़ों के खिलाफ लड़ाई की तैयारी करने लगी.

1857 में, भारतीय विद्रोह छिड़ गया, और झाँसी की रानी विद्रोह के सबसे प्रमुख नेताओं में से एक थी. उसने अपने सैनिकों को प्रशिक्षित और सशस्त्र किया, और यहां तक कि महिलाओं को लड़ने के लिए प्रशिक्षित किया.

झाँसी की रानी ने एक प्रसिद्ध कथन के साथ जवाब दिया: "मैं अपनी झाँसी को आत्मसमर्पण नहीं करूंगी. "

जून 1857 में, बेतवा की लड़ाई में झाँसी की रानी ने अंग्रेज़ों के खिलाफ लड़ाई में अपनी सेना का नेतृत्व किया. लड़ाई के दौरान, रानी एक हाथ में तलवार लेकर लड़ी और दूसरे हाथ में उसका शिशु उसकी पीठ से बंधा हुआ था. इस युद्ध में रानी की सेना विजयी हुई.

उधर लखनऊ में सभी ब्रिटिश नागरिक और सैनिक विद्रोहियों के डर से ब्रिटिश रेजीडेंसी में छिप गए. विद्रोहियों ने ब्रिटिश रेजीडेंसी को चारों तरफ से घेर लिया. उन डरे हुए अंग्रेजों की आँखों में मौत का खौफ साफ़ साफ़ दिखाई दे रहा था. ज्यादातर अंग्रेज सैनिक जोर जोर से रो रहे थे. इन आतंकित को लोगों उम्मीद और जोश भरने की कोशिश कर रहा था एक अंग्रेज अफसर सर हेनरी लॉरेंस.

सर हेनरी लॉरेंस: "मेरे प्यारे दोस्तों, हमें हौसला रखना चाहिए. लखनऊ और हमारे लोगों का भाग्य हमारे हाथ में है. हम विद्रोहियों से ऐसे हार नहीं मान सकते. "

विद्रोही ताकतों का नेतृत्व बेगम हज़रत महल और अन्य भारतीय नेता कर रहे हैं. वे अंग्रेजों को लखनऊ से बाहर निकालने और भारतीय लोगों के लिए शहर को पुनः प्राप्त करने के लिए दृढ़ संकल्पित हैं.

बेगम हजरत महल: "हमें अंग्रेजों को दिखाना चाहिए कि हम कमजोर नहीं हैं. हमें अपनी पूरी ताकत और साहस से लड़ना चाहिए और अपने शहर को पुनः प्राप्त करना चाहिए. "

लखनऊ की घेराबंदी कई महीनों लंबी और क्रूर थी. ब्रिटिश सैनिक बिना खाना पानी के आपूर्ति के महीनों तक टिके रहने का संघर्ष करते रहे. गुलामी कितनी दर्दनाक होती है ये शायद अब इन अंग्रजों को अच्छी तरह समझ आ रहा होगा.

लगभग एक साल तक हिंदुस्तान की सत्ता मुग़ल परचम के तले क्रांतिकारियों के हाथ में रही और अंग्रेज उनके कैदखानों में बंद थे. क्रांतिकारियों ने धीरे धीरे अंग्रेज अधिकारियों और उनके परिवार के लोगों को जहाज में बैठा कर इंग्लैंड रवाना करना शुरू कर दिया. इधर से अंग्रेज इंग्लैंड जा रहे थे उधर ब्रिटिश सरकार कुछ नए ब्रिटिश जासूसों को भारत भेजने की तैयारी कर रही थी. इन जासूसों का काम था भारत के उन रियासतों की पहचान करना जिनके राजा या नवाब लालच देने पर क्रांतिकारियों से गद्दारी करने को तैयार थे. उन जासूसों को क्रांतिकारियों की कमजोरियों का भी

पता लगाना था. भारत आते ही वो अपने इस काम में जुट गए. जल्द ही उन्हें ऐसे बहुत से राजा, पेशवा, नवाब,निज़ाम मिल गए जो क्रांतिकारियों से गद्दारी करने को तैयार थे. जासूसों ने पता लगाया कि इस क्रांति की सबसे बड़ी कमजोरी है नेतृत्वहीनता. क्योंकि कोई एक लक्ष्य है ही नहीं. पूरा भारत लड़ रहा था लेकिन सब अलग अलग लक्ष्यों के लिए. सैनिकों का मुद्दा था कारतूस पर लगी चर्बी, नाना साहब बस अपना पुणे फिर से हासिल करना चाहते थे, बेगम हज़रत महल अवध के नवाबों की ऐशो आराम की ज़िंदगी में अंग्रेजों के दखल के खिलाफ लड़ रही थीं, बहादुर शाह मुग़ल वैभव को फिर से स्थापित करने के लिए लड़ रहे थे और लक्ष्मीबाई अपनी झाँसी को अंग्रेजों के हाथों में जाने से बचाने के लिए लड़ रही थी.

जब अंग्रेज चले जायेंगे तो नए भारत का नेतृत्व किसके हाथ में होगा? नयी भारत की सरकार कैसी होगी? कैसे चुनी जाएगी? नए भारत में प्रजा को क्या क्या अधिकार होंगे? समानता, स्वाधीनता, अभिव्यक्ति इन में से किसी मुद्दे पर कोई चर्चा नहीं हुई थी.

अंग्रेजों ने अपने अगले अभियान की रणनीति बनायी. किसी भारतीय सैनिक पर भरोसा नहीं करना है. इसलिए सेना रूस से भेजी गयी. स्थानीय गद्दारों की मदद से क्रांतिकारियों के एक एक केंद्र पर जबरदस्त सैन्य आक्रमण करने शुरू किये.

सर कॉलिन कैंपबेल के नेतृत्व में एक राहत बल लखनऊ की घेराबंदी से कैदी अंग्रेजों को बचाने आया. बाहत लम्बे समय तक दोनों तरफ से खूब गोलियां चलीं. अंत में घेराबंदीसमाप्त हो गयी.

सितंबर 1857 में, अंग्रेजों ने झांसी पर हमला किया, लेकिन रानी की सेना उन्हें खदेड़ने में कामयाब रही. लड़ाई के दौरान, रानी को अपने सैनिकों से चिल्लाते हुए सुना गया: "हम अपनी स्वतंत्रता और अपने जीवन के लिए लड़ते हैं. दुश्मन को हमारे क्रोध की ताकत महसूस करने दो. "

अंग्रेजों ने मार्च 1858 में झाँसी की फिर से घेराबंदी शुरू की, और रानी ने शहर की रक्षा के लिए अपने सैनिकों का नेतृत्व किया. कम संख्या में होने के बावजूद, रानी की सेना ने बहादुरी से लड़ाई लड़ी, और घेराबंदी दो सप्ताह तक चली, जिसके बाद अंग्रेजों ने अंततः शहर की सुरक्षा को तोड़ दिया.

झाँसी के लिए अंतिम लड़ाई के दौरान, झाँसी की रानी को घोड़े पर सवार होकर, अपने शाही वस्त्र पहने हुए, अपनी सेना को युद्ध में ले जाते हुए देखा गया था. उन्हें यह कहते हुए सुना गया "हम अपने अधिकारों के लिए, अपने देश के लिए, और अपनी स्वतंत्रता के लिए लड़ रहे हैं. मेरे साथ आओ, मेरे बहादुर सैनिकों, और साथ में हम इस लड़ाई को जीतेंगे. "

झाँसी की रानी अंततः युद्ध में वीर गति को प्राप्त हो गयीं, लेकिन उनकी बहादुरी और लड़ाई की भावना ने उन्हें भारत में ब्रिटिश साम्राज्यवाद के खिलाफ प्रतिरोध का प्रतीक बना दिया.

अंग्रेजों ने भारतीय विद्रोहियों के खिलाफ एक बड़ा आक्रमण शुरू किया, जो महीनों की लड़ाई के बाद अब बिखर गए हैं और अव्यवस्थित हो गए हैं. जनरल कॉलिन कैंपबेल और अन्य कमांडरों के नेतृत्व में ब्रिटिश, विद्रोह को कुचलने और भारत पर अपना नियंत्रण फिर से स्थापित करने के लिए दृढ़ संकल्पित हैं.

जनरल कॉलिन कैंपबेल: "हमें इस विद्रोह को हमेशा के लिए समाप्त कर देना चाहिए. हम इन विद्रोहियों को ब्रिटिश साम्राज्य की स्थिरता के लिए खतरा नहीं बनने दे सकते. "

भारतीय विद्रोही अंग्रेजों के खिलाफ एक समन्वित प्रतिरोध को फिर से संगठित करने और माउंट करने के लिए संघर्ष कर रहे हैं. तात्या टोपे और नाना साहेब जैसे कुछ नेताओं ने अंग्रेजों के खिलाफ लड़ाई जारी रखी, जबकि अन्य, जैसे बहादुर शाह ज़फर को पकड़ लिया गया और निर्वासन की सजा सुनाई गई.

तात्या टोपे: "हमें हार नहीं माननी चाहिए, मेरे दोस्तों. हमने अपनी भूमि और अपने लोगों के लिए लड़ाई लड़ी है, और हमें अंग्रेजों का विरोध करना जारी रखना चाहिए. "

नाना साहेब: "लड़ाई अभी खत्म नहीं हुई है. हमें अंग्रेजों का विरोध करना जारी रखना चाहिए और अपनी भूमि और अपनी स्वतंत्रता को पुनः प्राप्त करना चाहिए. "

ब्रिटिश आक्रमण सफल रहा, और वे लड़ाई की एक श्रृंखला में भारतीय विद्रोहियों को हराने में कामयाब रहे. विद्रोह जून 1858 में समाप्त हो गया, जब अंग्रेजों ने भारत पर मजबूती से नियंत्रण कर लिया. हालांकि यह अंततः अपने लक्ष्यों को प्राप्त करने में विफल रहा, विद्रोह ने दुनिया को उपनिवेशवाद के खिलाफ अपनी लड़ाई में भारतीय लोगों की ताकत और दृढ़ संकल्प दिखाया.

विद्रोह के बाद का समय भारतीय लोगों के लिए बहुत पीड़ा का समय था. अंग्रेज भारत पर अपने नियंत्रण को फिर से स्थापित करने के लिए दृढ़ थे, और उन्होंने उन लोगों पर कोई दया नहीं दिखाई जिन्होंने उनके खिलाफ लड़ाई लड़ी थी. नाना साहेब, तात्या टोपे और बेगम हजरत महल सहित विद्रोह की प्रमुख शख्सियतों का क्या हुआ?

नाना साहेब को कभी भी बंदी नहीं बनाया जा सका, तात्या टोपे को अंग्रेजों द्वारा पकड़ लिया गया और उनको फांसी दे दी, जबकि बेगम हज़रत महल को नेपाल भागने के लिए मजबूर किया गया, जहाँ उन्होंने अपना शेष जीवन निर्वासन में बिताया. मुगल बादशाह बहादुर शाह ज़फर ने को कैद करके रंगून जेल में फेंक दिया गया. उनके सारे रिश्तेदारों, सगे सम्बधियों को ढूंढ ढूंढ कर मार डाला गया. रंगून (अब यांगून) में निर्वासन में ही कुछ दिनों बाद उनकी मौत हो गयी. रंगून की जेल में उन्होंने अपने खोए हुए साम्राज्य के लिए दुख और उदासीनता व्यक्त करते हुए कई उर्दू शायरियां लिखीं:

"लगता नहीं है दिल मेरा उजड़े दयार में,

किस की बनी है आलम-ए-न-पइदार में. "

यह शायरी बादशाह के उस दुख और उसके नुकसान की भावना को दर्शाती है, जब उसने कभी अपने विशाल साम्राज्य को बर्बाद होते देखा था.

"कोई उम्मीद बर नहीं आती,

कोई सूरत नज़र नहीं आती. "

ये पंक्तियाँ अपने निर्वासन में सम्राट के अकेलेपन और निराशा को व्यक्त करती हैं.

"कितना है बदनसीब ज़फर दफ़्न के लिए,

दो गज ज़मीन भी न मिली कु- ए-यार में. "

यह शायरी बादशाह की वतन में दफन होने की लालसा को उजागर करती है, लेकिन मौत में भी उनकी उस अंतिम इच्छा को नकार दिया गया.

(समाज सुधार: 1820 से 1885)

सावित्रीबाई फुले और स्वामी दयानंद

1857 की क्रांति सफल न होने के पीछे प्रमुख कारण था बंटा हुआ समाज. बार बार विदेशी आक्रमण के कारण भारतीय समाज में कई कुरीतियां आ गयीं थीं. शकों से सती प्रथा, मुग़लों से पर्दा प्रथा और सबसे खतरनाक गुप्त काल से चली आ रही जातिवाद और छुआछूत की प्रथा. पेशवा काल आते आते जातिवाद बहुत भयानक रूप ले चुका था, जिसका जिक्र अम्बेडकर ने विस्तार से किया. यह वर्ष 1917 था, और डॉ. बी. आर. अम्बेडकर, एक प्रसिद्ध समाज सुधारक और दलितों के अधिकारों के नेता, बॉम्बे में एक सभा को संबोधित कर रहे थे.

अम्बेडकर ने शुरू किया, "भाइयों और बहनों, मैं आपको पेशवा के समय में शूद्र समुदाय की सामाजिक स्थिति के बारे में बताता हूं. "

श्रोताओं में से एक ने पूछा, "श्रीमान, शूद्र कौन थे?"

अम्बेडकर ने उत्तर दिया, "शूद्र हिंदू समाज में चार वर्णों या जातियों में से एक थे. उन्हें चार जातियों में सबसे नीचे माना जाता था और उन्हें कई बुनियादी अधिकारों और विशेषाधिकारों से वंचित रखा गया था. "

एक अन्य दर्शक सदस्य ने पूछा, "लेकिन क्या पेशवा के समय में शूद्रों को कुछ अधिकार नहीं थे?"

अम्बेडकर ने सिर हिलाया. "नहीं, मेरे दोस्त. शूद्रों को वेद पढ़ने की अनुमति नहीं थी, उन्हें संपत्ति रखने की अनुमति नहीं थी, और उन्हें अपने समुदाय के बाहर शादी करने की अनुमति नहीं थी. उन्हें बहिष्कृत माना जाता था और उन्हें विभिन्न प्रकार के भेदभाव के अधीन किया जाता था. "

"क्या आप हमें कुछ उदाहरण दे सकते हैं, सर?" किसी ने पूछा.

अम्बेडकर ने सिर हिलाया. "निश्चित रूप से. मैं आपको 'अस्पृश्यता' की प्रथा के बारे में बताता हूं, जो पेशवा के समय में जोरों शोरों से प्रचलित थी. शूद्रों को 'अपवित्र' माना जाता था और उन्हें उच्च जातियों को छूने या यहां तक कि उनके घरों में प्रवेश करने की अनुमति नहीं थी. उन्हें बाहर रहना पड़ता था. गाँव या कस्बे और उच्च जातियों के समान कुओं या मंदिरों का उपयोग करने की अनुमति नहीं थी. "

दर्शकों ने अविश्वास में बड़बड़ाया.

"इसके अलावा," अम्बेडकर ने आगे कहा, 'शूद्रों को अच्छे कपड़े पहनने या घोड़ों की सवारी करने की अनुमति नहीं थी. उन्हें फटे कपड़े पहनने और गधों या बैलगाड़ी की सवारी करने की अनुमति थी. उन्हें कोई उपयोगी कौशल या व्यापार सीखने की अनुमति नहीं थी और उन्हें शौचालय साफ करने और सड़कों पर झाड़ू लगाने जैसे छोटे-मोटे काम करने के लिए मजबूर किया गया था. "

"श्रीमान, इस भेदभाव पर शूद्रों की क्या प्रतिक्रिया थी?" किसी ने पूछा.

अम्बेडकर ने आह भरी. "उनमें से अधिकांश ने अपने भाग्य को स्वीकार किया और खुद को गुलामी के जीवन के लिए त्याग दिया. लेकिन कुछ ऐसे भी थे जिन्होंने इस अन्याय के खिलाफ विद्रोह किया और अपने अधिकारों के लिए संघर्ष किया. सावित्रीबाई फुले एक ऐसी व्यक्ति थीं. उन्होंने और उनके पति ज्योतिराव फुले ने शूद्र समुदाय के उत्थान के लिए अपना जीवन समर्पित कर दिया. "

जब अम्बेडकर ने शूद्रों के संघर्षों और जाति की बाधाओं को तोड़ने और एक अधिक न्यायपूर्ण और समान समाज बनाने के लिए फुले के प्रयासों के बारे में बात की तो श्रोताओं ने ध्यान से सुना.

अम्बेडकर ने आगे कहा, "सावित्रीबाई फुले, विशेष रूप से, महान साहस और दृढ़ संकल्प वाली महिला थीं. उन्हें सामाजिक सुधार की अपनी यात्रा में कई चुनौतियों और बाधाओं का सामना करना पड़ा, लेकिन वह कभी भी इस उद्देश्य के प्रति अपनी प्रतिबद्धता से पीछे नहीं हटीं. उनका मानना था कि शूद्र समुदाय को त्रस्त करने वाले गरीबी और उत्पीड़न के चक्र को तोड़ने के लिए शिक्षा ही कुंजी थी. "

एक अन्य दर्शक सदस्य बोला. "लेकिन क्या पेशवा के समय में शूद्रों को शिक्षा से भी वंचित नहीं किया गया था?"

अम्बेडकर ने सिर हिलाया. "हाँ, यह सही है. शूद्रों को स्कूलों में जाने या कोई औपचारिक शिक्षा प्राप्त करने की अनुमति नहीं थी. लेकिन सावित्रीबाई फुले और उनके पति ने 1848 में शूद्र समुदाय की लड़कियों के लिए एक स्कूल शुरू किया. यह उस समय एक क्रांतिकारी कदम था, क्योंकि निचली जातियों की लड़कियों के लिए शिक्षा प्राप्त करना वर्जित माना जाता है. "

जब अम्बेडकर ने सावित्रीबाई फुले के जीवन और कार्यों का वर्णन किया तो दर्शकों ने बड़े ध्यान से सुना. उन्होंने उनके संघर्षों और विजयों, सामाजिक सुधार के लिए उनकी अटूट प्रतिबद्धता और भारत में महिलाओं की शिक्षा के लिए एक अग्रणी के रूप में उनकी विरासत के बारे में बात की. अम्बेडकर सावित्रीबाई फुले के समय को याद करने लगते हैं.

गाँव के ऊपर सूरज ढल रहा था, धूल भरी सड़क पर लंबी परछाइयाँ डाल रहा था. गाँव के कुछ लोग सुनी सुनाई बातों पर चर्चा कर रहे थे, उनके चेहरे चिंता और क्रोध से खिले हुए थे.

"क्या तुमने सुना कि मंगनी राम को क्या हुआ?" उनमें से एक ने कहा.

"नहीं, क्या हुआ?" दूसरे ने पूछा.

"उसे ऊंची जाति के लोगों ने उसी कुएं का इस्तेमाल करने की हिम्मत करने के लिए पीटा था. क्या आप इस पर विश्वास कर सकते हैं?"

पुरुषों ने अविश्वास में अपना सिर हिला दिया. गाँव में महीनों से चल रही घटनाओं की श्रृंखला में यह नवीनतम घटना थी. भेदभाव और दमन की क्रूर व्यवस्था को लागू करने के लिए अपने विशेषाधिकार और शक्ति का उपयोग करते हुए उच्च जाति के पुरुष निचली जातियों के प्रति तेजी से आक्रामक और हिंसक हो गए थे. गांव वालों को पता था कि उन्हें कुछ करना है, लेकिन वे इस तरह के अन्याय के सामने शक्तिहीन महसूस कर रहे थे. वे मार्गदर्शन के लिए अपने नेताओं की ओर देखते थे, लेकिन वे भी अनिश्चित थे कि क्या किया जाए. तभी एक महिला की आवाज आयी "अब बहुत हो गया है!" उन्होंने कहा. सावित्रीबाई फुले को अपनी ओर बढ़ते हुए देखने के लिए गांव वाले मुड़े, उनका सिर ऊंचा था और उनकी आंखें दृढ़ संकल्प से चमक रही थीं.

"हम इसे जारी नहीं रख सकते," उसने कहा. "हमें अपने अधिकारों के लिए खड़े होना चाहिए और न्याय की मांग करनी चाहिए. हम निचली जाति के हो सकते हैं, लेकिन हम किसी से कम नहीं हैं. हम गरिमा और सम्मान के साथ व्यवहार करने के लायक हैं. "

उनकी बातों से उत्साहित होकर गांव वालों ने सिर हिलाया. वे जानते थे कि सावित्रीबाई फुले ने पहले ही अपने समुदाय के लिए बहुत कुछ किया है, बाधाओं को तोड़कर यथास्थिति को चुनौती दी है. अब, उनके मार्गदर्शन से, उन्होंने महसूस किया कि वे जातिवाद के सबसे मजबूत रूपों को भी अपना सकते हैं. और इसलिए, वे संगठित होने लगे. उन्होंने उच्च जाति के पुरुषों को उनके कार्यों के लिए जवाबदेह ठहराने की मांग करते हुए सभाएं, रैलियां और विरोध प्रदर्शन किए. उन्होंने हिंसा या डराने-धमकाने से डरने से इनकार कर दिया, और अधिक न्यायपूर्ण और समान समाज बनाने के अपने दृढ़ संकल्प पर अडिग रहे. उनके प्रयास व्यर्थ नहीं थे. धीरे-धीरे लेकिन निश्चित रूप से, ज्वार पलटने लगा. उच्च-जाति के पुरुषों को अपने विशेषाधिकार की वास्तविकता और इससे होने वाले नुकसान का सामना करने के लिए मजबूर होना पड़ा और उनमें से कई ने अपने तरीके बदलने शुरू कर दिए.

सावित्रीबाई फुले अपने द्वारा स्थापित स्कूल के प्रवेश द्वार पर खड़ी होकर बच्चों को अंदर आते हुए देख रही थीं. वे हर एक को देखकर मुस्कुराई, उनका गर्मजोशी से अभिवादन किया और उनके सीखने के अच्छे दिन की कामना की. एक महिला और निचली जाति की सदस्य के रूप में, सावित्रीबाई को अपने जीवन में कई बाधाओं का सामना करना पड़ा

था. उसे शिक्षा से वंचित रखा गया था, भेदभाव और दुर्व्यवहार का सामना करना पड़ा था, और उन्होंने देखा था कि उसका समुदाय हाशिए पर और उत्पीड़ित था. लेकिन अपने भाग्य को छोड़ने या स्वीकार करने के बजाय, सावित्रीबाई ने वापस लड़ने का फैसला किया था. वह उन बाधाओं को तोड़ने के लिए दृढ़ संकल्पित हो गई थी जो उसे और उसके समुदाय को उनकी पूरी क्षमता तक पहुंचने से रोकती थीं, और उन्होंने शिक्षा के साथ शुरुआत की थी. सावित्रीबाई ने खुद पढ़ना-लिखना सीखा था और फिर दूसरों को पढ़ाना शुरू किया था. उन्हें आलोचना, गाली-गलौज और हिंसा का सामना करना पड़ा था, लेकिन उन्होंने अपने लक्ष्य को कभी नहीं खोया था: एक ऐसी दुनिया बनाने के लिए जहां हर बच्चे को शिक्षा और अपनी क्षमता को पूरा करने का अवसर मिले. और अब, जब उसने बच्चों को अपने स्कूल में प्रवेश करते देखा, तो उसे गर्व और संतुष्टि का अहसास हुआ. वह जानती थी कि उसका काम अभी खत्म नहीं हुआ है, लेकिन वह यह भी जानती थी कि उसने फर्क किया है, कि उसने बाधाओं को तोड़ा है और आने वाली पीढ़ियों के लिए नई संभावनाएं पैदा की हैं.

1848 में सावित्रीबाई पहले ने पहला कन्या विद्यालय खोला था. उसके बाद और भी कई स्कूल खोले. शुरुआत में स्कूल में छात्रों की संख्या बहुत कम थी. सावित्रीबाई और ज्योतिबा घर घर जा कर लोगों को शिक्षा के प्रति जागरूक बनाने लगे. ज्योतिबा बहुत तीक्ष्ण वक्ता थे, उनके भाषणों में वो साफ़ साफ़ बोलते थे की शूद्रों की दयनीय स्तिथि एक षड्यंत्र के तहत समाज में डाली गयी है और ब्राह्मणवादी सोच इस व्यवस्था को बदलने से घबराती है. उनके इन प्रयासों से स्कूलों में दलित और पिछड़े दयनीय की संख्या तो बढ़ गयी लेकिन समाज का अभिजात्य वर्ग गुस्से से भर गया. उन्होंने तरह तरह से ज्योतिबा और सावित्रीबाई फूले को डराने की कोशिश की. सावित्रीबाई जब सुबह अपने घर से स्कूल के लिए निकलती तो उनके ऊपर, कीचड़ और गन्दगी फेंकी जाने लगे. ये सिलसिला कई दिनों तक चला. कुछ अज्ञात लोग सावित्रीबाई के घर के बाहर उनके आने का इंतज़ार करते थे, जैसे ही सावित्रीबाई बाहर आती थीं, वो लोग उन पर पत्थर और कीचड़ फेंक कर भाग जाते थे. ये बात जब सावित्रीबाई ने ज्योतिबा को बताई तो ज्योतिबा ने सावित्री को दो साड़ियां ला कर दीं. सावित्रीबाई रोज एक साड़ी पहन कर घर से निकलती और दूसरी साड़ी को अपने बस्ते में साथ रख लेती थी. स्कूल पहुंच कर वो गन्दी साड़ी को बदल कर साफ़ साड़ी पहन लेती, और शाम को घर जाने से पहले फिर से गन्दी वाली साड़ी ही पहन कर निकलती.

ज्योतिबा फूले ने सभी नाइयों को बुला कर उनके सामने ऐलान कर दिया "आज से कोई नाई किसी भी विधवा हुई महिला के बाल नहीं कटेगा!" बाल काटने का काम करने वाले लोगों का समाज भी पिछड़ा था, उनको ज्योतिबा की इस बात में वजन महसूस हुआ. सभी नाइयों ने प्रण ले लिया अब वो किसी महिला का मुंडन नहीं करेंगे.

अभिजात्य वर्ग और ज्यादा चिढ़ गया. एक दिन जब सावित्रीबाई अपने घर से निकली तो उनके सामने एक लम्बा चौड़ा गुंडा आ गया, जो शराब के नशे में धुत था. उसने चाकू निकाल लिया. वहां भीड़ इकट्ठी होने लगी. सावित्रीबाई फिर से अपने घर की तरफ लौट गयीं. वो गुंडा जोर जोर से हंसने लगा. तभी सावित्रीबाई अचानक से पलटी और उस गुंडे में मुँह पर खींच कर एक जोरदार थप्पड़ मार दिया. इस से पहले कि वो गुंडा कुछ समझ पाता वहां खड़ी भीड़ उस पर टूट पड़ी. थोड़ी देर तक मार खाने के बाद वो गुंडा वहां से भाग खड़ा हुआ. सावित्रीबाई की जीत और उपलब्धियां कई थीं. उन्होंने अपने छात्रों को पढ़ाना और प्रेरित करना जारी रखा और उन्होंने महिलाओं के अधिकारों के संघर्ष में भी महत्वपूर्ण भूमिका निभाई. उन्होंने महिला सेवा मंडल की स्थापना की, जो महिलाओं को सशक्त बनाने और उन्हें शिक्षा और रोजगार के अवसर प्रदान करने के लिए समर्पित संगठन है. जैसे-जैसे सावित्रीबाई फुले के काम को गति मिली, उनका प्रभाव बढ़ता गया और उनकी उपलब्धियाँ कई गुना बढ़ गईं. शिक्षा और सामाजिक सुधार को बढ़ावा देने के उनके प्रयासों को भारत और विदेशों दोनों में मान्यता मिलने लगी. सावित्रीबाई ने महिलाओं के अधिकारों और सशक्तिकरण को बढ़ावा देने के लिए भी अथक प्रयास किया. उन्होंने इस विषय पर कई किताबें और लेख लिखे, जिन्हें व्यापक रूप से पढ़ा और सराहा गया. उनकी सबसे प्रसिद्ध रचनाओं में से एक, "स्री पुरुष तुलाना" (महिलाओं और पुरुषों के बीच एक तुलना), उन्होंने लिंगों की समानता के लिए तर्क दिया और महिलाओं के खिलाफ भेदभाव को समाप्त करने का आह्वान किया. सावित्रीबाई केवल सामाजिक सुधार की हिमायती नहीं थीं; वह एक अथक कार्यकर्ता भी थीं, जिन्होंने अपने आसपास के लोगों के जीवन को बेहतर बनाने के लिए खुद को समर्पित कर दिया. सावित्रीबाई के काम पर ब्रिटिश अधिकारियों का ध्यान नहीं गया, जो उस समय भारत पर शासन कर रहे थे. 1861 में, उन्हें मुंबई में एक सार्वजनिक समारोह में भाग लेने के लिए आमंत्रित किया गया था, जहाँ उन्हें शिक्षा और सामाजिक सुधार को बढ़ावा देने में उनके काम के लिए सम्मानित किया गया था. यह मान्यता उस समय एक भारतीय महिला के लिए एक दुर्लभ सम्मान था, और इसने उस प्रभाव को बताया जो सावित्रीबाई ने समाज पर डाला था.

ज्योतिराव फुले और उनकी पत्नी सावित्रीबाई दोनों ने मिलकर 1873 में सत्य शोधक समाज की स्थापना की. सत्य शोधक समाज (सोसायटी ऑफ ट्रुथ सीकर्स) जो एक सामाजिक संगठन है जिसका उद्देश्य सामाजिक न्याय और समानता को बढ़ावा देना है और इसने विभिन्न जातियों और समुदायों के कई समान विचारधारा वाले लोगों को आकर्षित किया. समाज के सदस्य सामाजिक मुद्दों पर चर्चा करने और समाधान खोजने की दिशा में काम करने के लिए नियमित रूप से मिलते थे. इनमें से एक बैठक में एक सदस्य ने अछूतों के लिए जल स्रोतों के निषेध का मुद्दा उठाया. उन्होंने बताया कि कैसे ऊंची जातियां अछूतों को उन्हीं कुओं और तालाबों का इस्तेमाल करने की इजाजत नहीं देंगी, जो वे खुद इस्तेमाल करते हैं. उस समय यह एक आम प्रथा थी, और इसने उत्पीड़ित जातियों के लिए बहुत कठिनाई पैदा की थी, जिन्हें पानी तक पहुँचने के लिए अक्सर लंबी दूरी तय करनी पड़ती थी.

सावित्रीबाई ने कहा, "यह एक अन्याय है कि हम ऐसा होने देते हैं. हमें इस जाति-आधारित भेदभाव के खिलाफ लड़ना चाहिए और यह सुनिश्चित करना चाहिए कि पानी जैसे बुनियादी संसाधनों तक सभी की पहुंच हो. "

एक अन्य सदस्य ने कहा, "लेकिन हम यह कैसे कर सकते हैं? ऊंची जातियां बहुत शक्तिशाली हैं, और वे हमें चीजों को बदलने की अनुमति नहीं देंगे. "

ज्योतिराव ने जवाब दिया, "हमें एक साथ काम करना चाहिए और एक मजबूत आंदोलन बनाना चाहिए. हमें जाति व्यवस्था की बुराइयों और सामाजिक समानता की आवश्यकता के बारे में लोगों को शिक्षित करना चाहिए. तभी हम बदलाव लाने की उम्मीद कर सकते हैं. "

सावित्रीबाई ने आगे कहा, "और हमें उत्पीड़ित जातियों को सशक्त बनाने के लिए भी काम करना चाहिए. हमें उन्हें पढ़ना-लिखना सिखाना चाहिए, और उन्हें अपने अधिकारों के लिए लड़ने के लिए आवश्यक उपकरण देना चाहिए. "

सत्यशोधक समाज के सदस्य सामाजिक न्याय और समानता के अपने लक्ष्य के लिए अथक रूप से काम करते रहे. उन्हें कई चुनौतियों और बाधाओं का सामना करना पड़ा, लेकिन वे इस उद्देश्य के प्रति अपनी प्रतिबद्धता से कभी नहीं डगमगाए. समय के साथ, उनके प्रयास फल देने लगे और समाज की ताकत और प्रभाव में वृद्धि हुई. 1897 में, 66 वर्ष की आयु में, सावित्रीबाई फुले का निधन हो गया. लेकिन उनकी विरासत जीवित रही, भारतीयों की पीढ़ियों को सामाजिक न्याय और समानता के लिए संघर्ष जारी रखने के लिए प्रेरित करती रही. महिला शिक्षा और सशक्तिकरण को बढ़ावा देने के लिए सावित्रीबाई फुले के अथक प्रयासों का भारतीय समाज पर गहरा प्रभाव पड़ा. उनके काम ने अनगिनत महिलाओं को शिक्षा प्राप्त करने और उस समय के दमनकारी पितृसत्तात्मक मानदंडों से मुक्त होने के लिए प्रेरित किया. ऐसी ही एक महिला थीं, जो सावित्रीबाई के उदाहरण से प्रेरित थीं, वे थीं आनंदी गोपाल जोशी. आनंदी का जन्म 1865 में महाराष्ट्र में हुआ था, और उनकी शादी नौ साल की उम्र में एक विधुर से हुई थी, जो उनसे बीस साल बड़ा था. बाल वधू के रूप में चुनौतियों का सामना करने के बावजूद, आनंदी ने शिक्षा प्राप्त करने का दृढ़ निश्चय किया, और ऐसा करने के लिए वह सावित्रीबाई के काम से प्रेरित थीं.

अपने पति के सहयोग से, आनंदी ने एक स्थानीय मिशनरी स्कूल में पढ़ना शुरू किया, जहाँ उन्होंने अपनी पढ़ाई में उत्कृष्ट प्रदर्शन किया. वह अंततः चिकित्सा में डिग्री हासिल करने के लिए संयुक्त राज्य अमेरिका चली गईं, ऐसा करने वाली वह पहली भारतीय महिला बनीं.

1871 में बौद्ध धर्म में भी नयी चेतना जग रही थी. इसी समय म्यांमार में एक महत्वपूर्ण घटना घटी जो राजा मिंडन मिन के शासनकाल के दौरान हुई थी।

राजा मिंडन मिन ने 1853 से 1878 तक बर्मा में कोनबांग राजवंश पर शासन किया। वह एक समर्पित बौद्ध थे और अपने राज्य में थेरवाद बौद्ध धर्म को बढ़ावा देने और संरक्षित करने के प्रयास करते थे। 1871 में, उन्होंने इसकी सटीकता और प्रामाणिकता सुनिश्चित करने के लिए संपूर्ण टिपिटका को सुनाने और संरक्षित करने के लिए एक बौद्ध परिषद बुलाने का निर्णय लिया। परिषद का आयोजन टिपिटका ग्रन्थ को सुनाने और संरक्षित करने के लिए किया गया था, जिसमें पाली लेख, थेरवाद बौद्ध धर्म के पवित्र ग्रंथ शामिल हैं। मिंडन मिन बौद्ध परिषद नवंबर 1871 की पूर्णिमा के दिन कोनबांग राजवंश की राजधानी मांडले में शुरू हुई। यह एक भव्य सभा थी जिसमें बर्मी प्रभाव के तहत विभिन्न क्षेत्रों से बड़ी संख्या में विद्वान भिक्षुओं ने भाग लिया। इस प्रक्रिया को "टिपिटक परिवार" के नाम से जाना जाता था, जिसका उद्देश्य बुद्ध की शिक्षाओं की रक्षा करना था। परिषद कई महीनों तक चली, जिसके दौरान भिक्षुओं ने पूरे पाली श्लोकों का पाठ किया और सुनिश्चित किया, जिसमें तीन टोकरियाँ (टिपिटक) शामिल थीं - विनय पिटक (मठवासी नियम), सुत्त पिटक (बुद्ध के प्रवचन), और अभिधम्म पिटक (दार्शनिक और सैद्धांतिक विश्लेषण)। परिषद के प्रयासों के परिणामस्वरूप, पाली ग्रंथों को सावधानीपूर्वक संरक्षित किया गया, जिससे यह सुनिश्चित हुआ कि बुद्ध की शिक्षाएँ भावी पीढ़ियों के लिए बरकरार रहें। राजा मिंडन मिन ने 729 संगमरमर स्लैबों पर संपूर्ण पाली श्लोकों की नक्काशी को भी प्रायोजित किया, जिसे मांडले में "कुथोडॉ पैगोडा" या "महा लावका मराज़िन पैगोडा" के रूप में जाना जाता है। प्रत्येक स्लैब में टिपिटका का एक हिस्सा शामिल था, जिससे यह दुनिया की सबसे बड़ी किताब बन गई।

1857 का भारतीय विद्रोह ब्रिटिश औपनिवेशिक शासन से स्वतंत्रता के लिए भारत के संघर्ष में एक महत्वपूर्ण मोड़ था. इसने ब्रिटिश साम्राज्यवाद के खिलाफ प्रतिरोध के एक नए युग की शुरुआत की, और इसने क्रांतिकारियों की एक नई पीढ़ी को जन्म दिया जो स्वतंत्रता और समानता के आदर्शों से प्रेरित थे. इस अवधि के सबसे प्रमुख व्यक्तियों में से एक स्वामी विवेकानंद थे, जिनका जन्म विद्रोह के छह साल बाद 1863 में हुआ था. विवेकानंद एक रहस्यवादी और आध्यात्मिक नेता रामकृष्ण परमहंस की शिक्षाओं से गहराई से प्रभावित थे, जिनका भारत के बौद्धिक और आध्यात्मिक परिदृश्य पर गहरा प्रभाव था।

विवेकानंद सामाजिक और राजनीतिक सुधार के अथक समर्थक थे, और उन्होंने भारतीय राष्ट्रवादी आंदोलन में महत्वपूर्ण भूमिका निभाई. उन्होंने एकता और ज्ञान के अपने संदेश को फैलाते हुए पूरे भारत और विदेशों में बड़े पैमाने पर यात्रा की. 1893 में शिकागो में धर्म संसद में उनका प्रसिद्ध भाषण भारतीय राष्ट्रवाद के इतिहास में एक निर्णायक क्षण था, और इसने भारतीय बौद्धिक और सांस्कृतिक पुनर्जागरण के एक नए युग की शुरुआत की.

राजा राम मोहन राय एक और अग्रणी समाज सुधारक थे, जिन्होंने जाति-आधारित भेदभाव की बुराइयों के खिलाफ लड़ाई लड़ी और महिलाओं और उत्पीड़ित जातियों के अधिकारों की वकालत की. उन्होंने ब्रह्म समाज की स्थापना की, एक सामाजिक-धार्मिक सुधार आंदोलन जिसने सामाजिक समानता और धार्मिक सहिष्णुता के आदर्शों को बढ़ावा देने की मांग की. राजा राम मोहन राय और ईश्वर चंद्र विद्यासागर भारत के अलग-अलग हिस्सों से आने और अलग-अलग पृष्ठभूमि होने के बावजूद, दोनों ने भारतीय समाज में सुधार और बदलाव लाने का एक साझा दृष्टिकोण साझा किया. राजा राम मोहन राय का जन्म 1772 में बंगाल में हुआ था. वह एक बहुज्ञ थे, जिन्होंने कानून, धर्म और सामाजिक सुधार सहित विभिन्न क्षेत्रों में उत्कृष्ट प्रदर्शन किया. वह महिलाओं के अधिकारों के प्रबल समर्थक थे और उन्होंने सती प्रथा या विधवा को जलाने की प्रथा को समाप्त करने के लिए काम किया. ईश्वर चंद्र विद्यासागर का जन्म 1820 में बंगाल में हुआ था. वे एक विद्वान, लेखक और समाज सुधारक थे, जिन्होंने महिलाओं के अधिकारों और लड़कियों की शिक्षा के लिए लड़ाई लड़ी. वे बाल विवाह की प्रथा को खत्म करने और विधवाओं की स्थिति में सुधार के लिए काम करने वाले हिंदू समाज में सुधार के आंदोलन में भी एक प्रमुख व्यक्ति थे. राजा राम मोहन राय विद्यासागर के लिए एक प्रेरणा थे, जिन्होंने एक बार उनके बारे में कहा था, "वे एक सच्चे संत और महान सुधारक थे. वे बंगाल और भारत के प्रकाश थे. " एक दिन राजा राम मोहन राय और ईश्वर चंद्र विद्यासागर समाज सुधारकों की एक सभा में मिले. उन्होंने जल्दी से बातचीत शुरू की और भारतीय समाज के लिए अपने साझा लक्ष्यों और दृष्टि पर चर्चा करना शुरू कर दिया.

रॉय ने सती प्रथा को समाप्त करने के अपने प्रयासों की बात की, और विद्यासागर ने हिंदू समाज में सुधार और महिलाओं की स्थिति में सुधार के लिए अपने काम की बात की. जैसा कि उन्होंने बात की, यह स्पष्ट हो गया कि दोनों ने एक समान दृष्टि साझा की और एक दूसरे के काम के लिए गहरा सम्मान किया. वे भारतीय समाज में बदलाव लाने और महिलाओं के अधिकारों और लड़कियों की शिक्षा के लिए लड़ने के लिए मिलकर काम करने पर सहमत

हुए. वर्षों तक राजा राम मोहन राय और ईश्वर चंद्र विद्यासागर ने अपने साझा लक्ष्यों की दिशा में सहयोग और काम करना जारी रखा. उनके प्रयासों ने सामाजिक सुधार आंदोलनों की नींव रखने में मदद की जो आने वाले दशकों में भारत को बदल देगा.

दयानंद सरस्वती ने 1875 में आर्य समाज की स्थापना की, जिसका उद्देश्य वैदिक सिद्धांतों को बढ़ावा देना और हिंदू धर्म के अंधविश्वासों और जाति-आधारित प्रथाओं को चुनौती देना था. उन्होंने जाति व्यवस्था के उन्मूलन और महिलाओं के सशक्तिकरण की वकालत की और उनकी शिक्षाओं का भारतीय समाज पर महत्वपूर्ण प्रभाव पड़ा. जैसे-जैसे सामाजिक स्वतंत्रता आंदोलन ने गति पकड़ी, इसने राजनीतिक स्वतंत्रता आंदोलन का मार्ग प्रशस्त किया, जिसका नेतृत्व लोकमान्य तिलक जैसे क्रांतिकारी नेताओं ने किया. तिलक भारतीय स्वतंत्रता के प्रबल समर्थक थे और उन्होंने स्वदेशी आंदोलन में महत्वपूर्ण भूमिका निभाई, जिसका उद्देश्य स्वदेशी उद्योगों को बढ़ावा देना और विदेशी वस्तुओं का बहिष्कार करना था. उनका प्रसिद्ध नारा "स्वराज मेरा जन्मसिद्ध अधिकार है और मैं इसे लेकर रहूंगा" भारतीय स्वतंत्रता आंदोलन के लिए एक नारा बन गया, और उनके काम ने अनगिनत अन्य लोगों को राजनीतिक स्वतंत्रता के संघर्ष में शामिल होने के लिए प्रेरित किया. इस अवधि के दौरान, कई सामाजिक और राजनीतिक आंदोलन हुए जिनका उद्देश्य भारतीय समाज के दमनकारी मानदंडों को चुनौती देना और सामाजिक न्याय और समानता को बढ़ावा देना था. इन आंदोलनों ने भारत में सामाजिक और राजनीतिक चेतना के एक नए युग का मार्ग प्रशस्त किया और उनकी विरासत आज भी लोगों को प्रेरित करती है.

(भारतीय स्वतंत्रता संग्राम: 1885 से 1947)

दुर्गा भाभी और गांधी

1858 से 1911 तक, भारत ब्रिटिश औपनिवेशिक शासन के अधीन था. इस अवधि के दौरान, देश में महत्वपूर्ण परिवर्तन हुए और कई चुनौतियों का सामना करना पड़ा. 1885 में भारतीय राष्ट्रीय कांग्रेस की स्थापना भारत के इतिहास में एक ऐतिहासिक क्षण था, जिसने ब्रिटिश शासन से स्वतंत्रता के लिए देश के संगठित संघर्ष की शुरुआत को चिह्नित किया. कांग्रेस के शुरुआती वर्षों में एक प्रमुख व्यक्ति दादा भाई नौरोजी थे, जो एक पारसी विद्वान और व्यवसायी थे, जो कई वर्षों से भारत से ब्रिटेन में धन की निकासी के बारे में पढ़ रहे थे और लिख रहे थे. अपनी पुस्तक "पॉवर्टी एंड अन-ब्रिटिश रूल इन इंडिया" में, नौरोजी ने तर्क दिया कि ब्रिटिश औपनिवेशिक नीतियां भारत में व्यापक गरीबी और आर्थिक कठिनाई पैदा कर रही थीं, और यह कि ब्रिटेन के लाभ के लिए देश का शोषण किया जा रहा था.

नौरोजी के विचार कई भारतीयों के साथ प्रतिध्वनित हुए, जो ब्रिटिश शासन के अधीन रहने के लिए संघर्ष कर रहे थे. 1885 में, उन्होंने बंबई में भारतीय राष्ट्रीय कांग्रेस के पहले सत्र को आयोजित करने में मदद की, जहाँ उन्होंने भारतीय स्व-शासन की आवश्यकता पर एक उत्तेजक भाषण दिया. "हमें अपनी स्वतंत्रता प्राप्त करने के लिए एकजुट होना

चाहिए और एक साथ काम करना चाहिए," उन्होंने इकट्ठे प्रतिनिधियों से कहा. "हमें खुद पर शासन करने और अपने स्वयं के लाभ के लिए अपने स्वयं के संसाधनों का उपयोग करने के अधिकार की मांग करनी चाहिए. " कांग्रेस की स्थापना भारत के इतिहास में एक महत्वपूर्ण क्षण था, क्योंकि इसने सभी क्षेत्रों के भारतीयों को एक साथ आने और अपने अधिकारों की मांग करने के लिए एक मंच प्रदान किया. कालान्तर में, कांग्रेस भारतीय राष्ट्रवाद की प्रमुख आवाज़ बन गई, ब्रिटिश औपनिवेशिक शासन के खिलाफ बड़े पैमाने पर विरोध प्रदर्शन, हड़ताल और बहिष्कार का आयोजन किया. कांग्रेस ने जिन प्रमुख मुद्दों पर ध्यान केंद्रित किया, उनमें से एक भारत से धन की निकासी थी. ब्रिटिश शासन के तहत, ब्रिटेन के लाभ के लिए भारत के संसाधनों का दोहन किया जा रहा था, जबकि भारतीय श्रमिकों और किसानों को जीवन यापन करने के लिए संघर्ष करना पड़ रहा था. अपने भाषणों और लेखों में, नौरोजी ने तर्क दिया कि ब्रिटिश औपनिवेशिक नीतियों से भारत का खून बह रहा था, और देश को अपने स्वयं के संसाधनों को नियंत्रित करने और अपने लोगों के लाभ के लिए उनका उपयोग करने में सक्षम होने की आवश्यकता थी. उन्होंने कहा, "ब्रिटेन को समृद्ध बनाने के लिए भारत की संपत्ति का दोहन किया जा रहा है. " "हमें इस अन्याय को समाप्त करना चाहिए और अपने स्वयं के संसाधनों को नियंत्रित करने के अपने अधिकार की मांग करनी चाहिए. "

इस अवधि के भारतीय राजनीतिक नेताओं में, जबकि इन मुद्दों के बारे में पता था, अक्सर निर्णायक कार्रवाई करने के लिए दृष्टि और साहस की कमी थी. इसके बजाय, उन्हें क्षेत्रीय, भाषाई और धार्मिक आधार पर विभाजित किया गया, जिससे किसी भी प्रकार की आम सहमति या एकता हासिल करना मुश्किल हो गया. इसके अलावा, इस अवधि के राजनीतिक नेताओं में अक्सर भारत के सामने आने वाली चुनौतियों की स्पष्ट समझ का अभाव था, और वे अक्सर पूरे देश के हितों की तुलना में अपने निजी हितों से अधिक चिंतित थे. नेतृत्व और दृष्टि के इस अभाव ने भारतीय स्वतंत्रता की दिशा में किसी भी प्रकार की सार्थक प्रगति को प्राप्त करना कठिन बना दिया. इस अवधि के दौरान किसी भी मजबूत महिला राजनीतिक नेताओं की अनुपस्थिति का भी भारतीय राजनीति पर महत्वपूर्ण प्रभाव पड़ा. महिलाओं को बड़े पैमाने पर राजनीतिक निर्णय लेने से बाहर रखा गया था, और उनकी आवाज़ों को अक्सर हाशिए पर या अनदेखा कर दिया गया था. इसका मतलब यह था कि आधी आबादी के दृष्टिकोण और अनुभवों को ध्यान में नहीं रखा जा रहा था, जिससे भारतीय समाज के सामने आने वाली चुनौतियों की एक संकीर्ण और सीमित समझ पैदा हो रही थी. इन कारकों ने औपनिवेशिक शोषण, आर्थिक कठिनाई और सामाजिक अन्याय की अवधि में योगदान दिया जिसका भारतीय समाज पर स्थायी प्रभाव पड़ा.

19वीं शताब्दी के अंत में, भारत ब्रिटिश राज के दमनकारी शासन के अधीन था. भारतीय लोगों को बुनियादी अधिकारों और स्वतंत्रता से वंचित रखा गया था और उनके औपनिवेशिक शासकों द्वारा भेदभाव और शोषण के अधीन किया गया था. 20वीं सदी की शुरुआत में, भारत कई अलग-अलग धर्मों, भाषाओं और संस्कृतियों के साथ बहुत विविधता वाला देश था. देश ब्रिटिश औपनिवेशिक शासन के अधीन भी था, जो 200 वर्षों से अधिक समय तक रहा था. भारत के लोग उत्पीड़ित, शोषित और विभाजित थे, और बहुत से लोग स्वतंत्रता और एकता के लिए तरस रहे थे. मोहनदास करमचंद गांधी, जिन्हें महात्मा गांधी के नाम से भी जाना जाता है, एक वकील से राजनीतिक नेता बने जो आगे चलकर भारतीय इतिहास में सबसे प्रिय व्यक्तियों में से एक बन गए. भारत को एकजुट करने की गांधी की यात्रा 1915 में शुरू हुई, जब वे दक्षिण अफ्रीका में 20 साल बिताने के बाद भारत लौटे, जहां उन्होंने भारतीय प्रवासियों के अधिकारों के लिए लड़ाई लड़ी थी.

गांधीजी अपनी पत्नी कस्तूरबा के साथ जब भारत आये तो बम्बई बंदरगाह पर उनका स्वागत करने के लिए कांग्रेस के बड़े बड़े नेता गए. वो लोग गांधीजी और कस्तूरबा को देख के हैरान रह गए, उन्होंने पारम्परिक गुजराती पोशाक पहनी हुई थी. सरदार पटेल और जवाहर लाल नेहरू धनी परिवारों से आते हैं, उस समय वो लोग महंगे अंग्रेजी कपड़े पहना करते थे. लेकिन वो आदमी जिसने साउथ अफ्रीका में अंग्रेजों को हिला कर रख दिया था, बिलकुल साधारण कपड़ों में था. गांधीजी भारत आते ही अपने गुरु गोपाल कृष्ण गोखले से मिले. गोखले भारत की सच्चाई से अच्छी तरह वाकिफ थे. उन्होंने गांधीजी को सलाह दी कि वो पहले एक बार भारत में भ्रमण करें.

गांधीजी अपनी पत्नी कस्तूरबा के साथ भारत की यात्रा पर निकल गए. गाँव-गाँव, शहर-शहर उन्होंने लम्बी यात्रायें की. उन्होंने देखा पूरा भारत कैसे गरीबी और असमानता में डूबा हुआ है. लोगों के पास न पहनने को कपड़े हैं न खाने को रोटी. लोग जातिवाद के दलदल में फंसे हुए हैं. 90 फीसदी आबादी जातिवादी शोषण में जी रही है. उन लोगों को न देश के बारे में कुछ पता है न कांग्रेस के बारे में. उनके लिए तो बस एक समय का भोजन ही अंतिम लक्ष्य है. दिल्ली में बैठे कांग्रेस के नेताओं को भारत के इस असली चेहरे के बारे में कोई खबर नहीं थी. वो लोग बस अधिवेशनों में अंग्रेजी में कुछ भाषण दे देते थे और अपनी जिम्मेदारी पूरी हुई समझ लेते थे. कस्तूरबा का हृदय दर्द से भर गया. उन्होंने नदी के किनारे बैठे गांधीजी से कहा "क्या भारत के लोग आजादी के बारे सोचते भी होंगे? जिनको कभी सर उठा कर कुछ बोलने का मौका भी नहीं दिया गया क्या वो कभी आजादी की लड़ाई में शामिल होंगे? असली भारत के बारे में तो कोई सोच ही नहीं रहा है " गांधीजी ने उसी समय सबसे पहले एक फैसला किया. उन्होंने अपने वस्त्र त्याग कर सिर्फ एक लंगोट को अपनी पोशाक बना लिया. अपना सर भी मुंडवा लिया और उस समय के आम हिंदुस्तानी की वेशभूषा धारण कर ली. गांधीजी ने जवाब दिया "भारत की आजादी के बारे ने न भारत सोच रहा है न कांग्रेस. ये बहुत लम्बी लड़ाई है. पहले हमें इस दबे कुचले देश को उसका सम्मान लौटाना होगा. नाली साफ़ करने वाले को एहसास दिलाना होगा कि वो भी इस देश का नागरिक है, वो इस देश की सेवा कर रहा है, उसे उसका आत्मसम्मान लौटाना होगा. " गांधीजी ने घूम घूम कर लोगों को अपने साथ जोड़ना शुरू किया. वो लोग जो शौचालय साफ़ करते हैं, जिन्हें समाज ने इंसान समझना ही छोड़ दिया था उनको 'हरिजन' का नाम दिया. गांधीजी ने हरिजनों से कहा शौचालय साफ़ करना सिर्फ आपका काम नहीं है ये हमारा भी काम है. गांधीजी और कस्तूरबा जहाँ भी जाते शौचालय खुद अपने हाथों से साफ़ करते. गरीब किसानों, मजदूरों, दलितों, मुसलमानों सबको उनके आत्मसम्मान से अवगत कराया. जो महिलायें अपने चूल्हे के अलावा कुछ नहीं जानती थीं, कस्तूरबा ने उनसे कहा "भारत माता कोई और नहीं, आप ही हैं". गांधी का अहिंसा का दर्शन, उनकी राजनीतिक और सामाजिक सक्रियता का एक केंद्रीय सिद्धांत था. उनका मानना था कि हिंसा केवल अधिक हिंसा का कारण बनती है और यह कि सच्चा परिवर्तन केवल शांतिपूर्ण तरीकों से ही प्राप्त किया जा सकता है. वह एक सरल जीवन शैली जीने के महत्व में भी विश्वास करते थे, और वे अक्सर विरोध या शुद्धिकरण के साधन के रूप में उपवास करते थे. 1917 में, गांधीजी और कस्तूरबा ने सबसे पहले भारत को जगाया, भारतीयों को अपनी आवाज उठाने के लिए तैयार किया. फिर गांधीजी ने कांग्रेस को एक अमीरों के एक क्लब से राष्ट्रव्यापी आंदोलन में बदल दिया. इस से पहले किसी नेता ने पूरे देश के आंदोलन तो क्या एक मोहल्ले के आंदोलन के बारे में भी नहीं सोचा था.

जब गांधीजी देश में राष्ट्रवाद की भावना जगा रहे थे उसी समय एक किसान उनसे मिलने आया. उस किसान ने चम्पारण में किसानों की दयनीय हालत के बारे में गांधीजी को बताया. अंग्रेज किसानों को धान कि बजाय नील (इंडिगो) की खेती के लिए मजबूर करते थे. किसानों की गरीबी इतनी बढ़ गयी थी कि उनके पास आत्महत्या के अलावा कोई और चारा नहीं बचा था. गांधीजी चम्पारण गए और आंदोलन छेड़ दिया. इस आंदोलन में इतनी बड़ी संख्या में लोग शामिल हुए कि देश विदेश के अख़बारों में इसकी खबरें छपने लगीं. आंदोलन सफल रहा और ब्रिटिश सरकार को किसानों की शिकायतों की जांच के लिए एक आयोग गठित करने के लिए मजबूर होना पड़ा.

इसी समय भारत से दूर रूस में एक बड़ी घटना घटी. रूस में बोल्शेविक पार्टी ने वहां के जार शासकों के खिलाफ खूनी क्रांति छेड़ दी. लेनिन और उनके क्रन्तिकारी साथियों ने हिंसक क्रांति के सहारे जारशाही के शासन को उखाड़ कर फेंक दिया. इस क्रांति की खबर पूरी दुनिया में आग की तरह फैलने लगी. अंग्रेजों को डर था कि अगर भारत के लोग भी रूस की क्रांति से प्रेरित हो कर खड़े हो गए तो ब्रिटिश साम्राज्य के लिए मुसीबत हो जाएगी. इस से बचने के लिए अंग्रेजों ने भारत में एक कानून बनाया. रोलेट एक्ट 18 मार्च, 1919 को ब्रिटिश भारतीय सरकार द्वारा पारित किया गया. इस कानून के तहत अंग्रेज सरकार जिसको चाहे उसको देशद्रोह के अपराध में गिरफ्तार कर सकती थी और बिना किसी न्यायिक प्रक्रिया के उसे सजा दे सकती थी. इसको बिना वकील बिना दलील का कानून कहा जाता था. पूरे देश में इस कानून का विरोध हुआ. पंजाब में विरोध जोरों पर था. अंग्रेजों ने विरोध करने वालों को गिरफ्तार कर लिया. इस गिरफ़्तारी के विरोध में अमृतसर में एक शांतिपूर्ण प्रदर्शन हुआ. बैशाखी का दिन था. अमृतसर के जलियांवाला बाग़ में सैकड़ों लोग इकट्ठा हुए. बच्चे, महिलाएं, बुजुर्ग सब लोग बैशाखी के इस अवसर पर वहां इकट्ठे हुए. तभी हथियारबंद अंग्रेज सैनिकों ने जलियांवाला बाग को चारों तरफ से घेर लिया. अंग्रेज अधिकारी जनरल डायर ने बिना किसी चेतावनी के उन पर अंधाधुंध गोलियां चलाने का आदेश दे दिया. वहां मौजूद लोगों ने बाहर निकलने की कोशिश भी की, लेकिन रास्ता बहुत संकरा था, और डायर के फौजी उसे रोककर खड़े थे. इसी वजह से कोई बाहर नहीं निकल पाया और हिन्दुस्तानी जान बचाने में नाकाम रहे. जनरल डायर के आदेश पर ब्रिटिश आर्मी ने बिना रुके लगभग 10 मिनट तक गोलियां बरसाईं. इस घटना में करीब 1,650 राउंड फायरिंग हुई थी. बताया जाता है कि सैनिकों

के पास जब गोलियां खत्म हो गईं, तभी उनके हाथ रुके. कई लोग जान बचाने के लिए बाग में बने कुएं में कूद गए थे, जिसे अब 'शहीदी कुआं' कहा जाता है. यह आज भी जलियांवाला बाग में मौजूद है और उन मासूमों की याद दिलाता है, जो अंग्रेज़ों के बुरे मंसूबों का शिकार हो गए थे. ब्रिटिश सरकार के अनुसार इस फायरिंग में लगभग 379 लोगों की जान गई थी और 1,200 लोग ज़ख्मी हुए थे, लेकिन भारतीय राष्ट्रीय कांग्रेस के मुताबिक उस दिन 1,000 से ज़्यादा लोग शहीद हुए थे, जिनमें से 120 की लाशें कुएं में से मिली थीं और 1,500 से ज़्यादा लोग ज़ख्मी हुए थे.

जलियांवाला बाग हत्याकांड ने भगत सिंह को भीतर तक प्रभावित किया. बताया जाता है कि जब भगत सिंह को इस हत्याकांड की सूचना मिली तो वह अपने स्कूल से 19 किलोमीटर पैदल चलकर जलियांवाला बाग पहुंचे थे. इस घटना ने पूरे विश्व को हिला कर रख दिया था. गांधीजी अंग्रेज़ों का असली चेहरा देख चुके थे. उन्होंने आर पार की लड़ाई छेड़ दी. 1920 में, गांधी ने असहयोग आंदोलन शुरू किया, भारतीयों को ब्रिटिश वस्तुओं और संस्थानों का बहिष्कार करने के लिए प्रोत्साहित किया. गांधीजी ने आह्वान किया अपना भोजन स्वयं उगाओ, अपने वस्त्र खुद बुनो. गांधीजी चरखे से अपने कपड़े खुद ही बुनते थे. सारे देश में घर घर में चरखा पहुंच गया. चरखा भारत के स्वाधीनता संग्राम का प्रतीक चिन्ह बन गया. इस आंदोलन ने हिंदू, मुस्लिम, ईसाई, अमीर और गरीब सहित जीवन के सभी क्षेत्रों के लोगों को एक साथ लाया. इस आंदोलन में पूरे देश के लोगों ने पूरी तरह से कर हिस्सा लिया. युवाओं ने अंग्रेज़ों की नौकरी छोड़ दी, बच्चों ने अंग्रेज़ों के स्कूल से नाम कटवा लिया, विदेशी कपड़ों की होली जलाई गयी. भगत सिंह, चंद्रशेखर आज़ाद, सुभाष चंद्र बोस इस समय बच्चे थे, उन लोगों ने गांधीजी के इस आंदोलन में बढ़ चढ़ कर हिस्सा लिया. इस आंदोलन में पूरे देश के ऐसे बच्चों ने हिस्सा लिया जो आगे चल कर बहुत बड़े क्रन्तिकारी बने. हालांकि, उत्तर प्रदेश के चौरी चौरा में एक हिंसक घटना के बाद इसे बंद कर दिया गया था, जिसमें प्रदर्शनकारियों के एक समूह ने एक पुलिस थाने में आग लगा दी थी, जिसमें 22 पुलिसकर्मी मारे गए थे. गांधीजी ने बिना किसी से सलाह मश्वरा किये असहयोग आंदोलन वापिस ले लिया था. इस बात से बहुत से युवा निराश हो गए. उनको लगने लगा कि अहिंसा के रास्ते आजादी नहीं मिल पायेगी और क्रांति के रास्ते पर चलने को प्रेरित हुए. भगत सिंह भी उनमें से एक थे.

1907 में जन्मे, भगत सिंह जलियांवाला बाग हत्याकांड से काफी प्रभावित थे. भगत सिंह कम उम्र में भारतीय स्वतंत्रता आंदोलन में शामिल हो गए और जल्दी ही इसके सबसे प्रमुख नेताओं में से एक बन गए. हिंदुस्तान सोशलिस्ट रिपब्लिकन एसोसिएशन (HSRA) में भगत सिंह और उनके साथियों ने कई साहसी काम किए. बात उस समय की है जब साइमन कमीशन भारतीयों को इस बात पर मनाने आया कि अंग्रेजी सरकार भारत के लिए एक

सरकार बनाएगी. वो सरकार कैसी होगी इसकी रूप रेखा तय करने के लिए लन्दन में गोलमेज सम्मलेन होगा जिसमें भारतीय प्रतिनिधि भी भाग लेंगे. भारत का कानून ब्रिटेन की पार्लियामेंट में लिखा जायेगा? आजादी की मांग करने वालों को ये हरगिज स्वीकार नहीं था. भारतीयों ने अपने देश का संविधान स्वयं लिखने का प्रस्ताव रखा. अंग्रेजों ने भारतीयों को चुनौती देते हुए कहा "तुम भारतीय क्या संविधान लिखोगे? तुममें इतनी समझ ही कहाँ है? अगर है तो लिख के दिखाओ". भारतीयों ने चुनौती को स्वीकार किया. सबसे पहला ड्राफ्ट लिखा मोतीलाल नेहरू ने. जिसको नेहरू रिपोर्ट कहते हैं. नेहरू रिपोर्ट में भारतीयों को बहुत अधिकार दिए हैं, लेकिन सायमन रिपोर्ट तो उसकी बिलकुल उल्टी है.

सायमन कमीशन का भारत में बहुत विरोध हुआ, ख़ास कर पंजाब में. पंजाब के एक कांग्रेसी नेता थे लाला लाजपत राय. कांग्रेसी जरूर थे लेकिन उग्र विचारों वाले. उस समय कांग्रेस में दो धड़े थे, नरम दल और गरम दल. गरम दल के लाल, बाल, पाल में से पहले हैं लाला लाजपत राय. इन्होंने सायमन कमीशन का घोर विरोध किया. एक बड़े प्रदर्शन में लालजी और उनके साथी "सायमन गो बैक " के नारे लगा रहे थे. पुलिस ने लाठीचार्च कर दिया. पुलिस वालों ने जानबूझ कर लाला जी को लाठियों से मार मार कर उन के प्राण ले लिए. मरने से पहले लालजी के अंतिम शब्द थे "मेरे शरीर पर पड़ी एक एक लाठी, अंग्रेजी हुकूमत के ताबूत में कील साबित होगी" लालजी की शहादत से पूरा देश सन्न था. उस प्रदर्शन में एक नौजवान था जिसके आँखों के सामने लालजी ने दम तोड़ा था. वो नौजवान कोई और नहीं भगत सिंह थे. उन्होंने अंग्रेजों को इसका जवाब देने का फैसला कर लिया था. एक गुप्त योजना बनायीं गयी. प्लान की रूप रेखा का प्रस्ताव दिया सुखदेव थापर ने, काम को अंजाम देंगे भगत सिंह और राज गुरु, सब चीजों पर निगरानी और बाहरी खतरों के रक्षा करने का काम करेंगे चंद्रशेखर आज़ाद.

सही समय पर सभी लोग अपनी अपनी जगह पर पहुंच गए. इंतज़ार था तो बस संकेत मिलने का. जैसे ही संकेत मिला भगत सिंह और राजगुरु पुलिस स्टेशन से अपनी मोटर साइकिल से बाहर आ रहे ब्रिटिश अफसर पर गोलियां चलाने लगते हैं. इस से पहले कि कोई कुछ समझ पाता सभी लोग वहां से भाग निकलते हैं. एक सिपाही ने पीछा करने का प्रयास किया उसको चंद्रशेखर ने ठिकाने लगा दिया

जो पुलिस अफसर मारा गया था उसका नाम था सॉण्डर्स. सॉण्डर्स की मौत से पूरी अंग्रेजी सरकार हरकत में आ गयी. उन अज्ञात लोगों की खोज शुरू हो गयी जिनको स्टेशन के बाहर चश्मदीदों ने इस घटना को अंजाम देते देखा था. वहां से अब इन लोगों का बच कर निकलना बहुत मुश्किल था, हर ट्रेन, बस, कार को चेक किया जा रहा था. भगत

सिंह और उनके साथियों को सही सलामत वहां से बाहर निकालने का काम किया दुर्गा भाभी और उनके चार साल के बेटे शचींद्र ने. भगत सिंह ने हैट और कोट के साथ इंग्लिश जेंटलमैन का वेश धारण किया. दुर्गा भाभी ने उनकी पत्नी इंग्लिश मेम का वेश धारण किया, गोदी में अपने बच्चे को उठा लिया. राजगुरु बने इनके नौकर और चंद्रशेखर बने साधु महाराज. सारी पुलिस को चकमा दे कर वहां से सभी क्रन्तिकारी आराम से निकल आये. दुर्गा भाभी ने आज बहुत बड़ा काम किया था. लेकिन उनके साहस और हौसले के और बहुत सारे किस्से हैं. दस वर्ष की अल्प आयु में ही इनका विवाह लाहौर के भगवती चरण बोहरा के साथ हो गया. इनके ससुर शिवचरण जी रेलवे में ऊंचे पद पर तैनात थे. अंग्रेज सरकार ने उन्हें राय साहब का खिताब दिया था. भगवती चरण बोहरा राय साहब का पुत्र होने के बावजूद अंग्रेजों की दासता से देश को मुक्त कराना चाहते थे. वे क्रांतिकारी संगठन के प्रचार सचिव थे. वर्ष 1920 में पिता जी की मृत्यु के पश्चात भगवती चरण वोहरा खुलकर क्रांति में आ गए और उनकी पत्नी दुर्गा भाभी ने भी पूर्ण रूप से सहयोग किया. सन् 1923 में भगवती चरण वोहरा ने नेशनल कालेज बीए की परीक्षा उत्तीर्ण की और दुर्गा भाभी ने प्रभाकर की डिग्री हासिल की. दुर्गा भाभी का मायका व ससुराल दोनों पक्ष संपन्न था. ससुर शिवचरण जी ने दुर्गा भाभी को 40 हजार व पिता बांके बिहारी ने पांच हजार रुपये संकट के दिनों में काम आने के लिए दिए थे लेकिन इस दंपती ने इन पैसों का उपयोग क्रांतिकारियों के साथ मिलकर देश को आजाद कराने में उपयोग किया. मार्च 1926 में भगवती चरण वोहरा व भगत सिंह ने संयुक्त रूप से नौजवान भारत सभा का प्रारूप तैयार किया और रामचंद्र कपूर के साथ मिलकर इसकी स्थापना की. सैकड़ों नौजवानों ने देश को आजाद कराने के लिए अपने प्राणों का बलिदान वेदी पर चढ़ाने की शपथ ली. भगत सिंह व भगवती चरण वोहरा सहित सदस्यों ने अपने रक्त से प्रतिज्ञा पत्र पर हस्ताक्षर किए. 28 मई 1930 को रावी नदी के तट पर साथियों के साथ बम बनाने के बाद परीक्षण करते समय वोहरा जी शहीद हो गए. उनके शहीद होने के बावजूद दुर्गा भाभी साथी क्रांतिकारियों के साथ सक्रिय रहीं.

9 अक्टूबर 1930 को दुर्गा भाभी ने गवर्नर हैली पर गोली चला दी थी जिसमें गवर्नर हैली तो बच गया लेकिन सैनिक अधिकारी टेलर घायल हो गया. मुंबई के पुलिस कमिश्नर को भी दुर्गा भाभी ने गोली मारी थी जिसके परिणाम स्वरूप अंग्रेज पुलिस इनके पीछे पड़ गई. मुंबई के एक फ्लैट से दुर्गा भाभी व साथी यशपाल को गिरफ्तार कर लिया गया. दुर्गा भाभी का काम साथी क्रांतिकारियों के लिए राजस्थान से पिस्तौल लाना व ले जाना था. चंद्रशेखर आजाद ने अंग्रेजों से लड़ते वक्त जिस पिस्तौल से खुद को गोली मारी थी उसे दुर्गा भाभी ने ही लाकर उनको दी थी. उस समय भी दुर्गा भाभी उनके साथ ही थीं. उन्होंने पिस्तौल चलाने की ट्रेनिंग लाहौर व कानपुर में ली थी. भगत सिंह और उनके साथियों ने अब कुछ बहुत बड़ा करने की ठान ली. अंग्रेजों के प्रस्ताव पब्लिक सेफ्टी बिल पर दिल्ली की अस्सेम्बली में चर्चा हो रही थी. ये बिल मजदूरों के शोषण का क़ानून का बिल था.

भगत सिंह ने योजना बनाई कि जिस समय असेम्बली में इस पर चर्चा हो रही होगी तभी वहां बम फेंके जायेंगे. बम सिर्फ धमाके की आवाज के लिए होंगे, किसी की जान लेने के लिए नहीं. बम फेंकने वाले क्रन्तिकारी वहीं रुक कर अपनी गिरफ़्तारी देंगे और भगत सिंह व बटुकेश्वर दत्त जब केंद्रीय असेंबली में बम फेंकने जाने लगे तो दुर्गा भाभी व सुशीला मोहन ने अपनी बांहें काट कर अपने रक्त से दोनों लोगों को तिलक लगाकर विदा किया था. असेंबली में बम फेंकने के बाद इन लोगों को गिरफ्तार कर लिया गया और मौत की सजा सुनाई गई. 1931 में भगत सिंह, सुखदेव और राजगुरु को फांसी दे दी.

इधर भगत सिंह और उनके साथियों को फाँसी दी जा रही थी, उधर अंग्रेज गांधी जी को गोलमेज सम्मेलन में भाग लेने के लिए मनाने में लगे थे. लेकिन अंग्रेज गांधीजी के सामने हाथ जोड़कर क्यों खड़े हुए थे? दरअसल, 1930 में, गांधी ने नमक पर ब्रिटिश एकाधिकार के विरोध में सविनय अवज्ञा आंदोलन शुरू किया. उन्होंने और उनके अनुयायियों ने अरब सागर में 241 मील की यात्रा की, जहाँ उन्होंने समुद्री जल को वाष्पित करके नमक बनाया. इसके कारण एक राष्ट्रव्यापी आंदोलन हुआ, जिसमें भारतीयों ने ब्रिटिश वस्तुओं और संस्थानों का बहिष्कार किया. 1931 में, भारत की भावी राजनीतिक संरचना पर चर्चा करने के लिए ब्रिटिश सरकार और भारतीय राजनीतिक नेताओं के बीच गोलमेज सम्मेलन आयोजित किए गए थे. पहले गोलमेज सम्मेलन में गांधीजी ने भाग नहीं लिया, लेकिन दांडी यात्रा में उमड़ी भारी भीड़ को देखकर अंग्रेज हर हाल में गांधीजी को मनाने में लगे रहे. गांधीजी द्वितीय गोलमेज सम्मेलन में भाग लेने के लिए सहमत हुए. जब गांधीजी लंदन पहुंचे तो उनका भव्य स्वागत किया गया. जिस सरकार की बात अंग्रेज गोलमेज सम्मेलन में कर रहे थे, उस सरकार में भारतीयों को बहुत कम अधिकार मिल रहे थे, इसीलिए यह सम्मेलन विफल हो गया. अंग्रेजों ने एक और प्रयास किया और तीसरा गोलमेज सम्मेलन आयोजित किया, जिसमें भारत के किसी प्रभावशाली नेता ने भाग नहीं लिया. इसमें लिए गए निर्णय के आधार पर भारत शासन अधिनियम 1935 का निर्माण हुआ. इस बिल को पास करते समय महात्मा गांधी समेत तमाम बड़े नेताओं को जेल में डाल दिया गया था.

भारत शासन अधिनियम 1935 के तहत देश के विभिन्न प्रांतों से जनप्रतिनिधि चुने जाएंगे. हालाँकि, बहुत कम लोग वोट देने के योग्य हैं, केवल कुछ चुनिंदा अमीर आदमी. फिर भी जनता के चुने हुए लोग संसद में बैठेंगे. और यहीं से शुरू होता है आजादी का पूरा खेल. द्वितीय विश्व युद्ध के दौरान, भारतीय नेताओं ने युद्ध के प्रयासों के समर्थन के बदले में तत्काल स्वतंत्रता की मांग की. अंग्रेजों ने भारतीय नेताओं को कैद करके और असंतोष पर नकेल कस कर जवाब दिया. इसके खिलाफ गांधीजी ने जबरदस्त आंदोलन शुरू किया. 1942 में, भारत छोड़ो आंदोलन शुरू किया गया था, जिसका उद्देश्य अंग्रेजों को भारत छोड़ने के लिए मजबूर करना था. आंदोलन को गंभीर दमन का सामना करना पड़ा और कई भारतीय नेताओं को कैद कर लिया गया. लेकिन इस जोरदार आंदोलन का ब्रिटिश शासन पर गहरा प्रभाव पड़ा. वे अब भारतीयों को अधिक अधिकार देकर उन्हें शांत करने की कोशिश कर रहे हैं. सर स्टैफ़ोर्ड क्रिप्स के नेतृत्व में भारत के लिए एक मिशन भेजा गया, जिसका उद्देश्य भारतीय राष्ट्रीय कांग्रेस और ब्रिटिश सरकार के बीच समझौता करना था. इसने भारत को कुछ रियायतों की पेशकश की लेकिन अंततः भारतीय नेताओं द्वारा इसे अस्वीकार कर दिया गया.

दूसरे युद्ध के समय कलकत्ता में नई चीजें हो रही थीं. 1940 में, सुभाष चंद्र बोस को ब्रिटिश औपनिवेशिक शासन के खिलाफ आक्रामक कार्रवाई की वकालत करने के लिए कलकत्ता में ब्रिटिश अधिकारियों द्वारा नजरबंद कर दिया गया था. हालांकि नेताजी चकमा देने में माहिर थे. उन्होंने पठान के रूप में कपड़े पहने. 1941 में, वह हाउस अरेस्ट से बचने में कामयाब रहे और जर्मनी भाग गए, जहाँ उन्होंने अंग्रेजों के खिलाफ लड़ाई में जर्मन सरकार से मदद मांगी. जर्मनी में, उन्होंने भारतीय सेना का गठन किया, जो यूरोप में जर्मन सेना के साथ लड़ने वाले भारतीय सैनिकों का एक समूह था. बोस का मानना था कि भारत में ब्रिटिश शासन को उखाड़ फेंकने के लिए एक सशस्त्र संघर्ष आवश्यक था, और उन्हें उम्मीद थी कि भारतीय सेना को भारत को आज़ाद कराने के लिए एक लड़ाकू बल के रूप में इस्तेमाल किया जा सकता है.

हालाँकि, बोस ने जल्द ही महसूस किया कि भारतीय स्वतंत्रता के लिए जर्मन सरकार का समर्थन सीमित था और उन्हें अपने संघर्ष को जारी रखने के लिए अन्य सहयोगियों को खोजने की आवश्यकता थी. उसके बाद उन्होंने जापान की यात्रा की, जो मित्र देशों की शक्तियों के साथ युद्ध में था, और अंग्रेजों के खिलाफ उनकी लड़ाई के लिए उनका समर्थन मांगा. जापान में, उन्होंने भारतीय राष्ट्रीय सेना (INA) का गठन किया, जो भारतीय सैनिकों से बनी थी. बोस का मानना था कि आईएनए का इस्तेमाल भारत में अंग्रेजों के खिलाफ लड़ने के लिए किया जा सकता है, और उन्हें उम्मीद थी कि यह स्वतंत्रता के लिए भारत के संघर्ष में एक महत्वपूर्ण कारक होगा.

1944 में, बोस के नेतृत्व में INA ने भारत में ब्रिटिश सेना के खिलाफ एक आक्रमण शुरू किया, जिसे इंफाल-कोहिमा अभियान के रूप में जाना जाता है. हालाँकि, अभियान असफल रहा, और INA को बर्मा में पीछे हटने के लिए मजबूर होना पड़ा, जहाँ अंततः इसे भंग कर दिया गया. बोस की रहस्यमय परिस्थितियों में अगस्त 1945 में एक विमान दुर्घटना में मृत्यु हो गई, जिससे उनकी मृत्यु के आसपास कई षड्यंत्र सिद्धांत सामने आए. हालाँकि, एक निडर और समर्पित स्वतंत्रता सेनानी के रूप में उनकी विरासत कई भारतीयों के लिए प्रेरणा का स्रोत बनी हुई है.

1945 में, INA की हार के बाद, भारत में ब्रिटिश अधिकारियों ने INA के कई सैनिकों पर देशद्रोह का मुकदमा चलाया. ट्रायल के कारण पूरे देश में व्यापक विरोध और प्रदर्शन हुए.

INA के अधिकारियों के साथ लाल किले में जो ट्रायल चल रहा था उस से पूरे देश के सैनिकों में विद्रोह की भावना भर गयी. सुभाष बाबू ये तो जानते ही थे कि अंग्रेजों से सीधे सैन्य टक्कर में सफलता हासिल नहीं होगी, उनको भरोसा था कि INA को लड़ते देख कर बाकी के भारतीय सैनिक भी अंग्रेजों के खिलाफ विद्रोह कर देंगे. थोड़ी देर से ही सही, हुआ भी कुछ ऐसा ही. फरवरी 1946 में, रॉयल इंडियन नेवी ने बंबई में विद्रोह कर दिया. विद्रोह तेजी से भारत में अन्य नौसैनिक अड्डों में फैल गया और भारतीय नाविकों ने कई जहाजों पर नियंत्रण करने में कामयाबी हासिल की. 1947 में, भारतीय वायु सेना ने भी विद्रोह कर दिया. इस समय विश्वयुद्ध और ऊपर से भारतीय सैनिकों के विद्रोह से अंग्रेज टूट चुके थे. जिस सेना के बल पर वह शासन करता था यदि वह विद्रोही हो जाती है तो अब एक ही उपाय बचता है कि चुपचाप और मर्यादापूर्ण ढंग से शासन को समाप्त कर दिया जाये. अंग्रेजों ने घोषणा की कि 15 अगस्त 1947 को भारत पूरी तरह से स्वतंत्र हो जाएगा.

(संविधान निर्माण: 1947 से 1950)

भारत माँ और संविधान

1857 में शुरू हुई आज़ादी की जंग 15 अगस्त 1947 में सफल हुई. आज़ादी की लड़ाई में सिर्फ एक वर्ग के लोग नहीं शामिल हुए थे. इस लड़ाई में आदिवासी भी लड़े थे, महिलाएं, किसान, विद्यार्थी, दलित, हिन्दू, मुस्लिम, सिक्ख सब लोग लड़े. आदिवासियों के लिए आज़ादी का मतलब था जंगलों पर शहरी अतिक्रमण से आज़ादी, किसानों के लिए आज़ादी का मतलब था ज़मींदारों से आज़ादी, महिलाओं के लिए आज़ादी का मतलब था पुरुष सत्तात्मक समाज से आज़ादी. 1857 में जिस तरह हिन्दू - मुस्लिम एक साथ मिल कर लड़े उस से अंग्रेज बहुत चिंतित थे. उसी समय से अंग्रेजों ने हिन्दू और मुसलमानों के बीच फूट डालने के लिए साजिशें शुरू कर दीं थीं. मंदिरों में गाय के शव और मस्जिदों में सूअर के शव फेंकवाने की घटनाओं के बारे में उस समय के कई लेखकों ने लिखा है. नकली मौलवी और कथावाचक तैयार किये गए, जिनका मकसद था दूसरे धर्म के खिलाफ नफरत भरी बातें फैलाना. भारत में उभरते हुए नेताओं को भी अंग्रेजों ने निशाना बनाना शुरू किया. मुहम्मद अली जिन्ना और अलामा इकबाल भारत के सेक्युलर नेता हुआ करते थे. अलामा इकबाल तो एक महान कवि भी थे. उन्होंने ही लिखा था "मज़हब नहीं सिखाता आपस में बैर रखना, हिंदी हैं हम, हिंदी हैं हम, वतन है हिन्दोस्तां हमारा". कोई नहीं जानता अंग्रेजों ने अलामा इक़बाल के साथ ऐसा क्या किया कि अचानक से वो एक सांप्रदायिक नेता बन गए. वही अलामा इकबाल आईडिया ऑफ़ पाकिस्तान देने वाले पहले व्यक्ति बने. मुहम्मद अली जिन्ना, लियाकत अली खान और अलामा इकबाल जैसे नेता रातों रात सेक्युलर से कट्टर मुस्लिम नेता बन गए. हालाँकि हिन्दू खेमे में ऐसे कठपुतली नेता खड़े करने में अंग्रेजों को कोई ख़ास सफलता नहीं मिली. जिन्ना ने अलग पाकिस्तान की मांग के लिए सांप्रदायिक दंगों का खुलकर सहारा लिया. अंग्रेजों के जाने के बाद तीन शक्तियां भारत के अलग अलग हिस्सों पर कब्ज़ा करने की फ़िराक में थीं. कांग्रेस शासित भारत जो एक धर्म निरपेक्ष, लोकतान्त्रिक देश होगा, मुस्लिम लीग शासित पाकिस्तान और प्रिंसली स्टेट्स यानि राजे रजवाड़े. जब कैबिनेट मिशन भारत आया तो जिन्ना ने कांग्रेस के बहुमत से डर कर डायरेक्ट एक्शन डे का आह्वान किया, जिसका मतलब था आर पार की लड़ाई, सांप्रदायिक दंगे. पंजाब और बंगाल में लाखों लोग मारे गए. गांधीजी ने बंगाल जा कर वहां के दंगों पर तो काबू पा लिया लेकिन पंजाब में बुरी तरह रक्तपात हुआ.

उधर ब्रिटेन में तय किया गया कि भारत को सत्ता का हस्तांतरण और विभाजन के काम को अंजाम देने के लिए अंतिम वायसराय के रूप में लॉर्ड माउंटबैटन को भेजा जायेगा. माउंटबेटन जिस प्लान को सफल करने के लिए भारत आये उसका नाम था द माउंटबैटन प्लान. इस योजना में धार्मिक जनसांख्यिकी के आधार पर दो स्वतंत्र देशों, भारत और

पाकिस्तान का निर्माण किया जायेगा. भारत में हिंदू बहुमत होगा, जबकि पाकिस्तान में मुस्लिम बहुमत होगा. लॉर्ड माउंटबैटन के सचिव प्रोफ़ेसर वी पी मेनन जो बाद में जा कर सरदार पटेल के सचिव भी बने, अपनी किताब द स्टोरी ऑफ़ इंटीग्रेशन ऑफ़ इंडियन स्टेट्स में लिखते हैं "लॉर्ड माउंटबैटन जब भारत आये तब भारत साम्प्रदायिकता की आग में बुरी तरह से जल रहा था. सब जानते थे ये अंग्रेजों का किया धरा है. लॉर्ड माउंटबैटन को ऐसा लगता था कि ये दंगे उनकी वजह से हो रहे हैं. मैंने उनसे बात करते हुए कहा - विभाजन को तो हम नहीं रोक सकते, लेकिन भारत 565 टुकड़ों में टूटने जा रहा है, हम उसको तो रोकने का प्रयास कर सकते हैं?"

565 प्रिंसली स्टेट्स, ये वो रजवाड़े थे जो अंग्रेजों के अधीन रह कर अपनी रियासत पर राज करते थे. उनमें से कइयों के पास अपनी मुद्रा, सेना, झंडा यहाँ तक कि अपना संविधान भी था, लेकिन अंग्रेजों के अधीन. अब जब अंग्रेजों ने जाने का फैसला कर लिया है तो अब वे फिर आज़ाद हो गए. लॉर्ड माउंटबैटन ने एक दस्तावेज बनाया - इंस्ट्रूमेंट ऑफ़ एक्सेसशन यानि विलय पत्र. इस दस्तावेज में लिखा था कि प्रिंसली स्टेट अपनी इच्छा से, कुछ शर्तों के साथ अपनी रियासत का विलय भारत में करने को तैयार हैं. इस दस्तावेज पर अलग अलग राजाओं और निजामों के हस्ताक्षर करवाने का काम अपने हाथ में लिया सरदार पटेल ने. अपनी सूझ बूझ और साहस के दम पर सरदार पटेल ने भारत की लगभग सभी रियासतों को भारतीय गणराज्य में विलय के लिए राजी कर लिया. जूनागढ़, हैदराबाद और कश्मीर के विलय में शुरुआत में कुछ दिक्कतें आयी लेकिन अंत में सभी ने विलय पत्र पर हस्ताक्षर कर दिए. जल्दी से अंदमान और निकोबार पर भी तिरंगा फहरा दिया.

क्या धर्म के आधार पर देशों को बांटा जा सकता है? इस सवाल के जवाब में भारत माँ शायद यही सोचती होंगी - "लेकिन मैं तो सबकी माँ हूँ. मेरी गोद कितनी बड़ी है? मेरी गोद में क्या केवल एक पंथ, एक भाषा के लोगों के लिए ही जगह है? मेरी गोद में कितने तरह की संतानों को खेलने की आजादी होगी?" भारत माँ ने ये फैसला भारत के भाग्य विधाता के हाथों में सौंप दिया था. भारत के भाग्य विधाता यानि कि भारत के गण, आम लोग. 14 और 15 अगस्त की मध्यरात्रि में भारत को आज़ाद होना तय था. संविधान सभा में सभी नेता शाम से ही इकट्ठे हो गए थे. नेहरू ने भाषण देते हुए कहा "कई साल पहले हमने किस्मत से बाजी लगायी थी, आज समय आ गया है कि हम अपनी प्रतिज्ञा को पूरा करें. मध्यरात्रि के क्षणों में जब पूरी दुनिया सो रही होगी, भारत जागेगा एक नयी ज़िंदगी और आजादी के साथ. "

पूरी सभा तालियों की गड़गड़ाहट से गूंज उठी. पूरी दुनिया रेडियो पर नेहरू जी का ये भाषण सुन रही थी.

नेहरू जी ने आगे कहा "इतिहास में ऐसे लम्हे बहुत ही कम आते हैं जब हम पुराने से निकल कर नए में कदम रखते हैं, जब एक युग का अंत होता है, जब सदियों से दबे कुचले एक राष्ट्र को उसकी आवाज मिलती है. मुनासिब है कि इस पावन मौके पर हम एक और प्रतिज्ञा करें कि आइंदा हिंदुस्तान और हिंदुस्तान के बाशिंदों की खिदमत करेंगे, मानवता के ऊँचे लक्ष्यों के लिए"

अगले दिन जब लाल किले पर झंडा फहराने के लिए लोग इकट्ठे हुए तब वहां देश भर के सभी बड़े नेता मौजूद थे, सिवाय एक के, महात्मा गाँधी. लाल किले पर भाषण देते हुए जैसे ही नेहरू जी ने गाँधी जी का नाम लिया पूरी सभा में जोर जोर से तालियां बजने लगीं. लेकिन गांधीजी थे कहाँ? इस समय गांधीजी बंगाल में हिन्दू मुस्लिम दंगे रोकने में लगे हुए थे. गांधीजी के प्रयासों का परिणाम ये हुआ कि दंगे तो रुक गए, लेकिन चरमपंथी हिन्दू गाँधी जी से इतने नाराज हो कि अनेक प्रयासों के बाद अंततः उन्होंने गांधीजी की हत्या कर दी. महात्मा गाँधी की मृत्यु से पूरा देश शोक में डूब गया. अब भारत को आगे ले जाने की जिम्मेदारी नेहरू और पटेल के कन्धों पर आ गयी.

जिस समय भारत आज़ाद हो रहा था, द्वितीय विश्व युद्ध ख़त्म हो गया था. लेकिन नए युद्ध की शुरुआत हो गयी थी. इस नए युद्ध में देश एक दूसरे से बंदूकों, टैंकों या हवाई हमलों से नहीं लड़ रहे थे. यहाँ तक आमने सामने आकर एक गोली भी नहीं चलायी. इस युद्ध का नाम था- शीत युद्ध. एक तरफ था पूंजीवादी अमेरिका और दूसरी तरफ था साम्यवादी सोवियत संघ. ये युद्ध जासूसों की मदद से लड़ा जा रहा. दोनों देश महाशक्ति बनने की होड़ में लग गए. दुनिया के अन्य देशों को अपने खेमे में लाने की प्रतिस्पर्धा शुरू हो गयी. भारत जैसे महत्वपूर्ण देश पर दोनों की नजरें थी. आजादी मिलने से पहले ही पंडित जवाहरलाल नेहरू ने अपना रुख साफ़ कर दिया था. न वो पहली दुनिया में शामिल होंगे न दूसरी दुनिया में, वो अपने लिए अलग दुनिया बनाएंगे - तीसरी दुनिया. भारत के आजाद होते ही नेहरू जी ने विश्व के कई देशों को अपने साथ मिला कर तीसरी दुनिया का संघ बनाया जो था- गुट निरपेक्ष. जो भी देश अमेरिका या सोवियत संघ में शामिल हुए उन्हें अल्प समय के लिए तो शक्ति मिल जाती लेकिन किसी भी समय तबाही का खतरा भी रहता. अमेरिका और सोवियत की आपसी दुश्मनी का खामियाजा इन छोटे देशों को चुकाना पड़ता. पाकिस्तान अमेरिका के खेमे में चला गया. उसका नतीजा ये हुआ कि वहां न कभी स्थिर लोकतंत्र आया न कभी शांति और समृद्धि आयी.

गुट निरपेक्ष होते हुए भी नेहरूजी का झुकाव समाजवाद की तरफ था. उन्होंने इसी विचार के चलते पंचवर्षी योजना का एक आयोग बनाया. पूंजीपतियों पर लगाम रखने के लिए लाइसेंस राज की नीति अपनायी. उनकी सरकार ने इस्पात और बिजली जैसे भारी उद्योगों के विकास पर ध्यान केंद्रित किया, जो भारत की अर्थव्यवस्था के आधुनिकीकरण के लिए महत्वपूर्ण थे. नेहरू ने शिक्षा पर बहुत महत्व दिया और भारतीय प्रौद्योगिकी संस्थान (आईआईटी), भारतीय प्रबंधन संस्थान (आईआईएम) और अखिल भारतीय आयुर्विज्ञान संस्थान (एम्स) जैसे संस्थानों की स्थापना की. इन संस्थानों ने भारत के मानव संसाधनों के विकास में महत्वपूर्ण योगदान दिया है और देश को ज्ञान आधारित अर्थव्यवस्था के रूप में उभरने में मदद की है. नेहरू की सरकार ने भारत के जल प्रबंधन और सिंचाई क्षमताओं में सुधार के लिए भाखड़ा-नंगल बांध, हीराकुंड बांध और शरदा सहायक नहर (इंदिरा गांधी नहर) सहित कई बड़े पैमाने की बुनियादी ढांचा परियोजनाएं शुरू कीं. नेहरू भारत की अर्थव्यवस्था को बदलने के लिए विज्ञान और प्रौद्योगिकी की शक्ति में दृढ़ विश्वास रखते थे. उन्होंने होमी भाभा और विक्रम साराभाई जैसे वैज्ञानिकों के काम का समर्थन किया, जिन्होंने क्रमशः भारत के परमाणु और अंतरिक्ष कार्यक्रमों में महत्वपूर्ण भूमिका निभाई. संविधान में बराबरी पर सबसे ज्यादा जोर दिया.

संविधान निर्माण का काम आजादी मिलने के पहले ही शुरू हो गया था. दिसंबर 1946 में ही दिल्ली में संविधान सभा का गठन हुआ, जिसके अध्यक्ष थे डॉ. राजेंद्र प्रसाद. संविधान सभा में एक समिति बनायी गयी ड्राफ्टिंग कमेटी या संविधान निर्माण समिति जिसके चेयरमैन थे डॉ. भीमराव अम्बेडकर. संविधान सभा ने एक बात पहले ही साफ़ कर दी थी कि किसी भी मुद्दे पर तबतक चर्चा की जायेगी जबतक आम सहमति न बन जाए. कोई भी अनुच्छेद ऐसा नहीं होगा जिसपर लोगों की राय बंटी हुई हो और वोटिंग करवानी पड़े. हुआ भी ऐसा ही संविधान निर्माण के समय वोटिंग की नौबत कभी नहीं आयी. संविधान में मूल अधिकार उसका सबसे अहम् हिस्सा था. मूल अधिकार वो अधिकार होते हैं जो भारत के प्रत्येक नागरिक को हर हाल में मिलेंगे, राज्य ये अधिकार उन्हें देने की गारंटी लेता है. कोई सरकार, कोई अन्य कानून, कोई आदेश, कोई अध्यादेश, कोई न्यायिक निर्णय नागरिक से उसके मूल अधिकार नहीं छीन सकता. अगर किसी व्यक्ति के मूल अधिकार खतरे में हैं तो वो सीधे सुप्रीम कोर्ट का दरवाजा खटखटा सकता है. अभिव्यक्ति की आजादी, किसी भी धर्म को मानने की आजादी, कहीं भी घूमने की आजादी, देश के किसी भी प्रान्त में रोजगार करने की आजादी ये मूल अधिकारों में से कुछ अधिकार हैं. मूल अधिकार के आलावा भी कुछ सुविधाएं हैं जिनको देने की गारंटी तो राज्य नहीं लेता है लेकिन राज्यों को ये निर्देश हैं कि उनकी नीतियां इन लक्ष्यों को प्राप्त करने की दिशा में ही होंगी. इन्हें कहते हैं डायरेक्टिव प्रिंसिपल्स या नीति निर्देशक तत्व. भोजन का अधिकार, शिक्षा का अधिकार, रोजगार का अधिकार ये सब उस समय मूल अधिकार का हिस्सा नहीं थे. उस समय भारत की 80 प्रतिशत आबादी अशिक्षित और गरीबी रेखा के नीचे थी. इसलिए संविधान सभा ने निर्णय लिया कि अभी तो हम इन सुविधाओं को सभी नागरिकों को आवश्यक रूप से दिलवाने में असमर्थ हैं लेकिन सरकारों का काम यही होगा कि ये सब अधिकार सभी नागरिकों को मिलें.

समानता का मतलब सबके लिए एक ही नियम बना देना भर नहीं होता. भारत एक परिवार है जो पहली बार अपने लोगों के द्वारा शासित है. इस परिवार के सबसे कमजोर सदस्य को सबके बराबर लाना भी सरकार का ही काम है. जातिवाद भारत के सामने तब भी एक भयानक समस्या के रूप में खड़ा था. संविधान में एक विशेष अनुसूची बनायी गयी, उसमें उन जातियों को नामांकित किया जो सदियों से चले आ रहे शोषण की वजह से मुख्य धारा से बहुत पीछे

रह गए थे और आज भी उनके लिए सारे दरवाजे बंद थे. अनुसूचित जातियों और जनजातियों को मुख्य धारा में लाने के प्रयास संविधान में दर्ज हैं.

इसके साथ ही संविधान सभा में भारत का राष्ट्रीय ध्वज तय किया गया. ध्वज वही हमारा प्यारा तिरंगा था बस बीच में चरखे की जगह अशोक चक्र था. 'जन गण मन' को भारत का राष्ट्रीय गान और 'वन्दे मातरम' को राष्ट्रीय गीत घोषित किया गया. सम्राट अशोक का चार शेरों वाला सारनाथ स्तम्भ भारत सरकार का राष्ट्रीय चिन्ह बना. मुण्डक उपनिषद से लिया गया 'सत्यमेव जयते' भारत का राष्ट्रीय वाक्य बना.

भारत के संविधान में हजारों सालों के इतिहास के सारे सबक सम्मिलित हैं. भारत के संविधान में ऋग्वैदिक काल का जनतंत्र भी है, बौद्ध काल का गणतंत्र भी है, मौर्य काल के अर्थशास्त्र की नीति भी है, कुषाण काल की सर्वधर्म समभाव की भावना भी है, गुप्त काल की सांस्कृतिक विरासत भी है, हर्षवर्धन काल की अभिव्यक्ति की आजादी भी है, संगमकाल का शौर्य भी है, मुग़ल काल की भव्यता भी है, आजादी के सेनानियों के बलिदान की भावना भी और गाँधी के सत्य और अहिंसा के सिद्धांत भी हैं.

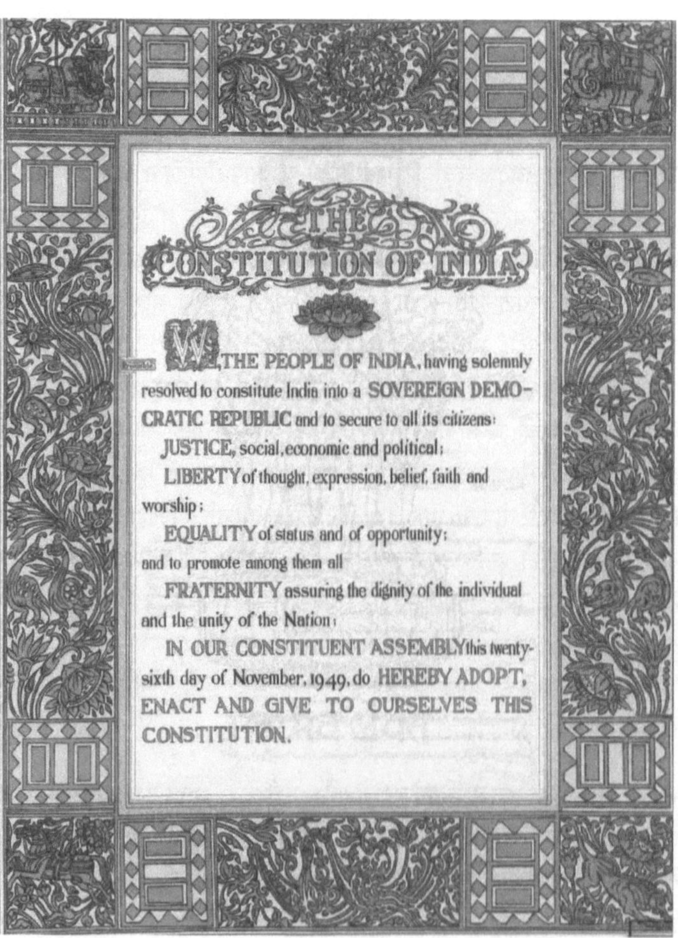

भारत के संविधान में भारत के अमर होने का राज निहित है. भारत की सांस्कृतिक दीर्घायु का रहस्य क्या है? कुछ का कहना है कि यह अपने लोगों के लचीलेपन और अनुकूलन क्षमता में निहित है, जबकि अन्य गहरे बैठे आध्यात्मिक विश्वासों और परंपराओं की ओर इशारा करते हैं जो पीढ़ियों से चली आ रही हैं. कारण जो भी हो, यह स्पष्ट है कि भारतीय संस्कृति न केवल भारत की सीमाओं के भीतर बल्कि दुनिया के कई अन्य हिस्सों में भी जीवित और अच्छी तरह से है. इंडोनेशिया, मलेशिया, म्यांमार, भूटान, श्रीलंका, थाईलैंड, फिलीपींस, सिंगापुर, नेपाल, बांग्लादेश, पाकिस्तान, अफगानिस्तान तक भारतीय संस्कृति पूरी शान से जीवित है.

भारत माँ शायद यही सोच रही होंगी "विदित्वा की यात्रा पर पीछे मुड़कर देखती हूं, तो मुझे अपने महान राष्ट्र, भारत के प्रति गर्व और कृतज्ञता का अनुभव होता है. इस भूमि और इसके लोगों को आकार देने वाले महान पुरुषों और महिलाओं की कहानियां मेरे लिए प्रेरणा और ज्ञान का स्रोत रही हैं. सृष्टि की शुरुआत से ही, मैं प्रकृति का अवतार रही हूं, जो दुनिया को बनाने के लिए सत्व, रज और तम के आवश्यक तत्व प्रदान करती हूँ. और उम्र भर, मेरे बच्चों ने इन तत्वों का उपयोग एक ऐसे समाज के निर्माण के लिए किया है जो धर्म, न्याय और समानता के आदर्शों को दर्शाता है. संविधान, वह दस्तावेज जो आधुनिक भारत की नींव के रूप में कार्य करता है, पुरुष का अवतार है, चैतन्य ऊर्जा जो मेरी गतिज ऊर्जा में व्यवस्था और संरचना लाती है. इन दोनों ताकतों ने मिलकर एक ऐसे समाज का निर्माण किया है जो न्यायपूर्ण, निष्पक्ष और करुणामय है. युगों-युगों से, मैंने सभ्यताओं के उत्थान और विलुप्ति, साम्राज्यों के जन्म और पतन, और स्वतंत्रता के लिए संघर्ष को देखा है. मेरे बच्चे हमेशा विपरीत परिस्थितियों में मजबूती से खड़े रहे हैं और दृढ़ संकल्प के साथ उन्होंने बेहतर कल बनाने के लिए हर बाधा को पार किया है. सिंधु घाटी सभ्यता से लेकर स्वतंत्रता संग्राम तक, मराठों के उत्थान से लेकर 19 वीं शताब्दी के सामाजिक सुधारों तक, इतिहास के प्रत्येक काल खंड की अपनी अनूठी चुनौतियाँ और अवसर हैं. इन सब के माध्यम से, मेरे बच्चों ने लचीलापन, साहस और दृढ़ संकल्प दिखाया है. उन्होंने दमन, भेदभाव और अन्याय के खिलाफ लड़ाई लड़ी है और वे वंचितों और शोषित के अधिकारों के लिए खड़े हुए हैं. जैसा कि मैं अपने देश की अरबों वर्षों की यात्रा पर चिंतन करती हूं, मैं अपने बच्चों के प्रति गर्व और कृतज्ञता से अभिभूत हूं, जिन्होंने मुझे वह बनाने के लिए अथक प्रयास किया है जो मैं आज हूं. मैं

भारत माँ हूँ. मुझे याद आता है कि हर युग अद्वितीय विशेषताओं और उपलब्धियों भरा था. वेदों का ज्ञान और शिक्षा, उपनिषदों का दर्शन, धम्म के सिद्धांत, स्वर्ण युग की कला और स्वतंत्रता संग्राम के दौरान विद्रोह की भावना - हर चरण ने मुझे राष्ट्र के रूप में आकार देने में योगदान दिया है. मेरे पूरे इतिहास में, मैंने महान शख्सियतों को आशीर्वाद दिया है, जिन्होंने सत्व, रज और तम के आदर्शों को बनाए रखने का प्रयास किया है - ये तीन तत्व जो मुझे विश्वास है कि एक आदर्श राष्ट्र के निर्माण के लिए महत्वपूर्ण हैं. सत्व पवित्रता का प्रतिनिधित्व करता है, रज शक्ति और शासन का प्रतिनिधित्व करता है, और तम उस अंधेरे पक्ष का प्रतिनिधित्व करता है जिसे नियंत्रित करने की आवश्यकता है. मैं अपने बच्चों की आभारी हूँ जिन्होंने इन मूल्यों को अपनाया है और इनके बीच संतुलन बनाने के लिए कड़ी मेहनत की है. मैं प्रकृति हूँ तो संविधान पुरुष है, एक राष्ट्र के रूप में मेरी पहचान की आधार शिला है. यह वह ढांचा है जिसने मुझे विविधता में एकता हासिल करने में मदद की है, और यह मेरे लोगों की आकांक्षाओं और आशाओं को दर्शाता है. संविधान एक जीवित दस्तावेज है जो समय के साथ विकसित होता है और इसके मूल्यों को बनाए रखना प्रत्येक नागरिक की जिम्मेदारी है. मैं अपने देश के भविष्य के लिए आशा से भर गयी हूं. मेरे बच्चों ने बार-बार साबित किया है कि वे महानता हासिल करने में सक्षम हैं और मुझे इसमें कोई संदेह नहीं है कि वे ऐसा करना जारी रखेंगे. जब तक वे अपने मूल्यों के प्रति सच्चे रहते हैं और सामान्य भलाई के लिए काम करते हैं, मुझे विश्वास है कि वे अपने और मेरे लिए एक उज्ज्वल और समृद्ध भविष्य का निर्माण करेंगे. जैसा कि मैं भविष्य की ओर देखती हूं, मैं युवा लोगों की एक नई पीढ़ी देखती हूं जो नेतृत्व की बागडोर संभालने के लिए तैयार हैं और एक बेहतर समाज के निर्माण का काम जारी रखते हैं. वे लोकतंत्र, धर्मनिरपेक्षता और सामाजिक न्याय के मूल्यों के प्रति प्रतिबद्ध हैं और वे भारत को वास्तव में एक महान राष्ट्र बनाने के लिए प्रतिबद्ध हैं. मुझे इस महान राष्ट्र की माता भारत माँ होने पर गर्व है. मैं अपने बच्चों के प्यार, भक्ति और समर्पण के लिए उनकी आभारी हूं, और मुझे विश्वास है कि साथ मिलकर हम एक ऐसे समाज का निर्माण कर सकते हैं जो भारत के सर्वोत्तम स्वरूप को दर्शाता है."

www.ingramcontent.com/pod-product-compliance
Lightning Source LLC
Chambersburg PA
CBHW031530150726
47990CB00001B/120